개정2판

청소년 복지론

SOCIAL WELFARE WITH YOUTH

최세영 · 최미경 공저

어가 語歌

머 리 말

2024년 인류는 코로나19 이후의 달라진 일상을 곳곳에서 체감하며 인간과 환경, 인류 공존에 관한 거대한 화두와 마주하고 있다. 우리 사회에서는 저출산, 고령화, 학령인구 감소, 세대 갈등, 기후 위기 등이 새로운 4차 산업혁명과 함께 경제, 문화, 교육, 복지 등 사회 전반에 걸쳐 큰 변화로 다가오고 있다.

청소년을 둘러싼 변화를 살펴보면, 기존의 대면교육 방식에서 인터넷을 기반으로 하는 비대면 교육 방식이 추가되면서 청소년의 인터넷, 스마트폰 활용 비중이 크게 확장되었다. 또한 빠르게 변화하는 과학기술의 발전이 청소년에게 다양한 지식의 융합을 강조하고 있으며, 저출산으로 인해 아동·청소년의 수가 감소하면서 청소년이 수행해야 하는 과업과 역량은 지속적으로 증가되고 있다. 이에 우리 사회는 청소년의 건강한 전인적 성장이 개인을 넘어 국가 미래의 원동력임을 새롭게 인식하고 청소년복지에 대한 사회적 이해와 투자가 더욱 요구되는 시대를 맞이하고 있다.

그동안 청소년에 대한 관심이 다각도로 이루어졌지만, 빠르게 변화하는 청소년의 이해와 욕구를 파악하여 접근하는 데에는 많은 아쉬움이 있었다. 지금까지 청소년들은 학교교육을 통해 전인성장이라는 공통된 교육목표를 향해 주입식, 입시 중심의 획일적이고 치열한 경쟁적인 삶을 살아왔다. 하지만 이제는 청소년이 가정, 학교, 사회에서 개인의 특성이 발휘될 수 있는 다양한 방법으로 꿈을 심어 주고, 행복한 미래를 설계할 수 있도록 지원해야 할 것이다. 학교를 넘어 지역 공동체와 함께 그들이 가진 다양한 비전이 실현될 수 있도록 교사, 학생, 학부모, 지역사회, 국가가 청소년의 인권과 다양성을 존중하는 협력적 관계로 지원방안을 모색해야 할 것이다. 앞으로 우리 미래사회를 책임질 청소년이 사회의 주역으로 성장·발전할 수 있도록 교육혁신을 통하여 미래 핵심 역량을 강화시켜 나가야 할 것이다. 또한 청소년의 다양한 의견을 경청하고 청소년 정책에 반영하는 청소년 참여제도를 더욱 확대하고 이를 위한 적극적인 지원이 이루어져야 할 것이다.

시대적 변화 속에서 청소년복지는 새로운 지평을 열어가야 한다. 변화된 시대에 맞는 눈높이로 청소년을 지원하고 그들과 소통함으로써 개인과 국가 차원에서 미래를 위한 준비를 함께해야 하며, 청소년복지에 대한 관심을 폭넓게 가져야 할 것이다. 청소년을 둘러싼 환경 변화를 이해하고, 그들의 다양한 요구와 문제를 해결하기 위해 통합적인 접근을 해야 할 것이다. 이는 청소년의 역량 강화와 자립 지원, 정신건강 증진, 문화·여가 활동 지원 등 청소년의 전인적 발달을 위한 다각도의 노력을 의미한다. 청소년복지를 통해 청소년들이 건강하고 행복하게 성장할 수 있도록 지원하고, 그들의 잠재된 역량을 충분히 발휘할 수 있는 기회를 제공한다면, 결국, 청소년복지는 개인의 성장과 행복을 넘어 국가 경쟁력 강화에도 크게 기여할 수 있게 될 것이다.

본서는 이 시대의 흐름에 적합한 청소년복지에 관한 사회복지의 한 분야를 다루면서 총 14장으로 구성하였다. 제1부는 청소년복지의 이해 영역으로, 1장에서는 청소년의 이해, 2장에서는 청소년복지의 발전, 3장에서는 청소년과 인권을 다루었다. 제2부는 청소년복지 관련법과 서비스 전달체계로, 4장에서는 청소년복지 관련법, 5장에서는 청소년복지의 정책적 접근, 6장에서는 청소년복지의 행정적 접근, 7장에서는 청소년복지의 전문인력을 다루었다. 제3부는 청소년복지의 실천 영역으로, 8장에서는 학교 밖 청소년 문제, 9장에서는 청소년과 성, 10장에서는 청소년과 학교폭력, 11장에서는 청소년과 매체중독, 12장에서는 청소년과 정신건강, 13장에서는 청소년문화와 청소년활동, 14장에서는 청소년복지의 과제와 전망으로 향후 청소년의 행복하고 건강한 성장를 위한 방향을 제시하고자 하였다.

개정2판을 준비하면서 청소년복지와 관련된 다양한 최신 정보와 자료를 수록하고자 많은 노력을 기울였다. 청소년과 청소년복지 현장에 관심을 가지고 계신 많은 분들에게 도움이 될 수 있기를 바라는 마음이며, 앞으로도 지속적인 관심으로 청소년과 관련된 다양한 활동과 연구를 바탕으로 더 나은 교재를 위해 수정·보완해 나갈 것을 약속드린다.

끝으로 이 책을 집필하도록 건강과 상황을 허락해 주신 하나님께 감사드리며 발간을 위해 적극 지원해 주신 도서출판 어가 어진용 대표님께 감사를 드린다. 또한 세심하고 꼼꼼하게 편집해 주신 편집부 담당자분들의 노고에 다시 한번 깊은 감사의 말씀을 전한다.

2024년 7월

청소년의 건강한 성장을 응원하며…

저자 일동

차 례

머리말_ 3

PART 01 청소년복지의 이해 영역

CHAPTER 01 청소년의 이해_ 13

01 청소년기의 개념 ······ 13
02 청소년의 발달 특성 ······ 24

CHAPTER 02 청소년복지와 발전_ 36

01 청소년복지의 개념 ······ 36
02 현대사회 특성이 청소년복지에 미치는 영향 ······ 38
03 청소년복지의 필요성 ······ 40
04 청소년복지의 발전과정 ······ 48

CHAPTER 03 청소년과 인권_ 58

01 인권의 이해 58
02 청소년 인권의 발달 62
03 청소년 인권의 주요 내용 69
04 한국 아동·청소년 인권실태 72

PART 02 청소년복지 관련법과 서비스 전달체계

CHAPTER 04 청소년복지 관련법_ 85

01 헌법 85
02 법률 86

CHAPTER 05 청소년복지의 정책적 접근_ 114

01 청소년복지정책 114
02 청소년복지 지원기관 및 사업 131

CHAPTER 06 청소년복지의 행정적 접근_ 145

01 청소년복지행정 145
02 청소년복지행정 전달체계 151

CHAPTER 07 청소년복지의 전문인력_ 169

01 청소년지도사 170
02 청소년상담사 175
03 학교사회복지사 181

PART 03 청소년복지의 실천 영역

CHAPTER 08 학교 밖 청소년 문제_ 193

01 학교 밖 청소년의 개념 193
02 학교 밖 청소년 지원사업 추진 배경 195
03 학교 밖 청소년의 특성 201
04 학교 밖 청소년에 대한 사회적 지원 실태 202
05 학교 밖 청소년을 위한 지원 방안 208

CHAPTER 09 **청소년과 성_ 216**

01 성의 개념 216
02 청소년 성의식 218
03 청소년 성 문제 221
04 청소년 성행동의 위험 요인과 보호 요인 236
05 청소년 성 문제 예방 대책 237

CHAPTER 10 **청소년과 학교폭력_ 247**

01 학교폭력의 개념과 특징 248
02 학교폭력의 발생 요인과 유형 251
03 학교폭력의 실태 257
04 학교폭력에 관한 법률과 지원체계 263
05 청소년 학교폭력의 예방을 위한 방안 268

CHAPTER 11 **청소년과 매체 중독(과의존)_ 276**

01 청소년의 사이버 문화 276
02 청소년의 인터넷 중독(과의존) 279
03 청소년의 매체 과의존 289
04 인터넷·스마트폰 과의존 예방 및 대처 방안 291

CHAPTER 12 **청소년과 정신건강_ 297**

01 정신건강의 개념 297
02 청소년기 정서적 특성 및 정신건강 문제 298
03 청소년기 정신건강 관리 방안 314

CHAPTER 13 **청소년문화와 청소년활동_ 324**

01 청소년문화 325
02 청소년활동 334
03 청소년문화활동의 문제점과 개선 방안 343

CHAPTER 14 **청소년복지의 과제와 전망_ 348**

01 청소년복지의 과제 348
02 청소년복지의 전망 353
03 청소년문화 존중하기 356

참고 문헌_ 358
찾아보기_ 368

PART 01

청소년복지의 이해 영역

chapter 1

청소년의 이해

01 청소년기의 개념

1) 청소년의 어원적 개념

청소년에 대한 개념은 현대 서구 사회에서 처음 등장한 것으로 보인다. 전근대 사회에서 아동은 대부분 어린 나이에 가사 및 기타 노동에 참여하였으며, 산업혁명 이후 현대에 이르기 전까지 아동들은 어린 나이부터 노동에 종사하는 것이 일반적이었다. 이는 당시의 아동들이 오늘날과 달리 노동을 위한 예비 노동자와 같은 개념으로 여겨졌으며, 이로 인하여 사회생활에 보다 빨리 그리고 직접적으로 적응하면서 오늘날 흔히 사춘기에 겪는 각종 심리적 변화가 두드러지지 않았다. 서구 사회 이외에서도 아동들은 보통 10대 중후반의 어린 나이에 관례를 치르거나 노동에 종사하기 시작하였으며, 서구 전현대 사회와 마찬가지로 아동에 대한 별도의 개념이나 보호 의식이 존재하지 않았다. 그러나 서구 사회에서 아동에 대한 별도의 의식과 교육 제도 등이 나타나면서 아동과 사회생활 간의 분리가 나타났다. 또한 정신 및 신체적 성장으로 10대 중후반 특징이 두드러지면서 청소년기에 대한 개념이 나타난 것으로 보인다. 이러한 개념은 서구적 제도가 타 문화권에 전파되면서 청소년 및 청소년기에 대한 개념은 세계적으로 당연시되었다.

이러한 청소년의 기본적 개념은 각 나라가 처한 사회적·문화적 상황에 따라 차이를 나타내고 있으나, 청소년이란 단어와 관련하여 그 어원은 다음과 같이 설명될 수 있다.

청소년이란 단어와 관련하여 영어권에서는 'youth'와 'adolescent'로 구분하여 사용하고 있다. 'youth'는 고대사회로부터 사용된 단어로, 그 의미는 주로 미성숙이라는 부정적인 의미를 가지고 있다. 'adolescent'는 라틴어의 'adolescere'에서 비롯되어 '성장하다(to grow up)', '성숙에 이른다(come to maturity)'는 의미가 내포되어 있다. 이는 발달심리학에서 말하는 생리학적 발달 측면과 밀접하게 관련되어 있다. 학문적으로는 미국의 심리학자 홀(Hall, 1904)이 『청소년기(*Adolescence*)』라는 저서에서 처음 사용하였으며, 그 이전까지는 청소년기가 철학적·신학적·교육적 측면에서만 논의되었다(구혜영, 2015).

청소년에 대응하는 영어는 사춘기를 뜻하는 'puberty'로 라틴어 'Pubertas'에서 유래되었다. '성인다운 연령', '모발의 성장', '연모 발생' 등의 의미를 가지고 있다. 또한 13~19세까지를 이르는 'teenager'도 청소년을 가리킨다. 영어의 어미에 '-teen'이 들어가는 thirteen에서 nineteen, 즉 13~19세를 가리키는 teenager라는 말은 소비사회가 본격적으로 정착되고 10대들이 소비대중문화에 미치는 영향력이 커지기 시작한 1940년대에 미국에서 처음 사용되었으며, 이 시기는 청소년기 및 사춘기와 거의 일치한다. 즉, 2차 성징이 나타나면서부터 성장이 급속화되는 2차 급속성장기를 지나 성인이 되기 전의 연령을 이르는 말이다. 그러나 사회, 문화 및 법적 규정은 각각 조금씩 나이의 차이를 보인다. 10대의 청소년을 연령 단계로 나눠 15세 이하를 로틴(low teen), 16세 이상을 하이틴(high teen)이라고 부르기도 한다. 이 구분은 청년심리학에 있어서 청년전기·청년중기와 거의 대응한다.

십대(teenager)는 10대들이 공유하고 창출하는 독특한 사회문화 현상과 함께 등장하고 발전된 개념이다. 1900년대 초반까지는 10대가 보여주는 독특한 문화와 공유된 라이프스타일이 존재하지 않아 teenager라는 용어는 존재하지 않았다. 1930년대 후반에 10대들의 소비 성향, 패션, 영화, 음악 등의 대중문화 양상과 라이프스타일을 함축하여 상징하는 보편적 용어로 자리매김하며 그 개념이 확산·발전하였다. 최근에는 매스미디어 및 사이버 매체의 확산과 발달로 특히 청소년은 소비의 주체자로서 집중되고 있으며, 대중문화의 주도 집단이 되어 가고 있다. 결과적으로 청소년기를 지칭하는 adolescence와 puberty는 발달심리학, 생리학적 접근에서 이해되었다면 teenager와 youth는 사회문화적 접근으로 역사적 변화 과정과 사회문화적 맥락 속에서 시기적 역할, 지위, 또래 집단이 만들어 낸 문화 양상의 특징을 중심으로 출현하여 발전해 온 용어라고 할 수 있다(백사인 외, 2015; 최윤진, 2008). 따라서 adolescence와 puberty는 청소년기의 과도기적 특성을 강조한 반면, teen-ager와 youth는 청소년기의 고유한 특성을 강조한 것으로 이해할 수 있다.

우리나라에 청소년이란 용어가 등장한 것은 20세기 초이다. 청소년이란 말은 청년과 소년의 합성어로 일제강점기의 신문과 잡지에 간헐적으로 등장하였지만, 대중적인 개념은 아니었다. 이때의 청소년은 훈육되고 규율되어야 하는 존재라는 의미를 내포하고 있었다.

그렇다면 청소년기를 어떻게 이해할 수 있는가? 생애주기라는 측면에서 살펴보면, 청소년기는 아동기와 성인기의 중간 단계로서, 아동기를 마치고 성인기에 이르지 않은 이들에 해당하는 연령 혹은 집단을 지칭한다(전동일 외, 2017).

산업화와 의무교육은 인간의 발달단계에서 청소년기를 고유한 발달 시기로 인식하는 데 결정적인 영향을 미치게 되었다. 학교교육의 의무화로 청소년들이 교육을 받는 기간 동안 노동시장에 유입되지 않고 경제활동에서 제외되어 보호받을 수 있게 되었다. 특히 학제의 성립은 초등교육 시기를 아동기로, 중·고등교육 시기를 청소년기로, 그 이후 대학교육 시기를 청년기로 간주하여 중·고등학교 재학 시기를 청소년으로 인식하게 되었다.

다시 말해, 대체로 13~18세까지인 중·고등학생은 부모에게 거의 전적으로 의존하는 초등학생과 다르고, 부모로부터 점차 독립하면서 경제·정서·사회적으로 성숙한 사회인이 되려는 대학생과 구분되며, 생활시간을 주로 학습활동에 보내는 집단이라고 볼 수 있다. 따라서 일반인들이 청소년이라고 할 때 대체적으로 중·고등학교에 재학 중인 이들을 지칭한다고 할 수 있으나, 사회적 인식과 청소년의 신체적·정신적·사회적 발달특성을 고려하여 규정하는 법적 개념에서는 다소 차이를 나타낸다.

2) 법과 연령에 따른 개념

(1) 우리나라 법과 연령에 따른 청소년 구분

청소년기의 개념을 정의함에 있어서 신체발달과정의 특성과 연령에 의한 기준을 사용하는 것이 보편적이다. 신체발달과정을 기준으로 청소년기를 구분하면 신체발달 징후들이 개인마다 다르기 때문에 보편적인 기준을 제시하는 데는 한계가 있고, 연령에 의해 구분하면 단체와 기구마다 다소 상이한 연령 범위를 제시하기에 명확하지 않다. 따라서 청소년기를 엄밀히 어느 연령대로 볼 것인가에 대해서는 학자들의 시각에 따라, 그리고 각 나라의 사회문화적 환경에 따라 각기 다르게 규정한다고 볼 수 있다.

국내의 법률에서는 청소년의 연령을 법률의 입법 취지에 따라 다양하게 이해하고 있다. 우리나라에서는 「청소년 기본법」(1991), 「청소년복지지원법」(2004), 「청소년활동진흥법」(2004) 등 다양한 청소년 관련법이 제정되어 있는데, 각각의 법마다 청소년의 호칭과 적용 연령에 차이가 있다. 그것은 일반적인 청소년기의 발달 특성뿐만 아니라 발달 영역별 특성을 고려하였기 때문이다.

청소년 관련 법률 중 상위 법률인 「청소년 기본법」은 청소년의 연령을 9세 이상 24세 이하로 규정하고 있다. 청소년의 시작 연령을 9세로 본 것은 한국에서 청소년단체의 단원이 되기 위해서는 초등학교 3~4학년 이상이 되어야 하는데, 취학연령을 고려할 때 9세가 가장 낮은 연령이며, 종료 연령을 24세로 본 것은 국제연합(UN)에서 청소년을 15~24세까지로 규정한 것을 반영한 것이다. 「청소년 보호법」에서는 만 19세 미만인 자를 '청소년'으로, 「민법」에서는 19세 미만인 자를 '미성년자'로 규정하고 있다. 그리고 「소년법」에서는 19세 미만인 자를 '소년'으로 규정하고 있으며, 법률의 적용 대상 중 청소년이 포함되는 「영화 및 비디오물의 진흥에 관한 법률」과 「게임산업진흥에 관한 법률」에서는 '청소년' 연령을 18세 미만의 자로 규정하고 있다. 「근로기준법」에서는 "15세 미만인 자(「초·중등교육법」에 따라 중학교에 재학 중인 18세 미만인 자를 포함한다)는 근로자로 사용하지 못한다. 다만, 대통령령으로 정하는 기준에 따라 고용노동부장관이 발급한 취직인허증(就職認許證)을 지닌 자[1]는 근로자로 사용할 수 있다."라고 제64조에 최저연령과 취직인허증에 대해 명시하고 있으며, 제66조 연소자 증명서[2]를 통해 "18세 미만 자를 도덕상 또는 보건상 유해·위험한 사업에 사용하지 못한다."라고 규정(국가법령정보센터 www.law.go.kr)하고 있다. 「아동복지법」에서는 18세

1 「근로기준법」 제64조에 따라 취직인허증을 받을 수 있는 자는 13세 이상 15세 미만인 자로 한다. 다만, 예술공연 참가를 위한 경우에는 13세 미만인 자도 취직인허증을 받을 수 있다.

2 사용자는 18세 미만인 자에 대하여는 그 연령을 증명하는 가족관계기록사항에 관한 증명서와 친권자 또는 후견인의 동의서를 사업장에 갖추어 두어야 한다.

미만의 자를 '아동'으로 규정하고 있어 법률에서의 청소년 연령이 겹치는 경우가 존재하고, 어떤 시기의 연령대에 있는 대상들은 아동이기도 하면서도 청소년이기도 하는 경우가 발생하고 있다(표 1-1).

표 1-1 청소년 관련법상의 청소년의 호칭과 연령 구분

법률	호칭	연령 구분
「청소년 기본법」	청소년	9세 이상 24세 이하의 자
「청소년활동 진흥법」	청소년	9세 이상 24세 이하의 자
「청소년복지 지원법」	청소년	9세 이상 24세 이하의 자
「청소년 보호법」	청소년	만 19세 미만의 자
「아동·청소년의 성보호에 관한 법률」	아동·청소년	19세 미만의 자
「보호소년 등의 처우에 관한 법률」	소년	20세 미만의 자
「소년법」	소년	19세 미만의 자
「영화 및 비디오물의 진흥에 관한 법률」	청소년	18세 미만의 자
「게임산업진흥에 관한 법률」	청소년	18세 미만의 자
「근로기준법」	연소자	18세 미만의 자
「민법」	미성년자	19세 미만의 자
「형법」	형사미성년자	14세가 되지 아니한 자
「아동복지법」	아동	18세 미만의 자

이상에서 살펴본 바와 같이 청소년의 연령은 아동과 청소년을 혼합하여 사용하고 있고 아동과 청소년의 구분도 다소 모호한 점이 있어, 그 개념도 일관된 정의를 내리기에 다소 어려움이 있다(조성연 외, 2017).

이처럼 청소년에 대한 법률상 연령이 다른 것은 그 법령 제정 당시의 사회적 환경과도 관련이 있는데, 청소년 육성 면에서는 연령을 확대하였으며, 청소년의 보호 측면에서는 성년을 기준으로 축소하여 정의하였음을 알 수 있다.

이러한 법률상의 청소년 연령은 정책을 수립하거나 서비스 제공 시에 중요한 기준이 되므로 정책을 입안하는 전문가들은 연령 기준 설정에 사회적 환경도 고려해야 한다. 다만,

청소년복지와 관련하여 연령을 구분하는 경우에는 주안점을 두는 부분이 다르기 때문에 세부 분야에 따른 청소년에 대한 연령 범위 및 그 정의를 달리하고 있다. 이와 같이 청소년복지의 분야에 따라 청소년을 구체적으로 정의함으로써 법의 적용을 통한 청소년복지의 실천에서 운영의 합리화를 기할 수 있지만 통합적인 청소년복지정책의 실시에는 어려움이 따를 수 있다.

(2) 외국의 법과 연령에 따른 청소년 구분

국제적으로 청소년의 연령을 규정한 것을 살펴보면, 1985년 유엔(United Nation: UN)은 국제협약 및 청소년 관련 정책과 사업 등을 통해 아동과 청소년의 연령을 규정하고 있다. 유엔은 통상적, 공식적으로 '청소년(youth)'의 연령은 15~24세로 규정하고 있다. '국제노동기구(International Labour Organization: ILO)'나 '세계보건기구(World Health Organization: WHO)' 등 UN 국제기구들은 '청소년' 통계를 산출할 때 15~24세를 대상으로 하고 있으며, '세계은행(World Bank)'은 '아동(child)'을 12세 미만으로, '청소년(youth)'을 12~24세로 규정하고 있다. 아동은 「유엔 아동권리협약(United Nations Convention on the Rights of the Child: UNCRC)」을 기준으로 18세 미만으로 규정하고 있으며, 우리나라는 이 협약을 1991년에 비준함에 따라 국내법과 동일한 효력을 발휘하여 역시 18세 미만으로 아동을 규정하고 있다. 또한 UN 전문기구 중의 식량·농림수산 분야의 국제기구로서 '식량농업기구(Food and Agriculture Organization: FAO)'에서는 10~24세까지 사이의 결혼 여부를 불문한 남녀 인구를 청소년으로 규정하고 있다. 청소년의 연령 구분은 그 나라의 사회적·문화적 수준에 따라 법적으로 달리하고 있다.

표 1-2 UN 및 UN기구 청소년과 아동 연령기준과 근거 법률

기관	대상	연령구분
UN 청소년 세계 실천 프로그램 (UN's World Program of Action for Youth)	청소년(youth)	15~24세
국제노동기구(ILO), 세계보건기구(WHO)	청소년(youth)	15~24세
	청소년(adolescent)	10~19세
	청소년(young person)	10~24세

기관	대상	연령구분
세계은행(World Bank)	아동(child)	12세 미만
	청소년(youth)	12~24세
유엔 아동권리협약(UNCRC)	아동(child)	18세 미만
식량농업기구(FAO)	청소년(youth)	10~24세

출처: 한국청소년정책연구원 청소년정책분석평가센터(2016): 여성가족부(2019c). 2019년 청소년백서. 재인용.

① 미국

미국은 「연방 청소년정책 조정에 관한 법률 2008(Federal Youth Coordination Act 2008)」에 따라, 청소년을 24세 이하로 규정하고 있다. 하지만 법령별로 상이한 기준을 제시하고 있다. 예컨대, 「가출청소년법(Runaway and Homeless Youth Act)」은 21세 이하로, 「인력투자법(The Workforce Investment Act)」에서 청소년은 14세 이상 21세 이하로 규정하고 있다. 아동은 대체로 18세 미만인데, 「아동온라인보호법(Children's Online Privacy Protection Act)」의 아동은 13세 미만이다.

표 1-3 미국 청소년과 아동 연령 기준과 근거 법률

법률	호칭	연령 구분
언방 청소년 성책 조성에 관한 법률 2008 (Federal Youth Coordination Act 2008)	청소년(youth)	24세 이하
가출청소년법(Runaway and Homeless Youth Act)	청소년(youth)	21세 이하
인력투자법(The Workforce Investment Act)	청소년(youth)	14세 이상 21세 이하
아동시민법(Child Citizenship Act)	아동(child)	18세 미만
표준소년법(Uniform Juvenile Court Act)	아동(child)	18세 미만
아동온라인보호법(Children's Online Privacy Protection Act)	아동(child)	13세 미만
공정노동표준법(The Fair Labor Standards Act)	아동(child)	18세 미만

② 영국

영국은 「아동 및 청소년법(Children and Young Person Act)」에 근거하여 아동 및 청소년을 18세 미만으로 규정하고 있다. 「성범죄법(Sexual Offences Act 2003)」에서는 아동을 13세 미만의 연령으로, 청소년은 18세 미만으로 규정하고 있다.

표 1-4 영국 청소년과 아동 연령 기준과 근거 법률

법률	호칭	연령 구분
아동 및 청소년법 (Children and Young Person Act)	아동 및 청소년 (child and young person)	18세 미만
성범죄법 (Sexual Offences Act 2003)	아동(child)	13세 미만
	청소년(young person)	18세 미만

③ 독일

독일 연방정부 '가족·노인·여성·청소년부(Ministry of Family, Senior, Female, and Youth)'와 독일 '연방청소년협의회(German Federal Youth Council)'가 규정한 청소년의 연령은 12~26세이다. 기본적인 규정은 「아동·청소년 서비스 관련 사회법」, 흔히 「8번째 사회법(Achtes Sozialgesetzbuch Ⅷ: SGB)」이라 불리는 법률에 근거한다. 이외에도 아동·청소년 관련 법령에 따라 각기 다른 기준을 제시하고 있다. 「청소년 보호법(Jugendschutzgesetz)」은 14세 미만 연령을 '아동(kind)'으로, 14세 이상 18세 미만의 연령을 '청소년(Jugendliche)'으로 규정하고 있다. 「소년법원법(Jugendgerichtgesetz)」에서 '청소년(Heranwachsender)' 연령은 18세 이상 21세 미만이며 「연소근로자보호법(Judendarbeitsschutzgesetz)」에서는 15세 이상 18세 미만이 청소년(Jugendliche)이다.

「아동·청소년강화법(kinder-und Jugendstärkungsgesetz)」에서 아동은 14세 미만이고, 청소년(Heranwachsender)은 18세 이상 21세 미만이다. 참고로 '청년(Junge Volljährige)'은 18세 이상 27세 미만이다. 독일에서 미성년자는 18세 미만이고, 자녀수당은 17세까지 지급되며, 18~26세까지 자녀수당은 부분적으로 적용된다.

표 1-5 독일 청소년과 아동 연령 기준과 근거 법률

법률	호칭	연령 구분
청소년 보호법 (Jugendschutzgesetz)	아동(kind)	14세 미만
	청소년(jugendliche)	14세 이상 18세 미만
소년법원법 (Jugendgerichtgesetz)	청소년(jugendliche)	14세 이상 18세 미만
	청소년(heranwachsender)	18세 이상 21세 미만
연소근로자보호법 (Judendarbeitsschutzgesetz)	아동(kind)	15세 미만
	청소년(jugendliche)	15세 이상 18세 미만
아동·청소년강화법 (kinder-und Jugendstärkungsgesetz)	아동(kind)	14세 미만
	청소년(jugendliche)	14세 이상 18세 미만
	청소년(heranwachsender)	18세 이상 21세 미만
	청년(junge volljährige)	18세 이상 27세 미만

④ 일본

일본은 법령에 따라 '미성년자(未成年者)', '소년(少年)', '아동(児童)', '연소자(年少者)' 등으로 구분하여 사용하고 있으며, 근거 법률에 따라 각기 다른 연령 기준을 정하고 있다. 「민법(民法)」의 미성년자와 「소년법(少年法)」상 소년, 「미성년자음주금지법(未成年者飲酒禁止法)」 및 「미성년자흡연금지법(未成年者喫煙禁止法)」상의 미성년자는 20세 미만으로 규정하고 있고, 「형법(刑法)」상 형사미성년자(刑事未成年者)는 만 14세 미만이며, 「아동복지법(児童福祉法)」 등의 법률에서 아동은 18세 미만으로 규정하고 있다. 청소년정책 추진과 관련하여 청소년정책을 총괄하고 있는 일본 내각부는 「아동·청년육성지원추진법(子ども·若者育成支援推進法)」을 제정하고, 기존 '청소년(青少年)'이라는 명칭 대신 '청년(若子)'으로 명칭을 바꾸었으며 정책 대상을 30세 미만까지 대폭 확대시켰다.

이 법령이 제정되면서 일본 정부는 영유아기, 학령기 및 사춘기 아동·청소년, 청년기(약 18~30세 미만)를 정책대상으로 포괄하였으며, 나아가 포스트 청년기(청년기를 지났지만 원활한 사회생활에 어려움을 겪고 있는 30~40세 미만의 청년)에 놓인 연령대도 포함하는 종합적 추진 계획을 수립·추진하였다.

표 1-6 일본 청소년과 아동 연령 기준과 근거 법률

법률	호칭	연령 구분
민법(民法)	미성년자(未成年者)	20세 미만
형법(刑法)	형사미성년자(刑事未成年者)	만 14세 미만
학교교육법(學校教育法)	학령아동(學齡兒童)	6세 이상 12세 이하
노동기준법(勞動基準法)	연소자(年少者)	15세 이상 18세 미만
아동복지법(兒童福祉法)	소년(少年)	소학교 취학 시기에서 만 18세에 이르지 않은 자
아동학대방지 등에 관한 법률 (児童虐待防止等に関する法律)	아동(児童)	18세 미만
아동매춘·아동 포르노 관련 행위 등의 처벌 및 아동보호 등에 관한 법률 (児童買春, 児童ポルノに係る行為等の処罰及び児童の保護等に関する法律)	아동(児童)	18세 미만
모자 및 과부 복지법(母子及び寡婦福祉法)	아동(児童)	13세 미만
소년법(少年法)	소년(少年)	20세 미만

3) 청소년 인구

우리나라 청소년 인구는 1982년 1,421만 명으로 정점에 도달한 이후 지속적으로 감소하고 있다. 「2020년 청소년백서」에 따르면 2020년 기준 9~24세의 청소년 인구는 약 854만 명으로 우리나라 총인구의 16.5%를 차지하고 있다.

우리나라의 청소년(9~24세) 인구는 1960년 796만여 명에서 지속적으로 증가하여 1980년에는 1,401만 명까지 증가한 것으로 나타난다. 이후 출산율의 감소로 청소년 인구가 점차 줄어들면서 2000년에는 1,150만 명, 2020년에는 854만 명까지 감소하였다. 현재와 같은 저출산 추세가 지속될 경우 2060년대에는 총인구 대비 청소년인구의 비율이 10.4% 수준까지 줄어들 것으로 전망된다(여성가족부, 2020b).

표 1-7 총인구와 청소년(9~24세) 인구 전망 (단위: 명, %)

연도	총인구	연평균 성장률	청소년인구				
			전 체	남 성	여 성	구성비	연평균 성장률
1960	25,012,374	-	7,956,903	4,072,726	3,884,177	31.8	-
1965	28,704,674	2.54	9,120,576	4,699,931	4,420,645	31.8	3.72
1970	32,240,827	2.18	11,329,714	5,848,491	5,481,223	35.1	4.42
1980	38,123,775	1.56	14,014,932	7,216,195	6,798,737	36.8	1.15
1990	42,869,283	0.99	13,553,357	6,990,839	6,562,518	31.6	-0.06
2000	47,008,111	0.84	11,501,436	5,987,274	5,514,162	24.5	-1.36
2010	49,554,112	0.50	10,370,213	5,468,113	4,902,100	20.9	-0.48
2020	51,780,579	0.14	8,541,708	4,447,614	4,094,094	16.5	-2.58
2030	51,926,953	-0.03	6,543,356	3,362,034	3,181,322	12.6	-2.41
2040	50,855,376	-0.38	5,309,633	2,721,856	2,587,777	10.4	-1.59
2050	47,744,500	-0.86	5,235,101	2,685,091	2,550,010	11.0	-0.55
2060	42,837,900	-1.20	4,458,075	2,285,661	2,172,414	10.4	-2.04
2070	37,655,867	-1.24	3,612,695	1,857,005	1,755,690	9.6	-2.37

주: 1) 연평균 인구성장률 = $\ln(Pt/Po)/T \times 100$ (Po: 기준연도 인구, Pt: 비교연도 인구, T: 비교기간)

2) 인구성장률은 전년대비 성장률을 의미함.

출처: 통계청(2021). 장래인구추계: 여성가족부(2023b). 2022년 청소년백서. 재인용.

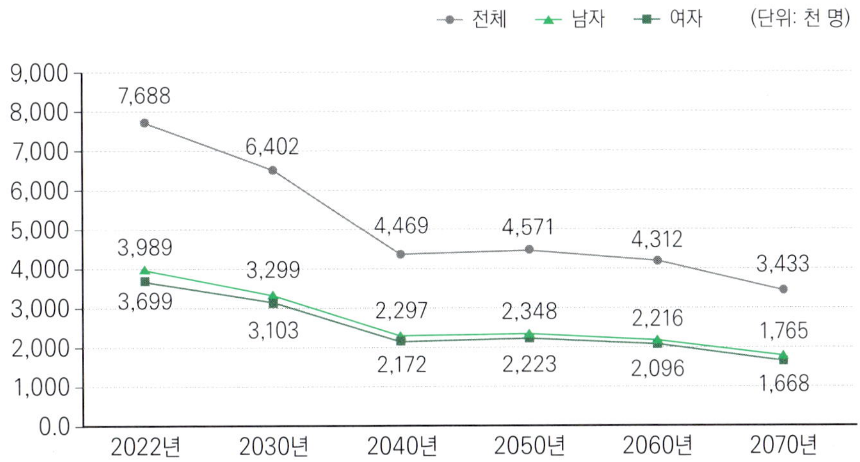

그림 1-1 청소년(9~24세) 인구 전망

출처: 여성가족부(2023b). 2022년 청소년백서.

이처럼 청소년 인구 구성비는 1980년대 이후 계속 낮아지고 있다. 18세 이하 인구가 총 인구에서 차지하는 비율은 2020년 15.8%로 1965년 51.3%에 비해 35.5% 낮아졌다. 또한 2020년 9~24세의 청소년은 16.5%로, 청소년이 많았던 1978년의 36.9%에 비해 20.4% 낮아졌다고 통계청은 보고하고 있다(표 1-8).

표 1-8 청소년 인구 및 구성비

(단위: 천 명)

구분	1960	1970	1980	1990	2000	2010	2020	2030	2040	2050	2060
총 인구	25,012	32,241	38,124	42,869	47,008	49,554	51,781	51,927	50,855	47,745	42,838
0~18세	12,508	16,419	16,545	14,489	12,904	10,759	8,191	6,786	6,182	5,598	4,563
(18세 이하 구성비,%)	50.0	50.9	43.4	33.8	27.5	21.7	15.8	13.1	12.2	11.7	10.7
9~24세	7,957	11,330	14,015	13,553	11,501	10,370	8,542	6,543	5,310	5,235	4,458
(9~24세 구성비,%)	31.8	35.1	36.8	31.6	24.5	20.9	16.5	12.6	10.4	11.0	10.4

출처: 통계청(2021). 장래인구추계.

02 청소년의 발달 특성

1) 신체발달과 성적 성숙

우리는 청소년기(青少年期)를 질풍노도의 시기, 심리적 이유기, 중간인, 주변인, 제2성장 급등기, 제2반항기, 사춘기, 심리사회적 유예기 등 다양하게 표현한다. 청소년기의 첫 단계라고 볼 수 있는 사춘기(思春期)는 생물학적인 변화로 인해 한 개인이 생식능력을 갖게 되는 시기를 말한다. 사춘기는 호르몬의 증가에 따라 성적(性的) 성숙이 명백해지고, 이런 내적인 변화가 제2차 성징(性徵)의 발달과 성장 급등(成長急騰)으로 나타나는 시기이다(Conger & Conger, 1991).

마셀(Marshall, 1978)은 사춘기에 다음과 같은 중요한 신체·생리적 변화가 나타난다고 하였다. 첫째, 신장과 체중의 급격한 증가, 둘째, 남성의 고환과 여성의 난소와 같은 생식선(生

殖腺, sexual gland) 또는 성선(性腺, sex gland)의 발달, 셋째, 지방질과 근육 같은 신체 구성요소의 변화, 넷째, 신체의 순환계통과 호흡기의 변화로 인한 운동능력의 증가를 제시하였다(김윤재 외, 2018).

사춘기의 변화는 누구에게나 일어나는 보편적인 현상으로, 보통 2년 동안 신장과 체중이 급속히 증가하게 되는데, 이는 뇌하수체에서 분비되는 호르몬의 영향이라고 할 수 있다. 이러한 신체적 변화는 영아기 이후 두 번째 성장 급등(growth spurt)을 경험하면서 신장을 비롯하여 체중, 골격, 근육, 호흡기, 생식기관 등의 급격한 성장을 하다가 18~20세경에 성장 급등은 완료된다. 성장 급등 현상이 끝날 무렵 청소년의 신체적 외모와 운동능력은 거의 성인 수준에 이르며, 신체 및 생리적 변화는 유전이나 영양상태, 성별, 인종 등에 따라 개인차는 있으나 모든 인류에게 보편적으로 일어나는 현상이다.

(1) 1차 성징과 2차 성징

사춘기가 되면 남학생과 여학생의 생식기인 난소와 고환이 발달하게 되고 성호르몬의 분비가 증가하게 된다. 이 성호르몬이 1차 성징의 근원으로 작용하게 된다. 1차 성징은 출생 시의 생식기에 의한 신체 형태상의 남녀 간 성차를 나타내는 특징을 일컫는 것이고, 2차 성징은 청소년기에 들어서 성호르몬의 분비에 의해 나타나는 신체 형태 및 기능상의 남녀 간 성차적 특징을 가리키는 것이다.

1차 성징은 생식과 직접 관련이 있는 것이 특징이다. 즉, 여성의 난소, 자궁, 질과 남성의 고환, 전립선, 음경, 정낭을 포함하는 생식기관과 관련된 성적 특징을 말한다. 이들 기관은 사춘기 동안 그 크기가 점차 커지면서 성적인 성숙을 이루게 된다. 소변 속에 비치는 정액은 남자아이들이 성적으로 성숙했다는 일차 신호로 간주되는데, 정액을 배출할 수 있게 되어야 생식이 가능해진다. 여학생의 월경과 같이 남학생의 정액이 나오기 시작하는 시기는 개인마다 편차가 있다.

한편 2차 성징은 성적 성숙이나 생식 기관을 직접적으로 겨냥하지 않는 신체적 특징을 아우르는 개념이다. 사춘기 청소년 남녀 모두에게서 나타나는 2차 성징으로는 생식기와 겨드랑이, 온몸에 털이 자라고 성인의 피부와 목소리를 갖게 되는 것을 들 수 있다. 남학생와 여학생의 상이한 2차 성징으로는 여학생의 경우 유방이 커지고 남학생의 경우 어깨가 넓어지는 것을 들 수 있다.

이와 같은 특징이 나타나는 시기에는 개인적인 차이가 엄연히 존재하지만, 그 출현 순서는 일정한 양상을 보인다. 사춘기의 성적 성숙의 시작과 과정, 결과에는 유전적인 요인과 함께 영양이나 보건, 생활습관과 같은 환경적인 요인도 중요한 영향을 미친다. 따라서 상이한 유전적 프로그램과 환경의 조합에 따라 개인적 편차가 발생함을 이해하고 최적의 발달을 돕는 차원에서 청소년을 위한 환경적 지원을 강화할 필요가 있다(김향은 외, 2016).

(2) 신체 성장 및 내부기관의 성장

청소년기는 제2성장 급등기로서 신장과 체중이 급격히 증가하는 시기이다. 청소년기에는 신체 성장 비율이 이전보다 2배 정도 빨라지며, 특히 여자 청소년이 남자 청소년보다 2년 정도 먼저 성장 급등이 시작되지만, 청소년기가 끝날 무렵에는 남자의 신체적 발달이 더 우세해진다. 신장뿐만 아니라 몸무게도 증가하는데 남자는 20kg 정도, 여자는 16kg 정도 증가한다고 볼 수 있다.

청소년기의 급격한 성장에는 우리 사회의 변화와 관련되어 있다. 과거에 비해 영양상태가 좋아졌으며, 사회환경, 유전인자, 생활양식 등의 변화는 모두 청소년들의 성장요인으로 작용하였다고 할 수 있다. 물론 이 시기에는 현저하게 개인차가 존재한다. 청소년들의 급격한 성장으로 대부분 청소년의 신체 부위는 균형이 맞지 않아 보인다. 머리와 손발이 먼저 어른의 크기와 형태가 되고, 다음으로 다리와 팔이 그 뒤를 따르며 마지막으로 몸통이 자란다. 하지만 아동기에 비해 뼈와 근육의 성장이 안정된다. 신체 내부에는 특히 간장과 폐활량, 소화기능 등에서 현저한 발달이 이루어지며, 내분비선이 발달하여 지방 과다로 여드름이 나게 된다.

신체 성장에서 남녀를 비교해 보면 청소년기 여자가 남자보다 2년 정도 앞서 성장 급등 현상이 나타나는데, 보통 여학생은 10~12세경, 남학생은 12~14세경에 시작된다. 11~13세에는 여자가 남자보다 키나 몸무게가 더 나가며 힘이 세지만, 이후에는 남자가 여자보다 더 커진다. 성장 급등 자체는 여자가 먼저 시작하지만, 청소년기의 성장속도는 남자가 여자보다 더 빠르기 때문이다. 여자의 경우 체지방이 증가하여 둥근 외모를 갖게 되는 반면, 남자는 오히려 체지방이 감소하여 모난 얼굴을 갖게 된다. 남자는 남성호르몬(안드로겐)으로 인해 어깨가 넓어지는 반면, 여자는 여성호르몬(에스트로겐)으로 인해 골반 부위가 넓어진다. 남자는 여자보다 근육이 발달하고 어깨가 넓고 다리와 팔이 길며 각진 외모를 갖는다. 또한 남자는 여자보다 신체활동을 더 많이 하여 폐가 발달하는 반면, 여자는 골반과 엉덩이 부분이 넓어지고, 체형은 가늘며, 어깨 폭이 좁고 둥근 외모를 가지며, 사춘기 동안 배와 엉덩이에 지방층(피하지방)이 발달한다. 청소년기의 신체적 성장은 여자가 16세경에, 남자는 19세경에 거의 정점에 이른다.

(3) 성적 성숙

청소년기에 신체적 성장 급등과 함께 성적인 성숙이 나타나는데 뇌하수체는 시상하부의 지휘에 따라 혈관 내부의 호르몬 수준을 조절하는 기능을 담당한다. 따라서 뇌하수체는 신체의 성장과 골격발달에 관계되어 있는 다른 호르몬도 분비하여 성장을 촉진시키며, 그에 따라 성장이 이루어지는 것이다. 이러한 사춘기적 변화는 사춘기 시작과 함께 약 4년 동안 일어나며, 일반적으로 여자가 남자보다 약 2년 정도 먼저 경험하게 된다.

특히 청소년기에 일어나는 내분비선의 변화는 이 시기 신체적 발달과 심리적 발달에 큰 영향을 미친다. 특별히 뇌하수체 진엽의 두 가시 기능이 청소년기에 중요한 변화를 미치는데, 하나는 신장과 체중의 변화를 조절하는 성장호르몬을 분비하는 기능이고, 다른 하나는 성선으로부터 성호르몬의 생성과 유출을 자극하는 기능이다. 이때 성선에서는 성호르몬을 분비하는데 사춘기에 중요한 역할을 하는 두 가지는 남성호르몬인 안드로겐(androgen)[3]과 여성호르몬인 에스트로겐군(the estrogen group)[4]이다. 남성호르몬 가운데서도 대표적인 테스토스테론(Testosterone)은 남자 청소년의 신체발달뿐만 아니라 성, 공격성과 관련

---

3 안드로겐은 남성의 2차 성징 발달에 작용하는 호르몬으로 주로 남성의 정소에서 분비되며 생식기관이나 그 밖의 성적 특징의 발육이나 유지 및 기능을 관장한다. 특히 뼈조직에서 단백질의 증가, 신장의 무게와 크기 증가, 땀과 피지샘의 활동 증가, 적혈구세포의 재생 등에 관여한다. 또한 사춘기의 청소년들에게 발생하는 여드름의 원인이 되기도 한다.

4 에스트로겐은 여성의 난소 안에 있는 여포와 황체에서 주로 분비되고, 태반에서도 분비되기 때문에 여성호르몬으로 잘 알려져 있으며 생식주기를 조절하는 역할을 한다. 일반적으로 에스트론(E1), 에스트라디올(E2), 에스트리올(E3) 세 종류가 잘 알려져 있다.

이 있다. 이것은 남성의 생식조직인 정소, 전립선의 발달에 중요한 역할을 하여 자신감 형성과 남성 역할의 수행에 기여한다. 특히 남자 청소년의 2차 성징과 관련하여 근육, 뼈, 체모의 발달, 목소리의 변화 등에 영향을 미친다. 테스토스테론의 증가는 상대적으로 적은 분비를 보이는 또래 동성 친구들보다 이성관계에서의 우위를 통한 자신감 향상이라는 측면에서 긍정적인 면으로 작용하는데, 이는 테스토스테론의 수치가 높으면 자신감이 상승하고, 승부와 도전을 두려워하지 않는 성격을 갖게 된다. 이것은 테스토스테론이 쾌감을 느끼는 뇌를 활성화시키기 때문이다. 반면 여성에게 에스트로겐은 사춘기 이후에 많은 양이 분비되어 여성의 성적 활동에 많은 영향을 끼친다. 사춘기에 일어나는 여성의 2차 성징의 원인이 되어 가슴을 나오게 하고 음모의 성장을 자극하여 성적인 특징을 발달시켜 성숙하게 하며 몸매에도 영향을 준다. 또한 에스트로겐은 생식주기에 직접적인 영향을 주기 때문에 사춘기의 징후는 생리(menstruation)이다. 초경은 일반적으로 12~13세에 시작하나 최근 초등학생 고학년 때 초경을 시작하는 사례가 증가하고 있다. 생리 초기에는 배란이 되지 않고 초경 후 12~18개월 지나야 임신이 가능하다. 여성이 폐경에 이르게 되면 나타나는 갱년기 장애의 주된 원인은 에스트로겐의 부족으로 나타나는 현상인 만큼 갱년기 장애는 호르몬 요법을 사용한다. 이처럼 에스트로겐은 생식주기를 조절하는 역할을 한다.

(4) 신체발달과 심리적 적응

신체상(身體像, body image)은 신체에 대하여 갖는 느낌이나 태도로서, 자신의 신체 부위와 기능에 대한 만족의 정도를 말한다. 만족의 정도가 높으면 긍정적 자아개념을 형성한다. 신체상은 자아개념이나 외부세계를 인식할 때 기초가 되는 중요한 과정으로서, 모든 사람이 자신의 신체상을 가지고 있다. 정신역동적 이론에서 인간의 가장 원초적인 자아가 곧 신체 자아이며, 신체의 지각과 개념 및 신체와 관련되어 있는 감정을 포함하여 신체상을 형성한다. 신체상은 자아 구조의 기초이며 성격형성의 핵심 요소이자 성격발달에도 중요한 영향을 미친다. 또한 신체상은 겉으로 보이는 외모뿐만 아니라 신체의 구조, 기능, 지각능력, 운동력 등을 포함하고 자신의 신념, 가치, 목표, 성격, 자신에 대한 다른 사람의 견해 등이 통합되어 형성되며 환경에 대한 반응을 결정하기도 한다.

사람들은 자신의 신체상에 대해 끊임없이 변화되고 다른 사람과의 관계경험을 통하여 형성되고 발달해 나간다. 즉, 유아기에는 다른 사람과 자신을 분리하는 인식이 명확해지고 운동능력과 감각기능의 발달과 함께 타인과 자신을 비교하거나 부모의 태도에 따라 신체상을 형성해 나간다. 학령기는 성역할이 구체화되는 시기로, 사회적 환경으로부터 자극을 받아 신체상이 점차 확대된다. 사춘기에는 2차 성징의 발달로 신체에 대한 관심이 더욱 증가하여 내적 신체상을 형성하고, 이 시기의 모든 행동의 근거가 된다. 따라서 청소년기에는 자신의 긍정적인 신체상을 형성하는 것이 무엇보다 중요하다. 왜냐하면 자신의 신체에 대한 이미지인 신체상과 신체적 매력은 청소년기의 긍정적 자기평가, 인기 그리고 친구 관계와 연관되어 있으며, 이로써 학업성취 및 심리적 적응과 정적인 상관관계를 가진다(이옥형, 2002).

대표적인 예로, 우리 사회에서 대중매체의 부정적 영향인 외모지상주의와 물질만능주의는 청소년들이 더욱 자신의 외모에 대해 불만족스럽다고 느끼게 함으로써 청소년 자신에게 부정적인 신체상을 형성하게 하고, 커다란 스트레스로 작용할 수 있다. 섭식장애는 식생활 습관의 장애로, 청소년의 신체발달과 심리적·사회적 적응에 중요한 영향을 주는데 주로 여자 청소년에게 많이 나타난다. 식욕을 상실하지 않았음에도 불구하고 자신의 체중을 최소화하기 위하여 불필요하게 음식의 섭취를 거부하는 신경성 식욕부진인 거식증(拒食症, anorexia nervosa)이나 많은 양의 음식을 한꺼번에 섭취하고 체중의 증가를 막기 위해서 인위적으로 토하거나 설사약을 복용하는 등의 왜곡된 행동을 반복하는 심리적 장애인 폭식증(暴食症, bulimia nervosa)이 여기에 속한다고 볼 수 있다. 이러한 섭식장애는 무월경이나 발기부전, 신체상의 왜곡, 비만에 대한 강한 두려움이 동반된다. 사춘기 청소년들에게 많이 나타나며, 이 증세를 보이는 사람은 내향성, 불안, 의존성 등이 정상인보다 강하고 강박적 관념을 지니고 있다.

성적인 조숙이 남녀에게 주는 영향 면에서 조숙한 남자 청소년은 또래 친구보다 강하고 체중도 무겁기 때문에 더 우수한 능력을 갖게 된다. 뛰어난 운동기술을 바탕으로 능동적으로 운동경기에 참여함으로써 부러움의 대상이 되며, 긍정적인 자아개념을 갖는다. 반면 늦은 성숙을 보이는 남자 청소년은 더 오랫동안 아동 취급을 받고, 자신이 정말 성적으로 성숙할 수 있을까 하는 걱정을 하게 되며, 이성과의 관계에 대한 어려움 및 부정적인 신체상을 갖는 경향이 있다. 조숙한 여자 청소년은 동년배보다 신체적으로 더 많이 발달되어 있어 자의식이 강하고 어색함을 자주 느낀다.

청소년기에는 신체적 발달과 성적 성숙 정도에 따라 개인차가 존재하는 만큼 청소년들의 신체상에 조숙과 만숙 중 어느 한쪽이 개인의 심리적 특징과 적응에 긍정적 결과를 가져온다고 단정 지을 수는 없다. 이러한 성숙의 시기는 개인차가 크며, 조숙과 만숙의 영향은 청소년기에 큰 의미를 갖지만, 대부분 그 영향은 일시적인 것이다. 왜냐하면 한 개인의 전체적 발달이 신체적 성장뿐만 아니라 인지적·사회적·환경적 요인 등에 의해 많은 영향을 받기 때문이다.

조숙과 만숙에 따른 심리적 영향에 대한 이해를 토대로 하여 늦은 성숙을 보이는 청소년들에게는 정상적인 성장 과정에 있다는 것을 이해시킴으로써 부정적인 신체상을 갖지 않도록 해야 하며, 빠른 성숙을 보이는 청소년들에게는 문제행동에 이르지 않도록 주의를 기울이는 것이 더욱 필요하다.

2) 인지 사회성 발달

청소년기에는 생물학적 발달뿐만 아니라 인지적 발달이 이루어진다. 이때, 인지는 인간의 두뇌 속에서 발생하는 일련의 과정들을 포함하는 개념으로, 지식의 구성, 획득, 유지와 활용 등을 포함하여, 이외에 사고, 상상력, 창의력, 추리력, 문제해결력, 개념화, 범주화와 같은 고등 정신과정으로 정의할 수 있다.

청소년은 아동과는 달리 형식적 조작이 가능해지는 단계이다. 즉, 추상적인 개념을 이해하고 가설-연역적 추리와 조합적 사고, 관련 변인의 연결, 다차원적 사고, 미래 예측 등이 가능하다.

청소년기는 우정이 무엇인지, 사랑이 무엇인지 등과 같은 추상적인 사고에 관심을 갖는다. 그뿐만 아니라, 눈앞의 현실 세계를 뛰어넘어 자신이 경험해 보지 못한 이상이나 가능성의 세계, 추상적인 것에 대한 사고가 발달하므로 개개의 사실이나 현상뿐만 아니라 상호논리적인 관계나 법칙성, 추상적·구조적 관계를 파악함에 따라 그 대상의 본질도 이해하게 된다. 특히 여러 가지 대안들을 사고할 수 있고, 가설을 추론할 수 있으며, 비유와 은어도 이해할 수 있다. 특히 논리적인 사고에 따라 사회, 정치, 종교, 철학 등의 전 영역에서 이상주의적 경향을 띠게 되어 자신의 생각과 일치하지 않는 것을 비판한다. 그들은 현 사회의 변화와 개혁을 통해 더 나은 사회를 요구하는 성향을 가지게 된다(백사인 외, 2015).

이러한 인지적 발달은 청소년의 자아정체감의 형성과 자기중심성의 형성, 도덕성의 발달과 사회적 상호작용에도 영향을 미친다.

(1) 자아중심성의 발달

인지적 발달 중 청소년기의 자아중심성은 형식적 조작사고가 발달하는 11~12세경에 시작되며, 15~16세경에 정점을 이루다가 청소년들이 다양한 대인관계의 경험을 통해 자신과 타인에 대한 객관적인 이해를 증가시켜 나가면서 점차 사라지게 된다.

자기중심성 형성은 청소년기에 나타나는 과장된 자의식을 반영하는 현상으로, 청소년들이 행동할 때 언제나 다른 사람들이 자신의 행동을 주시하고 있다고 생각하는 것이다. 비록 자기 의견이 다른 사람들에게 받아들여지지 않는다 하더라도 어디엔가 자기의 아이디어를 받아주고 갈채를 보내는 청중이 있다고 상상하는 '상상 속의 청중(imaginary audience)' 현상으로 나타나기도 한다. 사춘기의 소년·소녀들은 '상상 속의 청중(관중)'을 염두에 두고 마치 자신이 무대에 선 배우처럼 타인들의 관심의 초점이 된다고 믿는다. 또한 자신은 매우 소중하고 특별한 존재로 다른 사람은 다쳐도 자신은 다치거나 죽지 않을 것이라고 생각하는 '개인적 우화(personal fable)' 경향을 보인다. 개인적 우화는 자신감과 위안을 주는 측면도 있지만 정도가 심해지면 자기 존재의 영속성과 불멸성을 믿게 됨으로써 과격하고 위험한 행동에 빠져들 우려도 있다.

이러한 청소년기 자아중심적 사고를 극복하기 위한 방법은 다양한 만남을 통하여 사람마다 관심사가 다르다는 점을 깨닫게 해주는 것이다. 또한 친밀한 인간관계를 통하여 나도 남과 비슷한 면이 있다고 느끼게 해주는 것이다.

표 1-9 청소년기 자아중심성으로 나타나는 현상

상상 속의 청중 (imaginary audience)	• 과장된 자의식으로 인해 자신이 타인으로부터 관심의 대상이 되고 있다고 믿는 형태이다(예: 공주병, 왕자병). • 청소년들은 상상 속의 청중을 만족시켜주기 위해 많은 에너지를 쏟으며 타인이 눈치 채지 못하는 작은 실수에 대해 심한 고민과 걱정에 빠진다.
개인적 우화 (personal fable)	• 자신은 특별하고 독특한 존재이므로 자신의 감정이나 경험세계는 다른 사람과 근본적으로 다르다고 믿는 것이다. • 자신감과 위안을 주는 측면도 있지만 정도가 심해지면 자기 존재의 영속성과 불멸성을 믿게 됨으로써 과격한 행동에 빠져들 위험이 있다(예: 폭주족, 음주운전, 마약, 성문란 등).

출처: 최세영 외(2019). 인간행동과 사회환경. p. 268.

(2) 사회성의 발달

청소년기는 부모의 지지와 승인을 필요로 하면서 동시에 부모의 통제를 받지 않으려 하는 시기로, 심리적 이유기라 할 수 있다. 청소년들이 부모로부터 개별화 노력을 통하여 자신을 부모와는 다른 독특한 한 사람의 인격체로 인식하고 경험해 가는 심리적인 과정인 것이다. 이러한 노력은 성인으로 독립하는 데 절대적으로 필요한 요소이다. 따라서 부모들이 이러한 과정을 자연스러운 성장 과정으로 인정하지 않고 부모에 대한 도전이나 반항이라고 인식할 때 부모와 자녀 간의 갈등은 증폭될 수 있다.

청소년기에는 부모나 가족으로부터 분리되어 친구나 또래 집단 활동에 몰두하거나, 자기 자신에게 의존하려는 경향이 증가한다. 특히 또래 집단에 몰입은 서로 간의 심리적으로 관여하는 정도가 매우 깊어지고 비밀을 털어놓을 수 있는 친밀한 관계를 형성해 나가며, 또래관계를 통해 자신의 정체감을 형성하고 유지하는 데 필요한 심리적·사회적 지지를 얻게 된다. 이 시기 또래 친구들로부터 충분한 심리적·사회적 지지를 받지 못하게 되면 부정적인 자아상을 확립하게 되고, 사회적 거부, 배척의 감정, 고립감을 갖게 된다. 그만큼 또래관계는 청소년들에게 정서적 안정감을 제공하며 우정을 통해 자신을 표현하고 타인을 이해할 수 있게도 하지만 동년배와의 관계에서 갈등이나 긴장을 경험할 수도 있다.

(3) 청소년기 자아정체감의 발달

자아정체감(ego-identity)은 자신의 독특성에 대한 비교적 안정된 느낌을 갖는 것으로, 행동, 사고, 감정의 변화에도 불구하고 자신에게 갖는 일관성을 의미한다. 자아정체감이란 건강한 성격을 유지 및 발전시켜 가기 위해 반드시 필요한 요소로서 '나는 누구인가'에 대한 의식이라고 설명하고 있다. 자아정체감이 형성되었다는 것은 자신의 성격, 취향, 가치관, 능력, 관심, 인간관, 세계관, 미래관 등에 대해 비교적 명료한 이해를 하고 있으며, 이를 바탕으로 지속성과 통합성을 가지고 있는 상태를 말한다. 이것은 개인의 이상과 행동 및 사회적 역할을 통합하는 자아의 기능에 의해서 이루어진 결과이다.

에릭슨(Erikson)은 자아정체감의 형성이란 청소년기 동안에 이루어야 하는 가장 중요한 발달과업이며, 일련의 의문들(예를 들어, 나는 누구인가? 앞으로 무엇을 할 것인가? 미래의 나는 어떻게 될 것인가?)에 대한 답을 찾아가는 과정에서 자아정체감을 형성해 나간다고 하였다. 따라서 청소년기 동안 정체감 획득이 이루어지면 성인기의 역할 수행이 용이해지는 반면, 정체감 확립이 이루어지지 않아 역할혼란을 경험하는 청소년들은 청소년기의 비행이나 일탈행동에 관여하게 되는 경우가 많다(천정웅 외, 2013).

마르샤(Marcia, 1980)는 에릭슨의 정체감 발달이론을 기초로 하여 청소년의 직업선택, 종교 및 정치이념에 대한 위기(crisis)와 전념(수행, commitment)의 경험 여부를 조사하여 정체감의 상태를 정체감 혼미, 정체감 유실, 정체감 유예, 정체감 성취의 4가지 수준으로 구분하였다(그림 1-2).

정체감 혼미 (identity diffusion)	• 정체감 위기나 수행을 아직 경험하지 않았을 뿐만 아니라 직업이나 자신의 신념에 대한 의사결정도 하지 않은 상태 • 정체감 문제에 대한 관심이나 필요성을 아직 느끼지 못하여 그것이 중요한 쟁점이 아니거나, 쟁점이 되었다 하더라도 결코 해결되지 않은 상태
정체감 유실 (identity foreclosure)	• 자신의 가치관이나 진로에 있어서 의문을 제기하거나, 가능한 대안을 생각하는 것과 같은 위기를 경험하지 않고 부모나 다른 역할 모델의 가치, 기대 등을 그대로 수용하여 그들과 비슷한 선택을 한 상태 • 직업, 이념 등을 탐색하려는 적절한 기회를 갖고자 하는 위기를 경험하지 않고 선택의 여지도 없이 무조건 의사결정을 내린 상태
정체감 유예 (identity moratorium)	• 정체감 위기상태에 있으면서 자아정체감 형성을 위해 다양한 역할, 신념, 행동 등을 실험하고 있으나 의사결정을 하지 못한 상태 • 정체감 유예에 속한 청소년들은 대안적인 역할과 신념들을 시험해 봄으로써 개인적 정체감을 정의하려고 적극적으로 노력하지만, 아직 수행을 하지 않았거나 매우 일시적으로 시험적인 수행만을 하고 있는 상태
정체감 성취 (identity achievement)	• 정체감 위기를 성공적으로 극복하여 직업, 개인적 신념, 삶의 목표, 정치적 견해 등에 대해 청소년 스스로 의사결정을 할 수 있는 상태 • 직업, 이념, 가치 등에서 위기를 경험하고 대안의 탐색을 통하여 청소년 스스로 확고한 신념체계를 확립한 상태

그림 1-2 마르샤의 정체감의 4가지 수준

함께 풀어 봅시다

1 청소년을 지칭하는 단어로, 고대사회로부터 사용되었으며 주로 미성숙이라는 부정적 의미를 갖고 있는 것은 무엇인가?

① Child　　② Adolescence
③ Youth　　④ Teenager

정답 ③
해설 청소년을 지칭하는 영어 표현으로는 Youth와 Adolescence가 있는데 Youth는 주로 '미성숙'이라는 부정적 의미를 갖고 고대 사회로부터 사용된 단어이다. 반면 Adolescence는 근래 이후 사용되었으며, 그 의미는 '성장하다', '성숙에 이르다'는 뜻을 지니고 있다.

2 청소년과 관련 법률에서 규정하는 청소년 연령으로 틀린 것은?

① 「청소년 보호법」 - 19세 미만의 자
② 「청소년복지 지원법」 - 9세 이상 24세 이하의 자
③ 「소년법」 - 19세 미만의 자
④ 「민법」 - 19세 미만의 자

정답 ①
해설 「청소년 보호법」에서는 청소년을 '만 19세 미만의 자'로 규정하고 있다.

3 일본에서 청소년을 지칭하는 명칭으로 직접 사용하고 있지 않은 것은?

① 미성년자　　② 청소년
③ 소년　　④ 연소자

정답 ②
해설 일본은 청소년이라는 명칭을 직접 사용하고 있지 않고, 법령에 따라 '미성년자(未成年者)', '소년(少年)', '아동(児童)', '연소자(年少者)' 등으로 구분하여 사용하고 있다.

4 남자 청소년의 신체발달뿐만 아니라 성, 공격성과 관련이 있는 호르몬은?

① 엔도르핀　　② 안드로겐
③ 테스토스테론　　④ 에스트로겐

정답 ③
해설 테스토스테론은 남자 청소년의 신체발달뿐만 아니라 성, 공격성과 관련이 있다. 즉, 남자 청소년들의 성에 대한 관심과 욕구의 증가는 테스토스테론과 밀접한 관계가 있으며, 이러한 호르몬의 증가는 남자 청소년의 신체발달과 매우 밀접한 관계가 있다.

5 청소년기의 인지 특성이 나타나는 시기는?

① 감각운동기　　② 전조작기
③ 구체적 조작기　　④ 형식적 조작기

정답 ④
해설 청소년기의 인지 특성은 피아제의 인지발달 단계에서 4번째 형식적 조작기로서, 추상적이고 가설적 수준의 개념에 대한 조작이 가능하여 성인과 같은 완전한 사고를 할 수 있다고 본다.

chapter 2

청소년복지와 발전

01 청소년복지의 개념

청소년복지는 청소년과 복지의 합성어다. 우리 사회에서 청소년에 대한 이해와 함께 사회적인 관심과 활발한 학문적 연구가 이루어진 것은 비교적 근대에 이르러 나타난 현상이며, 청소년복지에 대한 담론도 근래 들어 더욱 활발하게 논의되고 있다고 볼 수 있다.

과거에 청소년복지는 아동복지의 연장선 속에서 이해되고 해석되거나 청소년정책, 청소년, 청소년활동 등으로 그 개념이 혼재되었던 것으로 볼 수 있다. 하지만 청소년복지는 아동복지와 차별되는 독립된 사회복지 영역이며, 청소년정책, 청소년활동을 포함하는 광의의 영역이다. 청소년복지는 청소년의 성장에 영향을 미치는 환경과 교육을 포함하여, 건강, 활동, 진로, 직업, 여가, 인격함양과 사회성 증진 등의 제반 사항을 복지 차원으로 접근하여 제공하는 것이다. 즉, 청소년복지는 청소년의 건강한 성장과 올바른 인격 형성을 이루는 데 필요한 중요 요인인 것이다. 청소년복지는 청소년이 올바른 가치관을 형성하고 건강한 청소년으로 성장하고 발달할 수 있도록 그들에게 주어진 문제를 해결할 수 있는 기회를 제공하는 것이다. 또한 다양한 경험의 기회를 통해 자신의 능력을 발견하고 사회적 역할과 책임을 수행하는 공동체구성원으로 성장할 수 있는 환경을 조성하는 것이다. 또한 일련의 과정을 통하여 책임 있는 우리 사회의 구성원으로, 주어진 역할을 수행하고 행복한 삶을 영위하는 민주시민으로 성장하도록 제반여건을 제공하는 것이라고 할 수 있다.

청소년복지에 대한 정의에 있어 노혁(2020)은 소극적인 측면과 적극적인 측면으로 구분하여 정의하였다. 첫째, 소극적인 측면의 청소년복지는 사회적으로 소외되거나 적응에 실패한 청소년에게 사회복지정책과 개별서비스의 전달을 통해 사회구성원으로서 정당하게 생활하고 나아가 신체적·심리적·사회적 자립 능력을 갖도록 돕는 것으로 보았다. 둘째, 적극적인 측면에서의 청소년복지는 성과 능력, 신체 및 정신과 사회적 조건에 관계없이 모든 청소년이 인간답게 생활하는 데 필요한 권리와 책임을 갖게 하여 청소년으로서의 삶을 풍요롭게 누릴 수 있게 하며, 더불어 청소년의 잠재적 능력을 개발하도록 돕는 복지라고 정의하였다. 마이어(Meyer, 1985)는 청소년복지가 하나의 사회제도이며 전문직이어야 한다고 하였으며, 송정부(1992)는 청소년복지가 사회복지의 하위범주로서 청소년이 사회생활의 기본 욕구와 관련하여 경제적 안정, 직업적 안정, 가족적 안정, 보건 및 의료의 보장, 교육의 보장, 사회참여 내지 사회적 협동의 기회, 문화와 오락의 기회를 충족시키는 과정이라고 정의하였다(김도영 외, 2020).

청소년복지는 일반 청소년뿐만 아니라 다양한 문제를 가진 청소년을 포함한 모든 청소년이 가족과 사회의 일원으로서 행복하게 살면서 건전하게 성장·발달하도록 지원하는 공적·사적 차원에서의 조직적 활동을 의미한다. 또한 청소년복지란 청소년의 인권보장과 가족 및 사회의 구성원으로 바람직한 삶을 누릴 수 있도록 하기 위한 복지정책과 서비스지원을 의미한다. 「청소년 기본법」 제3조에서 정의하고 있는 청소년복지는 청소년이 정상적인 삶을 영위할 수 있는 기본적인 여건을 조성하고 조화롭게 성장 및 발달할 수 있도록 제공되는 사회적·경제적 지원이다. 과거에는 청소년복지를 자선적인 측면에 비중을 많이 두어 신체적 또는 경제적으로 혼자서 생활을 유지할 수 없는 자들을 보호 또는 원조하는 데 주력하였다. 그러나 현재에는 청소년의 권리 문제에 더 많은 비중을 두고 청소년의 건전 육성을 위한 제도적 뒷받침과 프로그램 개발 및 사업 실행에 주의와 노력을 기울이고 있다.

이러한 내용을 토대로 정리하면, 청소년복지는 '일반 청소년뿐만 아니라 다양한 문제를 가진 청소년을 포함한 모든 청소년들이 가족과 사회의 일원으로서 행복하게 살면서 건전하게 성장·발달하도록 지원하는 공적·사적 차원에서의 조직적 활동'이라고 할 수 있다.

02 현대사회 특성이 청소년복지에 미치는 영향

청소년복지의 발달 배경에는 1990년 자본주의와 민주주의 발전의 가속화에 따른 영향과 산업화의 팽창이 불러온 교육의 확장이 청소년과 청소년기를 독자적인 생애발달주기로 인정해야 한다는 사실에 근거한다. 우리나라에서 청소년복지를 적극적으로 국가의 정책 차원에서 다루기 시작한 시점은 1990년 이후라고 할 수 있다. 이 시기에 청소년복지에 대한 새로운 해석과 함께, 보다 많은 관심으로 청소년 문제를 개인의 문제가 아닌 사회와 국가의 문제로 인식하고 청소년에 대한 사회적 책임과 청소년복지의 중요성을 강조하게 되는데, 그 배경을 다음과 같이 설명할 수 있다.

첫째, 정보화 사회로 변화되면서 IT 강국이라는 긍정적 측면도 있지만, 청소년의 스마트기기 과의존 경향이 심화되면서 정보화의 역기능이 늘어나고 있다. 특히 인터넷을 통한 무분별한 성범죄의 대상에 청소년이 노출되어 있다. 또한 유해한 정보의 접촉과 폭력적이고 자극적인 게임, 익명성(匿名性)을 요구하는 가상공간 안에서 채팅과 SNS를 통한 무차별적인 언어들로 인한 폭력성과 중독성으로 인한 피해자와 가해자는 모두 청소년이 그 중심에 자리하고 있다는 것이다.

둘째, 우리 사회의 고용불안이 청소년의 취업 스트레스로 이어지고 있다. 1997년 IMF[1] 외환위기를 경험하면서 우리 사회는 안정된 고용을 기대할 수 없게 되었고, 실업률의 증가로 새로운 전문지식이나 기술을 습득하고 탁월한 성과를 보여야 한다는 부담 속에서 스트레스를 받고 있다. 우리 청소년들 또한 학교를 졸업하고 안정된 직장을 얻기 위한 노력, 나아가 취업 스트레스가 가중되고 있어 취업불안으로 인한 졸업 기피현상까지 이어지면서 학령기가 길어지고 있다. 대학생이 되어서도 초·중·고 때처럼 부모님께 학점 눈치를 받으며, 학점 취득이 수월한 교과목을 선택하거나 학점이 후한 교수님을 선호하는 등 학점 경쟁이 치열하기까지 하다. 취업조건에는 학점 이외에도 다른 필요한 역량이 있음에도 불구하고, 우리 사회는 학점 경쟁을 부추기고 있으며, 힘들게 취업을 해도 안정을 보장받지 못해 불안

1 국제통화기금(International Monetary Fund: IMF)은 세계무역 안정을 목적으로 설립한 국제금융기구이다.

속에 미래를 맞이하고 있다. 이러한 취업의 어려움을 반영이라도 하듯 관련된 신조어들도 대거 등장하여 눈길을 끌고 있다. 취업난과 관련하여 취업낭인, 취업 9종 세트, 취반생, 돌취생, 부장인턴 등의 다양한 신조어들이 어렵고 힘든 우리 사회 현상을 은어적으로 표현하고 있다.

① **취업낭인**: '취업(就業)'과 '낭인(浪人)'의 합성어로, 한 군데 정착하여 취직하지 못 하고, 여러 회사를 돌아다니며 자신에게 맞는 직장을 찾는 사람들을 가리키는 용어다.
② **취업 9종 세트**: 취업을 위해 갖춰야 할 9가지 스펙을 의미하는 말로서, 여기에는 학벌·학점·토익·어학연수·자격증·공모전 입상·인턴 경력·사회봉사·성형수술 등이 포함된다.
③ **취반생**: 취업 반수생의 줄임말로, 대학을 다니다 적성에 맞지 않아 도중에 다시 수능 준비에 들어가는 학생들을 반수생이라고 지칭한 것에서 생겨난 용어다. 즉, 자신의 적성이나 마음에 드는 직장에 들어가기 위해 현재의 직장에 다니며 이직을 준비하는 신입 직장인들을 뜻한다.
④ **돌취생**: 돌아온 취업 준비생의 줄임말로, 더 나은 직장에 들어가기 위해 취업한 회사에 오래 근무하지 못하고 곧 회사를 그만둔 이들을 뜻한다.
⑤ **부장인턴**: 정규직 채용에 실패한 취업 준비생들이 여러 업체의 인턴직을 전전하면서, 회사의 부장만큼이나 경험이 풍부해지는 현상을 꼬집는 용어다.

출처: pmg 지식엔진연구소(2021). 시사상식사전.

셋째, 가족구조의 변화로 인한 세대 간 갈등 문제를 들 수 있다. 우리나라는 단기간 급성장하는 과정에서 산업화에 잘 기능하는 핵가족화가 보편화되었고, 더 나아가 소인수가족으로 1인 가구가 증가되는 현실에서 개인주의가 강화되고 있고, 이로써 서로 다른 사람의 가치관과 세계관을 수용하지 못한 채 갈등과 분열을 경험하기도 한다. 특히, 가족 안에서 조부모와 손자녀 간의 세대 갈등에 이어 부모-자녀 간의 세대 갈등도 확산되고 있다. 이러한 세대 간 갈등이 결국 청소년 문제로 이어지는 것을 볼 수 있다.

마지막으로, 입시 위주의 획일화된 교육방식은 과도한 교육열을 높이고, 청소년의 기본 인성 함양을 위한 교육이 아닌 대학 진학이라는 1차적 목표만을 향해 있다. 좋은 대학이 곧 좋은 취업을 보장한다는 획일화된 사고방식에서 벗어나지 못한 채, 학업 스트레스로 정신건강의 위험신호인 청소년 우울, 자살, 학교폭력 등의 여러 문제가 등장하고 있다. 치열한 경쟁과 과도한 사교육의 행태들은 청소년의 건강을 오히려 저해할 뿐 아니라, 인성교육의 부재로 인한 여러 사회적 문제, 청소년 문제 등을 양산하는 위험이 있음을 간과해서는 안

될 것이다.

청소년복지를 위한 주요 수단으로는 요보호 청소년, 비행청소년, 근로청소년, 일반 청소년을 위해서 청소년복지 서비스, 교육 기회 확대사업, 근로조건 개선사업, 청소년활동사업, 청소년행정 등이 대표적으로 거론되고 있다.

한편 청소년복지 서비스 영역은 크게 다음 세 가지 범주로 구분할 수 있다. 첫째, 가족의 청소년 양육을 보호하고 지원하는 영역으로, 생활보호, 교육보호, 시설보호 서비스가 있다. 둘째, 청소년 문제를 예방하고 해결하는 영역으로, 상담서비스, 일시보호 서비스, 문제행동에 대한 대책 등이 있다. 셋째, 사회문제를 예방하고 피해자를 지원하는 영역으로, 청소년 권리 옹호, 학대 피해청소년 옹호, 청소년 유해환경 규제, 청소년 노동력 보전을 위한 서비스가 있다(김향은 외, 2016; 홍봉선·남미애, 2018).

03 청소년복지의 필요성

앞서 제시한 청소년복지의 발달 배경을 토대로 청소년복지의 필요성이 제기된 사회문화적 배경을 다음과 같이 나누어 살펴보도록 한다.

1) 가족구조의 변화

출산율 감소와 고령인구 증가, 이혼율 증가로 인한 가족의 해체와 한부모가족의 증가, 취업지연에 따른 청소년기의 연장, 다양한 가족 유형의 출현 등이다.

첫째, 사회경제적 환경 및 가치관의 변화에 따라 결혼을 기피하거나 연기하는 현상이 두드러지면서, 혼인연령이 상승하고 있다. 또한 성불평등으로 인한 출산과 양육부담에 따른 현실적 갈등이 한자녀 출산이나 출산 포기로 이어지면서 급격한 출산율 저하로 나타나고 있다. 자녀교육에 있어서 핵가족, 맞벌이 가구의 증가로 가족의 돌봄 기능이 약화되면서 과거 조부모나 친척 등이 손자녀를 돌보던 것과 달리 자녀를 교육기관을 통한 대리보호, 양육이 증가하고 있다. 뿐만 아니라 고령인구의 증가로 새로운 사회적 돌봄 문제와 함께 가족 기능의 변화를 나타내고 있다. 이로 인해 각 세대 간의 상호작용이 위축되고 자녀양육에 대한 정보획득과 소수 자녀에 대한 과도한 관심과 애착이 청소년 문제로 이어지고 있다.

둘째, 별거나 이혼으로 인한 한부모가구의 증가 문제이다. 이혼으로 인한 가족해체는 청소년 시기에 부정적인 영향을 미쳐 그 파급력이 상당하다. 가족의 해체는 특히 자녀에게 미치는 영향 정도가 매우 크다. 가족이 해체에 이르는 과정에서 겪게 되는 가족 내 갈등과 심리적 갈등과 불안은 청소년의 심리·정서적인 부분에 큰 영향을 미쳐, 성격형성과 사회성에도 부정적인 영향을 미치게 된다. 따라서 이러한 청소년에 대한 사회적 관심과 복지적 접근이 매우 필요한 상황이다.

한부모가구는 일반가구 중에서 한부(모)와 미혼자녀로만 구성된 가구를 의미한다. 최근 들어 늘어나는 한부모가구는 이혼이나 미혼가구 등을 원인으로 점차 증가 추세이다. 전체 가구 중 한부모가구가 차지하는 비중은 2008년에는 9.0%인 약 150만 가구로 나타났는데, 2017년과 2018년에는 10.9%에 해당하는 약 210만 가구가 한부모가구로 나타냈다(표 2-1).

표 2-1 연도별 한부모가구 현황

(단위: 천 가구, %)

연도	전체 가구(A)	한부모가구(B)	한부모가구 비율(B/A×100)
2008	16,791	1,509	9.0
2016	19,285	2,090	10.8
2017	19,524	2,127	10.9
2018	19,752	2,158	10.9
2019	20,891	1,529	7.3
2020	21,485	1,533	7.1

출처: 통계청(2022). 2021 한부모가족실태조사.

가족 형태가 다양해짐에 따라 한부모가구의 비율은 앞으로도 늘어날 것으로 예상된다. 이혼으로 인한 가족해체의 증가는 청소년들로 하여금 불안, 갈등, 분노 등 정신적인 고통을 겪게 할 뿐 아니라, 어린 시절 부모의 별거나 이혼에서 받은 아픈 경험들이 청소년의 성격과

정서 형성에 부정적 영향을 미칠 수 있다는 점을 간과해서는 안 된다. 이에 따라 한부모가구의 경제적 자립, 자녀 양육 및 교육 등에 대한 정부의 지원이 요구된다(여성가족부, 2018d).

셋째, 보호대상아동의 증가이다. 보호대상아동이란 보호자가 없거나 보호자로부터 이탈된 아동, 또는 보호자가 아동을 학대하는 경우 등 그 보호자가 아동을 양육하기에 적당하지 아니하거나 양육할 능력이 없는 경우의 아동을 말한다(「아동복지법」 제3조). 보호대상아동에게는 국가의 특별한 보호가 요구되며, 국가는 아동양육시설, 공동생활가정, 가정위탁, 국내·외입양 등의 형태로 보호조치를 시행해야 한다. 과거에는 소년소녀가장이란 형태로 국가의 책임 없이 방치되는 사례가 존재하였으나, 유엔아동권리위원회의 권고 이후 우리나라에서 아동만으로 이루어진 가구는 거의 남아 있지 않다. 보호대상아동에 대한 국가의 책무성이 점차 높아지고 있다고 할 수 있다.

보호대상아동 수는 1990년대 말의 경제위기와 2000년대 초반의 악화된 경제상황에 의해서 매년 1만 명 이상 발생하였다. 특히 2000년 15,936명에서 2001년 21,816명으로 보호대상아동 발생 수가 급격히 증가하기도 하였다. 그 후 보호대상아동의 발생은 2002년에 22,341명으로 정점을 찍은 이후로 점차 감소하였고, 2010년 이래로 1만 명 아래 수준을 유지하고 있다. 2018년에는 4,538명으로 1998년 이래로 가장 낮은 수준을 보였다(보건복지부, 2019). 이처럼 보호대상아동 수가 감소하는 이유는 사회 전반의 저출생과 관련한 아동 인구 수 감소와도 연관이 있는 것으로 보인다.

표 2-2 보호대상아동 현황

(단위: 명)

연도	2000	2001	2005	2010	2015	2018	2019	2020	2021	2022
보호아동 수	15,936	21,816	18,468	9,960	4,975	4,538	4,612	5,053	4,521	3,756

출처: 보건복지부(2023). 2022 보호대상 아동 현황보고.

「유엔 아동권리협약」에서는 국가가 원가정 보호를 위해 노력해야 하고, 원가정 보호를 할 수 없는 경우에는 가정과 가장 유사한 형태의 대안 양육을 권장하고 있다. 이는 가정과 유사한 형태의 가정위탁이나, 시설에서 보호하더라도 대규모 시설에서의 보호가 아닌 공동생활가정과 같은 소규모 보호가 적절하다고 보는 것이다. 이러한 요구를 반영하여 우리나라도 보호대상아동에 대한 보호 조치로 가정위탁과 공동생활가정을 확대하고 있는 추세이다. 동시에 입양은 최후의 수단으로 고려하도록 하고 있으며, 입양의 절차와 결정에 대한 국가 책임을 강화하도록 법을 제·개정 중이다. 이로 미루어볼 때 보호대상아동의 보호현황은 앞으로도 지속적으로 변화할 것으로 보인다.

넷째, 미혼모와 그 자녀의 문제이다. 이들은 청소년복지 관점에서 중요한 대상이며, 이들 문제의 해결과제가 검토되어야 한다. 미혼모는 사회적 은닉성이란 특성으로 인하여 그 실태를 정확하게 파악하기가 어려운 실정이다. 미혼모는 아이와 관련하여 그의 모성 역할에 많은 현실적 어려움을 경험하게 된다. 2022년 통계에 의하면 미혼모 청소년이 1,075명, 미혼부 청소년이 17명으로, 미혼모와 함께 미혼부에 대한 자녀양육에 필요한 재정적 지원, 즉 생활비, 의료비, 주거할 장소 및 법적 보호 등을 얻을 수 있는 문제 등이 산재해 있다. 미혼모와 그들의 자녀에 대한 적절한 사회적 서비스가 수반되지 않을 때, 당사자와 그 자녀들의 미래는 어떻게 될 것인가를 고려한다면 이 또한 정부의 체계적인 대책 마련이 필요하다.

다섯째, 다양한 가족 유형의 출현에 따른 기존의 가족 개념에 대한 변화는 청소년복지에 대한 관심을 한층 증가시키는 요인으로 작용하고 있다. 가족해체로 인한 한부모가족, 결혼을 기피하는 비혼에 따른 미혼부모가족, 부모의 사망이나 이혼 등의 이유로 가장이 된 소년소녀가족, 부모의 별거나 사망 등으로 인한 조손가족, 재혼을 통해 생겨난 재구성가족, 친자녀가 아닌 자녀를 자녀로 입양해 가족을 구성하는 입양가족, 국제결혼으로 구성된 다문화가족, 북한을 탈출하여 남한에서 자리 잡은 새터민가족, 동성의 부부로 이루어진 동성가족, 결혼이나 혈연관계가 아닌 공동의 거주 안에서 생겨난 공동체가족에 이르기까지 우리 사회는 과거와 다른 다양한 가족의 유형이 공존하는 시대에 살고 있다. 이에 따른 가족 내 청소년에 대한 이해가 확장되어야 하며, 기존 복지정책의 획일화된 접근에서 다양한 개인별 맞춤 정책이 빠르게 요구된다.

2) 사회적 측면

첫째, 인간성 회복을 위한 윤리의식 부재 또는 실종에 대한 성찰이 요구된다. 인간 중심의 가치 회복과 건전한 윤리관 정립은 청소년기 갖추어야 할 기본적인 인성으로 이해된다.

그동안 우리 사회가 달려온 근대화는 정신적인 가치나 기준보다 경제성장을 위해 몰두해 왔다. 그 결과 경제 수준은 세계적 수준으로 발돋움하였으나, 사회 전반에 물질만능주의와 인간경시 풍조가 팽배하게 되었고, 청소년에게 올바른 인성과 윤리의식보다 경쟁에서 살아남기 위한 방법을 전수하기에 급급하였으며, 이는 청소년의 일탈, 비행, 폭력, 범죄 등 규범의 부재나 타락과 같은 부작용의 결과를 낳았다. 따라서, 청소년기 갖추어야 할 인성과 윤리의식을 함양할 수 있는 사회적 변화와 함께 적극적인 정책적 개입이 요구된다.

둘째, 급속한 인터넷 발달에 따른 긍정적 요인과 부정적 요인에 대한 면밀한 관찰과 함께 적절한 지원과 통제가 병행되어야 할 필요성이 제기된다. 과거와 다르게 지금의 청소년은 그들의 일상에서 인터넷과 디지털기기를 제외하고 설명할 수 없을 정도로 친숙하다. 이러한 현상은 당장에 인터넷, 스마트폰 과의존이라는 심각한 후유증을 동반하고 있으며, 인터넷을 통해 수많은 정보가 가감 없이 제공되어 그들의 선택에 따라 또는 선택과 관계없이 무방비로 노출되는 부정적인 유해환경으로 심각한 피해를 낳고 있는 실정이다. 그 결과 디지털기기에 대한 과의존 증상을 포함하여, 청소년성매매, 사이버불링, 게임중독, 약물중독, 자살과 우울의 정신건강 문제, 범죄 노출 등 이루 열거하기 어려운 많은 문제를 동반하고 있다. 따라서 인터넷과 디지털기기로부터 청소년을 보호하고 상황에 따른 유연한 교육 내용과 방법의 변화를 꾀하여 유해환경에 대한 적극적인 방어력과 인터넷 사용에 대한 자기조절능력을 기를 수 있는 좀 더 다양한 정책적 지원과 교육적 방안이 마련되어야 한다.

셋째, 변화된 청소년의 특성과 청소년문화에 대한 이해가 요구된다. 과거의 청소년과 달리, 지금의 청소년세대는 신체적, 정신적으로 성숙하며, 자신들의 감정과 의견을 당당하게 표현한다. 또한 학벌 위주의 기성세대와 달리 자신들의 내면의 숨은 가능성을 다양한 경험을 통해 표현하고 발견하고자 한다. 전 세계의 청소년과 대중의 관심을 받고 있는 아이돌그룹 BTS와 많은 K팝의 주역들과 스포츠, 문화계 등에서 세계적인 활약을 펼치고 있는 많은 청소년은 우리의 전통문화를 세계에 알리는 데 크나큰 역할을 하고 있으며, 무한한 가능성에 대한 새로운 도전을 멈추지 않고 성장하고자 노력하고 있다. 이는 기성세대가 지닌 고정화된 청소년에 대한 인식의 변화가 요구됨을 시사하며, 이들이 새로운 문화 속에 우리의 전통문화를 계승하여 조화롭게 접목하여 새로운 문화와 가치를 창출하도록 청소년에게 새로운 정책으로 다가가야 함을 시사한다.

넷째, 환경파괴가 청소년에게 미치는 악영향에 대한 민감한 인식과 대응이 요구된다. 인류의 변화, 발전이 자연에게 미치는 영향은 다양한 형태로 나타나고 있다. 환경오염으로 인해 파생되는 수많은 문제가 대표적인 결과라고 할 수 있을 것이다. 환경을 무시한 경쟁적 기술 개발은 인간 삶에 물질적 풍요를 제공한 반면, 심각한 자연 훼손으로 지구온난화를 가속화시켜 기후위기와 함께 대기질 오염, 코로나19와 같은 세계적인 전염병과 같은 질병으로 몸살을 앓는 문제를 양산하고 있다. 환경을 무시한 무분별한 인간의 욕심은 청소년이 살아갈 미래 환경을 어둡게 만들어 청소년의 건강한 성장과 발달에 부정적 영향을 초래하게 된다. 따라서 이러한 부정적 결과가 초래되는 것을 미연에 방지하고자 하는 사회적 관심과 노력이 절실히 요구된다.

다섯째, 다양한 청소년의 욕구와 문제에 대한 대처와 대응이 요구된다. 청소년의 욕구는 점차 다양화·다변화되어 가고 있고, 그에 따른 청소년 문제 또한 매우 다양하게 출현하고 있다. 다양한 환경 속에서 성장하는 청소년은 가족구성원에 대한 가치관의 변화, 인터넷 기반 생활인프라와 AI(인공지능) 출현에 따른 일상생활의 변화, 교육의 방식과 직업에 대한 태도 변화, 양성평등에 대한 인식과 역할 변화, 평등과 공정, 인정에 대한 요구 등, 사회환경의 변화와 복잡성에 따른 청소년 욕구의 다변화는 청소년복지의 세분화된 정책적 지원을 필요로 한다.

여섯째, 입시 위주의 교육환경 문제이다. 우리의 교육현장은 과밀교실을 비롯해서 건축자재, 놀이터 및 놀이기구의 유해성, 냉·난방 및 위생시설의 취약성, 조명장치의 열악, 소음, 체격에 맞지 않는 책상과 의자, 양호서비스 인원의 양적·질적 부족, 급식의 맞춤형 내용의 미흡 등의 문제를 가지고 있다. 이러한 가운데 지나치게 과한 학습량, 입시 위주의 전략적 교육방침, 청소년을 위한 건전한 오락 기회 및 시설의 부족 등은 청소년들에게 있어서는 유해한 교육환경이라고 할 수 있다. 특히 학교교육에서는 아직까지 우리 사회에 뿌리박혀 있는 권위주의적인 교육, 주입식 교육, 획일적인 교육제도 등이 오히려 청소년들의 창의적이고 개성 있는 개인의 역량을 발휘하지 못하게 하는 걸림돌로 작용하고 있다. 이러한 교육환경의 문제로 학교를 중도한 포기하는 청소년에게도 대안교육 등을 통한 학습의 기회를 충분히 제공해야 한다. 학교 밖 청소년의 발견 비율도 매년 증가 추세를 보이는 만큼, 청소년의 학업중단숙려제도를 적극 활용함으로써 청소년의 교육 기회를 보장하고, 공교육이 아닌 대안교육의 다양한 방법을 제시할 필요성이 있다. 2020년 현재, 대안교육 학교는 총 45교이며, 공립 16교, 사립 29교이다. 대안교육 특성화 중학교는 17교이며 공립 5교, 사립 12교이다(교육부, 2020b).

결국 청소년들에게 맞춤형 교육환경을 제공함으로써 청소년들이 창의성과 개성 있는 민주시민으로 성장할 수 있도록 국가나 사회가 청소년복지에 대한 책임을 인식하고 청소년의 복지증진을 위해 적극적으로 노력해야 한다. 국가와 사회가 주도적으로 개입함으로써 청소년의 욕구를 충족하며 국가적·사회적·문화적 권리와 의무를 수행할 수 있도록(박정란 외, 2018) 적극적인 노력을 기울여야 한다.

학업중단숙려제

자퇴·유예 등 학업중단 의사를 밝힌 학생이나, 담임·상담교사의 관찰을 통해 학업중단 위기가 있다고 판단되는 학생들이 학교를 계속 다닐 수 있도록 하기 위해 마련된 제도이다. 2012년 6월 시범 운영을 거쳐 2013년부터 일선 초·중·고교에서 전면 시행됐다. 학업중단 위기 학생에게 '일정 기간(최소 1주~최대 7주)'의 숙려 기회를 부여하고 상담 등의 프로그램을 지원하여 학업중단을 예방하고자 하는 목표다.

출처: 꿈드림(www.kdream.or.kr)

일곱째, 청소년을 둘러싸고 있는 지역사회의 문제이다. 과거에는 가정과 학교 사이에는 지연과 혈연을 바탕으로 한 다양한 공동체의 청소년이 사회화될 수 있는 하나의 매개체로 보호되었다. 하지만 현대사회에는 이웃 간의 대화가 없어지고 형식화되는 경향이 뚜렷하며, 사회참가에 대한 관심이 저하되고 개인 지향적인 방향으로 변화되어 가고 있다. 과거 어려움에 직면한 가족을 도와주었던 비공식적 지원체계인 상부상조의 전통은 이제 사회시스템 안에서 공적 지원체계를 통해 지원하고 있다. 이처럼 지역사회의 상황이 변화하면서 청소년들이 지역사회 내에서 성장하는 것도 공동체성의 붕괴로 어려움을 경험하고 있다. '청소년 문화의 집'은 간단한 청소년수련활동을 실시할 수 있는 시설 및 설비를 갖춘 정보, 문화, 예술 중심의 수련시설이다. 청소년은 물론 지역주민들도 이용 가능하며 친구들끼리 혹은 가족 단위로 찾아와 이용할 수 있도록 설립되어 각 시·군·구에서 독립적으로 운영되고 있으나, 청소년들을 위한 거점시설로서의 역량은 충분하지 않다. 따라서 청소년과 관련하여 지역사회가 수행해야 할 일은 계몽과 예방 그리고 발견의 기능이며, 그 내용을 살펴보면 다음과 같다.

① 계몽의 기능은 미디어를 활용한 전국적 캠페인 활동부터 행정에 의한 홍보활동, 아웃리치를 통한 계몽활동과 같이 청소년의 생활에 밀착된 활동을 강화해야 한다. 이러한 의미에서 학교에서는 부모회, 어머니 교실, 청소년 지도위원 활동 외 사회복지관을 비롯한 각종 사회복지시설과 기관을 통한 계몽활동이 효과적이다.

② 예방의 기능은 주로 청소년들의 건강 차원에서 비만 예방 및 치료, 약물중독, 정신건강 등 보건사업이 중점적으로 이루어지고 있는데, 여기에 청소년들의 폭력, 비행, 가출 등의 사고를 방지하는 구체적인 예방활동도 전개되어야 한다.

③ 지역사회는 청소년들의 문제를 조기에 발견하는 기능을 해야 한다. 개별 가족이 고립되어 가는 상황에서 학대와 양육 거부, 히키코모리(引き籠り, 은둔형 외톨이)와 같은 청소년 문제에 대해 청소년 자신 혹은 가족이 문제해결의 동기를 마련하기는 어렵기 때문이다. 따라서 청소년 문제에 대한 지역사회 주민들의 적극적이고 자발적인 조기 발견 시스템이 구축되어야 한다.

히키코모리(引き籠り)

히키코모리는 '틀어박히다'는 뜻의 일본어 '히키코모루'의 명사형으로, 사회생활에 적응하지 못하고 집안에만 틀어박혀 사는 병적인 사람들을 일컫는 용어이다. 1970년대부터 일본에서 나타나기 시작해, 1990년대 중반 은둔형 외톨이들이 나타나면서 사회문제로 떠올랐다. 1990년대 말부터 한국에서 나타나기 시작한 '방콕족(방 안에 틀어박혀 사는 사람들)'과 증상이 비슷하다. 이들은 스스로 사회와 담을 쌓고 외부세계와 단절된 채 생활한다는 공통점을 가지고 있다. 일본 후생성은 2001년부터 6개월 이상 이러한 증상을 보이는 사람들을 히키코모리로 분류하고 있다. 사람에 따라 3~4년, 심할 경우에는 10년 이상을 방 안에 갇혀 지내는 경우도 있다. 대표적인 증상은 다음과 같다. ① 집안사람들은 물론, 어느 누구와도 대화를 하지 않는다. ② 낮에는 잠을 자고, 밤이 되면 일어나 텔레비전을 보거나 인터넷에 몰두한다. ③ 자기혐오나 상실감 또는 우울증 증상을 보인다. ④ 부모에게 응석을 부리고, 심할 때는 폭력까지 행사한다. 학자들은 핵가족화로 인한 이웃·친척들과의 단절, 정보통신 기술의 발달로 인한 급속한 사회변화, 학력 지상주의에 따른 압박감, 대학을 졸업한 뒤에도 취업을 하지 못하는 데 따르는 심리적 부담감, 갑작스러운 실직, 사교성 없는 내성적인 성격 등 여러 요인을 원인으로 지적한다.

출처: 이철수(2009). 네이버 지식백과: 사회복지학사전. 재인용.

04 청소년복지의 발전과정

청소년복지의 발전과정에는 그 배경이 1990년 자본주의와 민주주의 발전의 가속화에 따른 영향과 산업화의 팽창이 불러온 교육의 확장이 청소년과 청소년기를 독자적인 생애발달주기로 인정하는 데에서 시작하였다고 할 수 있다. 우리나라에서 청소년복지를 적극적으로 국가의 정책 차원에서 다루기 시작한 시점은 1990년 이후라고 할 수 있다. 이 시기에 청소년복지에 대한 새로운 해석과 함께 보다 많은 관심으로 청소년 문제를 개인의 문제가 아닌 사회와 국가의 문제로 인식하고 청소년에 대한 사회적 책임과 청소년복지의 중요성을 강조하게 되었다. 청소년복지의 발달 과정을 살펴보면 다음과 같이 설명할 수 있다.

1) 청소년복지의 맹아기(광복 이후~1961년)

이 시기의 사회복지는 조선구호령과 몇 개의 미군정 법령 및 그 처무준칙에 따라서 사회복지 영역이나 대상에 대한 구분 없이 절박한 상황에서 생존만을 목적으로 하는 긴급구호적 성격이 강하게 나타났다. 따라서 이 시기는 청소년의 권리나 복지라는 인식보다는 긴급구호의 방편이나 사회 안정이라는 목표에 더 많은 초점이 주어졌다. 그 대상도 65세 이상의 무의탁 노인, 6세 이하의 아동을 부양하는 여자(모, 母), 13세 이하의 아동, 불치의 병으로 신음하는 사람, 요보호 임산부, 심신장애인 등에 한정되어 있었기에 청소년은 배제되었다. 그럼에도 불구하고 아동시설의 인가, 18세 미만 아동 노동의 보호, 20세 미만 비행청소년의 보호 등이 행해졌는데, 이러한 조치는 청소년복지 형성에 기초가 되었다. 구체적인 내용을 살펴보면 다음과 같다.

① 아동시설의 인가: 전쟁 후 긴급구호 대상자의 증가에 대한 대책으로 정부는 아동시설을 인가시설로 하고 지원과 감독을 강화하였다. 이로 인해 아동양육시설인 보육원

이 영아원[2], 육아원[3], 감화원[4] 등으로 구분되어 정체성을 형성하게 되었으며 청소년은 아동의 연장선에서 보호되었다.

② 18세 미만의 아동노동의 보호: 미군정의 「아동노동법규(1946)」의 제정에 따라 상공업체 고용금지(14세 미만), 중공업체 또는 유해업체 종사금지(16세 미만), 위험 직종 또는 유해 직종 종사금지(18세 미만), 그리고 1일 노동시간의 제한(16세 미만 8시간 이내) 등이 규정되었다. 이것은 비록 아동이란 용어를 사용하고 있지만 18세 미만 근로 청소년을 보호하기 위한 최초의 규정이란 점에서 의의가 있다.

③ 20세 미만 비행청소년의 보호: 반사회적인 성향을 가진 20세 미만 소년의 생활환경 조정과 성행(性行) 교정을 위해 보호처분을 행하고, 형사처분에 있어 특별조치를 하기 위한 「소년법(1958)」이 제정되었다.

요약하면 보호의 대상을 아동에만 한정하면서, 청소년은 제외되었고, 통제수단으로서 「소년법」에서는 청소년이 적용 대상이 되었다. 청소년의 권리나 복지라는 인식보다는 긴급 구호의 방편이나 사회 안정이라는 목표에 더 많은 초점이 있었음을 알 수 있다.

2) 청소년복지의 도입기(1962~1987년)

이 시기는 「아동복리법」이 시행된 1962년부터 「청소년육성법」이 제정된 1987년까지 해당된다. 특히 「미성년자보호법」과 「아동복리법」(1961)의 제정은 한국의 청소년복지가 도입되는 계기를 마련해주었다. 그 외에도 근로청소년, 장애청소년의 복지 등 요보호 청소년복지에 초점이 모아졌다. 그 내용을 정리하면 다음과 같다.

① 우리나라 청소년복지의 도입을 시작하는 계기가 마련되었다.

「아동복리법」의 제정으로 18세 미만 요보호아동의 보호가 행해졌다. 「아동복리법」은 요보호아동의 연령을 기존의 13세 이하에서 18세 미만으로 조정하여 일부 청소년까지 그

---

2 영아원(嬰兒院): 0~6세 미만 미취학 어린이나 영아는 영아원에서 보호함

3 육아원(育兒院): 초등학교에 입학하는 나이가 되는 7세 이상 19세 이하는 육아원에서 보호함

4 감화원(感化院): 범죄소년 등을 보호하고 교육하는 시설

대상을 확대시켰을 뿐만 아니라 아동복지에 대한 국가의 책임을 명시한 점에서 가장 큰 의의가 있다.

청소년복지 측면에서 보면 일부 청소년이 그 대상에 포함되나 대다수는 제외되어 적용범위가 매우 한정됨을 알 수 있다. 청소년의 특성이나 욕구보다는 아동의 연장선에서 서비스나 정책이 행해졌기 때문에 기본적인 생존권의 보장에 급급하여 진정한 의미의 청소년복지가 행해졌다고 간주하기 어렵다.

② 장애청소년에 대한 복지사업의 실시이다.

장애청소년에 대한 복지는 장애아동 혹은 전체 장애인에 대한 복지와 분화되지 않은 상태였지만 조금의 진전을 보인 시점이다. 이 시기 1977년에 제정된 「특수교육 진흥법(特殊教育 振興法)」[5]은 특수교육을 필요로 하는 사람에게 국가 및 지방자치단체가 적절하고 고른 교육 기회를 제공하고, 교육방법 및 여건을 개선하여 자주적인 생활능력을 기르게 함으로써 그들의 생활안정과 사회참여에 기여하도록 기회를 제공하였다. 국·공립 특수교육기관에 취학하거나 사립교육기관 중 의무교육과정에 취학할 경우 무상교육을 받을 수 있다. 장애청소년이 정책 대상으로 간주되었다는 점에서 의의가 크나 실제 행해진 서비스 내용과 질적인 측면은 미흡하였다. 1981년 6월 「심신장애자복지법(心身障碍者福祉法)」[6]이 제정되고 보건사회부에 전담 부서인 재활과가 설치되었지만, 서비스의 내용 및 질적인 측면에서는 장애청소년의 욕구를 충족시키는 데 매우 미흡하였다.

③ 「미성년자보호법」의 제정이다.

「미성년자보호법(未成年者保護法)」[7]은 미성년자(만 20세 미만)의 흡연·음주 및 선량한 풍속을 행하는 행위를 금지하고 아울러 미성년자의 보호에 필요한 사항을 규정함으로써 미성

---

5 「특수교육 진흥법」은 1994년에 전면적인 개정이 이루어지는 등 모두 9차례에 걸쳐 개정이 이루어졌으며, 2007년 5월 25일 「장애인 등에 대한 특수교육법」이 법률 제8483호로 공포됨으로써 폐지되었다.

6 1981년 6월 「심신장애자복지법」은 심신장애의 발생 예방과 심신장애자의 재활 및 보호에 관하여 필요한 사항을 정함으로써 심신장애자의 복지증진에 기여함을 목적으로 제정되었으며, 1989년 12월에 「장애인복지법」으로 개정되었다.

7 「미성년자보호법」은 1961년 12월 제정되어, 1963년 11월과 1979년 12월·1991년 3월·1995년 12월 일부 개정되었다. 그리고 1999년 2월 5일 「청소년보호법」(법률 제5817호)이 제정되어 폐지되었다.

년자의 건강을 보호하며 선도육성함을 목적으로, 1961년 12월 제정된 법률이다.

주요 내용은 흡연·음주하는 행위, 선량한 풍속을 해할 염려가 있는 흥행장·유흥접객업소·사행행위장·유기장 등에 출입하는 행위, 숙박업소·야외막소(野外幕所)와 해수욕장·수영장·공원·관광지·명승지 기타 유원지에서의 성도덕 등 풍기를 문란하게 하는 행위를 미성년자의 금지사항으로 정하였고, 친권자의 금지사항 제지의무와 영업자의 의무를 규정하는 동시에 미성년자에 대한 불량만화·음란물 등의 판매행위를 금하였다. 미성년자들의 금지사항 위반에 대해서는 영치·통보·즉시교정 등의 조치만을 정하였다. 따라서 통제, 처벌 위주의 법집행으로 인해 청소년의 보호와 선도보다는 청소년이라는 지위로 인해 성인과 다른 불이익을 받고 비행청소년으로 낙인찍히는 등 인권침해의 부작용이 초래되었다.

④ 근로청소년을 위한 복지사업이다.

일반학교에 야간특별학급을 설치하거나 산업체 부설학교 등을 개설함으로써 근로청소년에게 교육 기회가 확대되었으며, 근로청소년을 위하여 근로청소년회관의 건립, 근로청소년 임대아파트 건립 등이 시작되었다. 이러한 사업은 근로청소년에 대한 노동력의 양성과 확보라는 면에만 치중되어 강조되고, 청소년의 교육권, 여가권, 주거권 등에 대한 인식은 상대적으로 낮았다.

⑤ 청소년보호를 위한 청소년보호대책위원회의 마련이다.

청소년 보호를 위한 중앙기구로서 청소년보호대책위원회[8]가 설치되었다. 이것은 명목상 정부가 청소년을 정책대상으로 인식하였음을 볼 수 있다. 하지만 정부가 청소년의 보호와 육성에 대한 책임을 위원회에 전가시키기 위함이기도 하다. 따라서 청소년복지의 발전을 지연시키는 결과를 초래하였다고 볼 수도 있다.

---

8 1964년 10월부터 1977년 8월까지 이 시기에 내무부 및 무임소장관실에서 청소년보호대책위원회를 설치·운영하였으며, 1977년 8월부터 1988년 6월까지 정부 차원의 청소년 관계정책의 조정이 이루어지면서 국무총리실에서 '청소년대책위원회'를 설치하여 범정부적 차원의 청소년정책 조정이 시작되었다.

3) 청소년복지의 전개기(1988~2003년)

이 시기는 1988년 「청소년육성법(青少年育成法)」[9]의 제정 이후 2003년까지에 해당된다. 1987년에 청소년정책을 위한 본격적인 근거법으로 「청소년육성법」이 제정되었다. 그리고 1991년에 「청소년육성법」을 전면 개정한 「청소년 기본법」이 제정되면서 청소년을 위한 기본 법제와 조직을 갖추게 되었다. 이러한 제도 마련의 과정에서 청소년복지는 청소년정책의 한 부문으로 제시되었다. 또한 청소년헌장의 제정(1990)과 개정(1998), 「청소년보호법」의 실시 등 다양한 법과 제도가 정비되기 시작하였다. 1993년부터 5년마다 범정부적 차원의 중장기 청소년정책기본계획을 수립·추진해 왔다. 이를 기반으로 정부는 그동안 청소년 체험활동 활성화를 위한 기반 확대, 청소년정책 참여의 기회 확대, 지역사회 통합지원체계 구축 및 위기청소년 지원 강화, 인터넷게임 중독 예방을 위한 법·제도 개선 및 치료 지원 강화 등의 뚜렷한 성과를 거두어 왔다. 청소년복지 전개기의 구체적인 내용은 다음과 같다.

① 청소년정책의 대상을 명확히 하고, 청소년복지가 국가의 책임이라는 것을 분명히 하여 정책적 차원에서 다루게 되었다.

「청소년육성법」과 「청소년 기본법」의 제정으로 청소년을 9~24세로 분명히 하고 청소년이 사회구성원으로 정당하게 대우받고 권익을 보장받으며 스스로 생각하고 자유롭게 활동할 수 있도록 하였다. 청소년은 미래 사회의 주역으로, 국가와 사회가 필요로 하는 건전한 민주시민으로 성장하도록 하였다. 이를 위해 무엇보다 가정과 사회가 청소년의 성장을 위한 책임을 수행할 수 있게 하는 법적·제도적 장치와 재원을 마련하는 책임을 국가와 지방자치단체에 부과하였다.

② 청소년정책을 수행할 조직과 기구를 정비하였다.

청소년정책을 수행하기 위한 심의기구와 청소년 육성에 관한 국가 및 지방자치단체의 업무를 총괄하는 부서를 둠으로써 청소년 서비스 전달체계를 갖고 행정이 이루어지도록 시도하였다.

---

9 「청소년육성법」은 "청소년의 인격 형성을 도모하고 청소년의 보호, 육성, 선도 및 지원에 관한 사업을 효율적으로 추진"함으로써 청소년이 국가 및 사회 발전에 이바지할 수 있는 건실하고 유능한 국민으로 성장하도록 함을 목적으로 제정된 법이다.

③ 청소년헌장(1990년 제정, 1998년 개정)을 통해 청소년의 권리와 책임을 규정하였다.

청소년헌장은 미래사회를 이끌어 나갈 청소년의 건전한 가치관을 정립하고, 청소년의 건전육성을 위한 범국민적 공감대를 형성하기 위해 제정된 헌장이다. 그 내용은 청소년의 이상과 포부를 제시한 전문과, 청소년의 권리·의무, 가정의 기능, 학교의 사명, 청소년 건전육성을 위한 국가와 사회의 역할 및 책임을 담은 5개 항의 본문으로 구성되었다. 1990년 5월 12일 선포되었으며, 1998년 10월에 개정되었다. 한국에서 처음 제정된 이 헌장은 청소년에 대한 가정·학교·사회·국가의 책무와 유기적 역할을 규정, 모든 유관 부처가 강력한 정책으로 이를 뒷받침함으로써 청소년 문제에 적극 대처할 방침으로 마련한 것이다. 청소년 헌장은 의무사항이 아닌 선언적인 의미에서 마련되었지만 청소년 관련 정책과 제도의 방향성을 제시, 청소년에 대한 인권의 보장, 청소년이 사회에 대해 갖는 책임과 권리 등을 명시, 청소년의 권익을 옹호하고 보장하는 데 근거를 제시해주고 있다.

④ 청소년복지를 청소년정책 중의 한 분야로 인정하게 되었다.

「청소년 기본법」을 통해 청소년 수련활동, 청소년 교류활동, 청소년복지, 청소년 환경, 청소년문화, 청소년 비행선도, 청소년 상담 등 7가지 영역으로 나누고 있다. 「청소년 기본법」에서 청소년육성은 청소년복지의 증진을 통해 이루어진다는 것을 명시하고는 있지만, 청소년복지를 실현할 수 있는 구체적 토대를 형성하지는 못하고 있다. 특히 요보호 청소년을 일시적, 장기적으로 수용·보호하고 치료하는 청소년쉼터, 가출청소년 보호시설, 학대받은 아동 일시보호시설, 약물오남용 치료시설 등을 설치·운영하는 것에 대한 정부지원 등에 관한 규정이 과거에는 없었다. 하지만, '청소년육성 5개년 계획'에서 청소년복지는 청소년정책의 중요한 부분으로 제시되고 있다.

⑤ 성장 과정에 있는 청소년을 각종 유해한 환경으로부터 보호·구제하기 위해 법과 조직이 설치되었다.

「청소년보호법」은 청소년의 삶의 질을 저해하는 유해환경에 대해서는 엄격히 규제하고자 하는 의도에서 만들어졌다. 또한 청소년을 보호하기 위한 각종 시책을 독립적으로 추진하기 위해 1997년 7월 「청소년보호법」의 제정·시행에 따라 만들어진 '청소년보호위원회'에서 청소년유해물에 대한 심의부터 과징금 부과 등의 업무를 수행하였다. 2005년 4월 문화관광부 청소년국과 청소년보호위원회를 통합, 청소년위원회로 확대·개편하였으며, 2006년 3월 국가청소년위원회로 개칭하였다. 2008년 2월 보건복지가족부 산하 청소년보호위원회로 개편됐다가 2010년 여성가족부 산하로 바뀌었다.

> **청소년보호위원회(靑少年保護委員會)**
>
> 청소년보호위원회는 유해환경으로부터 청소년을 보호하기 위해 청소년 유해매체물, 청소년 유해약물, 청소년 유해물건, 청소년 유해업소 등의 심의·결정 등에 관한 사항을 다룬다. 청소년에게 해로운 정기간행물 등을 발행하거나 수입한 자에 대한 과징금 부과 심의·결정, 청소년 보호를 위해 여성가족부 장관이 필요하다고 심의를 요청한 사항도 담당한다. 재적위원 과반수의 출석으로 개회하고, 출석위원 과반수의 찬성으로 의결한다.

출처: 「청소년 보호법」(법률 제11229호)

⑥ 청소년들을 위한 교육보호의 제도화이다.

「생활보호법」의 개정(1982)으로 기존의 생계보호, 의료보호, 해산보호, 장제보호에서 교육보호와 자활보호가 추가되어 빈곤청소년들이 실질적인 혜택을 받았다. 기존에 의무교육이 실시되고 있다 해도 그 수준이 미흡하여 한계가 있었는데 교육보호를 위한 지원을 제도화함으로써 빈곤청소년들의 교육권을 확대시켰다고 할 수 있다.

4) 청소년복지의 전개기 이후(2004년 이후)

이 시기는 2004년부터 현재까지의 시기로 구분한 것이다. 특히 이 시기의 청소년복지는 단일법령인 「청소년복지 지원법(靑少年福祉 支援法)」이 제정(2004. 2. 9., 법률 제7164호)됨으로 인해 그동안 미진했던 청소년복지가 본격적으로 발전할 수 있는 계기를 제공하였다. 「청소년복지 지원법」은 어려움이 예상되는 청소년을 특별지원청소년이라는 명칭하에 사회·국가 차원에서 지원하도록 명시하였다. 이 법은 청소년이 사회의 당당한 구성원으로 살아가기 위해 필요한 기본적인 요소를 강조함으로써 권리협약에 관한 세계적 기준에 근접한 정책 내용을 담았다고 할 수 있다.

그 밖에 「학교폭력예방및대책에관한법률(2004. 1. 29.)」, 「성매매알선등행위의처벌에관한법률(2004. 3. 22.)」, 「성매매방지및피해자보호등에관한법률(2004. 3. 22.)」 등이 제정되었다. 이 시기의 가장 큰 특징은 개정된 「청소년 기본법」을 중심으로 「청소년복지지원법(2004. 2. 9.)」, 「청소년활동진흥법(2004. 2. 9.)」과 같은 법률을 제정하였으며, 「청소년보호법」의 개정(2011. 11. 20.)과 함께 청소년정책을 추진하는 4법 체계를 갖추게 되었다.

2005년 4월 27일 국무총리 소속하의 청소년위원회를 공식적으로 발족하였으며, 「청소년 기본법」 개정에 따라 2006년 3월 30일 국가청소년위원회로 명칭을 변경하였다. 이 시기에는 위기청소년통합지원체계 등 청소년복지 기반이 조성되었고, 청소년 참여와 인권 등이 지속적으로 확대되었다. 아울러 이 시기에 청소년정책 전담부처의 통합, 일원화 등 행정체계가 정비되었다.

2008년 3월 정부조직 개편으로 아동과 청소년정책의 통합이 추진되면서 청소년정책이 보건복지가족부로 편입된 이후 2010년 2월 여성가족부로 이관되었다.

한편 이와 더불어 2007년부터 만 17세 이상에게 주민등록증을 발급하였고, 「국민투표법」상의 투표권자를 19세 이상의 국민으로 조정함으로써 청소년도 투표권을 갖게 되었다.

2014년 5월 「학교 밖 청소년 지원에 관한 법률」이 제정되었고 2015년 5월 동 법률이 시행되면서 청소년정책의 대상이 학교 밖 청소년을 포함하여 모든 청소년으로 확대되었다(김윤재 외, 2018; 김향초, 2015).

함께 풀어 봅시다

1 청소년복지의 개념에 해당하는 사항을 모두 고르시오.

가. 청소년복지는 청소년은 물론 청소년을 둘러싼 가족, 또래 친구, 학교, 지역사회를 대상으로, 또한 그들의 복지증진을 목적으로 국가를 비롯한 사회구성원 전체가 실행하는 체계적인 실천 활동이다.
나. 청소년복지는 실천 활동으로서 사회복지의 한 분야에 자리한다.
다. 청소년복지는 청소년과 복지라는 단어의 합성어이다.
라. 청소년복지라는 개념이 무수히 많은 층들을 함축하고 있다.

① 가, 나, 다, 라 ② 가, 다
③ 나, 라 ④ 라

정답 ①
해설 청소년복지란 청소년은 물론 청소년을 둘러싼 가족, 또래, 학교, 지역사회를 대상으로, 또한 그들의 복지증진을 목적으로 국가를 비롯한 사회구성원 전체가 실행하는 체계적인 실천 활동이다. 청소년복지는 실천 활동으로서 사회복지의 한 분야에 자리한다. 청소년복지가 청소년과 복지라는 단어의 합성어라는 것은 바로 이러한 의미에서이다. 그만큼 청소년복지라는 개념이 무수히 많은 층들을 함축하고 있다고도 볼 수 있다.

2 청소년복지정책에 대한 필요성이 제기된 가족적 측면으로 보기 어려운 것은?

① 핵가족화로 인한 가정의 양육기능 약화
② 교육환경 문제
③ 청소년 가장의 증가
④ 여성의 취업으로 인한 문제

정답 ②
해설 가족적 측면으로는 ①, ③, ④ 이외에 청소년 미혼모의 문제도 청소년복지정책의 필요성을 설명하고 있다. 교육환경의 문제는 사회적 측면에 해당된다.

3 청소년복지의 발달과정 중 전개기에 해당하는 내용이 아닌 것은?

① 청소년정책의 대상을 명확히 하였다.

② 청소년정책을 수행할 조직과 기구를 정비하였다.

③ 청소년복지가 국가의 책임이라는 것을 분명히 하여 정책적 차원에서 이루어졌다.

④ 일반학교에 야간특별학급을 설치하거나 산업체 부설학교 등을 개설하였다.

정답 ④

해설 근로청소년을 위한 복지사업은 청소년복지의 발달과정에서 도입기에 해당된다.

4 「아동복리법」의 제정으로 18세 미만 요보호아동의 보호가 행해짐으로써 아동복지에 대한 국가의 책임을 명시한 시기는 언제인가?

① 청소년복지 맹아기 ② 청소년복지 도입기

③ 청소년복지 전개기 ④ 청소년복지 발전기

정답 ②

해설 이 시기는 「아동복리법」이 시행된 1962년부터 「청소년육성법」이 제정된 1987년까지 해당하는 시기로, 「아동복리법(1961)」과 「미성년자보호법(1961)」의 제정은 우리나라 청소년복지의 도입을 시작하는 계기를 마련하였으며, 근로청소년과 장애청소년복지 등 요보호 청소년에게 초점이 맞춰진 시기이다.

5 청소년복지의 필요성을 사회적 측면에서 설명한 것이 아닌 것은?

① 우리나라 교육환경의 열악함과 입시 위주 교육풍토

② 경제 성장과 더불어 이기주의와 성과주의에 초점을 둔 가치 변화

③ 별거나 이혼으로 인한 한부모가구의 증가로 인한 가족보호의 기능 약화

④ 청소년을 둘러싼 지역사회의 문제로 비공식적 자원체계들의 붕괴

정답 ③

해설 ③은 가족적 측면에서의 필요성을 제시한 것이다.

chapter 3

청소년과 인권

「대한민국헌법」 제10조에서 '모든 국민은 인간으로서의 존엄과 가치를 가지며, 행복을 추구할 권리를 가진다. 국가는 개인이 가지는 불가침의 기본적 인권을 확인하고 이를 보장할 의무를 진다.'고 규정하고 있다. 세계인권선언과 「유엔 아동권리협약」의 국제규범에서도 인권에 대해 천명하고 있다. 청소년은 인간으로서 존중받을 권리인 인권을 가진다. 청소년의 인권은 그들의 삶에 직·간접적으로 영향을 미치고, 청소년복지를 실현하기 위해 권리로서 청소년 인권은 보장되어야 한다.

이 장에서는 인권에 대한 기본적인 이해와 함께 인권의 성장 과정과 인권 관련 국내법과 국제법을 비롯한 관련 제도에 대하여 살펴보고, 청소년복지 차원에서 인권의 당위성에 대해서 살펴보고자 한다.

01 인권의 이해

1) 인권의 개념

인권(human rights)이란 어느 날 갑자기 출현한 것이 아니라 오랜 역사 속에서 형성되어 온 것으로, 시대적·사회적 상황과 조건 속에서 탄생한 것이며, 변화되고 발전되어 온 것이다. 인권이란 인간에게 부여된 천부적 권리이다. 1948년 UN 「세계인권선언(*Universal Declaration of Human Rights*)」 전문에는 '모든 인류는 타고난 존엄성과 남에게 넘겨줄 수 없는 권리를 가진다'라고 명시하고 있다. 제1조에는 '모든 인간은 태어날 때부터 자유롭고 존엄성과 권리에 있어서 평등하다.'라고 명시하여 인권의 속성에 대하여 정의하고 있다. UN인권센터에서는 '인권은 일반적으로 우리의 타고난 천성에 내재되어 있는 것으로 이것 없이는 인간으로 살 수 없는 권리이다.'라고 정의하고 있다. 즉, 인권은 모든 인간이 태어나면서부터 자유롭고 평등하며 인간으로서의 존엄과 가치를 지니고 있어서 그 누구의 간섭이나 침해를 받지 않고 행복을 추구할 보편적(universal) 권리를 가진다는 자연권 사상에 바탕을 두고 있다. 이처럼 인권은 인간이 기본적으로 갖게 되는 권리로, 성별, 종교, 국적, 인종, 언어, 학력, 기타 상태와 관련 없이 누구나 평등하게 누릴 수 있는 권리이다.

인권이 보편적 가치로서 인정되기 시작한 지는 그리 오래되지 않았다. 인권의 개념은 18~19세기 절대주의에 대한 투쟁으로부터 발전하면서 프랑스 혁명에서 나타난 인권선언과 영국의 권리장전 등에서 꽃을 피우고 제도화의 기틀을 마련하였다.

이러한 인권은 인간의 고유한 존엄성을 지키는 권리로, 이 권리는 국가가 인권의 본질을 침해하는 것을 허용하지 않는다는 것과 마땅히 법으로 보장해야 할 책무를 지닌다는 것을 의미한다. 하지만, 현실에서는 인간의 존엄성이 훼손되고 인권이 침해되는 상황이 발생하고 있기에, 인권의 중요성과 가치가 더욱 필요한 현실이다.

2) 인권의 흐름

인권은 역사적 흐름과 더불어 한 사회의 시대적 상황과 문화에 따라 발전하고 변화하였다. 따라서 인권에 대한 이해를 위해 3세대 인권의 개념을 살펴보는 것이 필요하다.

(1) 1세대 인권

1세대 인권은 자유와 관련한 시민적·정치적 권리로, 자유권에 대한 것이다. 1세대 인권은 17~18세기의 서구 사회의 정치적 혁명과 관련이 있으며, 국가의 자의적인 간섭으로부터 개인의 자유로운 영역을 보호받거나 정치에 참여하기 위한 권리로 타인의 강제로부터의 자유라는 소극적 권리(negative rights)의 보장에 초점이 맞추어져 있다. 즉, 개인적으로 당면한 권리로서 '~으로부터의 자유'로 표현된다. 「세계인권선언문」 제1조~제21조와 B규약 혹은 자유권규약으로 불리는 '시민적·정치적 권리에 관한 국제규약'과 관련이 있으며, 1세대 인권의 핵심은 정치권력으로부터 개인을 보호할 수 있는 소극적 권리로서의 '자유'를 선언한 것이다.

1세대 인권의 예로는 투표, 집회, 표현의 자유나 사상, 양심, 종교의 자유, 선거를 통한 정치참여의 권리, 공정한 재판에 대한 권리, 고문이나 학대를 받지 않을 권리, 차별받지 않을 권리, 재산권과 경제활동의 권리와 사생활권 등이 이에 해당된다.

(2) 2세대 인권

2세대 인권은 경제적·사회적·문화적 권리로, 사회적 평등을 기초로 배분적 정의에 근거하여 제한된 가치의 생산과 자원 배분에서의 형평성을 보장받는 것으로 '사회권'이라고 할 수 있다. 2세대 인권은 19세기를 전후하여 발달하였으며, 서구사회 자본주의의 지나친 발달과 자유에 기반을 둔 개인주의의 폐해에 대한 반발로 형성된 평등 중심의 권리이다. 경제적·사회적·문화적 권리는 「세계인권선언」 제22조~제27조와 A규약 혹은 사회권규약으로 불리는 '경제적·사회적·문화적 권리에 관한 국제규약'이다. 2세대 인권의 특징은 일정한 분배정의를 확립하고 사회적 약자들의 인간다운 삶을 보장(복지)하는 데 초점을 맞추고 있다. 이를 위해서는 정부의 개입이 적극적으로 이루어져야 하며, 이러한 점에서 볼 때 1세대 인권에 비해 국가의 책임과 의무를 강조하고 적극적으로 개입할 것을 요구하는 적극적 권리(positive rights)로 '~에 대한 권리'에 해당한다(노혁, 2020).

2세대 인권의 예로는 노동권이나 사회보장권, 가정보호권이나 의식주에 대한 권리, 의료권, 교육받을 권리와 지적 창조물에 대한 권리, 문화와 과학발전에 대한 향유권 등이 이에 해당된다.

(3) 3세대 인권

3세대 인권은 20세기에 들어와 형성된 것으로, 박애, 즉 연대와 관계되는 것이다. 3세대

인권은 개인과 집단에서의 소수자, 제3세계 등 인권을 누리지 못하는 개인과 집단에 대한 각성에서 나온 권리이다. 3세대 인권의 특성은 약자를 위한 권리라는 점을 강조하여 여성과 인종 문제, 저개발국가나 제3세계 국가와 중심부 국가들 간의 빈부격차, 과도한 군비경쟁과 핵전쟁의 위협, 환경파괴로 인한 생태계 위기에 대응하기 위해 집합적인 수준에서 정의되고 실현되는 권리이다. 1, 2세대의 인권과 달리, 국가와 개인의 관계에서 나오는 권리가 아니라 집단적이고 연대적인 권리라는 점에서 차이가 있다고 볼 수 있다(김영란, 2016). 3세대 인권은 그 개념이나 목록이 확정된 것이 아니며, 인권의 한 분야로 확고하게 자리매김하지 않았으나, 새로운 인권으로 활발히 논의되고 있다.

3세대 인권의 예로는 개발이나 발전권, 평화권, 환경권, 인류공동유산의 공유권이나 향유권, 다를 수 있는 권리, 인도적 구원요청의 권리와 범세계적 교신권 등이 이에 해당된다.

3) 인권의 특성

인간의 존엄과 가치를 보장하기 위한 필수적 조건으로 인권은 보편성(universality), 불가분성(indivisibility), 도덕성(morality), 우선성(priority)이라는 본질적 특성을 가진다(국가인권위원회 www.humanrights.go.kr).

(1) 보편성

인권은 무엇보다도 모든 인간이 누구나 향유할 수 있는 권리다. 인권은 보편적 주체성이 인정되는 권리로 성, 연령, 학력, 권력, 사회적 신분, 인종, 장애 여부 등 인간을 둘러싼 어떠한 기준이나 조건에 관계없이 인간이라면 평등하게 누려야 하고 보장되어야 함을 의미한다.

(2) 불가분성과 상호의존성

인권은 서로가 긴밀하게 연결되고 상호의존적이어서 인위적으로 나눌 수 없으며, 나누어서도 안 된다는 것을 의미한다. 유엔총회의 결의에서도 인권은 수많은 시민적·정치적·경제적·사회적·집단적·연대적 인권의 목록은 전체적으로 하나를 이루어 각 부문을 따로 떼어내서는 안 된다는 불가분성(indivisibility) 원칙과 그 실현을 위해 서로 의존하고 있다는 상호의존성(interdependence) 원칙은 자주 확인된 바 있다(국가인권위원회 www.humanrights.go.kr).

(3) 도덕성

인권은 어떤 규범이 모든 개인에 대하여 정당화될 수 있다면 도덕적으로 정당한 규범이다. 마찬가지로 어떤 권리의 내용이 긴급하고도 중요하여 모든 개인에 대하여 정당화될 수 있다면 그 권리는 인권이라는 것이다. 보편적으로 정당하기 때문에 인권은 국가와 사회에 대하여 제도화를 요구할 수 있는 강한 의미의 권리가 되는 것이다. 인권은 그 내용과 효력을 실정법이 '확인'하고 보장해야 할 의무를 가지는 '준실정법적 권리'이다(이태희·정재필, 2019 재인용).

(4) 실정법에 대한 우선성

인권을 침해하는 실정법은 내용상 정당하지 못하게 되며 이 부정당함은 단순히 도덕적 부당함에 지나지 않는 것이 아니라 법적 성격을 가지게 된다. 2차 세계대전이 끝나고 독일의 법철학자인 라드브루흐(Radbruch)가 나치시대 법체계와 법률들을 평가하면서 사용하였다. 인권을 의도적으로 침해하는 법률들은 '극도로 부정의한 실정법으로서 법이 아니다.'라는 견해에서 알 수 있듯이 실정법에 대하여 갖는 강한 우선성이 인권이 속성이라고 할 수 있다(천정웅, 2016 재인용).

02 청소년 인권의 발달

1) 아동 인권을 위한 유엔과 국제기구의 노력

청소년의 인권은 아동 인권의 역사 속에서 발전되어 왔다고 볼 수 있다. 현재 아동(child)과 구분된 '청소년 인권'만을 따로 규정한 협약은 없다. 청소년 인권은 역사적으로 아동 또는 어린이를 중심으로 개념이 전개되어 왔으며, 1989년의 아동권리협약 채택 이후 최근 들어 청소년(youth)을 지칭하는 국제사회의 각종 회의를 통해 청소년권익의 증진과 관련한 활동이 전개되고 있다(천정웅, 2016).

따라서 본 서에서는 청소년 인권과 관련된 국제적 협약 내용을 시대순으로 살펴보고자 한다.

(1) 아동권리선언 초안(1922)

아동권리사상의 시작이라 할 수 있는 '아동권리선언(Declaration of the Rights of the Child)'이 아동복리회 창설자인 영국의 사회운동가 애글랜타인 잽(J. Enlantyne)에 의하여 성문화되었다. 5가지 조항의 내용에서 국가는 아동의 신체적·도덕적·정서적 발달을 돕는 것을 의무로 규정하였다.

(2) 제네바선언(1924)

국제연맹(League of Nations)은 아동권리선언을 바탕으로 아동의 복리를 위한 5대 원칙을 포함한 아동권리에 관한 '제네바선언(Declaration of Geneva)'을 최초로 채택하였다. 이 선언문은 전문과 5개 본문으로 구성되어 있다(아동의 발달, 요보호아동의 보호, 아동구제가 우선, 착취로부터의 보호, 아동 육성의 목표달성). 이 선언은 1989년 11월 20일 UN에 의해 채택된 국제인권협약으로, 192개국이 비준하고 서명하였다. 선언문에는 '인류는 가장 좋은 것을 어린이에게 주어야 할 의무가 있다.'고 명시되어 있다.

(3) 세계인권선언(1948)

제2차 세계대전 후 전쟁으로 피해를 입은 어린이들에게 음식과 옷, 보건 서비스를 지원하기 위한 UNICEF(유니세프, UN아동기금)가 창설되었고, UN은 1948년 세계인권선언을 선포하였다. 세계인권선언은 국제인권법 확립 움직임의 선구자로서, 아동의 인권이 성인을 포함한 모든 인류의 인권 보편화에 대해서도 선구적 역할을 한 최초의 선례가 된 것으로 평가된다.

(4) 제2차 유엔아동권리선언(1959)

UN은 전문과 10개 조항으로 된 '세계아동권리선언(UN Declaration on the Rights of the Child)'을 채택하였다. 이 선언문에는 아동을 단순한 구제 또는 보호의 대상에서 인권과 자유 주체로 파악하려는 아동에 대한 관점의 변화로, 아동인권선언 사상 획기적인 진전이 이루어진 것으로 평가된다. 아동권리선언은 1924년 제네바선언과 세계인권선언, UNESCO, UNICEF 등 국제기구가 발표하는 모든 문서에서 필요하다고 인정되었던 보호조치를 총괄한 것으로, 제네바선언과 비교할 때 한층 상세하고 넓은 관점에서 그 내용을 확대·개선하였다(천정웅, 2016).

(5) 국제인권규약채택(1966)

1948년 세계인권선언 채택 후 국제연합인권위원회는 18년간 걸친 법적 구속력을 가진 국제인권규약을 작성하여 1966년 21차 총회에서 채택하였다. 이 규약은 사회권적 기본권을 중심으로 각국에 그 실현을 촉진시킬 의무를 부과한 '경제적·사회적·문화적 권리에 관한 국제규약'(A규약)과 자유권적 기본권을 중심으로 각국의 준수의무를 부과한 '시민적·정치적 권리에 관한 국제규약'(B규약)과 B규약에서 정한 권리침해에 대한 피해자 개인이 인권위원회에 구제신청을 인정하는 선택의정서 등, 3가지로 이루어져 있다.

(6) UN 세계아동의 해(1979)

UN은 1959년 유엔아동권리선언 20주년을 기념하기 위하여 1979년을 세계아동의 해로 정하고, 유니세프 내에 전담 사무국을 설치하여 각국이 자국의 실정에 맞는 복지시책을 수행하도록 하였다. 또한 아동권리에 대한 협정 초안을 제정하기 위한 추진위원회를 구성하여 1989년 아동권리협약을 채택하는 결정적 계기를 마련하였다.

(7) 세계청소년회의 바르셀로나 선언(1985)과 세계 청소년의 해(1985)

유네스코의 후원을 받아 1985년 7월 바르셀로나에서 개최한 세계 청소년 회의에서 청소년집단의 권리에 대한 적극적인 관심을 표명하는 '바르셀로나 선언'을 발표하였다. 청소년의 시민적, 정치·경제적, 문화적, 사회적 권리가 충분히 인식되고 행사됨으로써 청소년의 정치적 상황에 대해 직접적이고 강력한 역할수행과 함께 관심 있는 분야에 참여할 수 있으며, 청소년의 정치적 참여가 청소년집단의 능력과 발전 정도에 따라 그들에 대한 지원 정도를 이끌어낼 수 있음에 대해 언급하였다.

또한 1979년 UN에서 전 세계의 청소년들이 직면하고 있는 문제와 그들의 열망하는 바가 무엇인가에 대하여 세계인의 인식을 새로이 하고 관심을 증대시키고자 1985년을 '세계 청소년의 해'로 정하면서 '평화, 발전, 참여'를 주제로 선택하였다. 11월 회의에서는 청소년의 인류미래를 형성하는 데 참여하고, 사회 모든 분야에서 가치 있는 기여를 하는 것이 중요하다는 인식하에 UN 총회나 기타 관련 UN 회의에 청소년대표를 국가 사절에 포함시켜 파견해줄 것을 각 정부에 요청하였다.

(8) UN 아동권리에 관한 국제협약(1989)

UN은 1979년 인권위원회가 작성한 협약 초안을 근거로 18세 미만의 아동의 권리에 대하여 1989년 11월 20일 제44차 국제연합총회에서 '아동권리에 관한 국제협약(International Convention on the Right of the Child)'을 채택하였고, 1990년 9월 2일 비준국의 규정 20개국에 도달하여 발표되었다.

「유엔 아동권리협약」에서 아동은 단순히 보호의 대상이 아니라 적극적 권리를 행사하고 누릴 수 있는 주체로 인정하고 있고, 협약은 전문과 54개 조로 되어 있다. 다음의 4가지 기본 권리를 명시하고 있다. 첫째, 생존의 권리(right of survival)로 아동의 생존과 발달을 최대한 보장하고, 둘째, 보호의 권리(right to protection)로 아동을 모든 형태의 학대, 방임, 차별, 폭력, 고문, 사법권의 남용, 과도한 노동, 성폭력 아동에게 유해한 것으로부터의 보호받을 권리가 있으며, 셋째, 발달의 권리(right to development)로 아동의 능력을 최대한 발휘하는 데 필요한 권리, 넷째, 참여의 권리(right to participation)로 아동의 생활에 영향을 주는 일에 대한 자유로운 표현에 관한 권리를 포함하고 있다.

「유엔 아동권리협약」은 4가지의 기본 원칙을 포함하는데, 비차별의 원칙, 아동 최선의 이익의 원칙, 생존과 발달의 권리원칙, 아동 의사 존중의 원칙이다. 이 협약에 비준한 국가는 가입 후 2년 내에 이행 상황에 대한 최초 국가보고서를 제출해야 하며, 이후 5년마다 제출할 의무를 가진다.

표 3-1 「유엔 아동권리협약」에서 추구하는 기본 원칙

원칙	내용
비차별의 원칙 (non-discrimination)	모든 아동은 성별, 연령, 인종, 신분, 종교, 정치적 입장, 가족 환경, 사회경제적 배경 등 어떤 것에 의해서도 차별받지 않으며 모두 동등한 권리를 누림(협약 제2조)
아동 최선의 이익의 원칙 (best interests of the child)	아동과 관련한 활동과 사항들을 결정할 때는 언제나 아동의 이익을 최우선적으로 고려해야 함(협약 제3조). 다양한 상황에서 의사결정 시, 의사결정권자는 아동의 이익과 복지를 우선적으로 생각해야 함. 아동과 부모 및 사회와의 관계에서 양자 간 입장이 대립될 때 일차적인 고려 순위는 아동의 이익임
생존과 발달의 권리원칙 (the right to life, survival and development)	아동은 생존과 발달의 권리를 가지며, 이러한 건강한 발달을 위해 출생 때부터 다양한 지원과 보호를 받아야 함(협약 제6조)
아동 의사 존중의 원칙 (respect for the views of the child)	아동은 자신의 생활과 관련한 다양한 일들의 결정에서 자유롭게 자신의 견해를 표현할 수 있으며, 의견을 존중받아야 함(협약 제12조)

출처: 유니세프한국위원회(www.unicef.or.kr)에서 요약·발췌

(9) 아동을 위한 세계정상회담(1990)

아동 문제를 해결하기 위한 국제사회의 노력은 인류사상 최초로 '아동'이라는 단일주제로 1990년 9월 29일~30일 뉴욕에서 개최된 '아동을 위한 세계정상회담'에서 찾을 수 있다. 전 세계의 71개국 국가원수를 포함하여 158개국 대표가 참석한 이 회의에서는 1990년 아동의 생존, 보호, 발달을 위한 세계선언과 국가행동계획에 관하여 만장일치로 채택하였다.

2) 청소년을 위한 국제사회의 노력

(1) 인권과 민주주의 교육에 관한 세계행동계획(1993)

1993년 3월 캐나다 몬트리올에서 개최한 유네스코와 UN 인권센터가 공동 주최한 인권과 민주주의를 위한 교육에 관한 국제회의 결과, 청소년을 위한 인권문화를 창조하고, 개인

과 집단들이 비폭력적 방법을 사용하여 그들의 의견 불일치와 갈등을 해결할 수 있는 민주사회를 건설하는 목표를 계획하였다. 그 목표에 따라 모든 수준의 학교체제의 교과 내용에 인권과 민주주의를 가르치고, 비공식적 상황과 특수한 맥락의 어려운 환경에서의 인권과 민주주의를 위한 교육, 인권정보에 관한 국가적·지역적·국제적 연구센터와 검색기관의 설립 및 문맹인이나 아동에게 접근하기 쉬운 형태의 인권매체 개발 등에 관한 내용을 구체적 실천방안으로 제시하였다.

(2) 비엔나선언 및 행동계획(1993)

1993년 6월 오스트리아 비엔나에서 세계 비정부단체 청소년 인권대회가 개최되었다. 모든 인권 문제가 아동과 청소년에게서 시작됨을 강조하고 아동과 청소년 인권 문제가 긴급하게 제안되지 않는다면 인권 침해가 계속될 것이라고 경고하고, 각국의 「유엔 아동권리협약」 비준을 촉구하였다. 본 회의에서 아동과 청소년에게 가치 있는 사회구성원으로 참여할 권리, 말하고 그 말이 경청될 권리, 자신의 관점과 필요에 따라 인생에 영향을 미치는 모든 문제가 고려될 권리가 있다는 사실을 인정해야 함을 제시하고 인권 문제를 다루는 모든 비정부단체는 그들의 목표로 아동의 인권에 최고의 가치를 둘 것을 주장하였다(이태희·정재필, 2019).

(3) 인구와 발전에 관한 청소년 카이로선언(1994)

1994년 9월 이집트 카이로에서 열린 인구와 발전에 관한 세계 청소년 비정부단체 포럼에서, 청소년은 변화의 동인임을 믿는다는 것을 전제로 청소년이 미래에서와 마찬가지로 현재에도 우리 사회의 활동가이자 지도자이며, 그러한 역할수행이 가능한 존재임을 밝혔다. 청소년이 새롭고 진전된 사회발전제도를 상상하도록 인권과 정치, 경제제도에 대한 교육을 받을 필요가 있음을 역설하였다(이태희·정재필, 2019).

(4) UN 청소년 분야에서의 향후 계획과 적절한 후속조치를 위한 청소년 실행 지침(1995)

1985년 상정된 보고서가 1995년 UN 총회에서 채택되었는데, 이 보고서에는 세계청소년의 해의 목적인 참여, 발전, 평화를 달성하고 청소년의 상황을 개선하기 위한 국제·국가·지역 차원의 행동지침과 비정부청소년 관련 단체들의 행동지침을 담고 있다. 이를 통행 청소년 관련 주요 영역의 세계적 흐름과 그 내용을 알 수 있으며, 국가 차원에서 청소년정책을 입안하고자 할 때 적용하고 참고할 수 있는 구체적 지침을 담았다(이태희·정재필, 2019).

(5) UN 세계 청소년 행동 프로그램(1995)

UN 세계 청소년 행동 프로그램에서는 청소년의 보다 나은 미래를 위해 상황을 개선하기 위한 국제적 지원과 국가적 행동에 관한 지침과 정책을 제공하였다. 정책 시행의 10가지 우선 주요 영역으로, '① 교육, ② 고용, ③ 기아·빈곤, ④ 건강, ⑤ 환경, ⑥ 약물남용, ⑦ 일탈, ⑧ 여가시간 활용, ⑨ 소녀 집단, 젊은 여성 집단, ⑩ 사회생활, 의사결정에서의 완전한 참여'에 대한 국제적 기준을 제시하였다. 관련한 행동 프로그램을 수행하는 데 청소년의 참여를 격려하고, 총회나 UN 관련 모임 등에 청소년대표자를 포함시키는 것을 권고하였다(이태희·정재필, 2019).

(6) 2000년대 청소년을 위한 범세계적 활동 프로그램(1996)

1996년 11월 오스트리아 비엔나에서 개최된 UN 세계청소년포럼 결과, 유엔 청소년권리헌장을 작성하고, 청소년 권리에 대한 특별보고자를 임명하여 각국의 청소년 권리 현황 모니터 및 보고서를 제출하게 하였다. 이에 따라 각 국가에서는 인권교육을 교육과정에 포함시키고, 인권 분야 훈련 지도자 훈련과정을 설치하고 청소년단체의 UN 인권교육 10개년 계획(1995~2004)에 참여하며 청소년 참여와 권리증진을 위해 적합한 자료를 개발하여 제시할 것을 요구하였다(이태희·정재필, 2019).

(7) 브라가(Braga) 청소년 실천계획(1998)

포르투갈 브라가에서 1998년 8월 개최된 '제3회 세계청소년포럼'에서는 청소년의 실천계획을 통해 청소년에게 인류 발전에의 참여 권한을 부여해야 함을 강력하게 표명하였다. 장애청소년, 극빈 지역의 청소년 등 소수집단의 청소년들에게 동등한 참여의 기회를 제공하고 이들을 지원하기 위한 다양한 방안이 제시되었다.

청소년 관련 비정부단체들이 유엔체제의 전체 의사결정과정에 민주적인 방식으로 참여할 것과 UN이 청소년 이슈에 높은 우선순위를 둘 것 등이 제안되었다. 특히 청소년 권리에 대한 실천계획에서는 인권교육의 핵심적 수혜자로 참여해야 한다(이태희·정재필, 2019)고 밝혔다.

(8) 리스본(Lisbon) 선언(1998)

2000년과 그 이후를 향한 UN의 '세계 청소년 행동 프로그램' 제123조항의 제안에 의거하여, 지역 간 협력을 강화하고 국제적인 정규회의를 마련하는 문제를 논의하기 위해, 포르투갈 리스본에서 1998년 8월 열린 '제1회 세계청소년관계장관회의' 결과 채택된 선언이다.

리스본 선언의 핵심은 사회 모든 수준과 영역의 의사결정과정에서 청소년의 참여를 강조하고 있으며, 청소년을 상상력과 이상, 무한한 에너지와 비전(vision)을 가진 존재로, 그들이 살아가는 사회의 사회·문화·경제·기술적 발전을 지속하는 데 없어서는 안 될 중요한 존재로 규정하였다(이태희·정재필, 2019).

03 청소년 인권의 주요 내용

청소년 인권은 인간으로서 가지는 기본적 권리를 가지며, 천부적으로 주어지는 기본권과 함께 참여권, 행복추구권 등과 같은 사회구성원으로서 가지는 사회권이 있다. 청소년은 위치에 관계없이 인간이면 누구나 가지는 보편적이고 도덕적인 당위적 권리와 함께 사회적 지위나 기능에 따라 사회제도와 규율에 근거하여 획득하는 권리 또한 가지게 된다. 청소년의 인권은 사회적 제도에 따라 나라마다 법률적인 차원에서 청소년이 어떠한 권리를 가지고 있는지 다르게 규정한다. 청소년은 성인에 비하여 신체적 성장을 필요로 하고 정신적, 심리적으로 불안정한 시기로 특별한 양육과 보호가 필요한 존재이기에 이들에게는 성인이 되기 위한 준비에 필요한 지원을 받아야 한다. 따라서 청소년의 생존권, 발달권, 보호권과 같은 권리는 성인에 비하여 더욱 중요하게 다루어지고 있고, 주요 내용을 살펴보면 다음과 같다.

1) 생존권

생존권은 생명의 위협, 질병, 사고, 자살 등에서 안전한 상태가 유지되는 것을 말한다. 특히, 아동은 시기적으로 가장 연약한 상태에 있는 존재이기 때문에 영양, 질병, 안전, 폭력, 학대, 방임, 유기 등으로부터 생명을 보호받아야 한다. 청소년의 경우 자살로 자신의 생명을 마감하는 수가 증가하고 있는 현실에서 청소년의 생존권이 크게 위협받고 있음을 보여주는 것이다. 지진, 폭우, 가뭄과 같은 자연재해와 달리 사회적인 환경이 청소년에게 자살을 선택하게 하는 요인이 된다는 것은 청소년 생존권 보장을 위한 사회환경의 변화와 노력이 절실함을 나타내고 있다.

2) 자유권

자유권이란 타인의 의지나 외부로부터 '나'라는 자신의 존재가 존재하는 것을 의미한다. 인간의 자유란 무한한 자유를 누리기에 한계가 있고, 실정법에 의거하여 자유를 누릴 수 있다. 대부분의 나라에서는 실정법을 통해 인간의 자유를 지켜주기도 하지만, 동시에 나의 자유가 타인의 자유를 제한하는 것을 막기 위한 취지로 입법된다. 청소년의 자유권이란 청소년을 보호하기 위한 것이지만, 때로는 지나친 부모의 영향 또는 외부의 제한으로 제대로 행사되지 못하는 경우도 적지 않다. 따라서 청소년의 자유 제한이 과연 청소년의 이익에 최우선하는 조치인지를 면밀히 검토한 후 제한하는 것이 필요하다.

3) 복지권

복지권이란 의·식·주와 같은 최소량의 복지와 함께 인간다운 삶을 살아가기 위한 상태를 추구한다. 우리나라 청소년은 기본적인 생활의 복지는 어느 정도 그 수준이 향상되었으나 가정 및 학교생활의 만족도, 심리·정서적 측면의 건강에서는 부정적인 현상이 나타나고 있다. 이제는 청소년의 복지권 향상 문제가 개인적 권리를 벗어나 사회적 권리로 인식함으로써 거시적인 사회변화가 요구되고 있다.

4) 평등권

최근 인권의 향상으로 비록 타인과 같이 동등하게 자유로울 기회는 얻었지만, 사회적 불평등으로부터 오는 또 다른 상대적인 박탈감과 경제·사회적 부자유를 가지게 됨으로써 권리에 대한 가치의 중심이 자유에서 점차 평등으로 옮겨가게 되었다. 청소년은 주로 가정 내에서의 평등권과 학교 내에서의 평등권을 행사할 수 있다. 그러나 교육현장에서 기회균등의 원리가 제대로 작동되지 않고, 지나친 사교육과 경쟁 풍토로 인해 교육 평등권이 보장받지 못하는 실정이다.

5) 보호권 및 발달권

청소년은 아직 신체적, 정신적으로 미성숙한 존재로, 보호의 대상이다. 이들의 발달이 정상적으로 이루어지지 않는다면 사회진입과정에서와 성인이 되어서 많은 어려움을 가질 수 있기 때문에 이들의 보호권과 발달권은 큰 의미를 가진다. 계몽주의 이전 시대에는 아동, 청소년을 학대와 노동착취의 대상으로 여겼으며, 아직도 저개발국가에서는 체벌, 노동착취의 대상이 되고 있다. 청소년의 보호권과 발달권은 생존권, 복지권, 자유권, 평등권과 무관하지 않으며, 특히 아동·청소년의 생존권과 복지권은 이들이 보호와 발달에 큰 영향을 미치고 있다.

우리나라의 경우 저출산, 고령화, 맞벌이 가구의 증가 시대로 오면서 이혼, 별거와 같은 해체된 가정이 증가하고, 이로 인한 가출, 성매매 등의 심각한 청소년 문제가 늘어나는 실정이다. 한편 지나친 교육열로 인해 과도한 학업 시간으로 청소년의 전인격적인 발달이 소홀해지고 있는 형편이다.

6) 참여권

참여권은 인간의 권리 중 가장 늦게 요구되고 있는 권리로서 자유권과 평등권을 전제로 성립할 수 있다. 인간 개개인이 자유롭게 자신의 의사를 표명하고, 동등하게 의사를 결정하는 기회를 가지는 것은 민주사회에서 인간의 중요한 권리로 등장하게 되었고, 현재의 민주주의 사회에서는 인간에게 떼어놓을 수 없는 대표적 권리 중 하나이다.

청소년이 참여권을 행사한다는 것은 자신들의 이익과 관련된 사항에 가정이나 학교 및 사회에서 자유롭게 자신들의 의사를 표명하고 의사 결정에 참여하는 것이다. 즉, 권리가 침해받았을 경우 이를 복원하기 위하여 집회와 결사를 할 수 있는 권리를 직접 참여하여 표명한다는 것이다. 생존권, 자유권 평등권, 복지권, 보호권, 발달권 등이 침해를 받았을 때에 함께 원하는 의사결정 촉구의 기회를 참여권을 통해 실현할 수 있다(전동일 외, 2016).

04 한국 아동·청소년 인권실태

우리나라는 1991년 11월 20일 유엔아동권리협약을 비준하였으며, 협약 이행에 관한 국가보고서를 작성해 유엔아동권리위원회에 제출한다. 또한 유엔아동권리협약 이행모니터링과 아동·청소년 인권실태를 분석하여 아동·청소년의 인권에 관한 개선과제를 도출한다. 아동권리위원회의 5~6차 권고에 따라 2020년 전국 초등학교 4학년에서 고등학교 3학년 학생 총 8,623명을 대상으로 아동·청소년 인권 정책과제를 근거로 조사한 인권실태를 토대로 한국 아동·청소년의 인권실태를 살펴보고 개선 방향을 살펴보고자 한다(국가인권위원회 www.humanrights.go.kr).[1]

아동·청소년 인권 정책과제명

Ⅰ. 인권일반 및 일반원칙
- 과제 1. 유엔아동권리협약 이행 추진체계 구축 및 강화
- 과제 2. 아동정책영향평가제도 안착

Ⅱ. 시민적 권리와 자유
- 과제 1. 인권친화적 학교 환경조성을 위한 정책 거버넌스 구축
- 과제 2. 디지털 환경에서의 아동·청소년 권리보장을 위한 법·제도 개선

---

1 한국 아동·청소년 인권실태는 한국청소년정책연구원에서 실시한 '2020년 아동·청소년 권리에 관한 국제협약 이행 연구–한국 아동·청소년 인권실태: 총괄보고서'의 내용을 참고로 기술하였다.

Ⅲ. 폭력 및 학대
과제 1. 아동학대전담공무원제도 개선
과제 2. 학교폭력 저연령화에 따른 조기 예방교육 도입
Ⅳ. 가정환경 및 대안양육
과제 1. 가정환경상실아동의 탈시설 정책 수립
과제 2. 입양 관련 사후관리의 내실화
과제 3. 가출청소년 쉼터 이용 활성화
Ⅴ. 장애, 기초 보건 및 복지
과제 1. 장애인 통합교육 전면 실시
과제 2. 장애인 거주시설 이용 아동·청소년 자립 지원
Ⅵ. 교육, 여가 및 문화적 활동
과제 1. 학업중단 예방을 위한 직업계고 확대 방안 마련
과제 2. 경쟁주의적 학교교육 개선을 위한 마을결합형 혁신교육지구의 전국적 확대
Ⅶ. 특별보호조치
과제 1. 제도권과 비제도권 교육에서의 청소년 노동인권교육 강화 및 내실화
과제 2. 우범소년 규정 삭제
과제 3. 이주아동 구금 금지

출처: 오병선 외(2011). 인권의 해설.

1) 인권일반 및 일반원칙

일반이행조치는 협약의 실효적인 이행을 위한 당사국의 광범위한 조치를 아우르는 개념이다. 내용은 입법, 조정과 모니터링을 위한 독립적인 기구의 설립, 종합적인 자료수집, 인식 제고 및 교육훈련, 적절한 정책·서비스 및 프로그램 개발과 이행으로, 모든 아동이 협약이 정하는 아동권리를 전적으로 향유할 수 있도록 촉진하는 것을 목적으로 한다(Committee on the Rights of the Child, 2003).

모니터링 결과 14주를 기한으로 낙태죄 유지를 전제하는 「형법」 및 「모자보건법」 개정안은 낙태죄 폐지에 따른 법률 개정이 아동 이익 최우선의 원칙에 부합하도록 하라는 위원회의 권고에 부합하지 않고 있다. 제2차 아동정책기본계획은 아동권리 기반 접근을 실천하는 법·제도 체계 구축, 아동 및 원가정 지원을 위한 재정확대 등을 주요한 정책 방향으로 설정하며, 출생통보제 도입, 우범소년 제도 개선, 징계권 법제 개선 등 위원회의 권고를 폭넓게 반영한 것으로 볼 수 있으나, 아동정책조정위원회 권한 강화를 위한 논의가 부재하여

이에 대한 대책이 필요한 것으로 볼 수 있다.

평등권 보장을 위한 법률 제정 필요성에 대한 대중의 인식변화와 함께, 국회에서 그동안 미루어 왔던 포괄적 차별금지법안이 발의되어 평등법 제정의 권고와 인권보장을 위한 국가의 역할이 촉구되고 있음을 알 수 있다.

일반이행원칙과 함께 일반원칙은 협약이 명시한 아동권리를 실현하기 위해 필수적으로 고려되어야 할 내용으로, 권리 보장을 위한 권리라 할 수 있다. 이주아동, 가정환경, 교육환경 등 개별적 사안에서 차별을 근절하기 위한 노력은 미비하지만, 포괄적 차별금지법 제정에 대한 권고는 가시화된 진전을 찾아볼 수 있다.

2) 시민적 권리와 자유

2020년 6월 대법원 판결에서 '아동의 출생등록에 대한 권리'가 명시적으로 인정되었으나, 출생등록의 주체를 국민으로 한정한 아쉬움이 있으며, 한국의 출생등록 체계는 여전히 이주아동의 출생등록을 포괄하지 못하고 있다. 더욱이 출생통보제에 대한 논의 진전이 없는데, 유기아동 보호대책으로 '보호(익명)출산제'가 추진되고 있다. 이는 최후의 수단으로만 '익명출산제'를 고려하라는 위원회의 권고에 정면으로 반하는 것으로, 아동의 출생등록 및 정체성에 대한 권리를 침해하는 조치인 것이다.

또한 「공직선거법」 개정을 통해 선거권 연령과 정당 가입 연령이 18세 이상으로 조정되었으나, 주민투표와 국민투표의 투표권 연령 하향, 선거운동의 자유 등 아동·청소년의 정치적 권리 확장을 위한 논의가 지속될 필요가 있는 것으로 볼 수 있다.

「개인정보 보호법」상 정보 주체로서 아동의 권리를 확인한 조항이 신설되었지만, 여전히 만 14세 미만 아동의 개인정보 자기결정권은 제한적으로 인정되고 있다. 아동의 직접적 동의 권한을 전제로, 개인정보 이용에 따른 위험을 예방하기 위한 법적·제도적 기반이 강화되어야 하며, 특히 기업의 책무성 강화를 위한 조치가 필요하다(김영지 외, 2020).

3) 폭력 및 학대

아동학대전담공무원, 아동보호전담요원 배치 등 '보호가 필요한 아동에 대한 공적 책임 강화'가 본격적으로 시행되었다. 아동학대 조사 및 아동보호의 주체가 지방자치단체를 중심으로 한 공공으로 전환되는 획기적인 변화이지만, 폭력 및 아동학대에 적절히 대응하기 위한 인적·재정적·기술적 자원 확보와 지역 격차 해소를 위한 지속적인 노력이 시급한 실정이다.

「민법」 제915조 징계권 규정을 삭제하는 정부의 「민법」 일부개정 법률안에 따라, '징계권 삭제'를 통해 모든 형태의 체벌을 명시적으로 금지하는 법 개정이 조속히 이루어질 필요가 있다. 「아동·청소년의 성보호에 관한 법률」상 대상아동·청소년 규정 삭제, 아동·청소년성착취물에 대한 정의 규정 신설 등 아동성착취에 대한 관점의 변화가 법률에 반영되었고, 「형법」상 미성년자의제강간죄의 연령 기준도 13세에서 16세로 상향되었으며, 디지털 성범죄 양형 기준도 강화되었다. 다만, 성폭력과 성착취, 성매매를 구분하여 성매매 피해아동에 대한 낙인이 우려되며, 온·오프라인을 아우르는 성착취범죄에 대한 적극적인 대응에 대한 논의가 필요한 것으로 보인다(김영지 외, 2020).

4) 가정환경 및 대안양육

2020년 코로나19로 가정환경에 대한 국가의 책무가 가장 큰 취약성을 갖는 영역으로 확인되었다. 코로나19로 인하여 학교와 지역아동센터 등 공공기관의 기능이 멈춤에 따라 돌봄의 책임이 온전히 가정에 떠넘겨졌으며, 감염병 확산 상황에서 돌봄 공백을 최소화할 수 있는 법·제도적 기반이 부재한 상황을 확인할 수 있었다. 정부의 각종 지원제도에서 이주아동은 원칙적으로 배제되고 있어 이에 대한 개선의 필요성에 제기되었다.

대안양육 영역에서 '구체적인 탈시설 계획을 통해 시설보호를 단계적으로 폐지할 것'을 제시한 위원회의 권고는 전혀 이행되지 않고 있고, 아동 인구수 감소에도 불구하고, 대규모 양육시설의 수는 변함없이 유지되고 있으며, 공동생활가정 및 보건복지부 관할 시설 외 여성가족부 관할 청소년쉼터, 청소년회복지원시설, 청소년자립지원관 및 법무부 관할 청소년

자립생활관 등 여타 시설에서 생활하는 아동 수를 더불어 고려할 때, 사실상 아동의 시설보호는 증가한 실태로 볼 수 있다. 최근 전문가정위탁제도 도입 등이 논의되고 있으나, 충분한 인적·재정적 자원이 확보가 필요하며, 특히 국가 단위의 일관된 지원체계를 통한 지역별 격차 해소방안이 모색되어야 한다.

또한, 입양과 관련하여 여전히 민간 입양기관이 입양절차 전반을 주도하며, 친생부모에 대한 정보 관리, 공적 결연 절차, 사후관리 및 사후서비스 등에 대한 공적 개입이 적절히 이루어지지 않고 있는 것으로 조사되었다. 2019년 기준 전체 입양의 45%가 국외입양이며, 미혼모 자녀의 국외입양이 100%, 국내입양이 85%인 현실은 원가정 양육 지원 원칙과 국내입양 우선에 대한 국가의 책무가 이행되지 않고 있음을 보여주는 결과이다.

한편, 전국 46개 교정시설에 아동친화형 가족접견실이 구축될 예정이며, 학령기 자녀의 학습권 보호 및 접견기회 확대를 위해 토요일 '아동접견의 날'을 운영하여 아동의 면접권 보장을 위한 정책이 추진·시행되고 있다. '관급지급 유아용품 목록' 등을 만들어 부모와 함께 교도소에 머무는 아동의 권리 보장 조치도 조금씩 보완되고 있다.

더하여 부모의 체포 및 구속 단계부터 수용 단계에 이르는 형사사법 절차 전반에 수용자 자녀의 돌봄 공백을 방지하고 양육자와의 관계 형성을 조력하기 위한 단계적 개선방안이 추가적으로 모색될 필요가 있는 것으로 확인되었다(김영지 외, 2020).

5) 장애·기초적 보건과 복지

코로나19로 학교가 그 기능을 하지 않는 동안 특히 일반학교의 특수학급, 통합학급에 재학 중인 장애학생의 긴급돌봄은 사실상 공백이었으며, 「장애아동 복지지원법」에도 불구하고 특수교사 배치기준을 충족하지 못한 장애아동 전문어린이집은 55%로 나타나 대책이 시급한 것으로 보인다. 장애가 있는 이주아동은 장애인등록을 한 경우에도 「장애인복지법」 제32조의2 제2항 단서 조항 때문에 의료 및 복지서비스 접근이 원활하지 않은 것으로 확인되어, 이에 대한 대책 마련도 필요하다.

디지털 환경이 보편화되면서 청소년기 아동의 인터넷·스마트폰 중독 문제가 심화되고 있으며, 스마트폰 과의존 위험군에 있는 유아동의 비율도 계속하여 증가하고 있는 것으로 나타났다. 인터넷·스마트폰이 아동의 삶에 큰 영향을 미치는 현재, 중앙정부 간 정책조정은 물론 중앙정부와 지방정부의 업무연계와 협력을 통해 청소년의 건강한 삶을 지지하기 위한 통합적인 접근이 절실히 요구된다.

한편 아동·청소년 사망사고 원인으로 10~14세, 15~19세, 20~24세의 모든 연령대에서 자살이 2.1명, 8.5명, 17.8명으로 가장 높은 원인으로 조사되었다. 특히 15~24세의 경우 자살로 인한 사망률이 7년간의 통계와 비교해 급증한 것으로 확인되었는데, 10대 자살사고의 증가추세를 감소시킬 수 있도록 정신건강복지센터, Wee센터를 비롯한 청소년상담복지센터와 청소년전화1388, 지역사회 청소년통합지원체계 청소년안전망(CYS-Net), 청소년동반자, 긴급구조 및 일시보호, 또래상담사업 등과 같은 정부, 민간 등의 다차원적 개입이 시급한 것으로 보인다(김영지 외, 2020).

6) 교육·여가 및 문화적 활동

2021년 제주특별자치도 학생인권조례가 제정되며 전국에 여섯 번째로 학생인권조례가 마련되었으나, 지자체별로 인권조례에 관한 내용에 차이가 있어 학생인권 보장을 위한 범국가 단위의 일관된 기준의 필요성이 요구된다. 2020년 여성가족부가 '나다움 어린이책'을 선정·배포한 직후 회수한 사건은 성소수자를 포용하지 못하는 시각을 보여주었다. 학교 성교육 표준안도 2015년 이후 적절한 개정 없이 그대로 유지되고 있어 사회적 인식의 공감을 통한 개정이 이루어져야 할 필요성이 제기된다.

교육부는 장애학생 등 취약계층 맞춤형 지원 강화를 통해 교육복지 안전망을 구축하겠다고 밝혔으나, 특수교원 확충과 지원 강화, 학교 편의시설 개선과 장애인식 개선을 통한 통합교육을 뒷받침하는 인적·재정적 자원이 현저히 부족하여 이에 대한 조속한 대책이 필요하다. 근본적으로 학생의 학교운영 참여, 간접체벌을 포함한 학교에서 발생할 수 있는 모든 형태의 체벌 금지, 학교 안에서 발생하는 성별에 기반한 폭력과 차별 방지, 학교생활규정과 생활지도 내 차별을 금지하는 「초·중등교육법」 개정, 차별금지법 제정 및 학생 인권 내용을 명시한 법률 제정 등 적절한 법적 근거를 통해 교육의 목표를 지향하는 패러다임의 전환이 필요하다.

특히, 학생 1인당 사교육비와 관련하여 한국의 GDP 대비 학생 1인당 공교육비의 지원은 OECD 평균보다 높아 교육받을 권리가 잘 보장되고 있으나, 사교육비와 함께 교육을 받을 권리가 지나쳐 과잉 교육의 상황인 것으로 볼 수 있다. 특히 높은 '학생 1인당 사교육비'는 UN의 아동권리위원회에서 지속적으로 한국의 아동과 청소년이 지나치게 학업시간이 많아 이들의 놀 권리, 여가 및 문화 향유의 권리가 침해받고 있음을 주지시키면서 이에 대한 대책 마련을 권고하고 있음에 주목할 필요가 있다. 과도한 교육환경에 따른 학교 부적응률의 증가와 함께, 학업스트레스로 인한 학업중단을 고민해 본 학생이 고등학생 32.3%, 중학생 20.5%, 초등학생 17.1%로 조사되고 있다. 학업중단 이유가 '귀찮고 아무것도 하기 싫어서'(30.0%), '공부하기 싫어서'(27.2%), '배우고 싶은 내용이 없어서'(12.7%), '성적이 좋지 않아서'(14.5%) 등으로 나타나 현행 교육제도의 획기적인 변화 필요성이 제기되어 있다.

한편, 직업계 고등학교 청소년은 4명 중 1명이 취업을 하지 못하는 심각한 상태로, 정부의 대책 마련이 시급한 것으로 나타나면서 안전, 일자리 발굴, 기업 인센티브 확대, 현장실습학점제 등을 포함한 '2020 직업계고 지원 및 취업 활성화 방안'[2]에 따른 방안이 적극 실천되어야 할 것이다(김영지 외, 2020).

7) 특별보호조치

법무부는 이주아동 구금금지를 「출입국관리법」에 명문화하는 등, 법 개정을 추진 중이라고 밝혔으나, 형사미성년자 연령을 이유로 14세 미만 아동만을 대상으로 하여, 이주아동 구금 권고를 이행한 것이라고 보기 어렵다. 2019년 심의 당시 이주아동의 출생등록제 도입 법안을 검토하고 있다고 제시하였으나, 제21대 국회가 구성된 현재까지 발의된 법안은 없는 것으로 확인되었고, 미등록 이주아동에게 체류자격 부여를 권고한 국가인권위원회의 결정

---

2 교육부는 2020년 5월 22일 「2020 직업계고 지원 및 취업 활성화 방안」을 발표하였다. 주요 내용은 다음과 같다.
1. 학생의 안전을 획기적으로 강화한다: 기능경기대회 개선방안 마련, 현장실습생 안전조끼 보급
2. 학생들을 위한 괜찮은 일자리 발굴에 정부가 직접 나선다: 지방직 행정직군 선발제도 신설, 중앙취업지원센터 개소
3. 고졸취업 선도기업에 최대 10개 인센티브를 패키지로 제공한다: 중소기업 지원사업 우대, 정책자금 우대, 청년친화 강소기업 선정 우대 등
4. 코로나19 이후 예상되는 고졸 취업의 어려움에 선제적으로 대응한다: 직업계고 학생 대상 기능사 시험 별도 개설, 현장실습 학점제, 블렌디드 현장실습

에 대한 이행계획도 밝히지 않고 있다.

'만 14세 미만 아동을 범죄자로 취급하거나 구금하지 않을 것'을 권고한 위원회의 최종 견해에도 불구하고, "우범소년 송치제도를 적극 활용하고, 촉법소년 연령 하향(만 14세 미만 → 만 13세 미만)도 추진한다."는 교육부의 '제4차 학교폭력 예방과 대책 기본계획'은 유엔아동권리위원회의 권고를 되새기게 한다.

2020년 8월 기준 서울소년분류심사원의 수용률은 124.1%, 서울소년원과 안양소년원은 각각 122.9%, 125.0%의 수용률을 보이고 있고, 특히 수도권 소재 소년보호시설의 과밀수용 문제도 지속되고 있으며, 위원회가 폐지를 권고한 독방 구금은 계속하여 유지되고 있는 것으로 조사되었다. 특히 법에 저촉된 아동의 개별적 특성을 이해하고 적합한 처분과 지원을 제공할 수 있는 법관 및 관련 종사자의 전문성 확보, 이를 위한 법률 조력의 중요성은 위원회의 반복된 권고사항이나 법무부는 모든 소년에 대한 무료 법률 조력은 신중한 검토가 필요하다는 견해를 밝히고 있어 사회적 논의가 필요한 사안으로 해석할 수 있다(김영지 외, 2020).

함께 풀어 봅시다

1 **모든 사람은 태어날 때부터 자유롭고, 존엄성과 권리에 있어 평등하다는 문구가 있는 국제문서는?**

① 아동권리선언

② 장애인권리협약

③ 세계인권선언

④ 여성차별철폐협약

정답 ③

해설 1948년 UN세계인권선언(Universal Declaration of Human Rights) 전문에는 '모든 인류는 타고난 존엄성과 남에게 넘겨줄 수 없는 권리를 가진다.'라고 명시하고 제1조에는 '모든 인간은 태어날 때부터 자유롭고 존엄성과 권리에 있어서 평등하다.'라고 명시하여 인권의 속성에 대하여 정의하고 있다.

2 **인권의 특성으로 볼 수 없는 것은?**

① 보편성

② 특수성

③ 불가분성과 상호의존성

④ 실정법우선성

정답 ②

해설 인권은 모든 인간이 누구나 향유할 수 있는 권리로 보편적 주체성이 인정되는 권리이다. 따라서 성, 연령, 학력, 권력, 사회적 신분, 인종, 장애 여부 등 인간을 둘러싼 어떠한 기준이나 조건에 관계없이 인간이라면 평등하게 누리고 보장되어야 하기에 특수한 대상에게 주어지는 것이 아니다.

3 **인권의 주요 내용에 대한 설명으로 틀린 것은?**

① 생존은 생명의 위협, 질병, 사고, 자살 등에서 안전상 상태가 유지되는 것을 말한다.

② 자유권은 인간의 자유가 무한한 자유를 누리기에 한계가 없고, 실정법에 의거하지 않고 무한 자유를 누릴 수 있다는 것이다.

③ 복지권이란 의·식·주와 같은 최소량의 복지와 함께 인간다운 삶을 살아가기 위한 상태를 추구하는 것이다.

④ 참여권은 인간의 권리 중 가장 늦게 요구되고 있는 권리로 자유권과 평등권을 전제로 성립한다.

정답 ②

해설 자유권이란 타인의 의지나 외부로부터 '나'라는 존재가 존재하는 것을 의미한다. 인간의 자유란 무한한 자유를 누리기에 한계가 있고, 실정법에 의거하여 자유를 누릴 수 있다. 대부분의 나라에서는 실정법을 통해 인간의 자유를 지켜주기도 하지만, 동시에 나의 자유가 타인의 자유를 제한하는 것을 막기 위한 취지로 입법된다.

4 **청소년 인권과 관련된 국제적 협약 내용으로 볼 수 없는 것은?**

① 아동권리에 관한 최초의 선언은 1924년 채택된 제네바선언이다.

② UN은 1948년 세계아동의 해로 정한다.

③ UN은 1959년 세계아동권리선언을 채택한다.

④ UN은 1979년 아동권리에 관한 국제협약을 채택한다.

정답 ②

해설 UN은 1959년 유엔아동권리선언 20주년을 기념하기 위하여 1979년을 세계아동의 해로 정한다.

5 **「유엔 아동권리협약」에서 추구하는 기본 원칙에 해당하지 않는 것은?**

① 차별의 원칙

② 아동 최선의 이익의 원칙

③ 생존과 발달의 권리원칙

④ 아동 의사 존중의 원칙

정답 ①

해설 본 협약 제2조에서 모든 아동은 성별, 연령, 인종, 신분, 종교, 정치적 입장, 가족 환경, 사회경제적 배경 등 어떤 것에 의해서도 차별받지 않으며 모두 동등한 권리를 누린다.

PART 02

청소년복지 관련법과 서비스 전달체계

chapter 4

청소년복지 관련법

청소년 관련법은 청소년의 육성과 보호에 직·간접적으로 관련이 있는 법으로, 청소년을 직접적인 대상으로 하거나 청소년의 권리와 의무에 관련이 있는 조항을 포함하는 모든 법령이나 규칙이라고 할 수 있다.

01 헌법

1) 인간의 존엄과 가치

「대한민국헌법」(이하 「헌법」)은 대한민국 최고의 규범으로, 제10조에서 "모든 인간은 인간으로서의 존엄과 가치를 가지며 행복을 추구할 권리가 있다. 국가는 개인이 가지는 불가침의 기본적 인권을 확인하고 이를 보장할 의무를 진다."라고 명시하여 대한민국 모든 국민의 행복추구권과 기본권 보장을 규정하고 있다. 「헌법」 제10조, 제11조, 제31조, 제32조, 제34조 등은 청소년정책과 직접적인 관련이 있는 조항이다(법제처 www.moleg.go.kr).

2) 기본권의 존중

「헌법」 제2장 국민의 권리와 의무에는 제10조에서부터 제39조까지 국민이 갖는 권리인 평등권, 자유권, 참정권, 사회권 등을 규정하고 있는데, 청소년도 국민의 일원이기 때문에 이러한 권리를 누릴 수 있어야 한다. 이 중 대표적인 내용이 제32조제5항의 "연소자의 근로는 특별히 보호를 받는다."라는 규정과 제31조제1항과 제2항의 "모든 국민은 능력에 따라 균등하게 교육을 받을 권리를 가진다.", "모든 국민은 그 보호하는 자녀에게 적어도 초등교육과 법률이 정하는 교육을 받게 할 의무를 진다."이다. 이들 조항에서는 청소년에 대한 국가의 책임과 함께 청소년의 보호받을 권리와 교육받을 권리를 담고 있다(김향은 외, 2016).

3) 청소년복지 향상 관련 정책 실시 의무 명시

「헌법」 제34조제1항 "모든 국민은 인간다운 생활을 할 권리를 가진다.", 제2항 "국가는 사회보장·사회복지의 증진에 노력할 의무를 진다.", 제4항 "국가는 노인과 청소년의 복지 향상을 위한 정책을 실시할 의무를 진다."라고 명시하여 청소년복지 향상에 대한 국가 책임을 규정하고 있다.

02 법률

1) 청소년 기본법

「청소년 기본법」은 1987년 제정된 「청소년육성법」을 대체·입법한 법률로, 1991년에 제정되었다. 이는 청소년 장기육성계획인 한국 청소년 기본계획을 효과적으로 추진할 수 있는 제도적 장치를 마련하기 위해 1987년에 제정된 「청소년육성법」을 전면 개정·보완하여 새롭게 제정한 법률이다(강병연·황수주, 2011). 기존의 「청소년육성법」이 주로 청소년육성에 치중한 면이 있어 이를 보완하기 위한 것이 「청소년 기본법」이라고 할 수 있다. 즉, 「청소년육성법」은 청소년 단체에 대한 국가와 지방자치단체의 지원을 통해서 청소년육성을 도모하려는 것이었다면, 「청소년 기본법」은 청소년수련시설의 대대적인 건립과 청소년 수련활동의 장려를 통해서 청소년을 육성하고자 하였다(이용교, 2012).

「청소년 기본법」은 청소년육성에 관하여 다른 법률보다 우선하여 적용한다. 즉, 「청소년복지 지원법」, 「청소년활동 진흥법」, 「청소년 보호법」, 「아동·청소년의 성보호에 관한 법률」의 상위법에 해당하며, 이들 법의 제정, 개정을 위해서는 「청소년 기본법」의 취지에 맞도록 하여야 한다.

(1) 목적

「청소년 기본법」의 목적은 제1조에 "청소년의 권리 및 책임과 가정·사회·국가·지방자치단체의 청소년에 대한 책임을 정하고 청소년정책에 관한 기본적인 사항을 규정함을 목적으로 한다."고 명시되어 있다.

(2) 기본이념

「청소년 기본법」 제2조의 기본이념과 용어의 뜻은 다음과 같다.

「청소년 기본법」 기본이념

① 이 법은 청소년이 사회구성원으로서 정당한 대우와 권익을 보장받음과 아울러 스스로 생각하고 자유롭게 활동할 수 있도록 하며 보다 나은 삶을 누리고 유해한 환경으로부터 보호될 수 있도록 함으로써 국가와 사회가 필요로 하는 건전한 민주시민으로 자랄 수 있도록 하는 것을 기본이념으로 한다.

② 제1항의 기본이념을 구현하기 위한 장기적·종합적 청소년정책을 추진할 때에는 다음 각 호의 사항을 그 추진 방향으로 한다.

1. 청소년의 참여 보장
2. 창의성과 자율성을 바탕으로 한 청소년의 능동적 삶의 실현
3. 청소년의 성장 여건과 사회 환경의 개선
4. 민주·복지·통일조국에 대비하는 청소년의 자질 향상

출처: 「청소년 기본법」 제2조

「청소년 기본법」에서 사용하는 용어의 뜻

① "청소년"이란 9세 이상 24세 이하인 사람을 말한다. 다만, 다른 법률에서 청소년에 대한 적용을 다르게 할 필요가 있는 경우에는 따로 정할 수 있다.
② "청소년육성"이란 청소년활동을 지원하고 청소년의 복지를 증진하며 근로 청소년을 보호하는 한편, 사회 여건과 환경을 청소년에게 유익하도록 개선하고 청소년을 보호하여 청소년에 대한 교육을 보완함으로써 청소년의 균형 있는 성장을 돕는 것을 말한다.
③ "청소년활동"이란 청소년의 균형 있는 성장을 위하여 필요한 활동과 이러한 활동을 소재로 하는 수련활동·교류활동·문화활동 등 다양한 형태의 활동을 말한다.
④ "청소년복지"란 청소년이 정상적인 삶을 누릴 수 있는 기본적인 여건을 조성하고 조화롭게 성장·발달할 수 있도록 제공되는 사회적·경제적 지원을 말한다.
⑤ "청소년보호"란 청소년의 건전한 성장에 유해한 물질·물건·장소·행위 등 각종 청소년 유해 환경을 규제하거나 청소년의 접촉 또는 접근을 제한하는 것을 말한다.
⑥ "청소년시설"이란 청소년활동·청소년복지 및 청소년보호에 제공되는 시설을 말한다.
⑦ "청소년지도자"란 청소년지도사와 청소년상담사와 청소년시설, 청소년단체 및 청소년 관련 기관에서 청소년육성에 필요한 업무에 종사하는 사람을 말한다.
⑧ "청소년단체"란 청소년육성을 주된 목적으로 설립된 법인이나 대통령령으로 정하는 단체를 말한다.

출처: 「청소년 기본법」 제3조

(3) 주요 내용

「청소년 기본법」은 56개 조항과 8개 보칙 조항과 4개의 벌칙 조항으로 구성되어 있다. 주요 구성 내용은 다음 〈표 4-1〉과 같다.

표 4-1 「청소년 기본법」의 구성 내용

장	제목	조문 내용
제1장	총칙	목적, 기본이념, 정의, 다른 법률과의 관계, 청소년의 권리와 책임, 가정의 책임, 사회의 책임, 국가 및 지방자치단체의 책임
제2장	청소년정책의 총괄·조정	청소년정책의 총괄·조정, 청소년정책위원회, 지방청소년육성위원회 설치, 청소년특별회의 개최, 청소년육성에 관한 기본계획의 수립, 연도별 시행계획의 수립 등, 계획수립의 협조, 청소년의 달
제3장	삭제	삭제
제4장	청소년시설	청소년시설의 종류, 청소년시설의 설치·운영, 청소년시설의 지도·감독
제5장	청소년지도자	청소년지도자의 양성, 청소년지도사, 청소년상담사, 청소년지도사·청소년상담사의 배치 등, 청소년지도사·청소년상담사의 채용 등, 청소년육성 전담공무원, 청소년육성 전담기구의 설치, 청소년지도위원

장	제목	조문 내용
제6장	청소년단체	청소년단체의 역할, 청소년단체에 대한 지원 등, 수익사업, 한국청소년단체협의회, 지방청소년단체협의회
제7장	청소년활동 및 청소년복지 등	청소년활동의 지원, 학교교육 등과의 연계, 청소년복지의 향상, 청소년유익환경의 조성
제8장	청소년육성기금	기금의 설치 등, 기금의 조성, 기금의 사용 등, 지방청소년육성기금의 조성
제9장	보칙	국유·공유 재산의 대부 등, 조세 감면 등, 감독 등, 포상, 유사명칭의 사용금지, 수수료 등, 권한의 위임·위탁
제10장	벌칙	벌칙, 양벌규정, 과태료

출처: 「청소년 기본법」

① 청소년의 권리와 책임

「청소년 기본법」 제5조에서는 청소년의 권리와 책임에 대하여 명시하고 있다. ① 청소년의 기본적 인권은 청소년활동·청소년복지·청소년보호 등 청소년육성의 모든 영역에서 존중되어야 한다. ② 청소년은 인종·종교·성별·나이·학력·신체조건 등에 따른 어떠한 종류의 차별도 받지 아니한다. ③ 청소년은 외부적 영향에 구애받지 아니하면서 자기 의사를 자유롭게 밝히고 스스로 결정할 권리를 가진다. ④ 청소년은 안전하고 쾌적한 환경에서 자기발전을 추구하고 정신적·신체적 건강을 해치거나 해칠 우려가 있는 모든 형태의 환경으로부터 보호받을 권리를 가진다. ⑤ 청소년은 자신의 능력을 개발하고 건전한 가치관을 확립하며 가정·사회 및 국가의 구성원으로서의 책임을 다하도록 노력하여야 한다.

② 청소년의 자치권 확대

「청소년 기본법」 제5조의2에서는 청소년의 자치권 확대에 대하여 명시하고 있다. ① 청소년은 사회의 정당한 구성원으로서 본인과 관련된 의사결정에 참여할 권리를 가진다. ② 국가 및 지방자치단체는 청소년이 원활하게 관련 정보에 접근하고 그 의사를 밝힐 수 있도록 청소년 관련 정책에 대한 자문·심의 등의 절차에 청소년을 참여시키거나 그 의견을 수렴하여야 하며, 청소년 관련 정책의 심의·협의·조정 등을 위한 위원회·협의회 등에 청소년을 포함하여 구성·운영할 수 있다. ③ 국가 및 지방자치단체는 청소년과 관련된 정책 수립

절차에 청소년의 참여 또는 의견 수렴을 보장하는 조치를 하여야 한다. ④ 국가 및 지방자치단체는 청소년 관련 정책의 수립과 시행과정에 청소년의 의견을 수렴하고 참여를 촉진하기 위하여 청소년으로 구성되는 청소년참여위원회를 운영하여야 한다.

③ 청소년에 대한 책임 명시

「청소년 복지법」은 청소년에 대한 가정, 사회, 국가 및 지방자치단체의 책임을 명시하고 있다.

제6조에서는 가정의 책임을 명시하고 있다. ① 가정은 청소년육성에 관하여 1차적 책임이 있음을 인식하여야 하며, 따뜻한 사랑과 관심을 통하여 청소년이 개성과 자질을 바탕으로 자기발전을 실현하고 국가와 사회의 구성원으로서의 책임을 다하는 다음 세대로 성장할 수 있도록 노력하여야 한다. ② 가정은 학교 및 청소년 관련 기관 등에서 실시하는 교육 프로그램에 청소년과 함께 참여하는 등 청소년을 바르게 육성하기 위하여 적극적으로 노력하여야 한다. ③ 가정은 정보통신망을 이용한 유해매체물 접촉을 차단하는 등 청소년 유해환경으로부터 청소년을 보호하기 위하여 필요한 노력을 하여야 한다. ④ 가정의 무관심·방치·억압 또는 폭력 등이 원인이 되어 청소년이 가출하거나 비행(非行)을 저지르는 경우 친권자 또는 친권자를 대신하여 청소년을 보호하는 자는 보호의무의 책임을 진다.

제7조에서는 사회의 책임을 명시하고 있다. ① 모든 국민은 청소년이 일상생활에서 즐겁게 활동하고 더불어 사는 기쁨을 누리도록 도와주어야 한다. ② 모든 국민은 청소년의 사고와 행동양식의 특성을 인식하고 사랑과 대화를 통하여 청소년을 이해하고 지도하여야 하며, 청소년의 비행을 바로잡는 등 그 선도에 최선을 다하여야 한다. ③ 모든 국민은 청소년을 대상으로 하거나 청소년이 쉽게 접할 수 있는 장소에서 청소년의 정신적·신체적 건강에 해를 끼치는 행위를 하여서는 아니 되며, 청소년에게 유해한 환경을 정화하고 유익한 환경이 조성되도록 노력하여야 한다. ④ 모든 국민은 경제적, 사회적, 문화적, 정신적으로 어려운 상태에 있는 청소년들에게 특별한 관심을 가지고 이들이 보다 나은 삶을 누릴 수 있도록 노력하여야 한다.

제8조에서는 국가 및 자방자치단체의 책임을 명시하고 있다. ① 국가 및 지방자치단체는

청소년육성에 필요한 법적·제도적 장치를 마련하여 시행하여야 한다. ② 국가 및 지방자치단체는 근로 청소년을 특별히 보호하고 근로가 청소년의 균형 있는 성장과 발전에 도움이 되도록 필요한 시책을 마련하여야 한다. ③ 국가 및 지방자치단체는 청소년에 대한 가정과 사회의 책임 수행에 필요한 여건을 조성하여야 한다. ④ 국가 및 지방자치단체는 이 법에 따른 업무 수행에 필요한 재원을 안정적으로 확보하기 위한 시책을 수립·실시하여야 한다.

④ 청소년정책의 총괄·조정

「청소년 기본법」 제2장은 청소년정책의 총괄·조정에 관한 내용이다. 제9조에서 "청소년정책은 여성가족부장관이 관계 행정기관의 장과 협의하여 총괄·조정한다."라고 명시하고 있다. 제10조제1항에서는 "청소년정책에 관한 주요 사항을 심의·조정하기 위하여 여성가족부에 청소년정책위원회를 둔다."라고 하여 청소년정책위원회의 타 부서와의 조정과 협의 기능에 대하여 명시하고 있다.

제11조에서는 청소년육성에 관한 지방자치단체의 주요 시책을 심의하기 위한 지방청소년육성위원회에 대하여 명시하고 있다.

제12조에서는 국가가 범정부적 차원의 청소년정책과제의 설정·추진 및 점검을 위하여 청소년 분야의 전문가와 청소년이 참여하는 청소년특별회의를 개최해야 함에 관하여 명시하고 있다.

제13조에서는 "여성가족부장관은 관계 중앙행정기관의 장과 협의한 후 제10조에 따른 청소년정책위원회의 심의를 거쳐 청소년육성에 관한 기본계획을 5년마다 수립해야 한다."고 명시하고 있다.

제14조에서는 연도별 시행계획의 수립, 제15조에서는 계획 수립의 협조, 제16조에서는 "청소년의 능동적이고 자주적인 주인의식을 드높이고 모든 국민이 청소년육성에 참여하는 분위기를 조성하기 위하여 매년 5월을 '청소년의 달'로 한다."고 명시하고 있다.

⑤ 청소년시설

「청소년 기본법」 제4장은 청소년시설에 관한 내용으로, 제17조에서는 청소년시설의 종류에 대하여 "청소년활동에 제공되는 시설, 청소년복지에 제공되는 시설, 청소년보호에 제공되는 시설에 관한 사항은 따로 법률로 정한다."라고 명시하고 있다.

제18조에서는 국가 및 지방자치단체의 청소년시설의 설치·운영에 관한 사항에 대하여 명시하고 있다.

⑥ 청소년지도자

「청소년 기본법」 제5장은 청소년지도자에 관한 내용으로, 제20조는 청소년지도자의 양성, 제21조는 청소년지도사, 제22조는 청소년상담사, 제25조는 청소년육성 전담공무원, 제27조는 청소년지도위원에 관하여 명시하고 있다. 청소년지도사, 청소년상담사의 자격요건, 자격취소, 배치와 채용, 보수교육과 규정에 관한 사항도 명시하고 있다.

2) 청소년복지 지원법

「청소년복지 지원법」은 2004년 2월에 제정된 후 2012년 2월에 전면 개정되었다. 여성가족부 주관으로 이미 시행 중에 있는 청소년 우대, 청소년의 건강보장, 지역사회 청소년통합지원체계(Community Youth Safety-Net: CYS-Net 운영), 가출·학업중단·이주배경 청소년에 대한 지원, 예방적·회복적 보호지원, 헬프콜 1388 청소년 전화 운영 등 기존의 청소년복지사업의 법적 근거가 마련되었다는 데 의미가 있다. 또한, 「청소년복지 지원법」은 「아동복지법」에서 다루지 못하는 18세 이상의 후기 청소년을 위한 복지지원을 별도로 규정하고 있다는 점에서 상당한 의미가 있다.

(1) 목적

이 법은 「청소년 기본법」 제9조제4항의 규정에 따라 청소년복지 증진에 관한 사항을 규정함을 목적으로 하고 있다.

(2) 구성

「청소년복지 지원법」은 36개 조항과 7개 보칙 조항과 3개의 벌칙 조항으로 구성되어 있다. 주요 구성 내용은 다음 〈표 4-2〉와 같다.

표 4-2 「청소년복지 지원법」의 구성 내용

장	제목	조문 내용
제1장	총칙	목적, 정의
제2장	청소년의 우대 등	청소년의 우대, 청소년증
제3장	청소년의 건강보장	건강한 성장지원, 체력검사와 건강진단, 건강진단 결과의 분석 등, 건강진단 결과의 공개 금지
제4장	지역사회 청소년통합지원체계 등	지역사회 청소년통합지원체계 구축·운영, 운영위원회, 주민의 자원 활동 지원, 상담과 전화 설치 등
제5장	위기청소년 지원	상담 및 교육, 위기청소년 특별지원, 특별지원의 신청 및 선정, 청소년 가출 예방 및 보호·지원, 이주배경청소년에 대한 지원
제6장	예방적·회복적 보호지원	예방적·회복적 보호지원의 실시 등, 시설의 설치·운영 등, 보호지원후견인
제7장	청소년복지지원기관	한국청소년상담복지개발원, 정관, 사업계획서의 제출 등, 보조금 및 출연 등, 임원, 이사장, 「민법」의 준용, 청소년상담복지센터, 이주배경청소년지원센터
제8장	청소년복지시설	청소년복지시설의 종류, 청소년복지시설의 설치, 휴업·폐업 등의 신고, 청소년복지시설의 종사자, 시설개선·사업정지·폐쇄 등, 청문
제9장	보칙	비밀 누설의 금지, 동일 명칭의 사용 금지, 감독 등
제10장	벌칙	벌칙(건강진단 결과 공개금지 의무 위반, 비밀 누설), 양벌규정, 과태료(청소년증)

(3) 주요 내용

① 청소년 우대

「청소년복지 지원법」 제3조에서 국가 또는 지방자치단체가 운영하는 수송시설, 문화시설, 여가시설 등을 이용하는 경우, 그 이용료를 면제 또는 할인할 수 있는 청소년 우대에 관하여 명시하고 있다. 청소년 우대기준은 만 9~18세 청소년 또는 만 19~24세의 초·중·고 재학생이다. 우대시설은 대중교통, 공연장, 박물관 및 미술관, 도서관, 문화예술회관, 과학관, 체육시설, 평생교육기관, 자연휴양림, 수목원, 사회복지관 등이 여기에 해당된다.

「청소년복지 지원법」 제4조에서는 청소년증(靑少年證)에 관하여 규정하고 있다. 청소년증은 해당 연령에 대한 신분 확인을 통해 수송시설, 문화시설 등에서의 할인 혜택을 제공받게 함으로써 다양한 문화체험 기회를 보장하고 청소년의 건강한 성장을 지원하기 위해 2003년에 도입된 제도이다. 2004년에 「청소년복지 지원법」에 청소년 우대 및 청소년증 발급에 관한 근거 규정을 마련한 후 본격적으로 시행되었다. 특별자치도지사, 시장, 군수, 구청장이 9세 이상 18세 이하의 청소년에게 청소년증을 발급할 수 있다. 청소년증은 청소년 본인 또는 대리인이 청소년증 발급 신청서와 함께 사진 1매(반명함판)를 읍·면·동 주민센터에 제출하면 신분을 확인한 후 발급받을 수 있으며, 발급 기간은 14일 정도 소요된다.

2008년에는 이용 청소년의 편의 증진을 위해 '청소년증 발급 진행 알리미' 서비스를 도입하여 접수 및 배송 직후에 발급 진행 상황을 SMS(Short Message Service)로 안내하고 있다. 또한 2011년에는 재발급 신청 방법을 개선하여 청소년증을 재발급하는 경우에는 주소지의 읍·면·동 주민센터뿐만 아니라 주소지와 관계없이 전국 읍·면·동 주민센터에서 신청할 수 있도록 하여 청소년의 편의를 증대하였다. 2014년에는 국민 불편을 해소하기 위하여 청소년증을 등기우편으로도 수령할 수 있도록 수령 방법을 개선하였고, 신규 발급 신청기관을 전국으로 확대하고 청소년 본인뿐만 아니라 대리인도 신청 가능하도록 개선하였다. 2017년에는 선불형 교통카드 기능이 추가된 청소년증을 발급하여 대중교통 시설 및 편의점 등 해당 교통카드사의 가맹점에서 결제 및 충전을 할 수 있도록 하였다. 2018년에는 온라인에서 청소년증의 분실 및 분실철회 신고, 재발급 신청이 가능하도록 개편하였다.

청소년증을 소지하는 경우 국가 또는 지방자치단체가 운영하는 수송시설, 문화시설 등의 시설 이용료를 면제받거나 일부 할인받을 수 있으며, 기타 민간이 운영하는 일부 시설을 이용하고자 하는 경우에도 할인 혜택을 받을 수 있다. 또한, 청소년증은 위의 경제적인 혜택 외에도 예금통장 개설 등 금융거래와 대학입시·검정고시 및 각종 경시대회에서 신분증으로 활용이 가능하다.

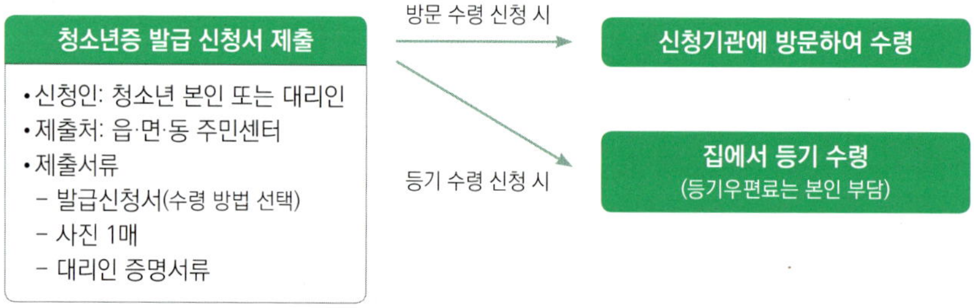

그림 4-1 청소년증 발급 절차

출처: 여성가족부(2018d). 2018년 청소년백서.

② 청소년의 건강보장

「청소년복지 지원법」 제5조에서는 국가 및 지방자치단체가 청소년의 건강 증진 및 체력 향상을 위한 질병 예방, 건강 교육 등의 필요한 시책을 수립하여야 하며, 관련 기관과 협의해 청소년의 건강·체력 기준을 설정해 보급할 수 있다고 명시하고 있다. 제6조에서는 국가 및 지방자치단체의 청소년 체력검사와 건강진단 실시에 관하여 명시하였고, 제7조에서는 전문기관을 통한 진단 결과의 분석을 실시하여 청소년의 건강 증진을 위하여 필요한 시책을 수립·시행할 수 있도록 명시하였다. 제8조에서는 건강진단 결과의 공개 금지에 관한 규정이 명시되어 있다.

③ 지역사회 청소년통합지원체계와 위기청소년 지원 등

「청소년복지 지원법」 제9조에서는 지방자치단체의 장이 관할구역의 위기청소년을 조기에 발견하여 보호하고, 청소년복지 및 청소년 보호를 효율적으로 수행하기 위하여 지방자치단체, 공공기관, 청소년단체 등이 협력하여 업무를 수행하는 지역사회 청소년통합지원체계를 구축·운영하여야 하며, 국가가 통합지원체계의 구축·운영을 지원하도록 명시하고 있다.

제10조에서는 원활한 운영을 위하여 필요하다고 인정하는 경우 지방자치단체의 장은 특별지원 대상자의 선정 등 대통령령으로 정하는 청소년 지원에 관한 사항을 심의하는 지역사회 청소년통합지원체계 운영위원회를 둘 수 있도록 명시하고 있다.

제11조에서는 국가와 지방자치단체가 위기청소년의 발견·보호·지원을 위한 지역주민단체의 활동을 지원할 수 있도록 명시하고 있다.

제12조에서는 모든 청소년이 필요한 사항에 관하여 전문가의 상담을 받을 수 있도록 하여야 하며, 상담을 위하여 전화를 설치·운영하거나 정보통신망을 운영하도록 명시하고 있다.

제13조에서는 국가와 지방자치단체가 위기청소년에게 효율적이고 적합한 지원을 하기 위한 위기청소년의 가족 및 보호자에 대한 상담 및 교육을 명시하고 있다.

제14조에서는 위기청소년에게 필요한 사회적·경제적 지원(특별지원 포함[1])을 할 수 있도록

---

1 특별지원은 생활지원, 학업지원, 의료지원, 직업훈련지원, 청소년활동지원 등 대통령령으로 정하는 내용에 따라 물품 또는 서비스의 형태로 제공한다. 다만, 위기청소년의 지원에 반드시 필요하다고 인정되는 경우에는 금전의 형태로 제공할 수 있다(「청소년복지 지원법」 제14조제2항).

하고 있다.

제15조에서는 위기청소년을 특별지원 청소년으로 선정되도록 청소년 본인, 보호자 이외에도 사회복지사, 교원, 청소년지도자 등이 신청할 수 있도록 명시하고 있다.

제16조에서는 청소년의 가출과 관련한 청소년쉼터에 관한 제반 사항에 대하여 명시하고 있고, 제17조에서는 학업중단청소년의 학업복귀와 자립에 관하여(2014. 5. 28. 삭제), 제18조에서는 이주배경청소년의 사회 적응 및 학습능력 향상에 필요한 시책 마련에 관한 내용 규정을 명시하고 있다.

④ 예방적·회복적 보호지원

「청소년복지 지원법」 제19조에서는 비행 또는 부적응 청소년에 대해서 시·도 및 시·군·구에서 청소년 본인, 해당 청소년의 보호자 또는 청소년이 취학하고 있는 학교의 장의 신청에 따라 예방적·회복적 보호지원을 실시할 수 있도록 명시하고 있다.

예방적·회복적 보호지원이 필요한 청소년은 비행·일탈을 저지른 청소년과 일상생활에 적응하지 못하여 가정 또는 학교 외부의 교육적 도움이 필요한 청소년이다. 6개월의 보호지원 기간을 원칙으로 하고 있으나, 특별자치시장·특별자치도지사 또는 시장·군수·구청장이 보호지원 결과 검토 후 연장이 필요하다고 인정하는 경우에 한하여 6개월 범위에서 1회 연장할 수 있다.

제20조에서는 "국가 및 지방자치단체는 보호지원에 필요한 시설의 설치·운영, 보호지원 프로그램의 개발·보급, 보호지원 활동에 대한 지원 및 지도자 교육 등 보호지원의 실효성을 확보하기 위한 노력을 하여야 한다."고 명시하고 있다. 제21조에서는 보호지원 대상 청소년을 개인별로 전담하여 지도하는 보호지원 후견인을 지정할 수 있도록 명시하고 있다.

⑤ 청소년복지지원기관과 청소년복지시설

「청소년복지 지원법」 제22조에 따르면 국가는 청소년 상담 및 복지와 관련된 정책의 연구와 청소년 상담·복지 사업의 개발 및 운영·지원, 청소년 상담기법의 개발 및 상담자료의 제작·보급, 청소년 상담·복지 인력의 양성 및 교육 등을 위한 한국청소년상담복지개발원 설립을 명시하였다.

제29조에서는 시·도 및 시·군·구에 청소년에 대한 상담·긴급구조·자활·의료지원 등의 업무 수행을 위한 청소년상담복지센터를 설치·운영할 수 있도록 명시하였다. 제29조제1항에 따라 시·군·구에 설치하는 청소년상담복지센터를 「청소년활동 진흥법」 제7조제1항에 따라 시·군·구에 설치하는 지방청소년활동진흥센터와 통합하여 운영할 수 있도록 하였다. 제30조에서는 이주배경청소년지원센터 설치·운영에 관한 규정을 제시하고 있다.

청소년복지시설에 대해서는 제31조에 청소년쉼터, 청소년자립지원관, 청소년치료재활센터, 청소년회복지원시설을 설치·운영하도록 명시하고 있다.

청소년복지시설의 종류

- **청소년쉼터**: 가출청소년에 대하여 가정·학교·사회로 복귀하여 생활할 수 있도록 일정 기간 보호하면서 상담·주거·학업·자립 등을 지원하는 시설
- **청소년자립지원관**: 일정 기간 청소년쉼터 또는 청소년회복지원시설의 지원을 받았는데도 가정·학교·사회로 복귀하여 생활할 수 없는 청소년에게 자립하여 생활할 수 있는 능력과 여건을 갖추도록 지원하는 시설
- **청소년치료재활센터**: 학습·정서·행동상의 장애를 가진 청소년을 대상으로 정상적인 성장과 생활을 할 수 있도록 해당 청소년에게 적합한 치료·교육 및 재활을 종합적으로 지원하는 거주형 시설
- **청소년회복지원시설**: 「소년법」 제32조제1항제1호에 따른 감호 위탁 처분을 받은 청소년에 대하여 보호자를 대신하여 그 청소년을 보호할 수 있는 자가 상담·주거·학업·자립 등 서비스를 제공하는 시설

출처: 「청소년복지 지원법」 제31조

3) 청소년 보호법

우리 사회는 개인주의와 물질만능주의가 더해지면서 날이 갈수록 청소년 문제뿐만 아니라 사회문제로까지 심각해지고 있다. 특히, 청소년들에게 쉽게 접촉될 수 있는 음란, 폭력성의 유해매체물과 유해약물 등이 청소년들의 건강한 성장을 방해하고 있다. 이러한 환경으로부터 청소년을 보호·구제하고, 나아가 건강한 인격체로 성장할 수 있도록 하기 위해 1997년 「청소년보호법」이 제정되었다.

「청소년보호법」은 1999년에 「미성년자보호법」과 통합되어 일원화되었으며, 이후 두 차례의 전부개정(2012. 9. 16., 2013. 5. 20.)을 거쳐 현재의 「청소년 보호법」에 이르렀다. 이 법은 청소년의 유해환경의 규제에 관한 형사처분에 있어 다른 법률보다 우선하여 적용된다는 특징

을 가지고 있다.

(1) 목적

「청소년 보호법」의 목적은 청소년에게 유해한 매체물과 약물 등이 청소년에게 유통되는 것과 청소년이 유해한 업소에 출입하는 것 등을 규제하고 청소년을 유해한 환경으로부터 보호·구제함으로써 청소년이 건강한 인격체로 성장할 수 있도록 하기 위함이다.

(2) 정의

「청소년 보호법」에서 청소년이란 만 19세 미만인 사람을 말한다. 다만, 만 19세가 되는 해의 1월 1일을 맞이한 사람은 제외한다. 「청소년보호법」에서 청소년유해매체물이라 함은 「청소년보호법」 제7조제1항 본문 및 제11조에 따라 청소년보호위원회가 청소년에게 유해한 것으로 결정하거나 확인하여 여성가족부장관이 고시한 매체물, 제7조제1항 단서 및 제11조에 따라 각 심의기관이 청소년에게 유해한 것으로 심의하거나 확인하여 여성가족부장관이 고시한 매체물을 말한다. '청소년유해약물등'이란 청소년에게 유해한 것으로 청소년유해약물과 청소년유해물건으로 구분할 수 있다.

① 청소년유해약물

- 「주세법」에 따른 주류
- 「담배사업법」에 따른 담배
- 「마약류 관리에 관한 법률」에 따른 마약류
- 「화학물질관리법」에 따른 환각물질
- 그 밖에 중추신경에 작용하여 습관성, 중독성, 내성 등을 유발하여 인체에 유해하게 작용할 수 있는 약물 등 청소년의 사용을 제한하지 아니하면 청소년의 심신을 심각하게 손상시킬 우려가 있는 약물로서 대통령령으로 정하는 기준에 따라 관계 기관의 의견을 들어 제36조에 따른 청소년보호위원회(이하 '청소년보호위원회'라 한다)가 결정하고 여성가족부장관이 고시한 것

② 청소년유해물건

- 청소년에게 음란한 행위를 조장하는 성기구 등 청소년의 사용을 제한하지 아니하면 청소년의 심신을 심각하게 손상시킬 우려가 있는 성 관련 물건으로, 대통령령으로 정하는 기준에 따라 청소년보호위원회가 결정하고 여성가족부장관이 고시한 것
- 청소년에게 음란성·포악성·잔인성·사행성 등을 조장하는 완구류 등 청소년의 사용을 제한하지 아니하면 청소년의 심신을 심각하게 손상시킬 우려가 있는 물건으로서 대통령령으로 정하는 기준에 따라 청소년보호위원회가 결정하고 여성가족부장관이 고시한 것
- 청소년유해약물과 유사한 형태의 제품으로 청소년의 사용을 제한하지 아니하면 청소년의 청소년유해약물 이용습관을 심각하게 조장할 우려가 있는 물건으로서 대통령령으로 정하는 기준에 따라 청소년보호위원회가 결정하고 여성가족부장관이 고시한 것

③ 청소년유해업소

'청소년유해업소'란 청소년의 출입과 고용이 청소년에게 유해한 것으로 인정되는 업소(이하 '청소년 출입·고용금지업소'라 한다)와 청소년의 출입은 가능하나 고용이 청소년에게 유해한 것으로 인정되는 업소(이하 '청소년고용금지업소'라 한다)를 말한다. 이 경우 업소의 구분은 그 업소가 영업을 할 때 다른 법령에 따라 요구되는 허가·인가·등록·신고 등의 여부와 관계없이 실제로 이루어지고 있는 영업행위를 기준으로 한다.

가. 청소년 출입·고용금지업소

- 「게임산업진흥에 관한 법률」에 따른 일반게임제공업 및 복합유통게임제공업, 「식품위생법」에 따른 식품접객업, 「음악산업 진흥에 관한 법률」에 따른 노래연습장 중 대통령령으로 정하는 것
- 「영화 및 비디오물의 진흥에 관한 법률」에 따른 비디오물감상실업·제한관람가비디오물소극장업 및 복합영상물제공업
- 「체육시설의 설치·이용에 관한 법률」에 따른 무도학원업 및 무도장업 등

나. 청소년고용금지업소

- 「게임산업진흥에 관한 법률」에 따른 청소년게임제공업 및 인터넷컴퓨터게임시설제공업
- 「공중위생관리법」에 따른 숙박업, 목욕장업, 이용업, 「식품위생법」에 따른 식품접객업 중 대통령령으로 정하는 것
- 「화학물질관리법」에 따른 유해화학물질 영업 등

(3) 주요 내용

「청소년 보호법」은 41개 조항과 13개 보칙 조항과 10개의 벌칙 조항으로 구성되어 있다. 주요 구성 내용은 다음 〈표 4-3〉과 같다.

표 4-3 「청소년 보호법」의 구성 내용

장	제목	조문 내용
제1장	총칙	목적, 정의, 가정의 역할과 책임, 사회의 책임, 국가와 지방자치단체의 책무, 다른 법률과의 관계
제2장	청소년유해매체물의 결정 및 유통 규제	청소년유해매체물의 심의·결정, 등급 구분 등, 청소년유해매체물의 심의 기준, 심의 결과의 조정, 청소년유해매체물의 자율 규제, 청소년유해매체물의 재심의, 청소년유해표시 의무, 포장 의무, 표시·포장의 훼손 금지, 판매 금지 등, 구분·격리 등, 방송시간 제한, 광고선전 제한, 청소년유해매체물의 결정 취소, 청소년유해매체물 결정 등의 통보·고시, 외국 매체물에 대한 특례, 정보통신망을 통한 청소년유해매체물 제공자 등의 공표
제3장	청소년의 인터넷게임 중독 예방	인터넷게임 이용자의 친권자등의 동의, 인터넷게임 제공자의 고지 의무, 심야 시간대에 인터넷게임 제공시간 제한, 인터넷게임 중독 등의 피해청소년 지원
제4장	청소년유해약물등, 청소년유해행위 및 청소년유해업소 등의 규제	청소년유해약물등의 판매·대여 등의 금지, 청소년 고용 금지 및 출입 제한 등, 청소년유해행위의 금지, 청소년 통행금지·제한구역의 지정 등, 청소년에 대하여 가지는 채권의 효력 제한
제5장	청소년 보호 사업의 추진	청소년보호종합대책의 수립 등, 청소년의 유해환경에 대한 대응능력 제고 등, 환각물질 중독치료 등, 청소년 보호·재활센터의 설치·운영
제6장	청소년보호위원회	청소년보호위원회의 설치, 위원회의 구성, 위원장의 직무 및 회의, 위원의 임기, 위원의 직무상 독립과 신분보장, 회의 및 운영, 유해매체물 심의 분과위원회
제7장	보칙	보고 등, 검사 및 조사 등, 수거·파기, 시정명령, 처분의 이유 명시, 관계 행정기관의 장의 협조, 민간단체에 대한 행정적 지원 등, 신고, 선도·보호조치 대상 청소년의 통보, 지방청소년사무소의 설치 등, 권한의 위탁, 벌칙 적용 시의 공무원 의제, 과징금
제8장	벌칙	벌칙, 양벌규정, 형의 감경, 과태료

① 가정·사회·국가 및 지방자치단체의 책임

가. 가정의 역할과 책임

「청소년 보호법」 제3조제1항에서는 "청소년에 대하여 친권을 행사하는 사람 또는 친권자를 대신하여 청소년을 보호하는 사람(이하 '친권자등'이라 함)은 청소년이 청소년유해환경에 접촉하거나 출입하지 못하도록 필요한 노력을 하여야 하며, 청소년이 유해한 매체물 또는 유해한 약물 등을 이용하고 있거나 유해한 업소에 출입하려고 하면 즉시 제지하여야 한다."고 명시하고 있다. 제3조제2항에서는 "친권자등은 제1항에 따른 노력이나 제지를 할 때 필요한 경우에는 청소년 보호와 관련된 상담기관과 단체 등에 상담하여야 하고, 해당 청소년이 가출하거나 비행 등을 할 우려가 있다고 인정되면 청소년 보호와 관련된 지도·단속 기관에 협조를 요청하여야 한다."고 명시하고 있다.

나. 사회의 책임

「청소년 보호법」 제4조제1항에서는 "누구든지 청소년 보호를 위하여 다음 각 호의 조치 등 필요한 노력을 하여야 한다."고 명시하고 있다.

1. 청소년이 청소년유해환경에 접할 수 없도록 하거나 출입을 하지 못하도록 할 것
2. 청수년이 유해한 매체물 또는 유해한 약물 등을 이용하고 있거나 청소년폭력·학대 등을 하고 있음을 알게 되었을 때에는 이를 제지하고 선도할 것
3. 청소년에게 유해한 매체물과 유해한 약물 등이 유통되고 있거나 청소년유해업소에 청소년이 고용되어 있거나 출입하고 있음을 알게 되었을 때 또는 청소년이 청소년폭력·학대 등의 피해를 입고 있음을 알게 되었을 때에는 관계기관등에 신고·고발하는 등의 조치를 할 것

출처: 「청소년 보호법」 제4조제1항

제4조제2항에서는 "매체물과 약물 등의 유통을 업으로 하거나 청소년유해업소의 경영을 업으로 하는 자와 이들로 구성된 단체 및 협회 등은 청소년유해매체물과 청소년유해약물등이 청소년에게 유통되지 아니하도록 하고 청소년유해업소에 청소년을 고용하거나 청소년이 출입하지 못하도록 하는 등 청소년을 보호하기 위하여 자율적인 노력을 다하여야 한다."고 명시하고 있다.

다. 국가와 지방자치단체의 책무

「청소년 보호법」 제5조제1항에서는 “국가는 청소년 보호를 위하여 청소년유해환경의 개선에 필요한 시책을 마련하고 시행하여야 하며, 지방자치단체는 해당 지역의 청소년유해환경으로부터 청소년을 보호하기 위하여 필요한 노력을 하여야 한다.”고 명시하고 있다.

제2항에서는 “국가와 지방자치단체는 전자·통신기술 및 의약품 등의 발달에 따라 등장하는 새로운 형태의 매체물과 약물 등이 청소년의 정신적·신체적 건강을 해칠 우려가 있음을 인식하고, 이들 매체물과 약물 등으로부터 청소년을 보호하기 위하여 필요한 기술개발과 연구사업의 지원, 국가 간의 협력체제 구축 등 필요한 노력을 하여야 한다.”고 명시하고 있다.

제3항에서는 “국가와 지방자치단체는 청소년 관련 단체 등 민간의 자율적인 유해환경 감시·고발 활동을 장려하고 이에 필요한 지원을 할 수 있으며 민간의 건의사항을 관련 시책에 반영할 수 있다.”고 명시하고 있다.

제4항에서는 “국가와 지방자치단체는 청소년을 보호하기 위하여 청소년유해환경을 규제할 때 그 의무를 충실히 수행하여야 한다.”고 명시하고 있다.

② 청소년유해매체물의 결정 및 유통 규제

「청소년 보호법」 제7조제1항에서는 청소년보호위원회가 매체물이 청소년에게 유해한지를 심의하여 청소년에게 유해하다고 인정되는 매체물을 청소년유해매체물로 결정해야 한다. 다만, 다른 법령에 따라 해당 매체물의 윤리성·건전성을 심의할 수 있는 기관(이하 ‘각 심의기관’이라 함)이 있는 경우는 예외로 한다고 명시되어 있다.

제2항에서는 청소년보호위원회가 매체물이 청소년에게 유해한지를 각 심의기관에서 심의하지 아니하는 경우 청소년 보호를 위하여 필요하다고 인정할 때에는 심의를 하도록 요청할 수 있다.

제3항에 따라 청소년보호위원회는 제1항 단서에도 불구하고 각 심의기관이 심의를 요청한 매체물이나 청소년에게 유해한지에 대하여 각 심의기관의 심의를 받지 아니하고 유통되는 매체물은 청소년유해매체물로 결정할 수 있다.

제8조에서는 청소년보호위원회와 각 심의기관이 매체물을 심의·결정하는 경우 청소년

유해매체물로 심의·결정하지 아니한 매체물에 대하여는 그 매체물의 특성, 청소년 유해의 정도, 이용시간과 장소 등을 고려하여 이용 대상 청소년의 나이에 따른 등급을 구분할 수 있다.

청소년유해매체물의 심의 기준에서는 청소년유해매체물의 결정 기준을 다음과 같이 규정하고 있다(제9조).

> **청소년유해매체물의 결정 기준**
> - 청소년에게 성적인 욕구를 자극하는 선정적인 것이거나 음란한 것
> - 청소년에게 포악성이나 범죄의 충동을 일으킬 수 있는 것
> - 성폭력을 포함한 각종 형태의 폭력 행위와 약물의 남용을 자극하거나 미화하는 것
> - 도박과 사행심을 조장하는 등 청소년의 건전한 생활을 현저히 해칠 우려가 있는 것
> - 청소년의 건전한 인격과 시민의식의 형성을 저해하는 반사회적·비윤리적인 것
> - 그 밖에 청소년의 정신적·신체적 건강에 명백히 해를 끼칠 우려가 있는 것

출처: 「청소년 보호법」 제9조제1항

제16조제1항에서는 청소년 유해매체물로서 대통령령이 정하는 매체물을 판매·대여·배포하거나 시청·관람·이용하도록 제공하려는 자는 그 상대방의 나이 및 본인 여부를 확인하여야 하고, 청소년에게 판매·대여·배포하거나 시청·관람·이용하도록 제공하여서는 아니 된다고 명시하고 있다.

③ 청소년의 인터넷게임 중독 예방

「청소년 보호법」 제24조제1항에서는 16세 미만의 청소년이 게임회원에 가입하려면 친권자 등의 동의를 받아야 한다고 명시하고 있다.

제25조에서는 인터넷게임의 제공자는 제공되는 게임의 특성·등급·유료화정책, 이용시간, 결제정보 등에 따른 사항을 알려야 한다.

제26조에서는 오전 0시부터 6시까지 16세 미만의 청소년에게 인터넷게임을 제공해서는 안 되고 제한대상 게임물의 범위가 적절한지를 대통령령으로 정하는 바에 따라 2년마다 평가하여 개선 등의 조치를 하여야 한다.

④ 청소년유해약물등, 청소년유해행위 및 청소년유해업소 등의 규제

「청소년 보호법」 제28조에 청소년유해약물등의 판매·대여·배포나 무상 제공 등을 금지하고 있다. 다만 교육·실험 또는 치료를 위한 경우로서 대통령령으로 정하는 경우는 예외로 한다.

⑤ 청소년 보호 사업의 추진

「청소년 보호법」 제33조에서는 여성가족부장관은 3년마다 관계 중앙행정기관의 장 및 지방자치단체의 장과 협의하여 청소년유해환경으로부터 청소년을 보호하기 위한 종합대책을 수립·시행해야 한다.

⑥ 청소년보호위원회

「청소년 보호법」 제36조에서는 여성가족부장관 소속으로 청소년보호위원회를 두어 청소년유해매체물, 청소년유해약물등, 청소년유해업소 등의 심의·결정 등에 관한 사항을 심의·결정하도록 하고 있다.

위원회는 위원장 1명을 포함한 11명 이내의 위원으로 구성하되, 고위공무원단에 속하는 공무원 중 여성가족부장관이 지명하는 청소년 업무 담당 공무원 1명을 당연직 위원으로 하고(제37조), 위원의 임기는 2년으로 하며 연임할 수 있다(제39조).

4) 아동·청소년의 성보호에 관한 법률

「아동·청소년의 성보호에 관한 법률」(약칭: 청소년성보호법)은 2000년 2월에 제정된 「청소년의성보호에관한법률」의 적용을 아동으로 확대하면서 2009년 6월 9월 전부 개정된 것이다.

(1) 목적

이 법은 아동·청소년 대상 성범죄의 처벌과 절차에 관한 특례를 규정하고 피해아동·청소년을 위한 구제 및 지원 절차를 마련하여 아동·청소년 대상 성범죄자를 체계적으로 관리함으로써 아동·청소년을 성범죄로부터 보호하고 아동·청소년이 건강한 사회구성원으로 성장할 수 있도록 함을 목적으로 한다.

(2) 정의

「아동·청소년의 성보호에 관한 법률」 제2조 정의에서 "아동·청소년"이란 19세 미만의 자를 말한다. 다만, 19세에 도달하는 연도의 1월 1일을 맞이한 자는 제외한다. "아동·청소년대상 성범죄"란 '아동·청소년대상 성범죄에서 제7조부터 제15조까지의 죄', '아동·청소년에 대한 「성폭력범죄의 처벌 등에 관한 특례법」 제3조부터 제15조까지의 죄', '아동·청소년에 대한 「형법」 제297조, 제297조의2 및 제298조부터 제301조까지, 제301조의2, 제302조, 제303조, 제305조, 제339조 및 제342조(제339조의 미수범에 한정한다)의 죄', '아동·청소년에 대한 「아동복지법」 제17조제2호의 죄'를 말한다.

아동·청소년대상 성범죄

- 제7조 아동·청소년에 대한 강간·강제추행 등
- 제8조 장애인인 아동·청소년에 대한 간음 등
- 제8조의2 13세 이상 16세 미만 아동·청소년에 대한 간음 등
- 제9조 강간 등 상해·치상
- 제10조 강간 등 살인·치사
- 제11조 아동·청소년성착취물의 제작·배포 등
- 제12조 아동·청소년 매매행위
- 제13조 아동·청소년의 성을 사는 행위 등
- 제14조 아동·청소년에 대한 강요행위 등
- 제15조 알선영업행위 등

출처: 「아동·청소년의 성보호에 관한 법률」 제7~15조

"아동·청소년의 성을 사는 행위"란 아동·청소년, 아동·청소년의 성(性)을 사는 행위를 알선한 자 또는 아동·청소년을 실질적으로 보호·감독하는 자 등에게 금품이나 그 밖의 재산상 이익, 직무·편의제공 등 대가를 제공하거나 약속하고 다음의 어느 하나에 해당하는 행위를 아동·청소년을 대상으로 하거나 아동·청소년으로 하여금 하게 하는 것을 말한다.

- 성교 행위
- 구강·항문 등 신체의 일부나 도구를 이용한 유사 성교 행위
- 신체의 전부 또는 일부를 접촉·노출하는 행위로서 일반인의 성적 수치심이나 혐오감을 일으키는 행위
- 자위행위

출처: 「아동·청소년의 성보호에 관한 법률」 제2조제4호 가~라목

"아동·청소년성착취물"이란 아동·청소년 또는 아동·청소년으로 명백하게 인식될 수 있

는 사람이나 표현물이 등장하여 제4호(아동·청소년의 성을 사는 행위)의 어느 하나에 해당하는 행위를 하거나 그 밖의 성적 행위를 하는 내용을 표현하는 것으로서 필름·비디오물·게임물 또는 컴퓨터나 그 밖의 통신매체를 통한 화상·영상 등의 형태로 된 것을 말한다.

제3조 해석상·적용상의 주의에서는 이 법을 해석·적용할 때에는 아동·청소년의 권익을 우선적으로 고려하여야 하며, 이해관계인과 그 가족의 권리가 부당하게 침해되지 아니하도록 주의하여야 한다고 하였다.

(3) 주요 내용

「아동·청소년의 성보호에 관한 법률」은 64개 조항과 3개의 벌칙 조항으로 구성되어 있다. 주요 구성 내용은 다음의 〈표 4-4〉와 같다.

표 4-4 「아동·청소년의 성보호에 관한 법률」의 구성 내용

장	제목	조문 내용
제1장	총칙	목적, 정의, 해석상·적용상의 주의, 국가와 지방자치단체의 의무, 사회의 책임, 홍보영상의 제작·배포·송출
제2장	아동·청소년대상 성범죄의 처벌과 절차에 관한 특례	아동·청소년에 대한 강간·강제추행 등, 예비·음모, 장애인인 아동·청소년에 대한 간음 등, 13세 이상 16세 미만 아동·청소년에 대한 간음 등, 강간 등 상해·치상, 강간 등 살인·치사, 아동·청소년성착취물의 제작·배포 등, 아동·청소년 매매행위, 아동·청소년의 성을 사는 행위 등, 아동·청소년에 대한 강요행위 등, 알선영업행위 등, 피해자 등에 대한 강요행위, 신고의무자의 성범죄에 대한 가중처벌, 「형법」상 감경규정에 관한 특례, 공소시효에 관한 특례, 형벌과 수강명령 등과 병과, 재범여부 조사, 판결 전 조사, 친권상실청구 등, 피해아동·청소년의 보호조치 결정, 수사 및 재판 절차에서의 배려, 영상물의 촬영·보존 등, 증거보전의 특례, 신뢰관계에 있는 사람의 동석, 서류·증거물의 열람·등사, 피해아동·청소년 등에 대한 변호사선임의 특례, 비밀누설 금지, 양벌규정, 내국인의 국외범 처벌
제3장	아동·청소년 대상 성범죄의 신고·응급조치와 피해아동·청소년의 보호·지원	아동·청소년대상 성범죄의 신고, 신고의무자에 대한 교육, 피해아동·청소년의 보호, 피해아동·청소년 등의 상담 및 치료, 성매매 피해아동·청소년에 대한 조치 등, 피해아동·청소년 등을 위한 조치의 청구, 피해아동·청소년 등에 대한 보호처분의 판결 등, 피해아동·청소년 등에 대한 보호처분의 변경과 종결, 가해아동·청소년의 처리, 보호시설, 상담시설, 아동·청소년대상 성교육 전문기관의 설치·운영

장	제목	조문 내용
제4장	성범죄로 유죄판결이 확정된 자의 신상정보 공개와 취업제한 등	등록정보의 공개, 등록정보의 고지, 고지명령의 집행, 고지정보의 정정, 공개명령의 집행, 계도 및 범죄정보의 공표, 아동·청소년성착취물 관련 범죄 실태조사, 비밀준수, 공개정보의 악용금지, 아동·청소년 관련기관등에의 취업제한 등, 성범죄의 경력자 점검·확인, 취업자의 해임요구 등, 포상금, 권한의 위임
제5장	보호관찰	보호관찰, 보호관찰 대상자의 보호관찰 기간 연장 등, 보호관찰 대상자의 신고 의무, 보호관찰의 종료
제6장	벌칙	벌칙, 과태료

① 아동·청소년대상 성범죄의 처벌과 절차에 관한 특례

「아동·청소년의 성보호에 관한 법률」의 구성내용 중 제2장에서 다루고 있는 조항들 중에는 아동·청소년대상 성범죄 사건의 가해자가 피해아동·청소년의 친권자나 후견인일 경우 피해아동·청소년의 보호를 위해 사건을 수사하는 검사가 법원에 친권상실선고(「민법」 제924조)나 후견인 변경 결정(「민법」 제940조)을 청구할 수 있도록 하고 있다(제23조). 법원이 아동·청소년대상 성범죄 사건의 가해자에게 친권상실선고를 하는 경우에는 피해아동·청소년을 다른 친권자 또는 친족에게 인도하거나 보호·상담을 하는 기관·시설 또는 단체에 인도하는 등의 보호조치를 결정할 수 있다. 이 경우 그 아동·청소년의 의견을 존중해야 한다(제24조).

수사기관과 법원 및 소송관계인은 아동·청소년대상 성범죄를 당한 피해자의 나이, 심리 상태 또는 후유장애의 유무 등을 신중하게 고려하여 조사 및 심리·재판 과정에서 피해자의 인격이나 명예가 손상되거나 사적인 비밀이 침해되지 아니하도록 주의하여야 한다. 수사기관과 법원은 아동·청소년대상 성범죄의 피해자를 조사하거나 심리·재판할 때 피해자가 편안한 상태에서 진술할 수 있는 환경을 조성하여야 하며, 조사 및 심리·재판 횟수는 필요한 범위에서 최소한으로 하여야 한다(제25조). 그리고 아동·청소년의 사생활이 공개되거나 누설되지 않게 해야 한다(제31조).

② 아동·청소년대상 성범죄의 신고·응급조치와 피해아동·청소년의 보호·지원

아동·청소년대상 성범죄의 신고에서 누구든지 아동·청소년대상 성범죄의 발생 사실을 알게 된 때에는 수사기관에 신고할 수 있다. 또한 일정한 기관이나 시설 또는 단체의 장과 그 종사자는 직무상 아동·청소년대상 성범죄의 발생 사실을 알게 된 때에는 즉시 수사기관에 신고하여야 한다(제34조).

제37조 국가는 피해아동·청소년 등의 신체적·정신적 회복을 위하여 상담시설 또는 「성폭력방지 및 피해자보호 등에 관한 법률」 제27조의 성폭력 전담의료기관에서 상담이나 치료프로그램을 제공하도록 요청할 수 있다.

「아동·청소년의 성보호에 관한 법률」 제38조에 성매매 피해아동·청소년에 대한 조치 등에서 「성매매알선 등 행위의 처벌에 관한 법률」에도 불구하고 피해아동·청소년에 대하여는 보호를 위하여 처벌하지 아니한다고 명시하고 있다.

③ 성범죄로 유죄판결이 확정된 자의 신상정보 공개와 취업제한 등

「아동·청소년의 성보호에 관한 법률」 제49조(등록정보의 공개)를 통해 성범죄로 유죄 판결을 받은 자에 대하여 일정 기간 정보통신망을 이용하여 공개하도록 하는 명령(이하 "공개명령"이라 한다)을 등록대상 사건의 판결과 동시에 선고하여야 한다고 하였다. 다만, 피고인이 아동·청소년인 경우, 그 밖에 신상정보를 공개하여서는 아니 될 특별한 사정이 있다고 판단하는 경우에는 그러하지 아니한다. 신상정보 공개의 범위는 다음과 같다.

신상정보 공개의 범위

1. 성명
2. 나이
3. 주소 및 실제 거주지(「도로명주소법」 제2조제3호의 도로명 및 같은 조 제5호의 건물번호까지로 한다)
4. 신체정보(키와 몸무게)
5. 사진
6. 등록대상 성범죄 요지(판결일자, 죄명, 선고형량을 포함한다)
7. 성폭력범죄 전과사실(죄명 및 횟수)
8. 「전자장치 부착 등에 관한 법률」에 따른 전자장치 부착 여부

출처: 「아동·청소년의 성보호에 관한 법률」 제49조제4항제1~8호

5) 청소년활동 진흥법(약칭: 청소년활동법)

「청소년활동 진흥법」은 「청소년 기본법」 제47조제2항에 따라 다양한 청소년활동을 적극

적으로 진흥하기 위하여 2004년 2월 제정되었다.

(1) 목적

이 법은 「청소년 기본법」 제47조제2항에 따라 다양한 청소년활동을 적극적으로 진흥하기 위하여 필요한 사항을 정함을 목적으로 한다.

(2) 정의

「청소년활동 진흥법」 제2조에서 "청소년활동"이란 「청소년 기본법」 제3조제3호에 따른 청소년활동을 말한다.

"청소년활동시설"은 청소년수련활동, 청소년교류활동, 청소년문화활동 등 청소년활동에 제공되는 시설, "청소년수련활동"은 청소년이 청소년활동에 자발적으로 참여하여 청소년 시기에 필요한 기량과 품성을 함양하는 교육적 활동으로 청소년지도자와 함께 청소년수련거리에 참여하여 배움을 실천하는 체험활동을 말한다. "청소년교류활동"은 청소년이 지역 간, 남북 간, 국가 간의 다양한 교류를 통하여 공동체의식 등을 함양하는 체험활동으로, "청소년문화활동"은 청소년이 예술활동, 스포츠활동, 동아리활동, 봉사활동 등을 통하여 문화적 감성과 더불어 살아가는 능력을 함양하는 체험활동을 말한다. "청소년수련거리"는 청소년수련활동에 필요한 프로그램과 이와 관련되는 사업, "숙박형 청소년수련활동"은 19세 미만의 청소년을 대상으로 청소년이 자신의 주거지에서 떠나 청소년수련시설 또는 그 외의 다른 장소에서 숙박·야영하거나 이동하면서 숙박·야영하는 청소년수련활동을 말한다. "비숙박형 청소년수련활동"이란 청소년수련시설 또는 그 외의 다른 장소에서 실시하는 청소년수련활동으로서 실시하는 날에 끝나거나 숙박 없이 2회 이상 정기적으로 실시하는 청소년수련활동을 말한다.

(3) 주요 내용

① 청소년운영위원회

청소년수련시설을 설치·운영하는 개인·법인·단체 및 위탁운영단체는 청소년활동을 활성화하고 청소년의 참여를 보장하기 위하여 청소년으로 구성되는 청소년운영위원회를 운영하여야 한다(제4조).

② 청소년활동의 보장

제5조(청소년활동의 지원)에 따라 청소년은 다양한 청소년활동에 주체적이고 자발적으로 참여하여 자신의 꿈과 희망을 실현할 충분한 기회와 지원을 받아야 하고, 국가 및 지방자치단체는 청소년활동을 활성화하는 데 필요한 청소년활동시설, 청소년활동 프로그램, 청소년지도자 등을 위한 시책을 수립·시행하여야 한다. 또한 국가 및 지방자치단체는 개인·법인 또는 단체가 청소년활동을 지원하려는 경우에는 그에 필요한 행정적·재정적 지원을 할 수 있다.

③ 한국청소년활동진흥원의 설치

제6조 「청소년 기본법」 제3조제2호에 따른 청소년육성을 위한 다음 각 호의 사업을 하기 위하여 한국청소년활동진흥원을 설치한다.

청소년활동을 위한 사업

1. 청소년활동, 「청소년 기본법」 제3조제4호에 따른 청소년복지, 같은 법 제3조제5호에 따른 청소년보호에 관한 종합적 안내 및 서비스 제공
2. 청소년육성에 필요한 정보 등의 종합적 관리 및 제공
3. 청소년수련활동 인증위원회 등 청소년수련활동 인증제도의 운영
4. 청소년 자원봉사활동의 활성화
5. 청소년활동 프로그램의 개발과 보급
6. 국가가 설치하는 수련시설의 유지·관리 및 운영업무의 수탁
7. 국가 및 지방자치단체가 개발한 주요 청소년수련거리의 시범운영
8. 청소년활동시설이 실시하는 국제교류 및 협력사업에 대한 지원
9. 청소년지도자의 연수

9의2. 제9조의2에 따른 숙박형등 청소년수련활동 계획의 신고 지원에 대한 컨설팅 및 교육

10. 제18조의3에 따른 수련시설 종합 안전·위생점검에 대한 지원
11. 수련시설의 안전에 관한 컨설팅 및 홍보

11의2. 제18조의2에 따른 안전교육의 지원

12. 그 밖에 여성가족부장관이 지정하거나 활동진흥원의 목적을 수행하기 위하여 필요한 사업

출처: 「청소년 기본법」 제6조제1항

④ 청소년활동시설

제10조에서 청소년활동시설의 종류를 청소년수련시설(청소년수련관, 청소년수련원, 청소년문화의 집, 청소년특화시설, 청소년야영장, 유스호스텔)과 청소년이용시설로 나눈다.

표 4-5 청소년활동시설의 종류

분류	종류	설명
청소년 수련 시설	청소년수련관	다양한 청소년수련거리를 실시할 수 있는 각종 시설 및 설비를 갖춘 종합수련시설
	청소년수련원	숙박기능을 갖춘 생활관과 다양한 청소년수련거리를 실시할 수 있는 각종 시설과 설비를 갖춘 종합수련시설
	청소년문화의 집	간단한 청소년수련활동을 실시할 수 있는 시설 및 설비를 갖춘 정보·문화·예술 중심의 수련시설
	청소년특화시설	청소년의 직업체험, 문화예술, 과학정보, 환경 등 특정 목적의 청소년활동을 전문적으로 실시할 수 있는 시설과 설비를 갖춘 수련시설
	청소년야영장	야영에 적합한 시설 및 설비를 갖추고, 청소년수련거리 또는 야영편의를 제공하는 수련시설
	유스호스텔	청소년의 숙박 및 체류에 적합한 시설·설비와 부대·편익시설을 갖추고, 숙식편의 제공, 여행청소년의 활동지원(청소년수련활동 지원은 제11조에 따라 허가된 시설·설비의 범위에 한정한다)을 기능으로 하는 시설
청소년이용시설		수련시설이 아닌 시설로서 그 설치 목적의 범위에서 청소년활동의 실시와 청소년의 건전한 이용 등에 제공할 수 있는 시설

출처: 「청소년활동 진흥법」 제10조

⑤ 청소년수련활동의 지원

법 제34조에 의거 국가 및 지방자치단체는 청소년수련활동에 필요한 청소년수련거리를 그 이용대상·나이·이용장소 등을 종합적으로 고려하여 유형별로 균형 있게 개발·보급하여야 하며, 국가 및 지방자치단체는 청소년의 발달원리와 선호도에 근거하여 청소년수련거리를 전문적으로 개발하여야 한다.

제35조에서는 국가는 청소년수련활동이 청소년의 균형 있는 성장에 기여할 수 있도록 그 내용과 수준을 향상시키기 위하여 청소년수련활동 인증제도를 운영해야 하고, 청소년수련활동 인증제도를 운영하기 위하여 청소년수련활동 인증위원회를 활동진흥원에 설치·운영하여야 한다. 인증위원회는 위원장과 부위원장 각 1명을 포함한 15명 이내의 위원으로 구성한다고 명시하고 있다.

함께 풀어 봅시다

1 「청소년 기본법」 관련 하위 관련법이 아닌 것은?

① 청소년복지 지원법 ② 청소년활동 진흥법
③ 청소년 보호법 ④ 헌법

정답 ④
해설 「청소년복지 지원법」, 「청소년활동 진흥법」, 「청소년 보호법」, 「아동·청소년의 성보호에 관한 법률」은 「청소년 기본법」을 상위 법률로 한다.

2 「청소년복지 지원법」 중 청소년증을 발급할 수 있는 연령이 올바르게 제시된 것은?

① 9세 이상 18세 이하의 청소년에게 청소년증을 발급할 수 있다고 규정하고 있다.
② 9세 이상 17세 이하의 청소년에게 청소년증을 발급할 수 있다고 규정하고 있다.
③ 9세 이상 16세 이하의 청소년에게 청소년증을 발급할 수 있다고 규정하고 있다.
④ 9세 이상 20세 이하의 청소년에게 청소년증을 발급할 수 있다고 규정하고 있다.

정답 ①
해설 「청소년복지 지원법」 제4조에서는 특별자치도지사, 시장, 군수, 구청장은 9세 이상 18세 이하의 청소년에게 청소년증을 발급할 수 있다고 규정하고 있다.

3 청소년복지시설에 해당하지 않는 것은?

① 청소년쉼터 ② 청소년치료재활센터
③ 보호관찰소 ④ 청소년자립지원관

정답 ③
해설 보호관찰소는 청소년보호시설에 해당한다.

4 청소년유해매체 선정 기준에 해당하는 내용이 아닌 것은?

① 청소년에게 성적인 욕구를 자극하는 선정적인 것이거나 음란한 것
② 성폭력을 포함한 각종 형태의 폭력 행위와 약물의 남용을 자극하거나 미화하는 것
③ 청소년에게 포악성이나 범죄의 충동을 일으키지 않는 것
④ 성폭력을 포함한 각종 형태의 폭력 행위와 약물의 남용을 자극하거나 미화하는 것

정답 ③
해설 ③은 청소년들에게 유해한 매체의 내용에 해당하지 않는다.

5 「아동·청소년의 성보호에 관한 법률」에 대한 내용으로 옳지 않은 것은?

① 이 법에서 "아동·청소년"이란 19세 미만의 자를 말한다.
② "아동·청소년의 성을 사는 행위"에는 아동·청소년의 성(性)을 사는 행위를 알선한 자도 처벌대상에 포함된다.
③ 이 법을 해석·적용할 때에는 아동·청소년의 권익을 우선적으로 고려해야 한다.
④ 보건복지부장관은 아동·청소년대상 성범죄의 예방과 계도를 위한 홍보영상을 제작하여 배포하여야 한다.

정답 ④
해설 보건복지부장관이 아니라 여성가족부장관은 아동·청소년대상 성범죄의 예방과 계도, 피해자의 치료와 재활 등에 관한 홍보영상을 제작하여 방송편성책임자에게 배포하여야 한다.

chapter 5

청소년복지의 정책적 접근

01 청소년복지정책

1) 청소년복지정책의 개념

청소년복지정책이란 티트머스(Titmuss, 1979)가 제시한 분명한 행동노선, 특정한 목적을 이루기 위해 필요한 행동에 관한 원칙, 정해진 계획으로 설명한 정책(policy)을 적용하여 '청소년복지를 위한 행동노선과 계획'이라고 할 수 있으며, 청소년복지를 위해 활동하는 데 필요한 원칙과 방향을 정하거나 계획하는 것이라고 할 수 있다.

우리나라 청소년정책은 변천 과정에서 중앙정부 청소년정책 담당 부서와 주요 관계 법령 제정이 그 맥을 같이한다. 다음에서 제시하는 청소년정책의 변천 과정을 통해 그 흐름을 알 수 있다.

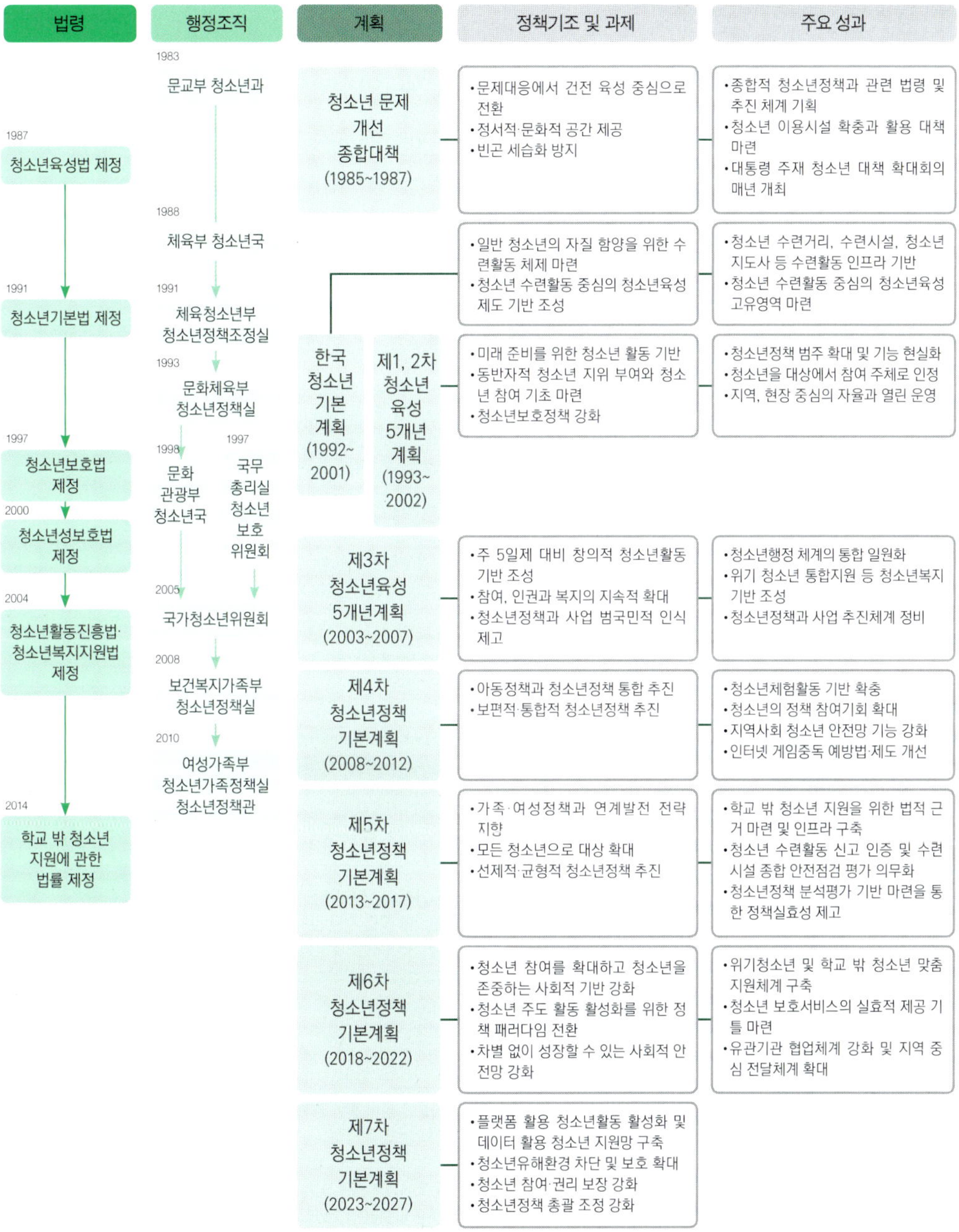

그림 5-1 청소년정책의 변천과정

출처: 여성가족부(2023b). 2022년 청소년백서.

2) 청소년정책의 기본계획

우리나라의 청소년정책은 「청소년 기본법」에 근거하여 1993년부터 5년마다 범정부 차원의 중장기계획인 청소년정책기본계획을 수립하여 추진하고 있다. 이를 토대로 하여 정부는 청소년이 나아가야 할 방향에 대한 비전을 제시하고 그에 따른 목표와 세부정책 과제를 마련하여 종합적이고 체계적인 정책을 시행하고 있다.

1993년부터 시행된 청소년정책기본계획은 7차에 걸쳐 시행되면서 변화하는 환경에 따른 청소년의 다양한 욕구와 현안을 마련하였다. 현재(2023~2027년) 시행 중인 청소년정책의 정책 비전인 '디지털 시대를 선도하는 글로벌 K-청소년'을 위해 청소년 성장기회 제공과 안전

비전	디지털 시대를 선도하는 글로벌 K-청소년	
목표	청소년 성장기회 제공	안전한 보호 환경 조성
정책과제	대과제(5개)	중과제(14개)
	1 플랫폼 기반 청소년활동 활성화	1-1. 청소년 디지털역량 활동 강화 1-2. 청소년 미래역량 제고 1-3. 다양한 체험활동 확대 1-4. 학교안팎 청소년활동 지원 강화
	2 데이터 활용 청소년 지원망 구축	2-1. 위기청소년 복지지원체계 강화 2-2. 청소년 자립 지원 강화 2-3. 청소년 유형별 맞춤형 지원
	3 청소년 유해환경 차단 및 보호 확대	3-1. 청소년이 안전한 온·오프라인 환경 조성 3-2. 청소년 범죄 예방 및 회복 지원 3-3. 청소년 근로보호 강화
	4 청소년의 참여·권리 보장 강화	4-1. 청소년 참여 활동 강화 4-2. 청소년 권익 증진
	5 청소년정책 총괄 조정 강화	5-1. 청소년정책 인프라 개선 5-2. 지역 맞춤형 청소년정책 추진체계 구축

그림 5-2 제7차 청소년정책기본계획(2023-2027년) 비전, 목표 및 정책과제

출처: 여성가족부(2023a). 제7차 청소년정책기본계획(2023-2027년).

한 보호 환경 조성이라는 두 가지 목표를 설정하였다. 5대 중점 정책과제로 ① 플랫폼 기반 청소년활동 활성화, ② 데이터 활용 청소년 지원망 구축, ③ 청소년 유해환경 차단 및 보호 확대, ④ 청소년의 참여·권리 보장 강화, ⑤ 청소년정책 총괄 조정 강화라는 대과제를 설정하고 이를 달성하기 위한 14개의 중과제를 수립하였다.

3) 청소년복지정책의 실제

청소년복지정책은 사회적 보호를 필요로 하는 청소년들에게 사회적 자원을 할당하는 선택의 메커니즘으로, 청소년보호에 관한 다양한 관점의 사회적 가치나 목표와 관련되어 있다. 청소년복지정책에서 중요한 것은 청소년이 과도기적인 상황에 놓여 있으므로 일정 기간 동안 일정한 수준의 성인보호를 필요로 한다는 점이다. 그럼에도 불구하고 청소년은 독립된 인간으로서 청소년복지정책의 가치 선택과 적용에서 기본적 고려사항이 되어야 할 것이다. 예를 들어 가정에 대한 지지적 사회보장급여나 서비스를 제공하는 청소년복지 프로그램은 출생가정과 부모의 권리를 강조하는 관점에서 나오는 반면, 위탁가정 입양이나 시설보호 등 대체가정 프로그램은 가정의 유지보다는 청소년의 보호가 우선이라는 관점에서 나온 것이다. 이와 같이 어떠한 프로그램을 선택하여 제공하는가가 사회복지정책의 과정이라면, 청소년을 위한 사회복지정책은 청소년보호와 가치, 그리고 목표의 관점과 어떻게 긴밀한 연관을 가지며 이러한 가치와 목표·정책·프로그램의 선택과 결정이 어떻게 이루어지는가의 맥락을 이해해야 한다.

청소년복지정책의 현황을 살펴보기 위해서 사회복지정책의 분석에서 보편적으로 사용되는 길버트와 스펙트(Gilbert & Specht, 1986)의 준거 틀을 적용해 볼 수 있다. 즉, 급여대상자(수혜자) 선택 기준, 급여의 형태, 급여의 전달체계, 급여의 재원 충당 방법 등의 네 가지 요소를 중심으로 우리나라 청소년복지정책의 주요 특성을 살펴보도록 한다.

(1) 대상자 선택 기준

「청소년 기본법」의 하위법인 「청소년복지 지원법」의 정책 대상은 크게 '청소년'과 '위기청소년'으로 구분되어 있다. 여기서 청소년은 9세 이상 24세 이하의 모든 청소년이며, 위기청소년은 가정 문제가 있거나 학업 수행 또는 사회 적응에 어려움을 겪는 등 조화롭고 건강한 성장과 생활에 필요한 여건을 갖추지 못한 청소년을 말한다. 따라서 청소년복지정책의 일차적인 급여대상 선정 기준은 '연령'이며, 해당 연령의 모든 청소년을 정책대상으로 한다.

「청소년 기본법」과 「청소년복지 지원법」에서 명시하고 있는 복지사업은 청소년의 인권보장(권리), 참여, 청소년 우대, 청소년의 건강보장, 지역사회청소년통합지원체계(CYS-Net), 위기청소년 지원, 예방적·회복적 보호지원 등이다(백사인 외, 2015).

① 일반 청소년 대상 청소년복지정책

인권보장, 참여, 우대, 건강보장의 정책대상은 모두 청소년이다. 인권보장과 참여는 모든 영역에서 청소년의 인권을 보장하고 청소년이 정당한 사회구성원으로서 본인과 관련된 의사결정에 참여할 권리가 있음을 규정하고 있다. 청소년의 건강보장은 「청소년복지 지원법」 제5조제1항에서 청소년들의 건강한 성장지원을 위해 국가 및 지방자치단체는 성별 특성을 고려하여 청소년의 건강 증진 및 체력 향상을 위한 질병 예방, 건강 교육 등의 필요한 시책을 수립하여야 하며, 보호자는 양육하는 청소년의 건강 증진 및 체력 향상에 노력하여야 한다고 명시하고 있다. 청소년 우대제도 역시 국가나 지방자치단체가 운영하는 수송시설·문화시설·여가시설 등을 청소년이 이용하는 경우 청소년에게 입장료나 이용료를 면제 혹은 할인해주고 있다. 대표적으로 청소년증(靑少年證)은 국가나 지방자치단체가 직접 운영·보조하는 고궁·능원·박물관·공원 등의 공공시설과 수송시설 등을 청소년에게 무료 또는 할인할 경우, 이용자가 청소년임을 확인하기 위해 제시하는 증서를 말한다. 학교를 다니지 않는 비학생 청소년들도 학생증을 소지한 학생과 동등하게 각종 할인 혜택을 받게 할 목적으로 2003년에 도입되었다. 청소년증은 위의 경제적인 혜택 외에도 예금통장 개설 등 금융거래와 대학입시·검정고시·각종 경시대회에서 신분증으로 활용이 가능하다.

② 위기청소년 대상 청소년복지정책

OECD에서는 학교에서 실패하고 성공적으로 직업이나 독립적인 성인의 삶을 이어 나가지 못하면서 사회에 긍정적인 기여를 하지 못할 것으로 보이는 청소년을 위기청소년으로 규정짓고 있다.

위기청소년은 다음의 세 가지 범주로 나눌 수 있다. 첫째, 가출청소년, 소년소녀 가장, 빈곤계층의 청소년, 요보호 청소년과 같이 보호자가 없거나 보호자의 실질적인 보호를 받지 못하는 청소년, 둘째, 학업을 중단한 청소년, 셋째, 교육적 보호지원 대상 중 비행 예방의 필요성이 있는 청소년들로서 학교폭력 피해 및 가해 청소년, 집단따돌림 피해 및 가해 청소년, 비행 청소년, 범죄 가해 및 피해청소년, 우울 및 자살위험이 있는 청소년으로 구분된다. 즉, 위기청소년은 일련의 개인 및 환경적 위험에 노출되어 행동적, 심리적으로 문제를 경험할 가능성이 높고 적절한 개입이 없이는 정상적인 발달을 이루기 어려운 상황에 놓여 있는 청소년이라 할 수 있다.

위기청소년을 대상으로 하는 정책은 지역사회 청소년통합지원체계(CYS-Net) 운영, 위기청소년 특별지원사업, 청소년 가출 예방과 보호, 학업중단 청소년 지원, 이주배경청소년 지원 등이 대표적이다.

가. 지역사회 청소년통합지원체계(CYS-Net)

지역사회 내 청소년 관련 자원을 연계하여 학업중단, 가출, 인터넷중독 등 위기청소년에 대한 맞춤형 서비스를 제공하는 사업으로, 지원대상은 청소년(9~24세)과 그 가족이라면 누구나 이용 가능하다. CYS-Net 사업은 지역사회 청소년 관련 기관 간의 네트워킹을 통한 통합지원체계 구축과 위기청소년에 대한 전화상담, 구조, 보호, 치료, 자립, 학습 등 서비스 제공을 통해 위기청소년의 건강한 성장과 삶의 역량을 강화하는 것을 주요 목적으로 하고 있다.

지역사회 연계망의 범위를 민간사회로 확대하여 가출청소년이 주로 이용하는 PC방, 노래방, 찜질방 등의 업소를 주축으로 위기청소년의 발견, 긴급구조 및 보호서비스 등을 제공하고 있다. 점차적으로 의료, 법률, 자활 등의 전문분야에서도 필요한 지원서비스를 제공하고 '1388 청소년지원단'을 구성하여 운영하고 있다. 한국청소년상담원의 상담전화 및 청소년(상담)지원센터의 상담전화 등을 '청소년 전화 1388'[1]로 통합(2005. 9. 1.)하여 지역사회 청소년통합지원체계(CYS-Net)의 관문으로 운영하고 있다.

1 '청소년전화 1388'은 청소년은 물론, 학부모, 교사 등 일반 국민 누구나 청소년을 위하여 이용하는 전화로, 청소년 상담, 긴급구조, 자원봉사 및 수련활동 정보제공, 인터넷 중독치료 등 청소년 관련 모든 문제에 대해 365일 24시간 원스톱 서비스 제공을 목적으로 한다.

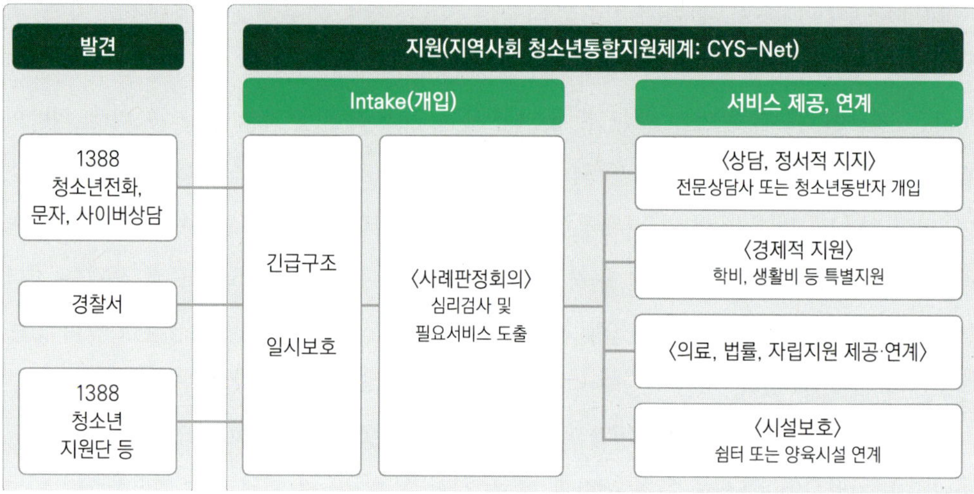

그림 5-3 지역사회 청소년통합지원체계 서비스 흐름도

출처: 여성가족부(www.mogef.go.kr)

나. 위기청소년 특별지원사업

위기청소년들에게 청소년 특별지원은 건전한 성장과 정상적 생활을 영위하기 위해 필요한 기초적 여건이 갖추어지지 않아 사회·경제적 지원이 필요한 청소년 중 다른 제도 및 법에 의한 지원을 받지 못하는 청소년에게 현금급여 또는 관련 서비스를 직접 지원하는 사업이다. 청소년 특별지원 사업은 시·군·구를 통한 전달체계를 활용하며 청소년 본인 또는 그 보호자, 청소년상담사·지도자, 교육공무원, 사회복지사, 청소년 업무를 담당하는 공무원 등이 주민센터에 신청하면 소득재산 조사, 운영위원회 심의 등을 통해 지원 여부를 결정하게 된다.

위기청소년 특별지원사업은 사업은 2008년부터 시작하여 2020년 기준 전국 17개 시·도에서 운영 중이다. 특별지원은 생활, 건강, 학업, 자립, 법률, 상담, 활동 지원 등 월 10만 원에서 연간 최대 350만 원까지 지원하고 있다.

다. 청소년 가출 예방과 보호

국가와 지자체는 청소년 가출 예방 및 보호, 지원을 목적으로 청소년쉼터를 설치·운영하고 있다. 1991년 「청소년기본법」이 제정되고 1992년 최초로 '청소년쉼터'가 설치되었으며, 1998년 국민의 정부에서는 '청소년 선도 예방활동 강화'를 국정과제로 선정하였고, 2003년 참여정부에서는 '가출청소년쉼터 확대'가 대선공약으로 추진되었다. 2004년에는 「청소년복지 지원법」이 제정(2005년 2월 시행)됨으로써 청소년쉼터의 법적인 설치근거가 마련되었다. 초기에는 한 가지 유형의 쉼터로 운영되다가 가출청소년의 상황 및 요구 수준을 고려하여 지원 서비스 내용을 차별화할 필요성이 제기되어 2004년에 '일시 쉼터(드롭인센터[2])'를 설치하기 시작하였고, 2005년부터는 중·장기적인 보호 필요성이 제기되어 중·장기 쉼터를 설치하여 운영하기 시작하였다. 가출청소년쉼터는 1992년 최초로 서울 YMCA에 청소년쉼터를 설치·지원하였으며, 1996년 이후 광역시 중심으로 늘어나기 시작하였다. 2024년 기준 국가와 지방자치단체의 지원을 통해 전국에 총 146개소를 운영하고 있다(한국청소년쉼터협의회 www.jikimi.or.kr).

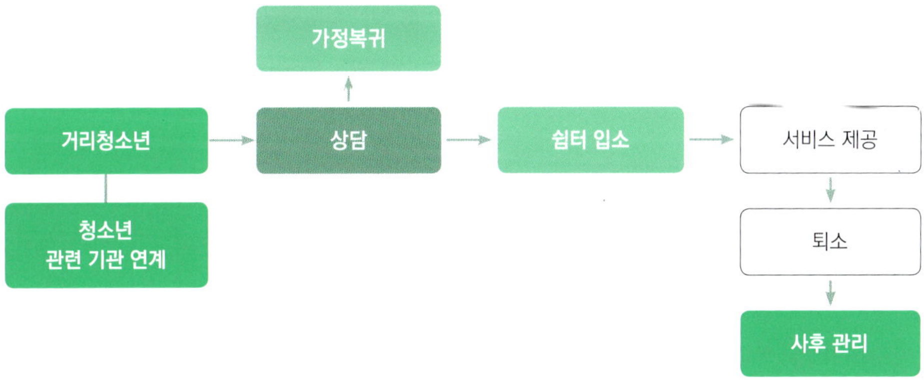

그림 5-4 청소년쉼터 운영지원체계

출처: 여성가족부(2020b). 2020년 청소년백서.

2 2004년에는 가출청소년과 성매매 구조 청소년 등 위기청소년들의 긴급구조와 일시보호를 위한 드롭인센터(Drop-in center)를 개설하였다. 2005년부터는 서울 지역에서만 부분적으로 운영하던 청소년종합지원센터를 부산, 광주, 경기, 경남 등으로 확대 운영함으로써 지역단위에서도 위기청소년 지원사업 추진을 위한 기반을 마련하였다.

라. 학업중단 청소년 지원

학업을 중단한 청소년들을 위해, 2007년부터 취약청소년을 대상으로 자립 동기 강화, 기초적인 자립 기술 습득 등을 목적으로 하는 자립지원 프로그램(두드림)이 운영되었다. 특히 2009년부터 검정고시 지원 및 학습클리닉 프로그램 등을 통해 학업으로 복귀를 지원하는 프로그램(해밀)을 운영하였으며, 2013년 두드림과 해밀 프로그램을 통합하였다.

2014년 5월 28일에는 「학교 밖 청소년 지원에 관한 법률」이 제정되어 학교 밖 청소년 지원에 대한 법적 근거가 마련되었으며, 2015년 5월 29일 시행 후, 2022년 현재 전국에 220개의 '학교 밖 청소년지원센터(청소년지원센터 꿈드림: 이하 꿈드림센터[3])'가 지정·설치되어 운영되고 있다. 또한 2019년부터 꿈드림센터에서는 두드림 프로그램(자립준비)과 해밀 프로그램(학업복귀)도 운영하고 있다.

꿈드림에서는 관계부처 합동으로 「학교 밖 청소년 발굴·지원 강화 대책(2015. 8. 27.)」을 토대로 학교, 경찰서, CYS-Net의 연계기관 등 다양한 채널을 통해 학교 밖 청소년을 발굴·연계하고 있으며 그 수는 점차 확대되고 있다. 학교 밖 청소년지원센터에서는 연계된 청소년의 특성과 요구에 따라 맞춤형 서비스를 지원한다. 서비스의 종류는 상담지원, 교육지원, 직업체험 및 취업지원, 자립지원 등의 프로그램을 통해 학교 밖 청소년들이 꿈을 가지고 자신의 미래를 스스로 준비하여 공평한 기회를 얻을 수 있도록 지원한다.

마. 이주배경청소년 지원

이주배경청소년이란 「다문화가족지원법」 제2조제1호에 따른 다문화가족의 청소년 및 그 밖에 국내로 이주하여 사회 적응 및 학업 수행에 어려움을 겪는 청소년을 말한다. 2012년 「청소년복지 지원법」 전부개정으로 이주배경청소년을 지원하는 '이주배경청소년지원센터'의 설치근거가 「청소년복지 지원법」 제18조에 명시되어 이주배경청소년에 대한 보다 적극적인 지원이 이루어질 수 있는 기틀이 마련되었다. 현재 이주배경청소년의 유형을 다문화가족의 청소년, 외국인근로자가정 자녀, 중도입국청소년,[4] 탈북청소년, 제3국 출생 북한이탈

---

3 꿈드림은 '꿈=드림(Dream)', '꿈을 드림'('드리다'의 명사형)이라는 중의적인 표현으로 학교 밖 청소년에게 새로운 꿈과 희망을 드린다는 의미이다.

4 중도입국청소년이란 결혼이민자의 전혼관계에서 출생한 자녀 중 외국인 등록 귀화한 미성년자

주민 자녀 등으로 분류하고 있다. 주요 프로그램으로는 중도입국청소년의 초기 지원사업으로 기초 한국어 교육 프로그램인 '레인보우스쿨'을 운영하고 있다. '레인보우스쿨'에서는 한국어 교육, 사회문화 체험, 특기적성 활동, 생활정보(편·입학) 등을 제공하며, 2022년 현재 전국에 24개소에서 운영(직영 및 위탁운영)하고 있다. 이주배경청소년의 사회 진출을 지원하는 진로탐색과정 '무지개 job아라' 및 직업교육과정 '내-일을 job아라' 프로그램을 운영(2020년 기준 서울·경기 5개소)하고 있다(여성가족부 www.mogef.go.kr). 또한 인식개선을 위한 청소년 다문화감수성 증진 프로그램을 개발하여 일반 청소년의 다문화에 대한 이해도 제고 및 소통역량 강화를 위해 노력하고 있다. 그 밖에도 이주배경청소년과 일반 청소년이 함께하는 '이주배경청소년 통합캠프', '1:1 멘토링' 등 다양한 맞춤형 프로그램을 제공하고 있다(이주배경청소년지원재단 무지개청소년센터 m.rainbowyouth.or.kr).

③ 위기청소년을 위한 지원 방안

우리 사회는 최근 위기청소년이 증가하고 있어, 학교폭력·자살·자해·성매매 등 위기 상황이 심화·복합화되고 있다. 이들 청소년들은 가정·경제적 문제, 심리적 장애 등으로 학업이나 사회적응이 어려움을 겪는 등, 건강한 성장 여건을 갖추지 못한 환경에 노출되어 있다. 이에 정부 부처별 취약계층과 위기청소년 지원을 정책 간 연계하고 협업을 강화함으로써 보호·지원의 사각지대를 해소하기 위한 관계부처 간의 대책 마련을 위한 방안을 살펴보면 다음과 같다.

① 위기청소년을 빠짐없이 발견·지원할 수 있도록 관계 기관 협력을 강화해야 한다. 'e-아동행복지원시스템' 및 '드림스타트'(복지부) 등 취약아동을 지원 시 지역별 청소년상담복지센터(여성가족부)와 협업하여 '취약아동'뿐만 아니라 '위기청소년'도 적극 발굴하고 있다.

- **e-아동행복지원시스템**: 보호대상 아동 조기 발견과 지원을 위한 것으로 'e-아동행복지원시스템'은 '장기결석 여부', '영유아 건강검진·예방접종 실시 여부', '병원기록' 등의 정보를 모아 일정 수준 이상의 요건을 충족하면 보호가 필요한 아동으로 추정하여 각 읍·면·동으로 자동 통지하도록 하는 시스템이다.

- **드림스타트**: 드림스타트의 시초는 학대·방임 아동이 증가하는 가운데 아동복지 사각지대 해소를 위해 2006년 20개 보건소에서 시범사업으로 실시한 아동보호 보건복지 통합서비스이다. 2007년 희망스타트라는 이름으로 16개 시·군·구에서 시범사업을 실시하였으며, 2008년 사업명을 '희망스타트' 에서 '드림스타트'로 변경해 현재에 이르고 있다. 취약계층 아동에게 맞춤형 통합 서비스를 제공하여 아동의 건강한 성장과 발달을 도모하고 공평한 출발 기회를 보장함으로써 건강하고 행복한 사회구성원으로 성장할 수 있도록 지원한다.

출처: 이주배경청소년지원재단 무지개청소년센터(m.rainbowyouth.or.kr)

② 민간자원에 의존한 위기청소년 보호 체계의 공공성을 강화한다. 지역 내 위기청소년을 통합·관리하기 위해 시·군·구에 청소년정책 전담공무원이 배치되도록 유도한다. 위기청소년에 대한 의료·주거·상담 등 통합적 지원 방안을 결정하기 위한 '청소년안전망 운영위원회'를 활성화하기 위하여 반기별 1회에서 수시개최로 전환한다.

③ 고위기청소년을 위한 특화프로그램을 확대·지원한다. 고위기청소년에 대해서는 장기·지속적 관리가 가능하도록 '고위기 전담 동반자'를 지정하여 운영하고 있으며, 청소년 개인의 장기 추적관리가 가능하도록 청소년동반자 운영방식을 개선하였다. 청소년들 중 정서불안, 과잉행동장애(ADHD), 품행 문제 등 대상별 특성을 반영한 치유프로그램 확대 및 장기 거주형 지원기관인 국립청소년디딤센터(이하 디딤센터)를 용인과 대구에서 운영 중이며, 청소년의 접근성을 높이기 위하여 호남권청소년디딤센터와 광주청소년디딤센터를 개원할 예정이다. 장기 거주형 지원기관(국립디딤센터)는 또한 청소년들이 범죄·비행 등 재범의 악순환에 빠지지 않도록 '청소년비행예방센터'(법무부), '사랑의 교실'(경찰청) 등 선도프로그램을 수료한 청소년을 상담복지센터로 연계하고 관계 부처가 협업하여 지속적으로 관리해야 한다.

④ 학교 밖 청소년 등에 대한 지원 확대 및 다각화이다. 진로교육의 사각지대에 놓인 학교 밖 청소년들을 대상으로 다양한 직업 체험 프로그램을 제공할 뿐만 아니라, 벽지 소재 청소년 및 학교 밖 청소년을 대상으로 '진로체험버스' 운영을 통해 찾아가는 체험형 진로탐색 프로그램 제공, 원격영상 진로멘토링 수업을 계속 지원[5]한다. 직업훈련을 원하는

5 진로체험버스는 2020년 농어촌 등 소외지역 초·중·고교, 전국 특수학교 및 학교 밖 청소년 기관을 중심으로 총 2,295회 운영하였으며 632개교가 참여하였다(한국과학창의재단 www.kofac.re.kr).

청소년을 대상으로 맞춤형 전문 직업훈련(내일이룸학교[6])을 확대하고, 지자체와 협력하여 '지역 기반 일자리'도 적극 발굴한다. 학교 밖 청소년을 대상으로 사회적 관계성 회복 및 자존감 향상을 위한 문화예술교육 프로그램도 지속적으로 지원하고 있다.

⑤ 위기청소년 보호·복지시설 재구조화 및 내실화이다. 위기청소년이 자립할 수 있도록 주거·경제·생활지원 등 통합서비스를 제공하는 '자립지원관' 확충 및 청소년회복지원시설을 확대하였으며, 정서·행동문제를 지닌 청소년들의 치유를 위한 상담, 학습지원, 자립지원, 생활·보호 등 종합서비스를 제공한 청소년치료재활센터를 확대하기 위한 기반을 마련하였다(여성가족부, 2020b).

(2) 청소년복지서비스 제공 형태

청소년복지서비스는 「청소년 기본법」, 「청소년복지 지원법」, 「아동복지법」, 「한부모가족지원법」 등 관련법을 근거로 하여 주요 현금 및 현물, 돌봄 및 보고, 사업 및 프로그램 형태로 제공되고 있다(백사인 외, 2015).

① 현금 및 현물

「청소년복지 지원법」에 의한 위기청소년 특별지원은 보호자가 없거나 실질적으로 보호자의 보호를 받지 못하는 사회·경제적으로 어려움이 있는 위기청소년에게 생활, 건강, 학업, 상담, 자립 등 지원을 월 30만 원에서 연간 350만 원까지 지원한다(표 5-1). 지원대상은 9세 이상 24세 이하 위기청소년 중 중위소득[7] 100% 이하에 해당하는 자이다. 지원기간은 1년 이내로 하되, 필요 시 1년 범위 내에서 한 번 연장 가능하다(최대 3년까지 지원 가능).

---

6 내일이룸학교는 「학교 밖 청소년 지원에 관한 법률」 제10조를 근거로 청소년의 성공적인 사회진출과 경제적 자립을 지원하고자 여성가족부에서 추진하고 있다. 내일이룸학교는 '청소년의 내일(미래 또는 나의 일)을 이룬다'는 의미로 학교 밖 청소년, 비진학청소년, 청소년한부모, 가출청소년 등 15세 이상 24세 이하의 청소년을 대상으로 하는 맞춤형 직업훈련 프로그램이다.

7 2024년 기준 중위소득은 1인가구 월 2,228,445원, 2인가구 월 3,682,609원, 3인가구 월 4,714,657, 4인가구 월 5,729,913원, 5인가구 월 6,695,735원이다.

표 5-1 특별지원 종류 및 지원 내용

지원 종류	지원 내용	지원 금액
생활지원	① 의복·음식물 및 연료비 기타 일상생활에 필요한 기초 생계비 ② 숙식 제공	월 65만 원 이하
건강지원	① 진찰·검사 ② 약제·치료 재료의 지급 ③ 처치·수술, 기타 치료 ④ 예방·재활 ⑤ 입원, 간호 ⑥ 이송 등 기타 조치사항	연 200만 원 이하
학업지원	① 「초·중등교육법」 제2조에 의한 학교 입학금 및 수업료 ② 교과서 대금 ③ 「초·중등교육법 시행령」 제97조제1항에 의한 고등학교입학 자격 검정고시 및 동법 제98조제1항에 의한 고등학교 졸업 학력 검정고시의 준비에 필요한 학원비 ④ 학원비(교과목 관련)	월 15만 원 이하 (수업료) 월 30만 원 이하 (검정고시) 월 30만 원 이하
자립지원	① 기술 및 기능 습득을 위한 비용 ② 진로상담 비용 및 직업체험 비용 ③ 취업알선 및 사후지도 비용	월 36만 원 이하
상담지원	① 정신적·심리적 치료를 위한 청소년 본인 및 가족 상담비, 심리검사 ② 프로그램 참가비	월 30만 원 이하 심리검사비(연 40만 원) 별도
법률지원	① 소송비용 ② 법률상담비용	연 350만 원 이하
청소년 활동지원	① 수련활동비 ② 문화활동비(문화체험비) ③ 교류활동비 등	월 30만 원 이하
기타	① 청소년이 수치심을 느낄 수 있는 외모 및 흉터 등의 교정 ② 교복 지원, 체육복 등 ③ 학용품비, 수업준비물 등	

출처: 여성가족부(www.mogef.go.kr)

② 돌봄 및 보호 서비스

가출청소년과 성매매, 구3조 청소년 등 위기청소년의 긴급구조와 일시보호를 위한 드롭인센터(Drop-in-center), 가출청소년쉼터, 청소년치료재활시설 및 기관을 운영하고 있다. 이와 함께 찾아가는(out-reach[8]) 상담자인 청소년동반자(Youth Companion: YC) 사업을 운영하여 위기청소년의 조기발견과 사례관리를 목적으로 상담 및 정서지원, 지역사회 자원과의 연계활동을 통해 사회적 보호, 기초생활 및 경제적 지원, 교육 및 학업지원, 자활, 의료, 법률자문 및 권리구제, 여가 및 문화활동을 지원한다.

또한 맞벌이·한부모·돌봄취약계층 가정의 청소년(초 4~중 3)에게 학습능력 배양·체험활동·급식·건강관리·상담 등 종합적인 학습·복지·보호서비스를 제공하여 청소년이 건강하게 성장할 수 있도록 지원하는 청소년방과후아카데미가 있다. 청소년방과후아카데미는 여성가족부와 지방자치단체가 공동 운영하고 있으며 '청소년수련관', '청소년 문화의집' 등 공공시설에 전용공간을 마련하여 전국 17개 시·도가 모두 사업에 참여하고 있으며 2024년 5월 기준 전국적으로 347개소가 운영되고 있다. 정부는 돌봄취약계층가정 청소년들에게는 이러한 '방과후아카데미'를 통해 종합적인 학습·복지·보호 서비스를 제공하며, 이외에도 지역사회 청소년통합지원체계(CYS-Net) 운영, 아동복지시설인 '지역아동센터' 운영을 통해서도 아동 보호, 학습지도, 정서지원, 지역사회 연계 등의 통합적 복지서비스를 제공하고 있다.

(3) 청소년복지서비스 전달체계

청소년정책 대상으로서 청소년 관련 업무를 관장하는 정부 부처는 여성가족부이지만, 청소년에 대한 복지, 교육, 일자리, 비행 예방 등의 정책은 관련 부처에서 각각 그 업무를 담당하고 있다. 청소년복지는 여성가족부의 청소년가족정책실 내 청소년정책관에서 총괄하고 있다. 여성가족부의 조직도를 살펴보면 다음 [그림 5-5]와 같다.

8 아웃리치(outreach): 일반적으로는 보다 넓은 지역사회에 대한 봉사활동이라는 의미로 사용되는 아웃리치는 도움이 필요한 소외계층을 기다리기보다는 직접 현장에 나가 그들에게 도움과 정보를 제공하는 서비스를 말한다. 여러 이유로 인해 복지 기관이나 상담소를 찾지 않는 사람들에게 직접 찾아가서 실시하는 구제지원활동을 말한다.

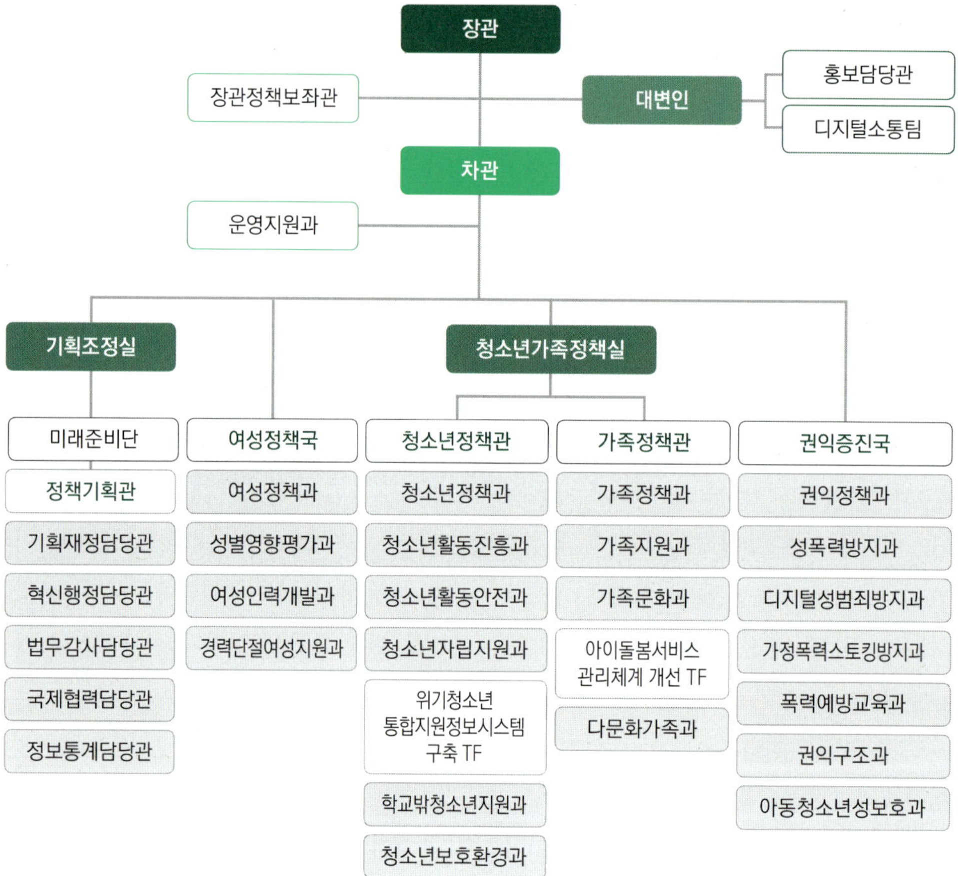

그림 5-5 여성가족부 청소년 담당부서

출처: 여성가족부(www.mogef.go.kr)

여성가족부 청소년가족정책실 청소년정책관의 하위부서로 청소년업무를 담당하는 부서별 구체적인 사업 내용은 다음 〈표 5-2〉와 같다.

표 5-2 여성가족부 청소년정책관의 주요 업무와 사업 내용

담당과	사업 내용
청소년 정책과	•중장기 기본계획의 수립 및 조정/중앙부처 및 지방자치단체 협의·조정 총괄 •관련 법령의 관리·운영/청소년정책위원회의 운영 •전담 기구·공무원 등 전달체계 평가 및 지원에 관한 사항/청소년 관련 행사, 관련 조사·연구, 제도 개선, 백서 발간/관련 산하기관 및 법인 관리 총괄, 종사자의 교육·훈련 •청소년 인권 보호 등 청소년 권리증진/청소년 정책 참여기구 구성·운영, 활성화 지원/청소년증의 발급 등 청소년 우대정책의 수립 및 교육·홍보
청소년 활동진흥과	•청소년 활동진흥, 역량개발 및 국제교류에 관한 계획의 수립·시행/청소년활동 관련 법령(청소년수련활동 안전 관련 법령은 제외한다)의 관리·운영/지방청소년활동진흥센터의 설치·운영 지원/청소년수련 프로그램·사업의 개발·보급 및 평가 •청소년의 수련활동 및 문화·예술체험 활성화, 청소년 축제, 동아리 발굴에 관한 사항/청소년 자원봉사 활동에 관한 사항/청소년지도사의 자격검정, 연수 및 활동 등 지원/청소년 능력개발프로그램의 개발 및 시행/방과 후 활동프로그램의 개발·지원/청소년의 국제교류를 위한 행사 개최 및 교류프로그램 개발 및 운영 등
청소년 활동안전과	•청소년수련활동 안전에 관한 정책의 총괄 및 계획의 수립·시행/관련 법령의 관리·운영 및 제도 개선에 관한 사항 •숙박, 비숙박형 청소년수련활동 및 청소년수련활동 계획의 신고업무 관리 및 운영 및 관련 정보 공개 제공 온라인 시스템 구축 •청소년수련활동 인증제도의 운영·관리에 관한 사항/청소년수련활동 이행 실태 점검 및 안전관리, 확산에 관한 사항 •청소년수련시설 운영관리, 지도·감독 및 제도 개선 및 시설평가 등에 관한 사항 •국립 청소년수련시설 종사자 안전교육 및 확충계획 수립 및 건립에 관한 사항 등
청소년 자립지원과	•청소년복지에 관한 정책의 총괄 및 계획의 수립·시행, 관련 법령 관리·운영 •청소년복지서비스의 조사·연구 및 통계에 관한 사항/청소년복지시설의 운영·지원 및 관련 종사자의 교육·훈련 •한국청소년상담복지개발원의 지도·감독/청소년상담사의 자격검정·연수 등에 관한 사항 •취약계층 청소년의 보호·상담·자립 등에 대한 계획의 수립·조정 및 시행/가정 밖 청소년에 대한 보호 및 자립 지원에 관한 사항/청소년 비행·폭력 등의 예방 및 선도에 관한 사항/폭력, 학대 등에 노출된 청소년의 상담, 치료 및 법률 서비스 지원/위기청소년을 위한 사회안전망 구축을 위한 종합대책의 수립·조정/청소년상담복지센터 등 청소년상담·구조 관련 기관·단체에 대한 지도·지원/청소년 전화·청소년 모바일 상담 및 청소년동반자 프로그램의 운영 •청소년의 사회진출 및 취업·창업 지원에 관한 사항 등

담당과	사업 내용
학교밖 청소년지원과	• 학교 밖 청소년에 관한 법령의 관리·운영·제도 개선 및 정책의 총괄 및 계획의 수립·시행 • 학교 밖 청소년에 대한 사회적 편견과 차별 예방 및 사회적 인식 개선, 상담 및 교육지원 프로그램의 개발 및 지원에 관한 사항/관련 기관 간 협력체계 및 지역사회 중심의 지원체계 구축·운영 및 학교 밖 청소년 지원을 위한 실태조사 및 결과 공표에 관한 사항/학교 밖 청소년 지원 위원회 운영에 관한 사항/학교 밖 청소년의 취업 및 자립지원에 관한 사항 • 학교 밖 청소년 지원센터의 설치·운영에 관한 사항/이주배경청소년의 사회 적응 및 학습능력 향상을 위한 지원에 관한 사항/특별지원 대상 청소년에 대한 지원계획의 수립 및 시행 등
청소년 보호환경과	• 청소년 보호 관련 업무의 총괄 및 계획의 수립·시행, 관련법령의 관리·운영 및 제도 개선 • 청소년보호위원회의 운영 및 청소년 보호 관계자 교육 등 청소년 보호 중앙점검단의 운영 지원에 관한 사항 • 청소년 보호에 관한 관계 부처간 조정·실태조사 및 연구개발, 관련된 기관·단체 협력 등에 관한 사항 • 청소년치료재활센터의 운영에 관한 사항 • 청소년 유해매체물, 유해업소, 유해 약물·물건, 유해행위 등 유해환경 개선에 관한 계획의 수립·시행, 점검, 단속 등에 관한 사항/매체물·업소·약물·물건 등의 청소년 유해성 여부의 심의·결정 등에 관한 사항 • 청소년 유해 약물 남용 및 중독 청소년에 대한 예방·치료·재활 지원/청소년 유해약물·유해업소 등의 피해예방 및 보호 지원 등

출처: 여성가족부 관련부처 내용 요약

(4) 청소년복지서비스의 재원

여성가족부 청소년정책관의 소관 예산은 국고에 의한 일반회계, 광역지역발전특별회계, 청소년육성기금으로 구성되어 있다. 청소년복지정책의 안정적인 사업추진과 기금 고갈 문제를 고려할 때 장기적으로 국고에 의한 일반회계로 추진되는 것이 가장 바람직하다. 특히, 예산이 부처별로 분산되어 있어 적기에 집행하는 데 어려움이 있고, 예산집행의 중복과 누락의 문제가 발생할 소지가 있어 합리적인 예산집행이 이루어지도록 유연하고 통합적인 집행이 이루어질 필요성이 제기된다.

02 청소년복지 지원기관 및 사업

1) 청소년상담복지센터

청소년상담복지센터는 청소년의 건강한 성장과 복지 증진을 목적으로 청소년을 대상으로 하는 상담, 긴급구조, 자활, 의료지원 등의 역할을 담당한다. 각 지자체는 지역 특성과 여건에 따라 직영 또는 청소년단체 등을 통한 위탁운영으로 센터를 지원하고 있다.

청소년상담복지센터는 청소년과 부모에 대한 상담, 복지지원, 상담 및 복지프로그램 개발 및 운영, 상담 자원봉사자와 청소년지도자에 대한 교육과 연수, 청소년 상담 또는 긴급구조를 위한 전화운영, 청소년에 대한 긴급구조, 법률 및 의료지원, 청소년의 자립 능력 향상을 위한 자활과 재활 지원 등을 하고 있다. 그리고 학교폭력 상담 및 신고, 접수, 처리 등을 목적으로 운영하는 '117학교폭력 신고센터'의 운영을 지원하고 있다(전동일 외, 2016).

시·도 청소년상담복지센터는 2012년 8월 2일 전부개정 시행된 「청소년복지 지원법」 제29조에 의거하여 설치·운영되고 있으며, 시·도의 청소년상담 및 긴급구조 등의 중심적인 역할을 맡고 있다. 시·도 청소년상담복지센터는 광역자치단체의 청소년상담전문기관으로서 지역의 시·군·구 청소년상담복지센터와 연계하여 '청소년전화 1388' 운영, 지역사회 청소년통합지원체계(CYS- Net) 운영, 찾아가는 상담전문가인 청소년동반자 운영, 긴급구조 및 일시보호사업, 청소년 인터넷 중독 예방·해소사업 등을 추진하고 있다. 그 밖에도 심리상담 및 놀이치료, 또래상담사업, 학부모상담자원봉사회 운영, 청소년상담 관련 심리교육, 지도자 양성, 학부모의 청소년 문제에 대한 정보제공과 자문 등을 실시하고 있다. 청소년상담복지센터는 「청소년복지 지원법」 제29조에 의거하여 생활권 중심의 실질적인 청소년상담체제를 구축하고 있으며, 2023년 기준 전국에 240개 청소년상담복지센터를 설치·운영하고 있다.

2) 지역사회 청소년통합지원체계(CYS-Net)-청소년안전망

지속적인 이혼율 상승 및 경기침체로 인한 가장의 실직 등으로 가정해체가 증가하고 있으며, 전통적 가족 기능 약화에 따라 경제적, 심리적으로 위기 상황에 처한 청소년의 수가 늘어나고 있다. 그러나 위기청소년을 지원하기 위한 청소년 서비스 제공 기관은 지역별로 인프라의 편차가 있거나 상호협력체계가 부재하여 대상자 조기발견과 통합적 서비스 제공이 어려운 측면이 있었다.

이에 개별화된 지역사회 청소년 지원서비스를 통합·연계하여 '정신건강문제', '가출', '폭력피해', '인터넷·스마트폰 중독' 등 위기청소년에 대한 상담·보호·의료·자립 등 맞춤형 서비스를 One-Stop으로 제공하기 위해 '지역사회 청소년통합지원체계(CYS-Net)'를 구축·운영하고 있다. 현재 이 사업은 2005년 위기청소년사회안전망 구축사업을 정부 주요 정책과제로 추진하기 시작하였으며, 사업 명칭을 2019년 'CYS-Net'에서 '청소년안전망'으로 변경하여 운영하고 있다.

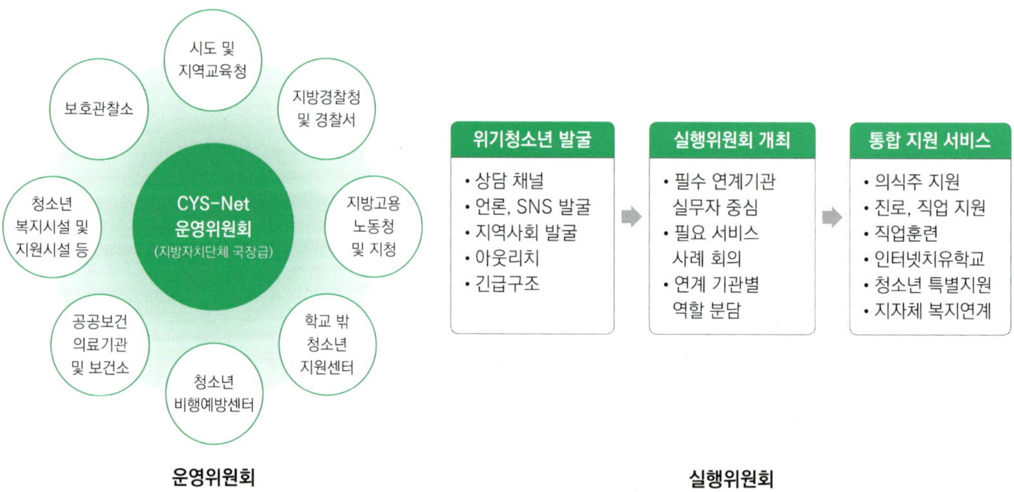

그림 5-6 지역사회 청소년통합지원체계(CYS-Net) 운영위원회 및 실행위원회 체계도

출처: 여성가족부(2019d). 2019년 청소년사업 안내.

CYS-Net 사업은 지역사회 청소년 관련 기관 간의 네트워킹을 통한 통합지원체계 구축과 위기청소년에 대한 전화상담, 구조, 보호, 치료, 자립, 학습 등 서비스 제공을 통해 위기

청소년의 건강한 성장과 삶의 역량을 강화하는 것을 주요 목적으로 하고 있다. CYS-Net 활성화를 위해서 지역 연계망의 범위를 민간사회로 확대하여 가출청소년이 주로 이용하는 PC방, 노래방, 찜질방 등의 업소를 주축으로 위기청소년의 발견·긴급구조 및 보호서비스 등을 제공해 왔고, 점차적으로 의료, 법률, 자활 등의 전문 분야에서도 위기청소년에게 필요한 지원서비스를 제공하는 등 위기청소년을 다각적으로 지원하는 '1388청소년지원단'을 구성하여 운영하고 있다. '1388청소년지원단'은 민간사회안전망의 역할을 담당하며 CYS-Net의 민·관 협력체계를 만들어 나가는 기능을 수행하고 있다.

3) Help Call 청소년전화 1388 및 1388 청소년지원단

2005년 4월 27일, 국가청소년위원회 출범과 동시에 청소년 긴급전화 1388, 가출청소년 상담전화 1588-0924, 한국청소년상담원의 상담전화 및 청소년(상담)지원센터의 상담전화 등을 1388로 통합(2005. 9. 1.)하여 지역사회 청소년통합지원체계(CYS-Net)의 관문으로 운영하고 있다.

'청소년전화 1388'은 청소년은 물론 학부모, 교사 등 일반 국민 누구나 청소년을 위하여 이용하는 전화로서, 청소년상담, 긴급구조, 자원봉사 및 수련활동 정보제공, 인터넷 중독치료 등 청소년 관련 모든 문제에 대해 365일 24시간 원스톱 서비스 제공을 목적으로 한다. 청소년전화는 청소년의 생활환경 변화에 발맞춰 사이버 및 모바일 상담 등 상담채널을 다양화하였다. 2023년 240개 센터에서 청소년전화 1388을 운영하고 있다.

한편, '청소년전화 1388'의 인지도 향상을 위하여 1388 상담서비스 홍보 동영상을 제작하여 스마트폰 앱(아이엠스쿨), 카카오톡 배너, 네이버 웹툰, 유튜브, PC방 등 청소년들이 자주 이용하는 시설 및 매체를 통한 홍보를 추진했으며, 인터넷 포털 '네이버', '다음' 등을 통한 홍보, 페이스북, 지상파 TV 협찬광고 등 방송 매체 홍보와 월간 웹진 홍보 등 다양한 매체를 활용하고 있다. 또한 스마트폰 사용이 많은 청소년을 위해 2021년 청소년모바일상담을 운영하고 있다.

한편, 1388 청소년지원단은 위기청소년을 조기에 발견하고 지원하는 역할을 수행하기 위한 민간의 자발적 참여조직으로서, 전국의 청소년상담복지센터에 소속되어 '발견·구조',

'의료·법률', '복지 지원', '상담·멘토' 등의 다양한 활동을 수행하고 있다. 지역사회 내 약국, 병원, PC방, 노래방, 택시회사, 학원, 자원봉사자, 변호사, 교사 등이 참여하여 위기청소년에 대한 맞춤형 서비스를 제공하고 있다(한국청소년상담복지개발원 www.kyci.or.kr).

4) 청소년동반자 프로그램

청소년동반자(Youth Companion: YC) 프로그램은 가출, 비행·폭력, 학업중단, 성매매 피해 등 더욱 심화된 위기상황에 직면한 청소년에게 직접 찾아가는 상담을 지원하는 서비스이다. 이 프로그램은 「청소년 기본법」과 「청소년복지 지원법」에 근거하여 청소년(9~24세) 중 청소년상담복지센터에서 받은 위기스크리닝 결과 중·고위험군인 청소년을 우선 지원한다. 청소년동반자 우선 지원 대상은 가출, 비행·폭력, 학업중단, 성매매 피해청소년 등이 해당된다. 청소년이 있는 현장에 동반자가 찾아가서 청소년이 필요로 하는 지원을 직접 연계하고 있다. 이때 청소년동반자[9]의 역할은 위기청소년과의 지속적인 상호교류를 통해 심리 및 정서적 지지를 제공하여 상호 신뢰감을 구축하고 위기청소년의 상담, 공통의 생활체험, 체육활동, 문화체험 등을 통해 청소년의 과거 및 현재 생활환경을 고려하여 미래에 대한 방향 설정을 유도하고, 위기청소년이 정상적으로 사회에 복귀하여 성공적인 삶을 유지할 수 있도록 지원하는 것이다.

위기청소년은 심리적 어려움을 겪더라도 상담에 대한 동기가 낮아 상담이나 공공서비스를 이용하는 것을 꺼리는 경향이 있다. 이러한 이유로 자격과 경험을 갖춘 청소년상담전문가가 상담 및 심리·정서적 지지 등을 통해 위기청소년들과 지속적인 관계를 형성하여 청소년의 건강하고 성공적인 삶을 지원하는 상담 프로그램이 필요하다. 이에 따라 2005년 후반, 국가청소년위원회는 위기청소년의 문제해결을 돕고 위기요인을 개선하고자, 노력의 일환으로 현장 중심 지역사회 자원 개발 및 연계에 힘쓰고 유기적인 관계 형성을 바탕으로 청소년들의 삶을 지원할 수 있는 '청소년동반자 프로그램'을 시범적으로 도입하였다. 청소

---

9 청소년동반자: 청소년상담사, 청소년지도사, 사회복지사 등 국가자격을 소지하거나 일정 기간 청소년상담복지 관련 실무 경력을 갖춘 인력을 말한다.

년동반자들은 위기청소년에게 각종 상담, 심리·정서적 지지, 자활 지원, 학습·진로지도, 문화체험 등을 제공하는 역할을 하며, 이용자의 상황에 따라 다르지만 보통 일주일에 1회 이상, 약 3개월간 지속적으로 상담 등의 지원을 받을 수 있다.

2005년도에 4개 시·도(서울·경기·광주·경남)에서 시범운영을 시작하여 2008년도에는 16개 시·도로 확대 운영되고 있다. 2021년에는 1,354명의 청소년동반자가 활동하였으며, 42,023명의 수혜청소년의 문제해결에 대한 도움 정도가 90% 이상으로 높게 나타났다(청소년정책분석평가센터 www.ypec.re.kr). 이와 같이 청소년동반자 프로그램의 지속적인 확대로 보다 많은 고위기청소년들이 개인 특성과 필요에 따른 수준 높은 상담지원 서비스를 제공받고 있다.

5) 학교 밖 청소년지원센터

매년 약 5만여 명의 청소년들이 학업을 중단하고 있으며, 이러한 청소년들을 위해 학교 밖 청소년지원센터가 운영되고 있다. 학교 밖 청소년지원센터는 학교 밖 청소년의 개인적 특성과 수요를 고려한 상담지원, 교육지원, 직업체험 및 취업지원, 자립지원 등 학교 밖 청소년이 건강한 사회구성원으로 성장할 수 있도록 지원함을 목적으로 하고 있다. 또한 2014년 5월 28일에는 「학교 밖 청소년 지원에 관한 법률」이 제정되어 학교 밖 청소년 지원에 대한 법적 근거가 마련되었으며, 2015년 5월 29일 법률 시행에 따라 190여 개소로 시작하여, 2024년 5월 현재 전국에 222개소가 지정·설치되어 운영되고 있다(한국청소년상담복지개발원 www.kyci.or.kr).

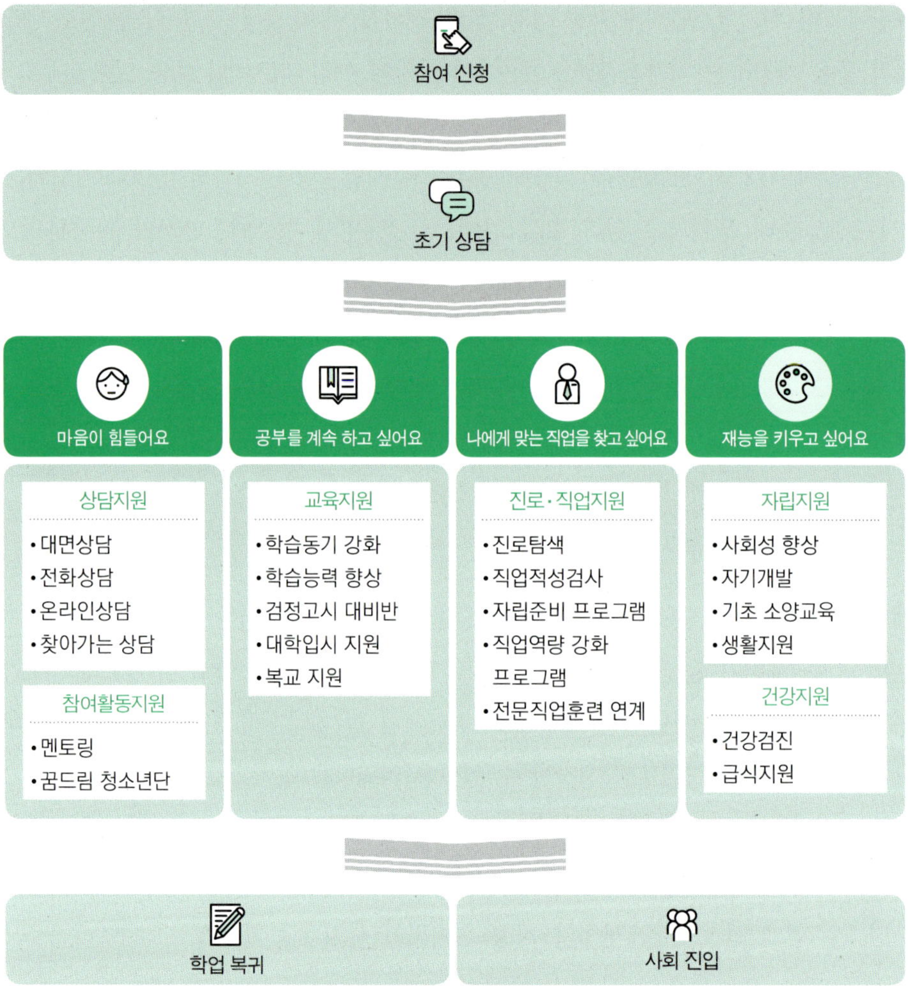

그림 5-7 꿈드림센터의 서비스 흐름도

출처: 한국청소년상담복지개발원(www.kyci.or.kr)

학교 밖 청소년 지원 사업의 목표는 학교 밖 청소년에게 상담·교육·취업·자립 지원 등의 서비스를 지원함으로써 학교 밖 청소년이 건강한 사회구성원으로 성장할 수 있도록 돕는 것이다.

학교 밖 청소년 지원대상

1. 9세 이상 24세 이하 청소년으로, 초등학교·중학교 또는 이와 동일한 과정을 교육하는 학교에 입학 후 3개월 이상 결석하거나 취학의무를 유예한 청소년
2. 고등학교 및 이와 동일한 과정을 교육하는 학교에서 제적·퇴학처분을 받거나 자퇴한 청소년
3. 고등학교 또는 동일한 과정을 교육하는 학교에 진학하지 않은 청소년

출처: 「학교 밖 청소년 지원에 관한 법률」 제2조

학교 밖 청소년지원센터에서는 연계된 청소년의 특성과 요구에 따라 맞춤형 서비스를 지원한다. 서비스의 종류는 상담지원, 교육지원, 직업체험 및 취업지원, 자립지원 등이 있다.

서비스 내용을 구체적으로 살펴보면 다음과 같다. 학업형 청소년을 대상으로는 '학습동아리', '멘토링', '검정고시', '대학입시 설명회' 등 학력취득 및 상급학교 진학 지원 등의 서비스를 제공한다. 직업형 청소년에게는 '직업역량강화사업'이나 '진로교육활동' 또는 '직장체험' 등의 체험을 통해 진로를 설정할 수 있도록 지원하고, 이후 학교 밖 청소년 전문직업훈련기관인 '내일이룸학교'에 연계하거나, 고용노동부 직업훈련 프로그램에 연계하여 직업훈련 및 취업을 지원한다. 내일이룸학교에서는 전문직업훈련과 함께 상담, 검정고시 등 학력취득, 자격증 준비, 인성·교양 등 다양한 프로그램 운영을 통하여 학교 밖 청소년의 사회적 자립을 지원하고 있다. 또한, 자립이 필요한 대상에게는 '자유공간 지원', '문화활동 지원', '봉사 기회 제공' 등 자립 준비에 필요한 서비스를 지원하며, '건강검진 사업' DB 구축으로 학교 밖 청소년의 건강관리 체계가 마련되었다. 학교 밖 청소년지원센터 프로그램에 참여하는 청소년에게는 개별적으로 자신의 목표를 성취할 때까지 사례관리 서비스가 제공된다.

6) 청소년 미디어 과의존 예방 및 해소사업

인터넷의 발달로 청소년의 디지털미디어 사용이 급증하여 많은 문제를 양산하고 있다. 2007년부터 인터넷중독 청소년의 상담 및 치료서비스를 제공하기 위해 체계적인 대상자 발굴과 맞춤형 서비스 제공을 통하여 해마다 증가하는 청소년의 미디어 과의존을 예방하고 치유하기 위한 사업을 운영하고 있다.

해당 사업은 청소년의 미디어 과의존을 예방하고 치유하기 위하여 대상자 발굴에서부터 사후관리까지 체계적인 시스템을 구축하고 맞춤형 서비스를 제공하고 있다. 미디어 과의존 청소년을 위하여 개별 상담과 인터넷 치유캠프, 가족치유캠프 등 특화 프로그램을 운영하고 있으며, 급변하는 미디어 환경에 선제적으로 대응하기 위하여 프로그램 개발 및 인터넷·스마트폰 과의존 대응 상담전문인력을 양성하고 있다.

주요 사업으로 다음과 같은 내용이 있다(한국청소년상담복지개발원 www.kyci.or.kr).

① 미디어 이용습관 진단조사를 시행으로 학령전환기 청소년(초1, 초4, 중1, 고1)을 대상으로 K척도(청소년 인터넷중독 자가진단척도)와 S척도(청소년 스마트폰중독 자가진단척도)를 활용한 미디어 이용습관 진단조사를 통해 인터넷·스마트폰 과의존 청소년을 조기에 발굴하고 있다.

② 청소년 인터넷·스마트폰 과의존 상담·치유 서비스로 인터넷·스마트폰 과의존 위험 수준별 개인상담, 집단상담, 부모교육 및 치료협력병원 연계를 통한 치료비 지원 등의 서비스를 제공하고 있다.

③ 청소년 인터넷·스마트폰 기숙치유 프로그램으로 인터넷·스마트폰 과의존 청소년의 연령에 따라 인터넷과 단절된 환경에서 11박 12일 동안 상담과 다양한 체험 및 대안 활동을 통해 인터넷·스마트폰 과의존을 극복하도록 지원하는 인터넷·스마트폰 치유캠프와 가족치유캠프를 운영하고 있다.

④ 이 밖에 청소년 인터넷·스마트폰과의존 대응을 위한 상담전문인력을 양성하고 있다.

7) 청소년복지시설

「청소년복지 지원법」 제31조에서는 청소년복지시설의 종류를 청소년쉼터, 청소년자립지원관, 청소년치료재활센터, 청소년회복지원시설로 구분하고 있다.

(1) 청소년쉼터

「청소년복지 지원법」에서는 가출청소년의 일시적인 생활지원과 선도, 가정·사회로의 복귀를 지원하기 위해 국가 및 지방자치단체가 청소년쉼터를 설치·운영하도록 명시하고 있다. 따라서 청소년쉼터는 다양한 원인으로 인해 가정의 도움을 받지 못하고 있는 가출청소년들을 위한 생활보호시설로, 의식주 제공 등 대체가정의 역할부터 필요로 하는 서비스를 맞춤형으로 제공하는 가출청소년 특화시설이다.

청소년쉼터의 주요 기능으로는 가출청소년의 일시보호 및 숙식 제공, 가출청소년의 상담·선도·수련활동, 가출청소년의 학업 및 직업훈련 지원활동, 청소년의 가출 예방을 위한 거리상담지원활동, 그 밖에 청소년복지지원에 관한 활동 등이 있다. 청소년쉼터는 9~24세의 청소년들을 입소대상으로 하고 있으나, 실질적으로 미성년자 청소년(9~18세)이 1순위이

그림 5-8 학교 밖 청소년 발굴 연계 체계

출처: 여성가족부(2024). 2024년 청소년사업 안내.

며, 19~24세 청소년은 2순위로 이용하고 있다. 보호기간은 쉼터유형에 따라 일시쉼터, 단기쉼터, 중장기쉼터로 구분된다.

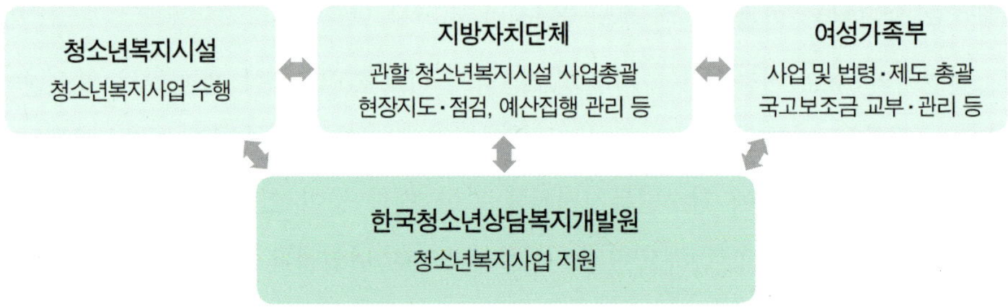

그림 5-9 청소년쉼터 운영지원체계

출처: 한국청소년상담복지개발원(www.kyci.or.kr)

표 5-3 청소년쉼터의 시설 유형

구분	일시쉼터(33개소)	단기쉼터(66개소)	중장기쉼터(39개소)
주요 기능	거리상담, 가출예방, 조기발견·초기개입, 일시보호 및 단기쉼터 연계 등	가정·사회복귀 지원 및 유관시설 연계 등	가정복귀가 어렵거나 특별히 장기간 보호가 필요한 가정 밖 청소년을 대상으로 사회복귀를 위한 학업 및 자립지원
입소기간	24시간~7일 이내 일시	3개월 이내 단기보호 * 3개월씩 2회에 한하여 연장 후 특별한 사정이 인정되는 경우 15개월 한도 내에서 추가 연장 가능(최장 24개월)	3년 이내 * 1회 1년에 한하여 연장 가능(최장 4년)
위치	이동형(차량), 고정형(청소년유동지역)	주요 도심별	주택가
지향점	가출 예방, 조기발견, 초기개입	보호, 가정 및 사회복귀	자립지원

출처: 한국청소년상담복지개발원(www.kyci.or.kr)

가출청소년쉼터는 1992년 최초로 서울 YMCA에 청소년쉼터를 설치·지원하였으며, 1996년 이후 광역시를 중심으로 늘어나기 시작하여 국가와 지방자치단체의 지원을 통해 전국에 총 138개소(2023년)의 쉼터를 운영 중이다.

(2) 청소년자립지원관

청소년자립지원관은 일정 기간 청소년쉼터의 지원을 받았음에도 불구하고 가정·학교·사회로 복귀하여 생활할 수 없는 청소년에게 자립하여 생활할 수 있는 능력과 여건을 갖추도록 지원하는 시설로서, 2012년도 「청소년복지 지원법」 전부개정에 따라 청소년복지시설의 한 유형으로 법적 근거가 마련되었다(「청소년복지 지원법」 제31조). 2017년 기준 인천광역시에서 2개소를 운영하고 있으며, 2018년부터는 서울 및 경기에 각각 1개소가 신규 개소하여 총 4개소에 국비 및 지방비를 지원하고 있으며, 2019년에는 2개 증가한 6개소, 2021년에는 9개소, 2023년 기준 전국 13개소가 운영되었으며, 2024년 기준 전국 12개소가 운영 중에 있다.

표 5-4 청소년자립지원관의 시설 유형(2024)

구분	기관명	구분	기관명
1	관악들꽃청소년자립지원관	7	경기남부청소년자립지원관
2	서울시립청소년자립지원관	8	경기북부청소년자립지원관십대지기
3	천안청소년자립지원관	9	성남시청소년자립지원관
4	대구청소년자립지원관	10	부산시청소년자립지원관
5	인천청소년자립지원관별바라기	11	대전청소년자립지원관
6	인천청소년자립지원관행복자리	12	제주청소년자립지원관

출처: 한국청소년상담복지개발원(www.kyci.or.kr)

(3) 청소년회복지원시설

청소년회복지원시설은 「소년법」 보호처분(제32조제1항제1호 '보호자 감호 위탁')을 받은 청소년을 감호 위탁 기간 동안 보호하면서 상담·주거·학업·자립 등을 지원하는 시설로서, 2016년 11월 「청소년복지 지원법」 개정에 따라 청소년복지시설의 한 유형으로 법적 근거가 마련되었다(「청소년복지 지원법」 제31조). 그동안은 민간 차원(일명 '청소년회복센터')에서 시설이 운영되어 왔는데, 법적 근거의 마련을 통해 해당 청소년을 위한 체계적인 서비스 제공 여건이 갖추어졌다.

청소년회복지원시설의 주요 기능은 「소년법」 보호처분 청소년에게 가정과 같은 환경을 제공하여 생활지원, 심리지원, 학업·진로 등 서비스 지원을 통해, 보호 청소년들의 재범 방지 및 건강한 성장을 지원하는 것이며, 법적 근거 마련을 토대로(2023년 기준 전국에 17개의 시설이 갖추어져 있으며) 향후 시설 운영을 확대해 나갈 방침이다.

「소년법」 보호처분

제32조(보호처분의 결정) ① 소년부 판사는 심리 결과 보호처분을 할 필요가 있다고 인정하면 결정으로써 다음 각 호의 어느 하나에 해당하는 처분을 하여야 한다.

1. 보호자 또는 보호자를 대신하여 소년을 보호할 수 있는 자에게 감호 위탁
2. 수강명령
3. 사회봉사명령
4. 보호관찰관의 단기(短期) 보호관찰
5. 보호관찰관의 장기(長期) 보호관찰
6. 「아동복지법」에 따른 아동복지시설이나 그 밖의 소년보호시설에 감호 위탁
7. 병원, 요양소 또는 「보호소년 등의 처우에 관한 법률」에 따른 의료재활소년원에 위탁
8. 1개월 이내의 소년원 송치
9. 단기 소년원 송치
10. 장기 소년원 송치

② 다음 각 호 안의 처분 상호 간에는 그 전부 또는 일부를 병합할 수 있다.

1. 제1항제1호·제2호·제3호·제4호 처분
2. 제1항제1호·제2호·제3호·제5호 처분
3. 제1항제4호·제6호 처분
4. 제1항제5호·제6호 처분
5. 제1항제5호·제8호 처분

③ 제1항제3호의 처분은 14세 이상의 소년에게만 할 수 있다.

④ 제1항제2호 및 제10호의 처분은 12세 이상의 소년에게만 할 수 있다.

⑤ 제1항 각 호의 어느 하나에 해당하는 처분을 한 경우 소년부는 소년을 인도하면서 소년의 교정에 필요한 참고자료를 위탁받는 자나 처분을 집행하는 자에게 넘겨야 한다.

⑥ 소년의 보호처분은 그 소년의 장래 신상에 어떠한 영향도 미치지 아니한다.

출처: 「소년법」 제32조

함께 풀어 봅시다

1 청소년복지정책에 국가가 관심을 두는 이유로 옳지 않은 것은?

① 인구학적 측면에서 볼 때 청소년 인구가 한국 사회구성원의 1/3을 차지하고 있다.

② 인적 자원의 개발을 통해서 국가 경쟁력을 확보해야 한다.

③ 인생주기의 발달 측면에서 청소년기가 단기화되었기 때문이다.

④ 국가경쟁력 확보를 위해서 우리 사회의 차세대 주역이 될 청소년을 어떻게 육성하느냐가 중요한 관건이다.

정답 ③

해설 과거와 달리 청소년기가 장기화되면서 청소년 인구의 관심, 이해, 요구가 사회의 모든 부분에서 중요하게 인식되면서 정책 또한 확대 반영하고 있다.

2 청소년 관련 모든 문제에 대해 365일 24시간 원스톱 서비스 제공을 목적으로 운영되는 전화번호는 무엇인가?

① 1366

② 1388

③ 119

④ 117

정답 ②

해설 청소년전화 '1388'은 청소년은 물론 학부모, 교사 등 일반 국민 누구나 청소년을 위하여 이용하는 전화로서 청소년 상담, 긴급구조, 자원봉사 및 수련활동 정보 제공, 인터넷 중독치료 등 청소년 관련 모든 문제에 대해 365일 24시간 원스톱으로 서비스를 제공하고 있다.

3 위기청소년들에 대한 대책 마련에 대한 설명으로 옳지 않은 것은?

① 공공자원에 의존해 온 위기청소년 보호 체계를 민간에게 이양한다.

② 위기청소년 보호·복지시설 재구조화 및 내실화이다.

③ 위기청소년을 빠짐없이 발견·지원할 수 있도록 관계기관 협력을 강화해야 한다.

④ 고위기청소년을 위한 특화 프로그램을 확대 지원하도록 한다.

정답 ①

해설 지역 내 위기청소년을 민간자원에만 의존해 온 것을 공공성을 강화시킴으로써, 위기청소년 지원기관 간 분절적으로 운영되고 있는 시스템을 통합하고, 고도화하여 체계적 공공서비스 지원 기반을 마련해야 한다.

4 청소년복지서비스로 특별지원의 종류에 따른 내용이 틀린 것은?

① 의식주 등 기초생계비와 숙식 제공 등의 비용은 월 50만 원 이내이다.

② 자립지원은 월 36만 원 이내이다.

③ 활동지원은 운영위원회가 예산의 범위 안에서 필요하다고 인정한 금액을 지원한다.

④ 폭력·학대 피해청소년 대상 법률 상담 및 소송비용 지원은 연 350만 원 이내이다.

정답 ③

해설 활동지원은 운영위원회가 필요하다고 인정하는 활동비용 지원으로 월 10만 원 이내이며, 그 밖의 지원에서 운영위원회가 예산의 범위 안에서 필요하다고 인정한 금액을 지원한다.

5 「청소년 기본법」과 「청소년복지 지원법」에 근거하여 청소년이 있는 현장에 찾아가서 청소년에게 필요한 지원을 직접 연계하는 것은 무엇인가?

① 청소년동반자

② 학교 밖 청소년지원센터

③ 지역사회 청소년통합지원체계

④ 청소년상담복지센터

정답 ①

해설 청소년동반자 프로그램은 9~24세까지의 청소년에 대해 심각한 문제를 보이고 있으나 변화에 대한 가능성이 높은 중학생과 고등학생이 주 서비스 대상으로 청소년에게 필요한 지원을 직접 연계함으로써 정상적으로 사회에 복귀하여 성공적인 삶을 유지할 수 있도록 지원한다.

chapter 6

청소년복지의 행정적 접근

01 청소년복지행정

1) 청소년복지행정의 정의와 이념

(1) 청소년복지행정의 정의

청소년복지행정은 사회복지행정(social welfare administration)의 하위체계로, 시기별, 지역별, 연구자별로 다양하게 정의된다. 협의의 개념으로 정의하면 사회사업기관이나 시설이 서비스 대상자에게 복지서비스를 제공하기 위해 필요한 정책의 결정, 기록의 보고 및 정리, 회계 등을 의미한다. 광의적 개념으로는 사회복지행정의 협의적 개념에 더하여 사회복지행정 조직의 전 구성원 활동까지를 포함하는 개념이라고 할 수 있다. 따라서 청소년복지행정은 청소년복지와 관련된 법과 정책의 집행이라는 개념으로 이해할 수 있다. 즉, 청소년복지행정은 법에 기반하고 조직을 통한 서비스의 전달과정을 포함하며, 궁극적으로 정책이 의도하는 바를 효과적이고 효율적으로 달성하는 것을 목적으로 한다.

청소년복지행정은 청소년복지정책을 복지서비스로 전환하여 청소년에게 전달하는 데 필요한 청소년복지 관련 조직의 총체적인 활동이다. 따라서 청소년복지정책이 정하고 있는 내용을 보다 구체적인 복지서비스로 전환시키고, 인적·물적 자원을 효율적으로 동원하고 활용하여 청소년들에게 전달하는 수단적인 성격을 갖는다.

(2) 청소년복지행정의 이념

청소년복지행정 또한 행정학적 접근을 취하기 때문에 일반 행정학에서 제시하고 있는 행정의 보편적 이념인 합법성, 효율성, 효과성, 형평성에 대해 살펴보면 다음과 같다.

① 합법성(legality)

청소년복지행정 과정은 관련 법률 및 제도 등에 의거하여 추진되어야 하며, 관련 법률들의 이념이나 취지를 적극적으로 실현해야 한다. 그러므로 청소년복지행정은 하나의 전문화된 활동이며 사회의 규범적 가치를 실현하는 과정이므로, 합목적성과 담당자의 자율적 재량권 등이 강조된다.

② 효율성(efficiency)

19세기 후반부터 경영 및 행정활동에 과학적 관리론이 대두되면서 효율성 이념이 강조되었다. 효율이란 최소의 비용으로 최대의 효과를 거두려는 것으로, 투입 대비 산출의 성과를 극대화시킨다는 의미이다. 제한된 자원을 가지고 행정목표를 최대한 성취하고자 하는 경제적인 개념이다. 효율성은 기계론적 효율성뿐만 아니라 사회적 효율성의 의미도 동시에 지니고 있다. 청소년복지행정에서는 사회적인 효율성 의미가 더 중요시된다.

사회적인 효율성

- 인간의 만족도를 먼저 고려한 후에 효율성을 강조한다.
- 투입과 산출의 비율로 효율성을 평가하지만 그 평가를 상대적인 것으로 받아들인다.
- 단기적인 측면보다는 장기적인 측면에서 효율성을 더 강조한다.

결국, 청소년복지행정 활동이 제한된 자원으로 가장 필요한 복지 대상자에게 최적의 서비스를 제공해야 한다는 원칙을 고려한다면, 청소년복지행정에서 효율성의 이념은 중요할 수밖에 없다.

③ 효과성(effectiveness)

효과성은 목적과 수단에 따라 산출된 결과가 원래 목적했던 것을 어느 정도 달성했는가에 대한 목표달성의 정도(degree of goal achievement)를 의미한다. 즉, 성취도를 의미하는 사회학적 개념이다. 효율성과 효과성의 의미는 서로 병행하기도 하지만 항상 일치하는 것은 아니다. 특히 효과성은 청소년복지기관의 목표가 명확하게 설정되어 있을 때, 그 달성 여부를 파악할 수 있는 척도이기도 하다.

④ 형평성(equity)

형평성은 적극적인 분배의 평등관을 함축하는 이념으로, 최근 일반 행정학의 영역에서 강조되고 있다. 특히 청소년복지행정은 사회적·경제적 환경이 열악한 계층에게 보다 양질의 풍부한 행정서비스를 제공하는 것이다. 형평성은 다른 이념들에 비해 청소년복지행정에서 상대적으로 더 강조된다. 빈곤, 질병, 실업 등과 같은 문제를 해결하는 과정에서 청소년계층과 같이 소수집단의 이익을 고려하여 복지행정 서비스를 실행하는 것이 형평성의 이념을 구현하는 것이다.

2) 청소년복지행정의 원칙과 자세

(1) 청소년행정의 원칙

청소년육성을 위한 행동방침이 청소년정책이고 공적 조직활동이 청소년행정이라고 할 때, 청소년들에게 적절한 서비스를 제공하기 위해 정부부처나 지방자치단체 및 각종 청소년단체와 관련 기관들이 수행해야 하는 다양한 업무와 기능을 효과적이고 효율적으로 달성하는 데 고려되어야 할 요소들은 다음과 같다(이소희 외, 2005; 이용복 2002).

① 전문성(specialization)

청소년 업무의 독특성은 청소년 관련 전문가에 의한 업무수행의 필요성이 강력히 제기되는 것이다. 여기서 전문가는 자격요건이 객관적으로 인정된 사람(사회복지사, 청소년지도사, 청소년상담사, 학교사회복지사 등)이며, 자신의 전문적 업무에 대한 권위와 자율적 책임을 지닌 사람이어야 한다. 업무의 성격상 전문성을 필요로 하는 것은 준전문가(para-professional)가 담당하고 비숙련업무 및 일반 행정업무는 비전문가(non-professional) 또는 경우에 따라서는 자원봉사자가 담당하도록 되어 있다. 사회복지서비스의 효과성과 효율성을 위해서는 이러한 원칙은 반드시 지켜져야 한다.

② 체계적 기능분담성(systematic function distribution)

청소년 관련 기관들과 공공기관은 그들이 속하는 전체 행정조직상의 위치에 따라 수행하는 역할과 기능에서 뚜렷한 차이를 지니고 있다. 따라서 주무부서인 중앙부처와 중간 조직의 성격을 갖는 광역자치단체와 지방자치단체, 청소년 관련 기관에서의 각각의 기능과 역할, 서비스가 서로 조화를 이룰 수 있도록 조정하고 관리해야 한다.

③ 책임성(accountability)

청소년행정이 공공성을 갖고 개개인의 청소년에게 충분하고 효과적인 서비스가 제공되도록 하기 위해서는 그 행정체계를 조직·구성하는 모든 구성요소가 일정한 책임하에 해당 업무를 맡겨야 한다. 책임성의 영역에서는 전달체계의 임무 수행과정이 투명하게 드러나고 의사결정이 민주적으로 이루어지는 풍토가 매우 중요하다. 책임성의 문제는 조직의 구조적 특성과 기능은 물론, 조직에서 일하는 인력에 대한 신뢰 또한 중요한 요소가 된다.

④ 통합 조정성(coordination)

청소년에 대한 서비스는 한 청소년에게 한 종류의 서비스를 제공하면 욕구가 충족되거나 문제가 해결되는 것이 아니므로 다양한 서비스가 복합적이면서 지속적으로 제공되어야 한다. 따라서 자원의 낭비와 불평등한 배분을 방지하고 청소년에게 보다 효과적인 서비스를 제공하기 위해서는 다양한 서비스를 통합하여 조정할 수 있도록 상호협조 및 조정하고 기획하는 행정체계를 구축해야 한다.

⑤ 지역사회 참여성(community participation)

청소년의 문제와 요구는 공적 정책과 서비스나 정보제공만으로 해결될 수는 없다. 따라서 해당 지역사회 전체의 참여와 협조가 있어야 청소년 문제의 해소와 적절한 서비스의 제공 효과도 기대할 수 있다. 따라서 지역사회 중심의 청소년 통합지원을 강화시켜야 한다.

⑥ 조사 및 연구의 원칙

청소년에게 보다 적절하고 의미 있는 정보와 서비스를 제공하기 위해서는 무엇보다 청소년에 대한 각종 기초정보의 조사와 연구가 절실히 요청된다. 청소년의 요구를 파악하여 적용하고, 행정체계를 효율적으로 운영하고 관리하기 위해서는 연구기능의 구축이 필요하다. 따라서 조사나 연구할 수 있는 기관을 편재해야 한다. 또한 연구기관을 연계할 수 있는 기능을 가져야 할 것이다.

(2) 청소년서비스 제공의 원칙

청소년의 요구에 맞는 서비스를 창출하거나 청소년을 직접 대면하여 필요한 서비스를 제공하는 데 고려되거나 지켜야 할 원칙들은 다음과 같다(Gates, 1980; Gilbert & Specht, 1986).

① 평등성(equality)

평등성의 원칙은 모든 청소년은 자신이 필요로 하는 서비스와 정보를 제공받을 수 있어야 한다는 것이다. 「청소년 기본법」 제5조에는 청소년은 인종·종교·성별·나이·학력·신체조건 등에 따른 어떠한 종류의 차별도 받지 아니하며, 외부적 영향에 구애받지 아니하면서 자기 의사를 자유롭게 밝히고 스스로 결정할 권리를 가지며, 안전하고 쾌적한 환경에서 자기발전을 추구하고 정신적·신체적 건강을 해치거나 해칠 우려가 있는 모든 형태의 환경으로부터 보호받을 권리를 가진다고 규정하고 있다. 이와 같이 청소년은 그 권리와 책임에 근거하여 어떠한 차별이나 부당한 대우를 받지 않고 평등하게 각종 서비스와 정보를 제공받을 수 있어야 한다.

② 포괄성(comprehensiveness)

포괄성은 성장하는 청소년의 요구에 따라 다양하고 광범위한 수준에 걸쳐 서비스를 제공해야 한다는 원칙이다. 청소년행정체계는 청소년의 이러한 다양한 욕구를 파악하고 이를 수렴할 수 있어야 한다. 또한 청소년 문제와 욕구를 사전에 파악함으로써 예방적 측면에서도 서비스를 제공하고 지도해야 한다. 그뿐만 아니라 청소년 문제나 상황에 대처하고 극복할 수 있도록 도와주고 지도하는 치료적 서비스가 균형을 이루어 광범위한 서비스가 제공되어야 한다.

③ 적절성(appropriateness)

청소년에 대한 서비스의 양과 질의 정도는 다른 모든 서비스와 마찬가지로 청소년들의 요구와 필요, 발달단계를 고려한 성장속도에 따라서도 적절하게 배분되고 제공되어야 한다. 그러나 적절성의 원칙은 재정적 형편을 고려해 보면 제대로 수행하기 어려운 경우가 많고, 그 적절성의 수준을 유지시켜 나가는 데에도 현실적인 어려움이 있다.

④ 지속성(continuity)

지속성이란 청소년에게 필요한 서비스를 문제가 해결되는 일정 기간 동안 계속적으로 제공하는 것을 말한다. 청소년사업은 교육행위와 마찬가지로 단기간에 걸친 한정된 시행으로 그 효과를 기대하기 어렵다. 청소년 문제는 특성상 단기간에 해결되는 문제도 있지만, 어느 정도 시간을 두고 해결해야 하는 문제가 많기 때문에 전달체계의 지속성이 중요하다. 특히 청소년은 아동과 성인기 사이에 있기에 발달단계를 이해하고 지속성의 원칙이 적용될 수 있도록 같은 조직 내의 서비스 프로그램 간의 상호협력이 유기적으로 이루어져야 한다. 또한 지역사회 내의 사회복지서비스 조직 간에도 유기적인 연대가 잘 이루어져야 한다.

(3) 청소년복지행정가의 자세

청소년복지행정은 역동적 성격을 가지고 복지서비스의 주체인 청소년 개인의 행동뿐만 아니라, 청소년집단과 나아가 청소년을 둘러싼 지역사회 및 환경을 변화시키는 데 목적을 둔다. 청소년복지행정가는 중앙정부나 지방자치단체를 비롯한 각종의 청소년 관련 복지기관에서 청소년에게 적절한 복지서비스를 제공하기 위해 다양한 업무와 기능을 수행한다.

이때 청소년복지행정가의 업무와 기능수행 시 고려할 원칙은 다음과 같다. 첫째, 청소년복지기관의 목적에 기반을 둔 임무를 명확하게 이해해야 한다. 둘째, 윤리적 기준에 따라 활동을 수행해야 한다. 셋째, 상황에 따라 탄력적으로 리더십을 발휘할 수 있어야 한다. 넷째, 효과성과 효율성을 모두 고려해야 한다. 다섯째, 청소년의 복지 욕구와 필요를 확인하고 분석할 수 있는 전문능력을 갖추어야 한다.

청소년복지행정가의 자세는, 첫째, 수용적이고 관심 있는 태도를 지녀야 한다. 청소년복지행정가는 기관의 구성원과 클라이언트뿐만 아니라, 자신의 직무와 관련한 지역사회의 타 전문직 종사자를 있는 그대로 수용하는 태도를 가져야 한다. 둘째, 창의적이고 민주적인 자세를 지녀야 한다. 청소년복지행정가는 복지기관의 서비스 질을 향상시키고 직원들 간의 긍정적 관계를 향상시킬 수 있도록, 직원들이 창의적인 정책, 방법, 절차들을 주도적으로 제안하도록 지원해야 한다. 셋째, 직원을 신뢰하고 인정해주어야 한다. 청소년복지행정가는 직원이 제시하는 의견과 자료가 부족하더라도 즉각적인 비판을 삼가는 것이 바람직하다.

02 청소년복지행정 전달체계

1) 공공전달체계

(1) 여성가족부 청소년가족정책실

청소년 업무를 전담하는 최초의 정부조직은 청소년 관련 최초의 종합법률인 「청소년육성법」이 시행된 1988년 당시 체육부에 설치된 청소년국이다. 이후 체육부의 청소년국은 1991년 청소년정책조정실로 확대·개편되었고, 1993년 3월에는 정부조직의 통합에 따라 문화체육부 청소년정책실로 변화되었다. 이후 1997년 3월, 늘어나는 유해환경으로부터 청소년을 보호하기 위하여 청소년유해매체물·유해약물에 대한 유통 규제와 단속, 유해업소의 청소년 출입·고용금지를 주요 내용으로 하는 「청소년 보호법」이 제정되었고, 이를 시행할 청소년보호위원회가 1997년 7월 문화체육부에 설치되었다.

청소년 행정조직은 다시 1998년 2월 정부의 조직개편에 따라 청소년정책실이 청소년국으로 변화되어 문화관광부에 존치되었고, 청소년보호위원회는 국무총리실 소속으로 변경되어 활동하였다. 이렇게 이원화된 청소년 중앙행정조직은 행정기관 분리에 따라 체계적·종합적 정책수행이 곤란하였고, 새로운 정책 환경 변화에 능동적으로 대처하기 위한 대응

능력이 미비하였다. 또한 각 부처에 산재한 청소년정책의 총괄·조정 역할을 시행하기가 어려웠다. 이러한 문제점들을 해결하기 위해 2004년 12월 17일 정부혁신지방분권위원회는 정부의 청소년정책 기능(육성 및 보호)을 통합하는 방안으로 국무총리 소속하에 '청소년위원회' 설치방안을 확정·발표하였다.

2004년 12월 20일 '청소년위원회' 설립 추진단을 구성·운영하였으며, 2005년 3월 24일에는 합의제 행정기관인 '청소년위원회' 설치를 위한 관계 법률(「청소년 기본법」, 「청소년 보호법」, 「정부조직법」)을 개정·공포하였다. 또한 2005년 4월 11일 국무회의 의결을 거쳐 청소년위원회 직제를 제정, '청소년위원회'를 공포하였다. 이러한 과정을 거쳐 2005년 4월 27일 국무총리 소속하의 '청소년위원회'가 발족되었으며 이후 「청소년 기본법」 개정에 따라 2006년 3월 30일 '국가청소년위원회'로 그 명칭을 변경하였다.

2008년 3월 이명박 정부의 조직개편에 따라 종전 보건복지부 아동정책, 여성부의 보육정책국과 청소년위원회의 청소년정책을 통합하여 보건복지가족부 아동청소년정책실로 개편되었다. 이와 함께 2008년 2월 29일 유연하고 창의적으로 일하는 정부를 구축하기 위하여 정부기능을 효율적으로 재배치하는 내용으로 「정부조직법」을 개정하였다. 이에 따라 여성가족부가 수행했던 가족 및 보육정책 기능은 보건복지가족부로 이관되었고, 여성가족부는 여성정책의 조정·종합, 여성의 권익증진 등 지위향상 기능을 수행할 수 있도록 개편되었다.

2010년 1월 18일 가족해체 및 다문화가족 등 현 사안에 적극 대응하기 위하여 보건복지가족부의 청소년 및 다문화가족을 포함한 가족기능을 여성가족부로 이관하는 내용의 「정부조직법」의 개정으로 '여성부'가 '여성가족부'로 개편되어 가족정책 및 청소년 육성, 보호기능 등을 수행하고 있다(그림 6-1).

현재 우리나라 청소년복지의 공공행정체계는 청소년정책 주관부처인 여성가족부와 시·도 및 시·군·구 그리고 일선의 전담공무원을 의미한다. 이와 함께 여성가족부 산하기관인 청소년복지개발원과 청소년활동진흥원이 청소년복지사업을 일부 담당하고 있다. 여성가족부의 청소년정책 담당 부서와 그 주요 업무는 〈표 6-1〉과 같다. 현재 여성가족부의 청소년정책 담당 부서는 청소년정책과, 청소년활동진흥과, 청소년활동안전과, 청소년자립지원과, 학교밖청소년지원과, 청소년보호환경과 등이다.

시기	담당기구	주요 기능
'85.2.~'88.6.	청소년대책위원회 (국무총리실 청소년정책심의관)	• 청소년 선도·지도·육성·보호에 관한 종합기획 시도, 문제 청소년 중심 소극적 행정
'88.6.~'90.9.	체육부 청소년국	• 청소년 보호·육성·선도·지원에 관한 조정·총괄 시도
'90.9.~'93.3.	체육청소년부 청소년정책조정실	• 선도·지도·보호·육성·교정·지원 등을 청소년 육성으로 개념 및 내용 정립 • 「청소년 기본법」 제정('91.12.31.)
'93.3.~'98.2.	문화체육부 청소년정책실 *청소년보호위원회설치(97.7.)	• 제1차 청소년육성 5개년계획 수립('93.9.) • 청소년육성 중 청소년보호업무 별도 설정 • 「청소년보호법」 제정('97.3.7.)
'98.2.~'05.4.	문화관광부 청소년국 +국무총리실 청소년보호위원회	• 제2차 청소년육성 5개년계획 수립('98.7.) • 청보위 총리실 소속으로 분리('98.2.28.) • 제3차 청소년육성기본계획 수립('03.12.)
'05.4.~'08.2.	(국가)청소년위원회	• 문화관광부 청소년국과 청보위 통합, 국무총리실 소속의 청소년위원회 설치('05.4.27.) • 국가청소년위원회로 명칭 변경('06.3.30.)
'08.3.~'10.3.	보건복지가족부 아동청소년가족정책실	• 국가청소년위원회 청소년정책과 보건복지부 아동정책 통합 • 제4차 청소년육성기본계획 수립('08.12.)
'10.3.~	여성가족부 청소년가족정책실 청소년정책관	• 보건복지가족부의 청소년 업무 여성가족부로 이관 • 제4차 청소년육성기본계획 수정('10.11.) • 제5차 청소년육성기본계획 수립('12.12.) • 「학교 밖 청소년 지원에 관한 법률」 제정('14.5.28.) • 학교밖청소년지원과 신설('15.2.26.) • 제6차 청소년육성기본계획 수립('18.3.)

그림 6-1 청소년정책담당 기구의 연혁

출처: 여성가족부(2024). 2024년 청소년사업 안내.

표 6-1 여성가족부 청소년 담당 부서 및 주요 업무

담당과	주요 업무
청소년정책과	청소년정책 총괄·조정, 청소년정책 기반 확대, 청소년정책 분석평가, 청소년정책 개발 및 제도 개선, 청소년 권리증진, 청소년 참여 확대, 청소년 관련 행사 등
청소년활동진흥과	청소년활동프로그램 지원, 청소년 국제교류, 청소년지도사 자격검정 및 연수 운영, 청소년수련시설위원회 운영 지원 등
청소년활동안전과	청소년수련활동 안전정책 총괄, 청소년수련활동 안전 관련 법령 및 제도 운영, 국립청소년수련시설 확충, 국립수련원 운영·관리, 청소년수련시설 종합안전점검 및 평가 실시 등
청소년자립지원과	청소년 복지정책 총괄, 위기청소년 사회안전망·상담·통합지원, 가정 밖 청소년 보호지원 등
학교밖청소년지원과	학교 밖 청소년 지원을 위한 정책의 기획·종합, 학교밖청소년지원센터 운영 등
청소년보호환경과	청소년보호정책 총괄, 청소년 유해업소·약물 등 유해환경개선계획 수립·시행, 청소년유해매체환경 개선, 청소년 보호를 위한 감시단 점검·계도, 청소년 인터넷·스마트폰 과의존 등 디지털미디어 역기능 해소 등

출처: 여성가족부(2024). 2024년 청소년사업 안내.

(2) 청소년 관련 시·도 행정조직

보건복지부, 여성가족부, 국가청소년위원회로 구분되어 추진되던 아동·보육·청소년정책은 보건복지가족부로 통합되어 추진되어 오다가 2010년 1월에 청소년정책이 여성가족부로 이관되었다. 17개 시·도의 청소년 관련 행정은 여러 부서에서 추진되고 있으며, 지방청소년육성위원회 설치 운영 및 시·도 청소년 업무 총괄 기능을 수행함으로써 중앙정부와의 청소년 업무 연계 및 추진체계를 구축하고 있다.

(3) 지방청소년육성위원회

「청소년 기본법」 제11조에 따르면 청소년육성에 관한 지방자치단체의 주요 시책을 심의하기 위하여 특별시장·광역시장·특별자치시장·도지사·특별자치도지사 및 시장·군수·구청장(자치구의 구청장에 한함)의 소속하에 지방청소년육성위원회를 두도록 되어 있다. 지방청소년육성위원회의 구성, 조직, 그 밖의 운영에 관하여 필요한 사항은 조례로 정하도록 되어 있다. 또한, 제6차 청소년정책기본계획 정책과제 중 세부추진과제로 '지역·현장 중심의 청

소년정책 활성화'를 추진하고 있으며, 앞으로도 청소년의 건강한 성장환경 조성을 위해 지방청소년육성위원회 위상을 강화할 예정이다.

위원회의 성격은 각 시·도별로 상이한데 부산, 대구, 인천, 광주, 대전, 전북, 제주는 심의기구로 운영되고 있고, 울산, 세종, 충북, 충남, 경북, 경남은 자문기구로 운영되고 있으며, 서울, 강원, 경기, 전남은 자문기구와 심의기구의 역할을 겸하고 있다(표 6-2).

표 6-2 지방청소년육성위원회의 성격

구분	지방청소년육성위원회 성격	구분	지방청소년육성위원회 성격
서울	심의/자문	강원	심의/자문
부산	심의	충북	자문
대구	심의	충남	자문
인천	심의(심사)	전북	심의
광주	심의	전남	심의/자문
대전	심의	경북	자문
울산	자문	경남	자문
세종	자문	제주	심의
경기	심의·의결/자문		

출처: 여성가족부(2020b). 2020년 청소년백서.

(4) 정부 산하기관

2021년 여성가족부의 공공전달체계를 통해 시행하는 정책의 주요 사업 현황을 살펴보면 다음과 같다(여성가족부, 2021g).

① 한국청소년활동진흥원

'한국청소년활동진흥원(Korea Youth Work Agency: KYWA)'은 「청소년활동 진흥법」 제6조에 의해 청소년활동 현장과 정책을 총괄 지원하여 청소년육성을 지원하고자 설립된 공공기관이다(그림 6-2).

한국청소년활동진흥원이 수행하고 있는 주요 정책지원 사업으로는 청소년활동프로그램을 인증하고 그 기록을 유지·관리·제공하는 '청소년수련활동인증제', 청소년자원봉사활동의 지원과 기록 관리, 청소년들이 신체단련·자기개발·자원봉사·탐험활동을 지속적으로 고르게 수행하여 꿈과 끼를 계발할 수 있도록 하는 '국제청소년 성취포상제', 수련시설 종합 안전점검 지원 및 안전 관련 컨설팅 홍보, 그리고 국내·외 청소년 및 청소년지도자의 글로벌 역량강화를 위한 교류활동의 진흥 및 지원 사업 등이 있다. 이와 함께 청소년활동 활성화의 근간이 되는 국립청소년수련시설의 운영과 청소년지도자 양성 및 전문성 제고를 주된 기능으로 하고 있다.

한국청소년활동진흥원은 국가가 설치하는 수련시설에 대한 유지·관리 및 운영을 담당한다. 2024년 기준 국립중앙청소년수련원(충남 천안), 국립평창청소년수련원(강원 평창), 국립청소년우주센터(전남 고흥), 국립청소년농생명센터(전북 김제), 국립청소년해양센터(경북 영덕), 국립청소년미래환경센터(경북 봉화), 국립청소년생태센터(부산 사하구 2024년 개원 예정) 총 7개소 국립청소년수련시설을 각 원별 특성을 살려 운영하고 있다.

또한, 청소년지도자 양성과 관련하여 국가 자격증인 청소년지도사(1급, 2급, 3급) 자격 부여를 위한 자격연수와 함께 현직 청소년지도사에 대한 보수교육을 운영하고, 청소년지도사 자격관리 업무를 전담하고 있으며, 이와 함께 다양한 전문연수를 개설하고 운영함으로써 청소년지도를 위한 전문인력 양성 및 전문성 함양을 목표로 한 전문 연수기관으로서의 기능을 수행하고 있다.

한국청소년활동진흥원은 다양하고 창의적인 청소년체험활동을 진흥시켜 청소년의 잠재역량 계발과 인격형성을 도모하고 안전하고 신뢰받는 청소년활동을 조성하고, 수련·참여·교류·권리증진활동을 종합적으로 지원함으로써 궁극적으로 청소년의 삶의 질 향상에 기여하고 있다. 또한, 청소년들이 다양한 체험활동을 통해 건강하게 성장하며 자신의 꿈과 열정을 펼칠 수 있는 역량을 키워 나가는 데 이바지하고 있다.

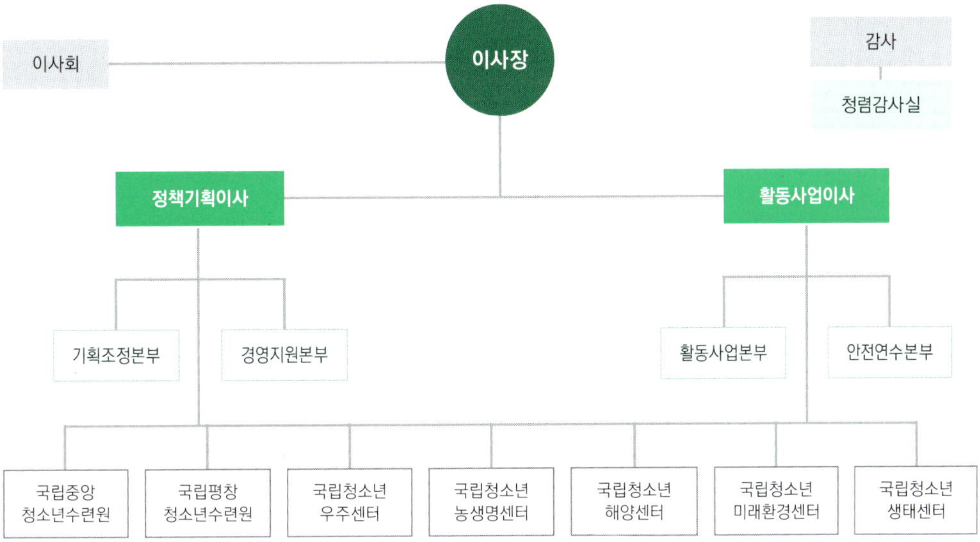

그림 6-2 한국청소년활동진흥원 조직(2024)

출처: 한국청소년활동진흥원(www.kywa.or.kr)

② 한국청소년상담복지개발원

'한국청소년상담복지개발원(Korea Youth Counseling & Welfare Institute: KYCI)'은 「청소년복지 지원법」 제22조에 의해 설립된 여성가족부 산하 공공기관이다(그림 6-3).

한국청소년상담복지개발원의 주요 기능으로는 지자체가 설치·운영하는 청소년상담복지센터를 중심으로 한 지역사회 청소년통합지원체계(CYS-Net) 관계자 회의, 지도·지원 등을 실시하고, 종합정보망을 운영하고 있으며, 사회적 이슈가 되는 청소년 문제들을 분석·연구함으로써 문제 해결과 예방에 도움을 주고 있다. 이를 위해 청소년상담복지 정책에 대한 중장기적 연구를 수행하고, 다양하고 심각해진 청소년 문제를 해결하고 예방하기 위한 맞춤형 프로그램을 개발하여 전국 청소년 유관 기관에 보급·운영하는 등 청소년 상담기법의 연구 및 상담 자료의 제작·보급에 주력하고 있다. 또한, 변화하고 다양화되는 청소년 문제의 적극적인 해결을 위해 「청소년 기본법」에 근거하여 청소년상담의 전문화, 청소년상담자들의 자질 향상을 위한 청소년상담사 국가자격제도를 위탁 운영하여 자격연수 및 보수교육을 담당하고 있다. 이외에도 청소년상담복지 관련 종사자들의 전문성 강화를 위한 직무 연수를 실시하고 있으며 자녀 양육을 위한 부모교육, 친구의 문제해결을 돕는 또래상담자 양성, 건강한 청소년 성장에 목적을 둔 인성 및 품성교육 등을 실시하고 있다.

경제적·환경적 어려움으로 학업을 중단하고 진로를 포기하거나 보호시설 등에 입소된 학교 밖 청소년들을 대상으로 자립의지를 심어주고, 학교복귀, 진로 및 취업을 지원하는 등 학교 밖 청소년 지원사업을 운영하고 있다. 또한, 인터넷·스마트폰을 과다하게 사용하여 건강한 생활이 어려운 청소년들을 위해 인터넷치유캠프(11박 12일, 중고생 대상), 가족치유캠프(2박 3일, 초등생 및 보호자 대상)를 전국 청소년상담복지센터와 연계·지원할 뿐만 아니라 국립청소년인터넷 드림마을을 위탁 운영하여 인터넷·스마트폰 중독 예방·해소사업을 수행하고 있다. 이외에도 정서·행동장애 청소년들의 조화로운 성장을 위하여 상담·치료, 대안교육, 자립지원 등의 장·단기과정을 수행하고 있으며, 청소년들이 쉽게 접근하고 이용할 수 있도록 개인상담·집단상담·심리검사 등의 전문상담과 사이버상담 등 청소년상담 사업을 운영함으로써 청소년들의 건강한 성장을 돕고 있다.

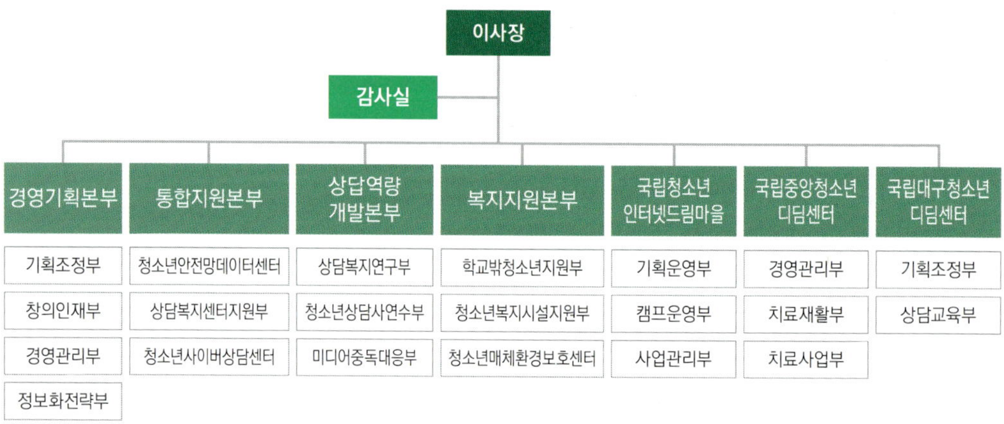

그림 6-3 한국청소년상담복지개발원 조직도

출처: 한국청소년상담복지개발원(www.kyci.or.kr)

한국청소년상담복지개발원의 사업내용

- 청소년 상담 및 복지와 관련된 정책의 연구
- 청소년 상담·복지 사업의 개발 및 운영·지원
- 청소년 상담기법의 개발 및 상담자료의 제작·보급
- 청소년 상담·복지 인력의 양성 및 교육
- 청소년 상담·복지 관련 기관 간의 연계 및 지원
- 지방자치단체 청소년복지지원기관의 청소년 상담·복지 관련 사항에 대한 지도 및 지원
- 청소년 가족에 대한 상담·교육
- 청소년에 관한 상담·복지 정보체계의 구축·운영
- 그 밖에 한국청소년상담복지개발원의 목적을 수행하기 위하여 필요한 부수사업

출처: 한국청소년상담복지개발원(www.kyci.or.kr)

한국청소년상담복지개발원은 청소년의 건강한 성장과 밝은 미래를 위해 다양한 상담복지 사업을 수행함으로써 청소년 및 청소년 가족이 가진 문제를 해소하고 건강한 사회구성원으로 성장할 수 있도록 지원한다.

(5) 청소년육성 전담공무원

공공전달체계의 마지막 단계인 청소년 업무를 담당하는 공무원이다. 청소년육성 전담기구는 청소년육성에 관한 업무를 효율적으로 운영하기 위한 전담기구로, 청소년지도사 또는 청소년상담사의 자격을 가진 자를 청소년육성 전담공무원으로 둘 수 있다고 「청소년 기본법」 제25조에서 규정하고 있다. 하지만 이 규정은 강제규정이 아닌 임의규정이다. 청소년육성이 청소년의 활동·보호·복지의 세 가지 영역을 포괄하고 있지만 현재의 「청소년 기본법」에서는 청소년육성 전담공무원의 자격에 사회복지사는 포함되지 않고 있다는 점에서 분명한 한계가 있으며, 향후 청소년육성 전담공무원 자격에 청소년지도사, 청소년상담사와 함께 사회복지사를 포함시키는 것을 고려하여야 할 것이다.

2) 민간전달체계

민간전달체계는 청소년 사업을 운영하는 기구 및 자발적인 단체와 조직을 의미한다. 따라서 정부 및 지자체의 보조금을 받아 위탁사업을 운영하거나 회원들의 회비 및 후원금으

로 운영되는 경우도 있다. 민간전달체계는 공공전달체계가 갖고 있는 경직된 행정조직 체계에서 벗어나 지역의 여건에 맞는 탄력적인 프로그램 운영이 가능하다는 점에서 장점이 되지만, 재정적 측면에서는 안정적인 재정확보가 어렵다는 점에서는 취약하다는 단점을 가지고 있다. 대표적으로 YMCA, YWCA, 스카우트, 흥사단, 4H클럽 등이 해당된다(김향은 외, 2016; 두산백과 www.doopedia.co.kr).

(1) YMCA(Young Men's Christian Association)

세계적인 기독교 평신도운동 단체로서 1844년 6월 영국 런던의 히치콕로저스 상점의 점원이던 조지 윌리엄스(George Williams)가 12명의 청년들과 함께 산업혁명 직후의 혼란한 사회 속에서 젊은이들의 정신적·영적 상태의 개선을 도모하고자 설립하였다.

한국에서는 1903년 10월 28일 정회원 28명, 준회원 9명으로 황성기독교청년회(서울YMCA의 전신)로 창설되었다. 일제강점기에는 2·8독립선언의 산실로서 독립운동에 큰 영향을 끼쳤다. 1980년대부터 고교Y, 중학Y, 대학Y, 청년Y, 와이즈맨 클럽 등 양적 성장을 이루었다. 그동안 물산장려운동, 계몽운동, 농촌운동, 전쟁구호운동, 청소년운동, 부정부패추방 시민운동, 한강물 되살리기 시민운동 등을 전개해 왔다.

(2) YWCA(Young Women's Christian Association)

세계적인 기독교 여성운동 단체이다. 1855년 영국 런던에서 여성들을 위해 기도하는 프레이어 유니언(Prayer Union)이 조직된 것이 시초이다. 아서 킨나드(Arthur Kinnarrd) 여사를 중심으로 젊은 여성들을 위해 기숙사를 마련하고 직업교육을 시작한 모임과 에마 로버츠(Emma Roberts) 여사를 중심으로 여성들을 위해 기도하는 모임이 연합하여 1877년 영국에서 최초로 YWCA가 설립되었다.

한국은 1922년 조선여자기독교청년회 연합회로 창설되었고, 1924년 세계 YWCA에 가입하였다. 1938년 일본의 탄압으로 일본 YWCA에 강제로 통합당했다가 1941~1946년 활동을 중단하였다. 1945년 8·15광복과 함께 도약적인 발전이 있었고 6·25전쟁 뒤에는 Y-Teen을 분리시켜 학생운동을 활성화시켰다. 1995년 세계 YWCA 100주년대회를 서울특별시에서

치르는 등 국제적으로도 위상을 높였다. 그동안 전쟁과부 돕기, 여성노동자 인권 향상, 가족법 개정, 장애인복지 향상, 아나바다운동, 환경운동, 통일운동 등을 전개해 왔다. 2013년 서울미래유산으로 등재되었다.

(3) 보이스카우트(Boy Scouts)

1906년 20명의 소년을 모아 실험적으로 훈련을 실시한 후 이듬해인 1907년 영국의 R. S. 베이든 파월이 정식으로 발족시켰다. 소년들에게 매력과 위엄을 주기 위하여 군대에서의 척후활동을 도입하였으며, 책임감·모험심·연대의식을 기르고 사회의 척후 역할을 수행한다는 뜻에서 보이스카우트라 명명하였다.

국가별로 자기 나라의 문화적·역사적 배경과 환경에 따라 독자적으로 조직되는 청소년 단체이며, 유능하고 건전한 시민을 육성하는 국가적 운동, 국가와 민족을 초월한 동지애와 형제애로 뭉친 세계적 운동, 인종·계급·종교에 차별을 두지 않는 보편적 운동이라는 기치 아래 행해지는 건전한 청소년육성 사회운동이다.

대자연 속에서 단체생활(캠핑)을 통해 심신을 단련하고 지도력을 배양하며, 스스로 잠재력을 계발하는 인간적인 성장을 지향하며, 훈련과정에서 소년들이 보람을 느낄 수 있도록 진급제도나 기능장제도(특정 기능 습득자에게 기능장을 주는 제도)를 마련하고 있다.

우리나라에서는 1922년 구국 청소년 운동을 목적으로 중앙고보[1]와 배재학교 학생 8명이 창설한 조선소년군과, 비슷한 시기에 발족한 조선소년척후대를 전신으로 시작되었다.

(4) 한국걸스카우트(Girl Scouts of Korea) 연맹

1908년 스카우트를 창설했던 로버트 베이든 포엘(Lord Robert Baden Powell)이 영국에서 한 1910년 걸가이드(Girl Guides) 운동으로, 소녀와 젊은 여성들을 대상으로 하는 국제적인 청소년 사회교육단체이다.

걸스카우트 운동이란 여러 가지 흥미 있는 활동을 통하여 소녀들을 올바른 세계민주시

---

1 현재 중앙고등학교이다. 1908년 개교하였고 서울 종로구에 위치하고 있으며, 1921년 사립중앙고등보통학교(약칭 중앙고보) 명칭을 사용하였다.

민으로 훈련시키며 그들이 정신적으로나 신체적으로 바람직하게 성장해 갈 수 있도록 도와주는 모든 활동을 말한다. 활동목표는 자아개발, 건전한 인간관계, 자연과의 친화, 사회에 대한 기여, 미래에 대한 준비이다.

한국에서는 1946년 5월 의사인 한소제 등 몇몇 여성 지도자들이 모여서 대한소녀단을 창설하여 1951년 8월 사단법인 대한소녀단으로 인가받았다. 1957년 걸스카우트세계연맹에 준회원국으로 가입하였고 1963년 정회원국으로 승인되었다.

(5) 흥사단(Young Korean Academy, 興士團)

1913년 민족의 자주독립과 번영을 위해 도산 안창호 선생이 창립한 민족운동단체이다. 1963년 9월 이후 전국 대학생, 고등학생을 대상으로 하는 아카데미 사업과 금요강좌, 전국순회강연, 월간 「기러기」 간행과 기타 출판사업 등을 통하여 국민정신과 민족혼을 불러일으키는 일에 전념해 왔다. 흥사단의 상징은 기러기인데, 기러기는 민족의 이상, 질서, 단결, 리더십, 청결을 뜻한다. 흥사단의 독특한 의식으로는 단우 상호 간에 거수례와 윤회악수가 있으며, 상호 간의 호칭은 남녀노소를 불문하고 '군(君)'으로 통일하였다.

(6) 4H클럽(4H Club)

19세기 말 미국 경제의 공업화로 도시로의 인구 유입이 급속히 진행되면서 농촌이 공동화하고 농가 경제가 위축되자 교직자와 농촌지도자를 중심으로 농촌 젊은이들 사이에 새로운 각성이 일게 되면서 전역으로 클럽이 확산되었다. 이에 1914년 정부관리와 지역 지도자들에 의해 클럽을 모체로 하여 조직되었다.

4H클럽은 실천을 통하여 배운다는 취지 아래 설립된 세계적인 청소년 단체이다. 4-H 이념을 생활화하여 창의적인 사고와 과학적인 행동양식을 갖추고 친환경적인 체험으로 농심을 함양하여 청소년들을 건전한 미래세대로 키우는 동시에 지역사회와 국가 발전에의 기여를 목적으로 한 실천적 청소년 사회교육운동이다. 4H란 두뇌(Head: 知)·마음(Heart: 德)·손(Hand: 勞)·건강(Health: 體)을 뜻한다.

우리나라에서는 1947년부터 농림부 관리 아래 농촌의 부락과 학교를 단위로 4-H구락부로 조직되었다. 1972년 새마을 4-H구락부가 되었다가 1979년 새마을 4-H후원회, 1988년 한국 4-H후원회, 2001년 민간 4-H통합기구로 한국 4-H본부가 되었다. 주요 활동은 회의활동과 실천적 학습활동인 과제활동이 개인과 공동으로 수행되며, 경진대회, 야영교육, 청소년의 달 행사 등의 교육행사와 공공시설물 환경정화나 자연보호 캠페인 등의 봉사활동이다.

3) 기타 전달체계

여성가족부는 청소년의 눈높이에 맞춘 청소년정책을 추진하기 위하여 청소년참여기구인 '청소년참여위원회', '청소년운영위원회', '청소년특별회의'를 운영·지원하고, 온라인 매체를 활용하여 청소년의 의견을 수렴하는 등 다방면에서 청소년의 시민역량 강화를 위한 지원을 확대하고 내실화하고자 노력해 왔다.

(1) 청소년참여위원회

① 목적 및 기능

청소년참여위원회는 여성가족부 및 지방자치단체에 설치·운영 중인 청소년참여 기구이다. 정부는 청소년참여위원회를 통해 청소년정책의 형성·집행·평가과정에 청소년이 주체적으로 참여할 수 있도록 제도화함으로써 청소년 친화정책을 구현하고 청소년의 권익증진을 도모하고 있다.

청소년참여위원회는 1998년 「제2차 청소년육성 5개년계획」에서 '청소년의 정책참여 기회 확대' 분야의 세부사업으로 제시되면서 시작되었다. 동 계획에 따라 1998년 11월 '문화관광부' 내에 청소년위원회가 설치된 이후 전국으로 확산되었다. 2012년 2월에는 기본적 권리로 청소년 참여권의 중요성을 부각하여 「청소년복지 지원법」에 있던 '청소년의 자치권 확대' 근거법령을 「청소년 기본법」으로 이관하였으며, 이후 국가 및 지방자치단체의 청소년참여위원회 구성·운영 의무가 법제화되었다(「청소년 기본법」 2020. 5. 19. 개정, 2020. 11. 20. 시행).

청소년참여위원회는 운영 주체별로 다소 차이가 있으나, 정기·임시회의를 통한 청소년정책 모니터링, 청소년 의견 제안과 정책자문, 각종 토론회·워크숍 개최 및 리더십 훈련프로그램 참여 등 다양한 활동을 하고 있다. 이러한 활동은 청소년의 다양한 역량을 개발하고 사회성을 향상시키는 한편, 청소년의 권리신장과 건전한 민주시민으로의 육성에 기여하고 있다.

> 청소년참여위원회
>
> 「청소년 기본법」 제5조의2에 따라 여성가족부 및 지방자치단체가 청소년 관련 정책의 수립과 시행과정에 청소년의 의견을 수렴하고 참여를 촉진하기 위하여 구성·운영하는 청소년참여기구이다. 청소년참여위원회를 통해 청소년이 청소년정책의 형성·집행·평가과정에 주체적으로 참여할 수 있고, 청소년 친화적 정책의 구현이 가능하다.

② 운영 현황

2024년 기준, 청소년참여위원회는 여성가족부, 특별시·광역시·도 및 시·군·구(자치구)에 총 235개소가 구성·운영되고 있으며, 지방자치단체에 따라 '청소년자치위원회', '차세대위원회' 등의 명칭으로 운영되기도 한다. 위원회별 운영 규모는 10~30명 내외이며, 공개모집, 기관추천, 청소년 선거 등 다양한 방식을 통해 구성된 4,500여 명의 청소년이 활동하고 있다. 2024년 청소년참여위원회 운영예산으로 17개 시·도에 대해 각 천만 원(국비 5백만 원, 지방비 5백만 원), 171개 시·군·구에는 각 280만 원(국비 140만 원, 지방비 140만 원)을 지원하고 있다.

(2) 청소년운영위원회

① 목적 및 기능

전국의 생활권 청소년수련시설('청소년수련관', '청소년 문화의집')에는 「청소년활동 진흥법」 제4조에 따라 시설의 사업, 프로그램 운영과 관련된 의사결정 과정에 청소년이 참여할 수 있도록 '청소년운영위원회'가 설치·운영되고 있다.

청소년운영위원회는 1998년도 「제2차 청소년육성 5개년계획」의 정책기조가 청소년의 자율·참여를 장려하는 방향으로 변화함에 따라, 2000년도부터 전국 청소년수련시설 설치·운영을 사업지침에 담아 권장함으로써 운영되기 시작하였다. 이후 2004년 「청소년활동 진흥법」 제정으로 법적 근거가 마련되면서 급속도로 확대 설치되었다.

청소년운영위원회의 설치 목적은 청소년수련시설을 이용하는 청소년의 의견과 욕구를 반영하여 청소년수련시설이 청소년 중심으로 운영될 수 있도록 하기 위함이다. 현재 청소년운영위원회는 청소년수련시설의 심의·평가 등을 통해 시설 운영 전반에 참여함은 물론 프로그램을 직접 기획·운영하고, 청소년 대표로서 각종 지역사회 청소년 관련 행사에 참가하는 등 다양한 활동을 전개하고 있다.

청소년운영위원회

「청소년활동 진흥법」 제4조에 따라 청소년 수련시설의 운영 및 프로그램 등을 청소년들이 직접 자문평가하도록 함으로써 청소년의 수요와 의견을 반영하는 청소년이 주인이 되는 시설이 되도록 설치한 위원회를 말한다.

② 운영 현황

청소년운영위원회는 10명 이상 20명 이하의 청소년으로 구성되며, 위원의 임기는 1년이다(「청소년활동 진흥법 시행령」 제3조). 2023년 기준 청소년운영위원회는 전국 331개소에서 총 5,000여 명 청소년이 참여하여 활동하고 있다(표 6-3). 청소년운영위원회는 수련시설의 전용 공간 확보 및 환경 개선, 프로그램 모니터링 및 관련 정책 제안·참여·평가, 홍보활동 등 다양한 성과를 내고 있다.

2012년부터 매년 전국 청소년운영위원회 대표자 워크숍을 개최하여 청소년운영위원회 활성화 방안을 함께 모색하고 참여 청소년들의 리더십 역량 강화를 도모하고 있다. 또한, 청소년운영위원회 활성화를 도모하고자 2013년부터 전국 청소년운영위원회를 대상으로 매년 5개소씩 우수 청소년운영위원회를 선발하여 그 운영 결과와 성과를 전국 청소년운영위원회가 공유하고 있다. 운영위원회 1개소당 청소년운영위원회 운영비 2백만 원 이내의 지원 중 국비 지원 50%는 2024년 사업에서 지원 종료되었다.

표 6-3 2024년 시·도별 지원 개소 수 현황 (단위: 개소)

구분	계	서울	부산	대구	인천	광주	대전	울산	경기	강원	충북	충남	전북	전남	경북	경남	제주	세종
개소수	331	45	15	10	13	7	11	8	64	34	17	15	18	16	15	17	24	2

※ 지역 여건에 따라서 차등 지원할 수 있음

출처: 여성가족부(2024). 2024년 청소년사업 안내.

(3) 청소년특별회의

① 목적 및 기능

청소년특별회의는 「청소년 기본법」 제12조에 의하여 17개 시·도 청소년과 청소년 분야의 전문가가 토론과 활동을 통해 청소년이 바라는 정책과제를 발굴하고, 정부에 제안하여 정책화하는 전국 규모의 청소년참여기구이다.

2004년 시범사업을 거쳐 2005년 「청소년 기본법」에 근거규정이 마련되면서 매년 정기적으로 개최되고 있으며, 매년 선정된 정책의제에 따라 청소년 의견수렴과 토론, 워크숍, 캠페인 등을 통해 정책과제를 발굴한 후 본회의에서 이를 최종적으로 정부에 보고·제안한다. 청소년특별회의 추진 절차는 다음 [그림 6-4]와 같이 진행된다.

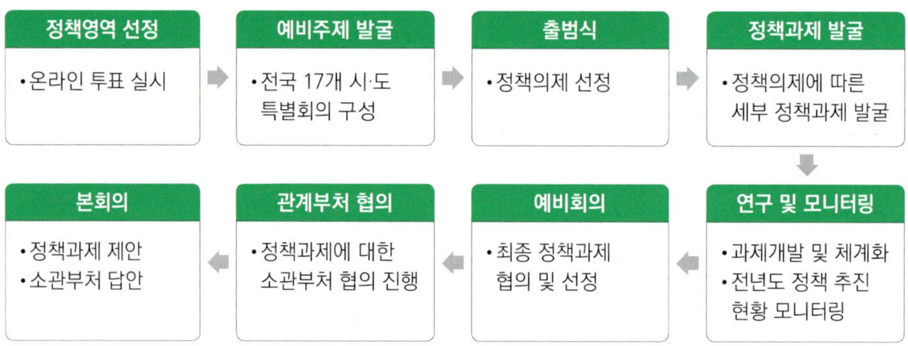

그림 6-4 청소년특별회의 추진 절차

출처: 여성가족부(2020b). 2024년 청소년사업 안내.

② 운영 현황

2005~2022년까지 18년간 631건의 정책과제를 제안되어 정부의 청소년정책에 수용된 것으로 나타났다. 특히, 청소년특별회의는 온라인 미디어 매체를 활용한 소셜네트워크서비스(SNS) 청소년 특별회의 홈페이지(www.facebook.com/withyouth)를 개설·운영하는 등 청소년정책의 수요자인 청소년의 접근성을 용이하게 하여 소통을 강화해 나가고 있다.

> **청소년특별회의**
>
> 「청소년 기본법」 제12조에 의하여 17개 시·도 청소년과 청소년 분야의 전문가가 토론과 활동을 통해 청소년이 바라는 정책과제를 발굴하고, 정부에 제안하여 정책화하는 전국 규모의 청소년참여기구이다.

함께 풀어 봅시다

1 청소년복지행정의 이념 중 청소년복지행정 과정은 관련 법률 및 제도 등에 의거하여 추진되어야 한다는 원리는 무엇인가?

① 형평성의 원리 ② 효율성의 원리
③ 타당성의 원리 ④ 합법성의 원리

정답 ④
해설 청소년복지행정은 하나의 전문화된 활동이며 사회의 규범적 가치를 실현하는 과정이므로 합목적성과 담당자의 자율적 재량권 등이 강조된다. 따라서 관련 법률들의 이념이나 취지를 적극적으로 실현해야 한다.

2 청소년복지행정가의 업무와 기능수행 시 고려할 원칙이 아닌 것은?

① 효과성과 효율성에서 효과성을 우선해야 한다.
② 청소년복지기관의 목적에 기반한 임무를 명확하게 이해해야 한다.
③ 윤리적 기준에 따라 활동을 수행해야 한다.
④ 상황에 따라 탄력적으로 리더십을 발휘할 수 있어야 한다.

정답 ①
해설 효과성과 효율성을 모두 고려해야 하며, 그 밖에도 청소년의 복지 욕구와 필요를 확인하고 분석할 수 있는 전문능력을 갖추어야 한다.

3 청소년복지행정에서 설명하는 사회적 효율성에 대한 이해가 올바르지 않은 것은?

① 인간의 만족도를 먼저 고려한 후에 효율성을 강조하는 것이다.
② 투입과 산출의 비율로 효율성을 평가하지만 그 평가는 절대적이다.
③ 단기적인 측면보다는 장기적인 측면에서 효율성을 더 강조한다.
④ 제한된 자원으로 가장 필요한 복지 대상자에게 최적의 서비스를 제공한다.

정답 ②
해설 투입과 산출의 비율로 효율성을 평가하지만 그 평가는 상대적인 것이다.

4 **다음 중 청소년수련시설을 이용하는 청소년의 의견과 욕구를 반영하여 청소년수련시설이 청소년 중심으로 운영될 수 있도록 하기 위해 설치된 것은 무엇인가?**

① 청소년참여위원회

② 청소년운영위원회

③ 청소년특별회의

④ 청소년자치위원회

정답 ②

해설 청소년운영위원회는 청소년수련시설의 심의·평가 등을 통해 시설 운영 전반에 참여함은 물론 프로그램을 직접 기획·운영하고, 청소년 대표로서 각종 지역사회 청소년 관련 행사에 참가하는 등 다양한 활동을 전개하고 있다.

5 **「청소년활동 진흥법」 제6조에 의해 청소년활동 현장과 정책을 총괄 지원하여 청소년육성을 지원하고자 설립된 공공기관으로서 5개소의 국립청소년수련시설을 운영하고 있는 곳은 어디인가?**

① 한국청소년상담복지개발원

② 한국청소년활동진흥원

③ 한국교육개발원

④ 청소년복지지원센터

정답 ②

해설 한국청소년활동진흥원은 국가가 설치하는 수련시설에 대한 유지·관리 및 운영을 담당하여 2018년 말 기준 국립중앙청소년수련원(충남 천안), 국립평창청소년수련원(강원 평창), 국립청소년우주센터(전남 고흥), 국립청소년농생명센터(전북 김제), 국립청소년해양센터(경북 영덕) 총 5개소의 국립청소년수련시설을 각 원별 특성을 살려 운영하고 있다.

chapter 7

청소년복지의 전문인력

'청소년지도자'라 함은 「청소년 기본법」에 의한 청소년지도사 및 청소년상담사와 청소년 시설, 청소년단체 및 청소년 관련 기관 등에서 청소년육성 및 지도업무에 종사하는 사람을 총칭한다. 청소년복지를 위해 현장에서 직·간접 서비스를 제공하는 청소년지도자들 중 국가자격을 부여하고 있는 청소년지도사, 청소년상담사와 2020년 12월 국가자격으로 공인된 학교사회복지사에 대하여 살펴보고자 한다.

청소년지도자의 분류는 아래 [그림 7-1]과 같다.

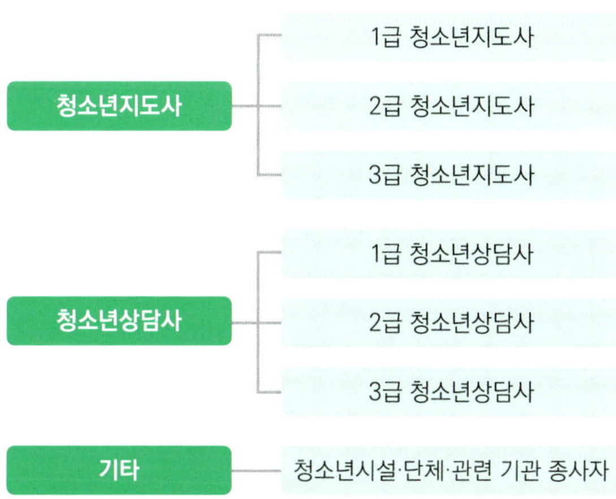

그림 7-1 청소년지도자의 분류

출처: 여성가족부(2023b). 2022년 청소년백서.

01 청소년지도사

1) 청소년지도사의 의의와 개념

청소년지도사란 1993년부터 「청소년 기본법」 규정에 따라 자격검정 시험과 이수과정을 통하여 양성해 오고 있다. 「청소년 기본법」 제21조제1항에 의거하여 실시되는 청소년지도사 자격검정에 최종 합격하고 청소년지도사 연수기관(한국청소년활동진흥원)에서 실시하는 연수과정 30시간 이상을 마친 자 또는 이러한 사람에게 여성가족부장관이 부여하는 국가자격증을 의미한다.

청소년지도사는 급격한 사회변화에 따라 점차 심각해지고 있는 청소년 문제를 적극적으로 해결하고 청소년활동을 체계적으로 영위하기 위하여 청소년수련활동에 대한 전문지식과 지도기법 및 자질을 갖춘 청소년지도자를 양성하기 위한 목적으로 도입되었다. 이들은 청소년수련시설과 단체, 사회복지시설과 단체 및 학교 등 청소년 관련 모든 활동 현장에서 청소년활동을 지원하고, 청소년복지증진을 위한 활동과 청소년보호와 관련된 직무를 수행한다(김향은 외, 2016).

2) 청소년지도사 응시 자격

청소년지도자의 체계적이고 전문적인 양성을 위해 「청소년 기본법」에서는 청소년지도사 양성 및 배치에 관한 내용을 규정하여 1993년부터 국가공인 청소년지도사를 양성해 오고 있다. 청소년지도사는 1, 2, 3급으로 구분되며, 청소년 관련 분야의 경력, 기타 자격을 갖춘 사람으로서 자격 검정에 합격하고 소정의 연수를 마친 사람에게 국가자격을 부여한다. 청소년지도사는 청소년활동(프로그램, 사업)을 전담하여 청소년의 수련활동, 지역·국가 간 교류활동, 동아리활동, 봉사활동, 예술활동 등을 지도한다.

청소년지도사의 등급별 자격검정에 응시할 수 있는 자격기준과 자격검정의 과목 및 방법은 다음과 같다.

표 7-1 청소년지도사 등급별 자격검정 응시자격 기준

등급	응시자격 기준
1급 청소년지도사	2급 청소년지도사 자격 취득 후 청소년활동 등 청소년육성업무에 종사한 경력이 3년 이상인 사람
2급 청소년지도사	1. 대학 졸업(예정)자 또는 이와 같은 수준 이상의 학력이 있는 사람으로서 2급 청소년지도사 자격 검정에 필요한 과목 모두를 전공과목으로 이수한 사람 2. 2006년 12월 31일 이전에 대학을 졸업하였거나 이와 같은 수준 이상의 학력을 취득한 사람으로서 별표 1의2에 따른 과목을 이수한 사람 3. 대학원의 학위과정 수료(예정)자로서 2급 청소년지도사 자격검정에 필요한 과목 모두를 전공과목으로 이수한 사람 4. 2006년 12월 31일 이전에 대학원의 학위과정을 수료한 사람으로서 별표 1의2의 규정에 따른 과목 중 필수영역 과목을 이수한 사람 5. 대학 졸업 또는 이와 같은 수준 이상의 학력이 있다고 다른 법령에서 인정받은 후 청소년활동 등 청소년육성업무에 종사한 경력이 2년 이상인 사람 6. 전문대학 졸업 또는 이와 같은 수준 이상의 학력이 있다고 다른 법령에서 인정받은 후 청소년활동 등 청소년육성업무에 종사한 경력이 3년 이상인 사람 7. 3급 청소년지도사 자격 취득 후 청소년활동 등 청소년육성업무에 종사한 경력이 2년 이상인 사람 8. 고등학교 졸업 또는 이와 같은 수준 이상의 학력을 인정받은 후 청소년활동 등 청소년육성업무에 종사한 경력이 8년 이상인 사람
3급 청소년지도사	1. 전문대학 졸업(예정)자 또는 이와 같은 수준 이상의 학력이 있는 자로서 3급 청소년지도사 자격검정에 필요한 과목 모두를 전공과목으로 이수한 사람 2. 2006년 12월 31일 이전에 전문대학을 졸업하였거나 이와 같은 수준 이상의 학력을 취득한 사람으로서 별표 1의2에 따른 과목을 이수한 사람 3. 전문대학 졸업 또는 이와 같은 수준 이상의 학력이 있다고 다른 법령에서 인정받은 후 청소년활동 등 청소년육성업무에 종사한 경력이 2년 이상인 사람 4. 고등학교 졸업 또는 이와 같은 수준 이상의 학력이 있다고 다른 법령에서 인정받은 후 청소년활동 등 청소년육성업무에 종사한 경력이 3년 이상인 사람

출처: 「청소년 기본법 시행령」 [별표 1](제20조제3항 관련)

표 7-2 청소년지도사 자격검정의 과목 및 방법

구분	검정과목	검정방법	
1급	청소년연구방법론, 청소년 인권과 참여, 청소년정책론, 청소년기관 운영, 청소년지도자론	주·객관식 필기시험	
2급	청소년육성제도론, 청소년지도방법론, 청소년심리 및 상담, 청소년문화, 청소년활동, 청소년복지, 청소년프로그램 개발과 평가, 청소년문제와 보호	객관식 필기시험	면접(3급 청소년지도사 자격증 소지자는 면접시험 면제)
3급	청소년육성제도론, 청소년활동, 청소년심리 및 상담, 청소년 문화, 청소년 지도방법론, 청소년문제와 보호, 청소년프로그램 개발과 평가	객관식 필기시험	면접

※ 청소년지도사 자격검정의 과목과 관련된 전공과목의 인정 범위는 여성가족부장관이 별도로 정하여 고시함.

출처: 「청소년 기본법 시행령」 [별표 2](제20조제3항 관련)

3) 청소년지도사 양성체계

청소년지도사 양성은 여성가족부 주관으로, 한국산업인력공단에 위탁하여 자격검정을 실시하고 자격검정에 합격한 사람에게 한국청소년활동진흥원에서 연수를 실시한 후 청소년지도사 자격증을 교부하고 있다. 청소년지도사 자격검정 및 연수 체계도는 다음 [그림 7-2]와 같다.

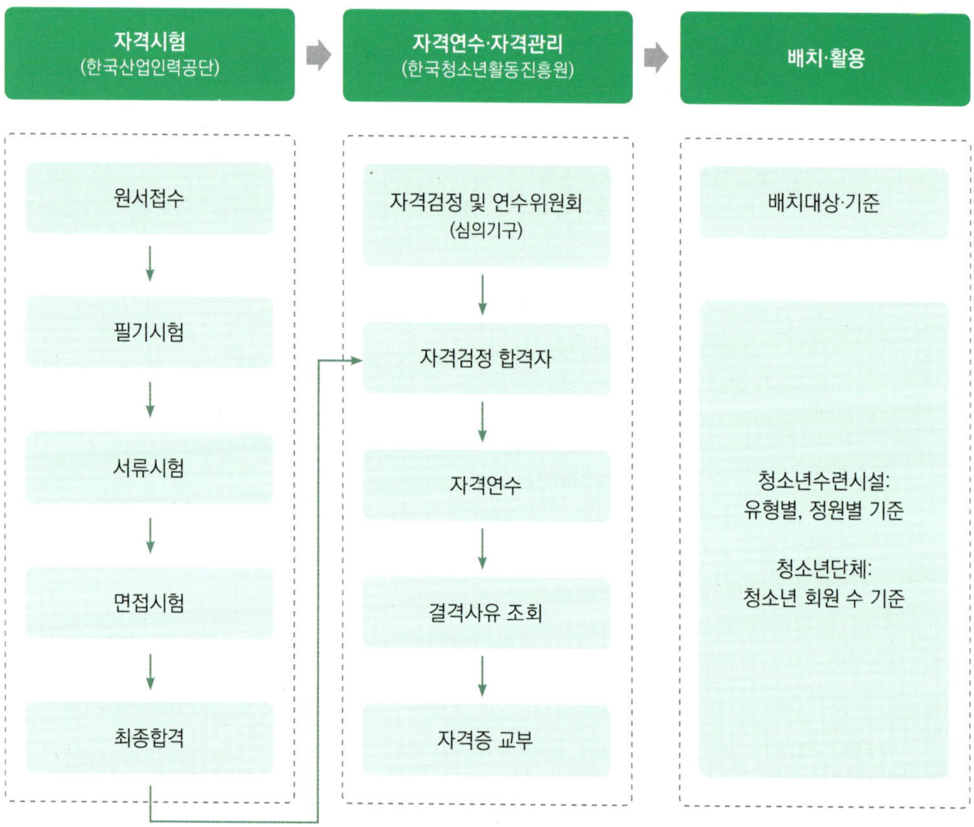

그림 7-2 청소년지도사 자격검정 및 연수 체계도

출처: 여성가족부(2023b). 2022년 청소년백서.

청소년지도사 자격검정의 합격 기준은 필기시험 매 과목 40점 이상, 전 과목 평균 60점 이상의 점수를 얻어야 한다. 또한 2008년 1월부터는 2급 자격기준 중 대학졸업(예정)자 또는 이와 동등 이상의 학력이 있는 자로서 2급 청소년지도사 자격검정에 필요한 과목 모두를 전공과목으로 이수한 자와, 3급 지도사의 경우 전문대학 졸업(예정)자 또는 이와 동등 이상의 학력이 있는 자로서 3급 청소년지도사 자격검정에 필요한 과목 모두를 전공과목으로 이수한 자는 해당 급수의 청소년지도사 자격검정 필기시험을 면제한다.

자격검정에 합격한 자를 대상으로 실시하는 연수는 30시간 이상으로 하며, 자질과 전문성을 함양할 수 있는 내용으로 구성된다.

4) 청소년지도사 양성 실적

청소년지도사 양성계획에 따라 1993~2020년까지 1급 청소년지도사 1,972명, 2급 청소년지도사 41,684명, 3급 청소년지도사 14,363명 등 총 58,019명의 국가공인 청소년지도사를 배출하였다. 2022년 기준 총 66,095명을 배출하였는데, 이 중 1급이 2,473명, 2급이 47,866명, 3급이 15,756명이었다.

5) 청소년지도사 배치기준 및 역할

「청소년 기본법」에 따르면, 청소년시설과 단체에는 일정한 기준에 의하여 청소년지도사를 배치하여야 한다. 청소년시설별 청소년지도사 배치기준은 다음 〈표 7-3〉과 같다. 청소년지도사는 청소년활동(사업, 프로그램 등)을 전담하여 청소년의 수련활동, 지역·국가 간 교류활동, 동아리활동, 봉사활동, 예술활동 등을 지도한다. 또한 청소년지도사 자격증 취득자는 청소년수련시설 및 단체, 사회복지시설 및 단체, 학교 등 청소년과 관련된 모든 활동 현장에서 수련활동, 문화활동, 교류활동 등을 포함한 청소년활동을 전담하여 학생, 근로, 복무, 무직청소년 등 전체 청소년의 신체단련과 정서함양, 자연체험, 예절수양, 사회봉사, 전통문화활동 등을 지도하고, 청소년복지 증진, 청소년보호와 관련된 직무를 수행한다.

표 7-3 청소년시설의 청소년지도사 배치기준

배치 대상		배치기준
청소년 수련 시설	청소년수련관	1급 또는 2급 청소년지도사 각각 1명 이상을 포함하여 4명 이상의 청소년지도사를 두되, 수용인원이 500명을 초과하는 경우에는 500명을 초과하는 250명당 1급, 2급 또는 3급 청소년지도사 중 1명 이상을 추가로 둔다.
	청소년수련원	1. 1급 또는 2급 청소년지도사 1명 이상을 포함하여 2명 이상의 청소년지도사를 두되, 수용정원이 500명을 초과하는 경우에는 1급 청소년지도사 1명 이상과 500명을 초과하는 250명당 1급, 2급 또는 3급 청소년지도사 중 1명 이상을 추가로 둔다. 2. 지방자치단체에서 폐교시설을 이용하여 설치한 시설로서 특정 계절에만 운영하는 시설의 경우에는 청소년지도사를 두지 않을 수 있다.
	유스호스텔	청소년지도사를 1명 이상 두되, 숙박정원이 500명을 초과하는 경우에는 1급 또는 2급 청소년지도사 1명 이상을 추가로 둔다.
	청소년야영장	1. 청소년지도사를 1명 이상 둔다. 다만, 설치·운영자가 동일한 시·도 안에 다른 수련시설을 운영하면서 청소년야영장을 운영하는 경우로서 다른 수련시설에 청소년지도사를 둔 경우에는 그 청소년야영장에 청소년지도사를 별도로 두지 않을 수 있다. 2. 국가, 지방자치단체, 그 밖에 공공법인이 설치·운영하는 청소년야영장으로서 청소년수련거리의 실시 없이 이용 편의만 제공하는 경우에는 청소년지도사를 두지 않을 수 있다.
	청소년문화의집	청소년지도사를 1명 이상 둔다.
	청소년특화시설	1급 또는 2급 청소년지도사 1명 이상을 포함하여 2명 이상의 청소년지도사를 둔다.
청소년단체		청소년 회원 수가 2천 명 이하인 경우에는 1급 청소년지도사 또는 2급 청소년지도사 1명 이상을 두되, 청소년회원 수가 2천 명을 초과하는 경우에는 그 초과하는 2천 명마다 1급 청소년지도사 또는 2급 청소년지도사 1명 이상을 추가로 두며, 청소년회원 수가 1만 명 이상인 경우에는 청소년지도사의 5분의 1 이상은 1급 청소년지도사로 두어야 한다.

출처: 「청소년 기본법 시행령」 [별표 5](제25조제2항 관련)

국가 및 지방자치단체는 청소년단체 또는 청소년시설에 배치된 청소년지도사에 대해 예산의 범위 안에서 그 활동비의 전부 또는 일부를 보조할 수 있다. 또한 청소년시설 및 청소년단체 등에서 청소년육성 업무에 종사하는 청소년지도사는 역량강화 및 자질 향상을 위하여 「청소년 기본법」 제24조2에 근거하여 2013년부터 보수교육을 의무적으로 받고 있다. 2017년 1월 「청소년 기본법 시행규칙」 제10조의2의 개정('17. 1. 1. 시행)으로 교육시간이 20시간 이상에서 15시간 이상으로 완화되었으며(2년에 한 번) 청소년정책 및 권리교육, 양성평등교육, 아동학대 신고 의무자 교육, 청소년활동과 안전, 직업윤리 등을 필수과목으로 운영하고 있다.

02● 청소년상담사

1) 청소년상담사 정의

청소년상담사란 청소년상담 관련 분야의 상담 실무경력 및 기타 자격을 갖추어 「청소년기본법」 제22조제1항에 의거하여 실시되는 청소년상담사 자격검정에 최종 합격하고 청소년상담사 연수기관(한국청소년상담복지개발원)에서 실시하는 연수과정을 100시간 이상 마친 사람 또는 이러한 사람에게 여성가족부장관이 부여하는 국가자격증을 의미한다.

청소년상담사를 국가자격으로 제도화한 것은 다음과 같다.

첫째, 일반 상담과 차별화된 청소년 문제에 초점을 맞춘 전문상담사를 양성하기 위함이다. 우리 사회에 청소년들의 학교폭력, 가출, 학업중단, 왕따, 집단괴롭힘, 약물 남용, 청소년 성매매 등 다양한 문제들로 심각해지는 청소년 문제에 대해 현실적으로 대처하기 위한 전문 상담인력의 필요성이 점차 요구되고 있다.

둘째, 청소년상담사의 전문화된 상담자의 자질 향상을 위함이다. 청소년상담 관련 분야의 종사자들의 전문성 확보는 청소년 선도 효과를 극대화하며, 청소년에게 질 높은 상담서비스를 제공할 수 있다.

셋째, 청소년 문제에 대한 열의와 관심, 높은 자질을 지닌 인력을 선발하기 위함이다. 청소년상담복지센터 등 전문적인 청소년상담자 양성을 위한 교육과정이 없는 실정이다. 분산되어 있는 청소년상담활동의 구심점을 마련하여, 보다 효과적인 청소년상담활동을 전개할 수 있는 제도적 장치도 필요하다.

청소년상담사들은 청소년상담기관인 한국청소년상담복지개발원, 시·도 청소년종합상담센터, 시·군·구 청소년상담센터를 비롯하여 청소년수련관, 청소년문화관, 사회복지관, 청소년쉼터, 청소년 관련 복지시설 및 청소년업무 지원부서 등에서 청소년의 보호·선도 및 건전생활의 지도, 수련활동의 여건조성 장려 및 지원, 청소년단체의 육성 및 활동지원, 청소년을 위한 지역사회의 유익환경의 조성 및 유해환경의 정화활동 등의 직무를 수행한다. 또한 청소년상담사의 업무를 수행하며 자질 향상을 위하여 정기적으로 보수교육을 매년 8시간 받아야 한다.

2) 청소년상담사 응시자격

청소년상담사 자격증은 상담 관련 분야를 전공하고 상담실무 경력이나 기타 자격을 갖춘 사람으로서 자격검정에 합격하고, 100시간 이상의 연수를 마친 사람에게 부여하는 국가자격증이다.

청소년상담사는 국가 차원의 청소년상담 관련 기관인 한국청소년상담복지개발원, 시·도 및 시·군·구 청소년상담복지센터, 초·중·고·대학의 학생상담소, 청소년수련관, 사회복지관, 청소년쉼터, 청소년 관련 복지시설, 경찰청이나 법무부 등 청소년업무 지원부서, 사설 청소년상담실, 아동·청소년대상 병원, 일반 청소년 관련 사업체, 근로청소년 관련 사업체 등에서 청소년상담업무에 종사한다.

청소년상담사 자격검정 등급별 응시자격 기준과 자격검정의 과목 및 방법은 다음과 같다.

표 7-4 청소년상담사 등급별 자격검정 응시자격 기준

등급	응시자격 기준
1급 청소년상담사	1. 대학원에서 청소년(지도)학·교육학·심리학·사회사업(복지)학·정신의학·아동(복지)학·상담학 분야 또는 그 밖에 여성가족부령으로 정하는 상담 관련 분야(이하 "상담관련분야"라 한다)의 박사학위를 취득한 사람 2. 대학원에서 상담관련분야의 석사학위를 취득한 후 상담 실무경력이 4년 이상인 사람 3. 2급 청소년상담사로서 상담 실무경력이 3년 이상인 사람 4. 제1호 및 제2호에 규정된 사람과 같은 수준 이상의 자격이 있다고 여성가족부령으로 정하는 사람
2급 청소년상담사	1. 대학원에서 상담관련분야의 석사학위를 취득한 사람 2. 대학 또는 다른 법령에 따라 이와 동등한 학력을 인정받는 기관에서 상담관련분야 학사학위를 취득한 후 상담 실무경력이 3년 이상인 사람 3. 3급 청소년상담사로서 상담 실무경력이 2년 이상인 사람 4. 제1호부터 제3호까지에 규정된 사람과 같은 수준 이상의 자격이 있다고 여성가족부령으로 정하는 사람

등급	응시자격 기준
3급 청소년상담사	1. 대학 및 「평생교육법」에 따른 학력이 인정되는 평생교육시설의 상담관련분야의 학사학위를 취득한 사람 2. 전문대학 또는 다른 법령에 따라 이와 동등한 학력을 인정받는 기관에서 상담관련분야 전문학사를 취득한 사람으로서 상담 실무경력이 2년 이상인 사람 3. 대학 또는 다른 법령에 따라 이와 동등한 학력을 인정받는 기관에서 학사학위를 취득한 후 상담 실무경력이 2년 이상인 사람 4. 전문대학 또는 다른 법령에 따라 이와 동등한 학력을 인정받는 기관에서 전문학사학위를 취득한 후 상담 실무경력이 4년 이상인 사람 5. 고등학교를 졸업하고 상담 실무경력이 5년 이상인 사람 6. 제1호부터 제4호까지에 규정된 사람과 같은 수준 이상의 자격이 있다고 여성가족부령으로 정하는 사람

※ 1. 상담 실무경력의 인정 범위와 내용은 여성가족부장관이 별도로 정하여 고시한다.
2. 고등학교, 대학, 전문대학 및 대학원은 별표 1의 비고 제4호와 같다.
3. 응시자격을 갖추었는지 여부는 자격검정 공고에서 정하는 서류제출 마감일을 기준으로 판단한다.

출처: 「청소년 기본법 시행령」 [별표 3](제23조제3항 관련)

청소년상담사 자격검정은 필기시험과 면접으로 구성되어 있으며, 필기시험 과목은 1급 5과목, 2급과 3급은 각각 6과목이며, 합격기준은 매 과목 100점을 만점으로 하여 매 과목 40점 이상, 전 과목 평균 60점 이상이다. 필기시험 합격 후 면접을 볼 수 있다. 면접에 합격한 자에 한해 응시자격 기준에 해당하는지에 대한 여부를 확인하기 위하여 서류심사를 실시하며, 이를 통과한 자를 자격검정 최종 합격자로 본다.

청소년상담사 자격검정 과목과 방법은 다음과 같다(표 7-5).

표 7-5 청소년상담사 자격검정의 과목 및 방법

등급	검정과목		검정방법	
	구분	과목		
1급 청소년상담사	필수	• 상담사 교육 및 사례지도 • 청소년 관련법과 행정 • 상담연구방법론의 실제	필기시험	면접
	선택	• 비행상담·성상담·약물상담·위기상담 중 2과목		
2급 청소년상담사	필수	• 청소년 상담의 이론과 실제 • 상담연구방법론의 기초 • 심리측정 평가의 활용 • 이상심리	필기시험	면접
	선택	• 진로상담·집단상담·가족상담·학업상담 중 2과목		
3급 청소년상담사	필수	• 발달심리 • 집단상담의 기초 • 심리측정 및 평가 • 상담이론 • 학습이론	필기시험	면접
	선택	• 청소년이해론·청소년수련활동론 중 1과목		

※ "청소년 관련법"이란 「청소년 기본법」, 「청소년복지 지원법」, 「청소년 보호법」, 「아동·청소년의 성보호에 관한 법률」, 「청소년 활동 진흥법」, 「학교폭력예방 및 대책에 관한 법률」, 「소년법」을 말하며, 그 밖의 법령을 포함하는 경우 여성가족부장관이 고시함.

출처: 「청소년 기본법 시행령」 [별표 4](제23조제3항 관련)

3) 청소년상담사 양성체계

청소년상담사의 경우, 여성가족부의 주관으로 '한국청소년상담복지개발원'과 '한국산업인력공단'에 위탁하여 자격검정을 실시하고 자격검정에 합격한 사람에 대하여는 실무능력 향상을 위해 100시간 이상 의무 연수를 실시하며, 청소년상담복지센터와 청소년쉼터 등 청소년복지시설에 배치·활용된다.

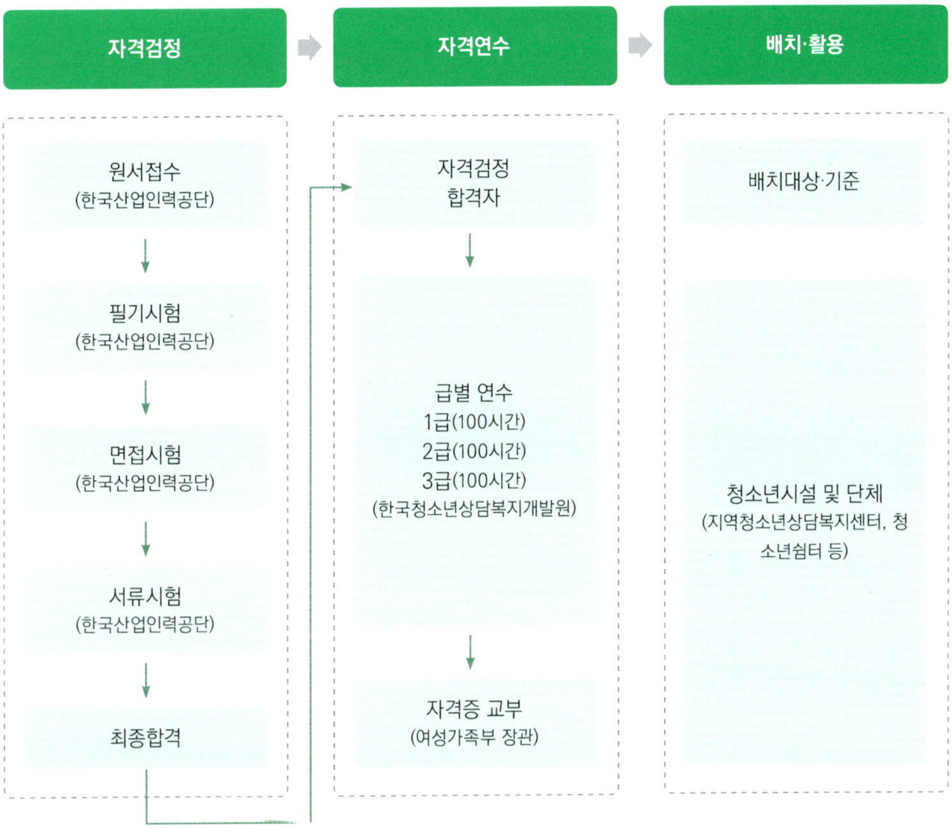

그림 7-3 청소년상담사 양성체계

출처: 여성가족부(2020b). 2020년 청소년백서. p. 597.

청소년상담사 자격연수 과목은 청소년 상담 관련 이론과 실제적인 실무를 익힐 수 있도록 구성되어 있으며, 1급·2급·3급 모두 5과목으로 구성되어 있다. 자격연수 형태는 급별 책무에 맞는 질적 교육을 위하여 이론, 세미나, 실습 등으로 구성되어 있다.

표 7-6 청소년상담사 자격연수 과목

등급	연수과목	
1급 청소년상담사	• 청소년상담·수퍼비전 • 청소년 위기개입 II • 청소년 관련법과 정책	• 청소년상담프로그램 개발 • 청소년문제 세미나
2급 청소년상담사	• 청소년상담과정과 기법 • 부모상담 • 청소년진로·학업상담	• 지역사회상담 • 청소년 위기개입 I
3급 청소년상담사	• 청소년개인상담 • 청소년매체상담 • 청소년 발달 문제	• 청소년집단상담 • 청소년 상담 현장론

출처: 「청소년상담사 자격검정 및 연수 등에 관한 고시」 [별표 5](제13조제1항 관련)

4) 청소년상담사 양성 실적

청소년상담사 양성계획에 따라 2023년 기준으로 1급은 1,444명, 2급은 14,373명, 3급은 21,452명, 누적인원 총 37,269명을 양성하였다.

5) 청소년상담사 배치기준 및 역할

「청소년 기본법」에 따르면, 배치대상 청소년시설에는 일정한 기준에 의하여 청소년상담사를 배치하여야 하며, 청소년상담사 배치기준은 다음과 같다.

표 7-7 청소년상담사 배치기준

배치대상 청소년시설	배치기준
「청소년복지 지원법」 제29조에 따라 특별시·광역시·도 및 특별자치도에 설치된 청소년상담복지센터	청소년상담사 3명 이상을 둔다.
「청소년복지 지원법」 제29조에 따라 시·군·구에 설치된 청소년상담복지센터	청소년상담사 1명 이상을 둔다.
「청소년복지 지원법」 제31조제1호부터 제3호까지의 규정에 따른 청소년복지시설	청소년상담사 1명 이상을 둔다.

출처: 「청소년 기본법 시행령」 [별표 5](제25조제2항 관련)

청소년지도사와 마찬가지로 국가 및 지방자치단체는 청소년시설 및 청소년단체에 배치된 청소년상담사에 대하여 예산의 범위 안에서 그 활동비의 전부 또는 일부를 보조할 수 있다(「청소년 기본법」 제23조). 「청소년 기본법」 제24조의2에 따라 청소년시설, 청소년단체 및 학교 등에서 청소년 상담 업무에 종사하는 청소년상담사는 자질 향상을 위하여 정기적으로 보수교육을 받아야 한다.

청소년상담사의 급별 역할을 살펴보면 다음과 같다.

표 7-8 청소년상담사 급별 역할

구분	주요 역할	세부 내용
1급	청소년상담을 주도하는 전문가 (지도 인력)	• 청소년상담 정책 개발 및 행정업무 총괄 • 상담기관 설립 및 운영 • 청소년들의 제 문제에 대한 개입 • 2급 및 3급 청소년상담사 교육 및 훈련
2급	청소년 정신을 육성하는 청소년상담사 (기간 인력)	• 청소년상담의 전반적 업무 수행 • 청소년의 각 문제영역에 대한 전문적 개입 • 심리검사 해석 및 활용 • 청소년상담과 관련된 독자적 연구 설계 및 수행 • 3급 청소년상담사 교육 및 훈련
3급	유능한 청소년상담사 (실행 인력)	• 기본적인 청소년상담 업무 수행 • 집단상담의 공동지도자 업무 수행 • 매체상담 및 심리검사 등의 실시와 채점 • 청소년상담 관련 의뢰체계를 활용 • 청소년상담실 관련 제반 행정적 실무를 담당

출처: 청소년상담사(www.youthcounselor.or.kr)

03 학교사회복지사

1) 학교사회복지사의 정의 및 활동

학교사회복지사란 학교사회복지사업에 관한 전문적 지식이나 경험을 가진 사람으로서,

학교사회복지사 자격검정에 합격하고 한국학교사회복지사협회에서 실시하는 자격연수를 마친 사람을 의미한다. 학교사회복지사는 학교에서 학생들의 심리·사회적 문제의 예방 및 해결을 통하여 학교교육의 목적을 달성할 수 있도록 학생, 학교, 가족 및 지역사회를 대상으로 사회복지의 기술과 지식을 활용하여 개입하는 전문가이다. 이들은 교육복지우선지원사업[1] 실시학교, 교육복지센터, 지방자치단체 학교사회복지사업 실시학교, 민간지원 학교사회복지사업 실시학교, Wee Class, Wee Center, Wee School 등에서 학생들의 문제해결과 복지증진 및 최적의 교육환경을 만드는 업무를 수행한다. 학교사회복지사는 1997년 교육부에서 학교사회사업 시범연구사업을 시작하면서 공식적인 학교사회복지사의 활동이 시작되었다(김향은 외, 2016; 최세영, 2017).

Wee는 'We+education+emotion'의 이니셜로 3단계 운영시스템이다.

Wee class	단위학교 내 상담실을 설치하고 전문상담교사나 상담사를 배치, 문제 발생 가능성에 대한 초기진단 및 대처를 위한 1차 기능을 수행한다.
Wee center	교육(지원)청 내에 전문상담교사나 상담사, 심리사, 사회복지사 등 전문인력을 배치해 위기학생에 대한 전문적인 진단, 상담, 치료와 심층적 심리검사 등 2차 서비스를 제공한다.
Wee school	기숙형 장기 위탁교육기관으로 각 분야 전문가로 구성된 팀을 배치하고 고위기학생에 대한 장기간 치료 및 교육을 실시하는 등 3차 서비스를 맡는다.

출처: Wee센터(www.wee.go.kr)

2) 학교사회복지사 응시자격

학교사회복지사 자격취득을 위한 필수자격 요건은 3가지 사항 모두 충족되어야 하며, 선택자격 요건은 3가지 중 한 가지 이상이 충족되어야 한다.

「고등교육법」에 의한 4년제 대학졸업자와 동등 이상의 학력이 있다고 인정하는 자로서 전공·학과에 관계없이 보건복지부령이 정하는 '사회복지학 전공교과목과 사회복지 관련 교과목'(필수 10, 선택 4)을 이수한 경우로, 사회복지사 1급 자격증 취득자라면 응시 가능하다.

1 교육부 산하 시·도교육청 및 교육지원청이 주관하여 도시 저소득층이 밀집한 학교를 우선선정하여 교육복지우선지원사업을 실시

표 7-9 학교사회복지사 자격검정 응시자격 요건

구분	응시자격
필수자격 요건	1. 사회복지사 1급 자격증 소지자 2. 학교사회복지론[1) 6)]을 이수한 자 3. 아동복지론[2) 6)] 또는 교육학 관련 교과목[3) 6)] 중 1과목 이상을 이수한 자
선택자격 요건	4-1. 240시간 이상의 학교사회복지 관련 실습[4)]을 이수한 자 4-2. 초·중·고등학교에서 학생복지 업무를 전담하는 사회복지사로 6개월 이상 근무한 자 4-3. 사회복지기관에서 학교사회복지 관련 실무[5)]를 1년 이상 담당한 경력이 있는 자

1) 학교사회복지론은 학교사회사업론의 명칭도 가능하며, 한국학교사회복지학회 혹은 한국학교사회복지사협회가 주최한 학교사회복지 기초과정 연수(30시간) 이수로 대체할 수 있다.
2) 아동복지론은 청소년복지론 혹은 아동·청소년복지론으로 대체할 수 있다.
3) 교육학 관련 교과목이란 교육학개론(교육의 이해), 교육행정론(교육행정 및 교육경영, 교육행정의 이해), 교육정책론, 교육사회학, 교육심리학, 교육철학 및 교육사, 교육과정 및 교육평가, 교육방법 및 교육공학 등 교직 필수 과목을 의미하며, 2급 정교사 이상의 자격을 갖고 있는 자는 교과목을 이수한 것으로 간주한다. [초·중·고등교육법에 의한 교직 필수과목]
4) 학교사회복지 관련 실습 240시간 중 120시간은 실습으로 이수해야 하며(학점실습이 아니어도 가능), 나머지 120시간은 인턴, 직업체험활동, 자원봉사활동 등(이하 기타)으로 대체할 수 있다. 실습 관련 활동의 인정 여부는 아래 ①~③의 조건을 모두 충족하여야 한다.
   ① 활동장소: 학교를 원칙으로 하며 지역교육복지지원센터, 한국학교사회복지사협회를 포함한다.
      - 단, 지역교육복지지원센터의 실습인 경우, 슈퍼바이저의 학교사회복지사 자격증 소지를 증명할 수 있는 경우에만 인정한다.
      - 파견의 인정범위: 단체·센터·기관 등에서 학교 현장으로 파견된 경우, 실습은 인정 불가하나 기타의 경우에는 학교장의 직인이 첨부된 확인서 제출 시, 인정 가능하다.
   ② 실습지도자: 사회복지현장실습 지침의 기준(1급 사회복지사 자격증 취득 후 3년 이상 사회복지 관련 실무경력자, 2급 사회복지사 자격증 취득 후 5년 이상 사회복지 관련 실무경력자)에 의거해서만 가능하다. 단, 실습 외 활동은 실습지도자의 자격에 제한을 두지 아니한다.
   ③ 활동시간: 실습은 학기 중 활동만 인정하며 기타의 경우에만 방학의 활동도 인정한다.
      - 학교사회복지 관련 실습은 1개월당 최대 40시간까지만 인정 가능하다.
      - 실습은 3개월 이상 지속해야 하며, 기타의 경우 활동시간을 합산할 수 있다.
      - 동일 기간 내 실습과 자원봉사는 중복으로 인정 불가하다.
5) 사회복지기관에서 학교사회복지 관련 실무란 아래 ①, ② 중 한 가지를 의미한다.
   ① 학교에 상주하여 학생 및 기타 관련 체계에 사회복지서비스 제공
   ② 사회복지기관에서 학교와 관계하여 사회복지서비스를 제공하는 아동복지 또는 청소년복지 분야의 실무
      ※ 아동·청소년을 대상으로 한 단순 서비스가 아닌 학교와의 소통(학교 연계)에 근거하여 각 학생들을 대상(개인사례관리)으로 한 서비스에 관한 실무경력 확인을 위해 실무경력 증빙서류[예: 학교 연계를 증빙하는 협약서·프로그램 진행 기록, 학교측 공문·학교 직인이 찍힌 확인 문서 사본 등(원본대조필)]를 제출해야 함.
   ②-1 다음과 같은 경우에는 인정 불가
      (1) 사회복지기관에서 대상학생의 사례관리를 진행하며 학교와 단순 협력한 경우
      (2) 사회복지기관에서 혹은 학교로 파견되어 단순 강사활동을 한 경우
6) 학교사회복지론, 아동복지론, 교육학 관련 교과목 이수의 경우 학점인증제 기관에서 이수한 경우도 인정한다.

출처: 한국학교사회복지사협회(www.kassw.or.kr)

학교사회복지사는 먼저 필기시험 합격은 응시과목 2과목 합산 140점 이상이어야 하고, 과목당 50점 이상 득점을 하여야 한다(표 7-10). 또한 면접시험에서 총 100점 중 70점 이상

득점할 때 최종적으로 합격이 된다. 즉, 최종 합격자는 필기시험과 면접시험 모두 합격을 하여야 한다. 하지만 최종 합격자가 되었을지라도 응시자격 요건이 미충족될 경우 합격을 취소할 수 있다. 따라서 시험을 응시하기 전에 자격 요건을 상세히 살펴볼 필요가 있다. 마지막으로 합격이 결정된 후 자격연수를 수료하면 자격증을 취득하게 된다. 단, 자격연수를 이수하지 못하면 자격증이 발급되지 않으며, 자격연수는 시험응시 당해연도에 반드시 이수해야 한다.

2018년 11월 23일 「사회복지사업법」 개정안에 영역별 사회복지사(의료, 정신건강, 학교) 자격제도가 명시되었고, 2020년 12월 12일 국가자격제도의 시행규칙과 시행령이 시행되어 2021년부터 국가자격으로 전환되었다.

「사회복지사업법 시행령」과 동법 시행규칙의 수련과 관련한 주요 내용을 살펴보면 다음과 같다. 국가자격 취득을 위해서는 수련기관에서 수련을 해야 한다. 수련기관은 5년 이상의 학교사회복지사 실무 경험이 있는 사람 1명 이상의 수련지도자가 상시 근무하는 초·중·고등학교, 특수학교, 각종 학교 등의 학교를 말하며, 수련시간은 이론 150시간, 실습 830시간, 학술활동 20시간으로 총 1,000시간의 수련과정을 이수해야 한다. 1년 이상, 1,000시간을 이수하여야 하며, 지필평가 및 과제 제출을 통한 수련평가를 통과하여야 한다. 다만, 수련과정 내 현장실습의 인정기준은 수련지도자의 법정근로시간 내로 인정하며, 다음의 기준을 준용하여야 한다.

- 1일: 4시간 이상 8시간 이하 진행
- 1주: 35시간 이하 진행
- 1개월: 120시간 이하 진행

표 7-10 학교사회복지사 자격검정 시험과목 및 배점표

구분	과목	문제수	배점	총점	문제 형식
필기시험	학교사회복지론	25문제	4점/1문제	100점	각 과목당 50점 이상, 두 과목 총합 140점 이상
	아동·청소년복지론	25문제	4점/1문제	100점	
면접시험	학교사회복지에 관한 적성과 지식	-	-	100점	70점 이상

출처: 한국학교사회복지사협회(www.kassw.or.kr)

3) 학교사회복지사의 주요 역할 및 제공 서비스

(1) 학교사회복지사의 역할

학교사회복지사의 역할은 크게 임상전문가, 교육자/자문가, 매개자/연계자, 조정자/중재자, 옹호자, 자원개발자, 공조자/협력자, 조사연구자, 정책제언가로 구분할 수 있으며, 그 내용은 다음과 같다(표 7-11).

첫째, 임상전문가의 역할은 학생의 심리·정서적 문제를 예방하고 해결하는 전문가로서, 학생 문제의 원인을 명확히 사정하고 이를 토대로 개별상담, 집단상담 및 치료적 개입을 실시하는 것을 의미한다.

둘째, 교육자/자문가의 역할은 학생, 학부모, 교사들에게 학생 문제의 원인과 예방법을 교육하거나, 학교사회복지의 전문적 지식을 활용하여 교사에게 효과적인 학생지도나 학급운영에 대한 방법에 대해 자문하는 것이다. 또한 학부모에게도 청소년들의 올바른 자녀양육방법과 교육에 대한 방법 등에 대해 자문하는 것을 포함한다.

셋째, 매개자/연계자의 역할은 가정, 학교, 지역사회의 관계를 증진시키는 역할로서, 학교가 지역사회에 기대하는 내용과 학교의 교육목적을 지역주민들에게 알리거나 반대로 지역주민의 요구를 학교에 전달하는 것을 의미한다. 또한 지역사회의 자원을 필요한 학생과 학생 가족에게 연계하는 것도 포함한다.

넷째, 조정자/중재자의 역할은 학교사회복지사가 학생과 주변 환경 사이에서 양자 모두에게 문제해결 서비스를 제공하거나 이들 사이에서 발생하는 갈등상황을 서로의 입장에서 생각할 수 있게 해주고, 중재함으로써 각자에게 필요한 만큼 도와주어 문제를 해결할 수 있도록 도와주는 것이다.

다섯째, 옹호자의 역할은 학생과 가족의 권리를 위해 그들의 입장을 대신하여 자원과 서비스를 획득하는 것을 의미한다. 학생 개인이나 가족의 권리를 옹호하고, 정책적 변화를 모색하기 위한 활동을 하며 학생이 적절한 서비스를 받을 수 있는 권리를 확보하거나 유지하도록 하는 역할을 수행한다.

여섯째, 자원개발자의 역할은 학생과 가족 및 학교에 필요한 지역사회자원을 발굴하거나 개발을 촉진하는 것을 의미한다.

일곱째, 공조자/협력자의 역할은 학교사회복지사가 학생들을 돕는 과정에서 협력해야 하는 다양한 전문가 및 관련 기관들과의 정보를 교환하고 서로 협력하는 것이다. 청소년들의 문제해결을 위해서는 학교 내부의 자원만으로 해결되지 않는 경우가 있다. 따라서 외부의 자원이 필요한 경우에는 매개자/연계자로서의 역할을 함께 수행해야 한다.

여덟째, 조사연구가의 역할은 효과적 복지서비스를 제공하기 위해서 정확한 실태를 파악하는 것이다. 따라서 학생들의 욕구뿐만 아니라, 학교와 지역사회의 욕구를 파악하기 위한 실태조사와 함께 평가조사를 실시하는 것을 의미한다.

마지막으로, 정책제언가의 역할은 학생에 대한 정책의 영향을 모니터링해서 새로운 정책을 개발하거나 기존에 운영되는 정책을 점검·평가함으로써 미흡한 부분이나 개선되어야 할 부분들을 수정하도록 돕는 것이다.

표 7-11 학교사회복지사의 역할

역할	내용
임상전문가	• 학생을 위한 개별, 집단 상담 및 치료적 개입
교육자/자문가	• 학습, 진로를 위한 정보의 제공 • 사회성 기술, 학습전략, 의사소통 훈련, 각종 예방을 위한 교육
매개자/연계자	• 학생과 가족에게 필요한 자원의 발굴, 연계
조정자/중재자	• 학생과 환경 사이에서 양자 모두의 문제 해결 과정을 조정, 중재
옹호자	• 학생과 가족의 인권을 보장하기 위한 옹호활동
자원개발자	• 학생과 가족, 학교에 필요한 지역사회 자원의 발굴 및 개발 촉진
공조자/협력자	• 교사를 비롯하여 다양한 전문가, 관련 기관과의 협력, 공조
조사연구자	• 실태조사 및 효과성 연구를 통한 효과적 복지서비스 제공
정책제언가	• 학생복지 증진을 위해 다양한 수준에서의 정책 감시, 제언에 참여

출처: 한국학교사회복지사협회(www.kassw.or.kr)

(2) 학교사회복지사가 제공하는 서비스

학교사회복지사는 학교 현장에서 다양한 서비스를 제공하는데, 보통은 사례관리, 개별

개입, 집단개입, 가정개입, 지역사회 연계 등의 서비스를 실천 과정에서 제공한다. 이에 대한 내용을 보다 구체적으로 살펴보면 〈표 7-12〉와 같다.

표 7-12 학교사회복지사가 제공하는 서비스

구분	서비스 내용
사례관리	복잡하고 다양한 문제와 욕구를 가진 학생에게 여러 가지 지원방법을 활용하고, 학교 내외의 자원을 함께하여 효과적으로 문제를 해결하고 욕구가 충족되도록 모든 서비스 과정을 운영하는 사회복지실천 전문 방법
개별개입	대면상담, 이메일이나 전화상담, 심리검사, 정보 제공
집단개입	공통의 욕구나 문제를 가진 학생들을 집단으로 구성하여 프로그램을 제공하거나 학급단위 예방교육적인 집단 프로그램을 제공
가정개입	가정방문 및 학부모 면담을 통한 상담, 학교와 가정 간 연계 지원, 생활지원을 위한 서비스 연계
지역사회연계	학생복지 증진을 위한 학교 밖 자원 개발 및 관계자 네트워크 구축, 학교의 지역사회 봉사
기타	실태조사, 욕구조사, 연구 및 자원봉사 활용 등

출처: 한국학교사회복지사협회(www.kassw.or.kr)

함께 풀어 봅시다

1 청소년수련시설 및 청소년단체 등에서 청소년 활동·복지·보호와 관련된 업무를 담당하는 전문인력은 누구인가?

① 사회복지사　　② 청소년지도사
③ 청소년상담사　　④ 학교사회복지사

정답 ②

해설 청소년지도사는 청소년수련관, 청소년수련원, 유스호스텔, 청소년야영장, 청소년 문화의 집, 청소년 특화시설 등의 청소년수련시설 및 청소년육성을 목적으로 한 청소년단체에 취업하여 업무를 수행한다.

2 2001년 12월 31일 개정된 「청소년 기본법」에 따라 청소년 상담의 전문적 자질과 능력을 갖춘 인재를 양성할 목적으로 도입한 전문가는 누구인가?

① 사회복지사　　② 청소년지도사
③ 청소년상담사　　④ 학교사회복지사

정답 ③

해설 청소년상담사는 현재 국가전문자격으로 청소년 상담 관련 분야의 상담 실무 경력 및 기타 자격을 갖추어 대통령령이 정하는 자격검정에 합격하고 연수를 마친 자로서 청소년상담사 자격증을 교부받은 자이다.

3 학교사회복지사의 역할 중 학생과 가족의 권리를 위해 그들의 입장을 대신하여 자원과 서비스를 획득하는 역할은 무엇인가?

① 임상전문가 ② 조정자
③ 옹호자 ④ 공조자

정답 ③

해설 옹호자의 역할은 학생과 가족의 권리를 위해 그들의 입장을 대신하여 자원과 서비스를 획득하는 것을 의미한다. 옹호자로 학생 개인이나 가족의 권리를 옹호하고, 정책적 변화를 모색하기 위한 활동을 하며 학생이 적절한 서비스를 받을 수 있는 권리를 확보하거나 유지하도록 하는 역할을 수행한다.

4 청소년지도사의 배치기준에 대한 설명으로 틀린 것은?

① 청소년수련관에서는 수용인원이 500명을 초과하는 경우에는 500명을 초과하는 250명당 1급, 2급 또는 3급 청소년지도사 중 1명 이상을 추가로 둔다.
② 유스호스텔에서는 숙박성원이 500명을 초과하는 경우에는 2급 청소년지도사 1명 이상을 추가로 둔다.
③ 청소년단체는 청소년 회원수가 3천 명인 경우 1급 청소년지도사 1명을 둔다.
④ 청소년특화시설에서는 2급 청소년지도사와 3급 청소년지도사를 각각 1명 이상 둔다.

정답 ③

해설 청소년 단체에서는 청소년 회원수가 2천 명 이하일 경우에는 1급 청소년지도사 또는 2급 청소년지도사 1명 이상을, 2천 명을 초과하는 경우에는 그 초과하는 2천 명마다 1급 청소년지도사 또는 2급 청소년지도사 1명 이상을 추가로 둔다.

PART 03

청소년복지의 실천 영역

chapter 8

학교 밖 청소년 문제

학교 밖 청소년들은 스스로 진로를 찾고 직업을 구하는 과정에서 많은 시행착오와 좌절을 경험하고 있으며, 여러 사회적 기회가 박탈되고 있다. 이에 따라 학력이 단절된 청소년에게 학업을 지속할 수 있는 여건을 마련하고, 자립에 어려움을 겪는 청소년에게 체계적인 자립 준비가 이루어지도록 지원이 필요하다.

본 장에서는 학교 밖 청소년의 발생원인과 문제 및 예방을 위한 지원사업에 대하여 살펴보고자 한다.

01 학교 밖 청소년의 개념

학교 밖 청소년이란 여러 가지 이유로 인해 현재 학교를 다니지 않는 청소년을 칭하는 말이다. 유사한 용어로는 중퇴 청소년, 학교 중도탈락 청소년, 학업중단 청소년, 등교 거부 청소년 등이 있는데, 뒤섞여 사용되고 있다. 중퇴 청소년이란 정규학교를 다니다가 비행, 질병, 가사 또는 다른 이유로 졸업을 하지 못하고 도중에 학업을 중단하는 청소년을 의미한다. '중퇴'는 자퇴(권고퇴학), 제적(명령퇴학) 등을 포함하는데(표갑수, 1993), 자퇴와 제적은 본인의 의사에 따른 것인가, 아니면 학교의 명령으로 퇴학당한 것인가에 따른 구분이다. 최근 중퇴처분의 자제를 촉구하는 사회적 요구로 인해 학교에서도 중퇴라는 용어를 사용하고 있지 않으나 권고전학을 종용하여 자퇴 형식을 취하는 중퇴는 여전히 있다(홍봉선·남미애, 2018).

'중도탈락'은 다양한 이유로 학교 공부를 지속하지 못하고 학교를 졸업하지 못한 상태를 의미한다. '중도탈락'은 귀책사유를 개인에게 돌림으로써 사회적인 관심을 돌리는 데 소극적이라고 볼 수 있다. 그리고 '중도탈락'이란 용어는 정상적인 학교로부터 벗어났다는 일탈이나 패배를 의미하는 부정적인 의미를 내포하고 있다(백사인 외, 2015).

2002년부터 교육부에서 용어의 혼란을 막기 위해 '학업중단 청소년'이란 용어를 권장하여 사용하기 시작했다(윤여각 외, 2002). '학업중단'은 비행이나 일탈, 중도탈락이라는 부정적 의미보다 학업을 중단한 하나의 현상으로 보는 중립적인 용어로 이해될 수 있으며, 학업을 중단하게 된 원인과 책임을 청소년의 개인적인 측면과 사회적인 측면을 모두 포함하는 개념이라고 할 수 있다(조성연 외, 2009).

학교 밖 청소년은 학업중단 청소년에 비해 보다 광범위한 개념으로 사용된다. 학교 밖 청소년은 학업중단 청소년과 비슷하게 학교 재학 중 여러 가지 이유로 학교를 중퇴한 청소년, 비진학청소년, 근로청소년, 무직청소년, 일반학교를 다니지 않는 독학생이나 홈스쿨링, 검정고시 등과 같이 학교 정규과정을 통하지 않고 다른 경로로 학업을 계속 이어나가는 청소년까지도 포함하는 포괄적인 개념으로 해석할 수 있다.

학교 밖 청소년의 정의

1. '청소년'이란 「청소년 기본법」 제3조제1호 본문에 해당하는 사람을 말한다.
2. '학교 밖 청소년'이란 다음 각 목의 어느 하나에 해당하는 청소년을 말한다.

가. 「초·중등교육법」 제2조의 초등학교·중학교 또는 이와 동일한 과정을 교육하는 학교에 입학한 후 3개월 이상 결석하거나 같은 법 제14조제1항에 따라 취학의무를 유예한 청소년

나. 「초·중등교육법」 제2조의 고등학교 또는 이와 동일한 과정을 교육하는 학교에서 같은 법 제18조에 따른 제적·퇴학처분을 받거나 자퇴한 청소년

다. 「초·중등교육법」 제2조의 고등학교 또는 이와 동일한 과정을 교육하는 학교에 진학하지 아니한 청소년

출처: 「학교 밖 청소년 지원에 관한 법률」 제2조

02 학교 밖 청소년 지원사업 추진 배경

학교 밖 청소년들은 스스로 진로를 찾고 직업을 구하는 과정에서 많은 시행착오와 좌절을 경험하고 있으며, 여러 사회적 기회가 박탈되고 있다. 이에 따라 학력이 단절된 청소년에게 학업을 지속할 수 있는 여건을 마련하고, 자립에 어려움을 겪는 청소년에게 체계적인 자립 준비가 이루어질 수 있도록 지원이 필요하다.

이를 위해 2007년부터 취약청소년을 대상으로 자립 동기 강화, 기초적인 자립 기술 습득 등을 목적으로 하는 자립지원프로그램(두드림)이 운영되었고, 특히, 검정고시 지원 및 학습 클리닉 프로그램 등을 통해 학업으로 복귀를 지원하는 프로그램(해밀)을 2009년부터 운영하였다. 또한 2014년 5월 28일에는 「학교 밖 청소년 지원에 관한 법률」이 제정되어 학교 밖 청소년 지원에 대한 법적 근거가 마련되었다. 이 법이 2015년 5월부터 시행됨에 따라 전국에 학교 밖 청소년지원센터(꿈드림센터)가 지정·설치되어 2017년 202개소, 2018년 206개소, 2019년 214개소로 지정·운영되고 있고(여성가족부, 2020c), 2024년 기준 전국에 222개소가 운영 중에 있다(꿈드림 www.kdream.or.kr).

1) 꿈드림센터(학교밖청소년지원센터) 설치 현황

2024년 기준 꿈드림센터는 전국에 222개소가 운영되고 있으며 지역별 현황은 다음 〈표 8-1〉과 같다.

표 8-1 학교밖청소년지원센터 운영 현황

구분	총계	서울	부산	대구	인천	광주	대전	울산	세종	경기	강원	충북	충남	전북	전남	경북	경남	제주
개소	222	26	17	9	9	6	3	5	1	32	13	13	16	10	23	15	21	3

출처: 꿈드림지원센터(www.kdream.or.kr)

2) 학업중단 청소년 현황

학업중단자란 엄격한 의미에서 의무교육의 범주에 들지 않는 고등학교 교육에서 자퇴(질병, 가사, 부적응, 해외출국 및 기타), 퇴학(품행), 제적, 유예, 면제의 사유로 중도에 학업을 중단한 학생들을 말하며, 의무교육에 해당하는 초등학교와 중학교의 경우에는 유예(질병, 장기결석, 미인정 유학)와 면제(질병, 해외출국)가 해당된다.

[그림 8-1]은 학교급별 학업중단율의 변화를 학년도별로 보여주는 그래프이다. 2022학년도 초·중·고 전체 학업중단율은 1.0%로, 전 학년도 대비 0.2%p 상승한 것으로 나타났다. 각 학년별로 살펴보면, 초등학생은 0.7%, 중학생은 0.7%, 고등학생은 1.9%로 전 학년도 대비 각각 0.1%p, 0.2%p. 0.4p. 상승한 것으로 나타났다.

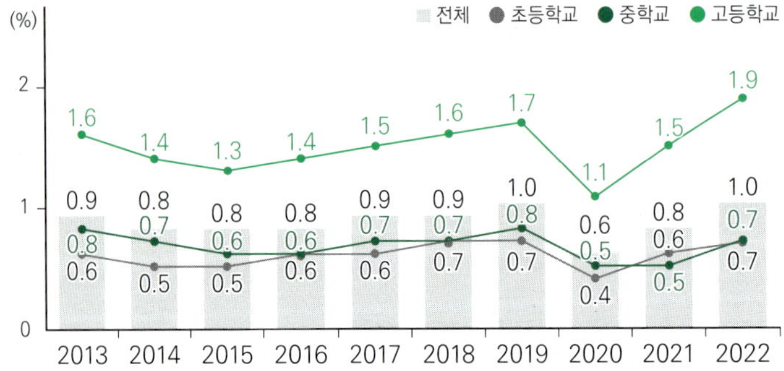

그림 8-1 학업중단율

출처: 교육부(2023). 2022년 교육기본통계조사.

3) 학업중단의 원인

윤여각 등(2002)은 학업중단의 원인을 학업중단의 유형과 관련지어 분류하였다. ① 가정에 대한 불만족, ② 생계 부담, ③ 학교에 대한 불만족, ④ 교과 공부에 대한 어려움, ⑤ 심각한 교칙 위반, ⑥ 건강 악화, ⑦ 조기유학이나 이민이 서로 영향을 끼치면서 학업중단에 이르는 것으로 보고하고 있다. 즉, 한 가지 요인이 학업중단에 작용하는 것이 아니라 다양한 요인들이 문제행동과 문화를 만들고 이것이 영향을 끼쳐서 결국 학업중단을 선택하게 된다는 것이다. 이는 가출이나 심각한 교칙 위반이 비행이나 학업중단의 결정적 요인이 될 수 있음을 시사하지만 비행청소년들의 학업중단 이유를 설명해준다고 보기는 어렵다. 그러나 여러 가지 요인들이 서로 복합적인 영향을 미치며 문제행동으로 표출되고 학업중단으로 이어지는 과정을 설명하는 것으로 볼 수 있다(백사인 외, 2015).

(1) 개인 요인

학업중단과 관련된 개인 요인을 다양한 연구를 통해 알 수 있는데, 주로 학업중단청소년은 비학업중단 청소년에 비해 자기존중감이 낮고, 자아인식에 대한 개념이 부족하며, 자아통제와 같은 자기조절 기능이 부족한 것으로 나타나고 있다. 학업중단 청소년은 규칙이나 규범을 지키고자 하는 법 준수의식이 부족하고, 어려서부터 성공에 대한 경험이 부족하고, 발달단계에서 습득해야 하는 교육에 대한 과업도 성실하게 수행하지 않는 것으로 나타났다. 또한 학업중단 청소년은 음주, 흡연 등과 같이 금지된 약물을 사용하는 경우가 다수 있었으며, 유해업소 출입, 부적절한 성관계 등의 비행을 경험하는 것으로 나타났다. 결국, 이러한 청소년들은 가출과 아르바이트 참여, 비행청소년과의 관계 등을 통하여 학업중단에까지 이어지는 것으로 나타난다.

(2) 가정 요인

학업중단과 관련된 가정 요인으로는 주로 구조적인 결손가정, 한부모가정, 조손가정, 재혼가정 등 가족구조의 결손이 가정의 안정을 위협하고, 가족 기능의 원활한 수행에 어려움을 겪게 되는 상황에서 청소년의 불안과 불만이 증가하고, 안정적 지지에 대한 실패가 가출과 학업중단으로 이어질 수 있다. 또한, 가정경제의 빈곤이나 부모의 낮은 교육 수준, 낮은 사회경제적 지위 등도 청소년의 학업중단에 영향을 미치는 것으로 많은 연구결과에서 나타나고 있다. 특히 문선화(2003)의 연구에서는 가족의 경제 수입 수준이 전체 평균의 1/3 이하일 경우 중산층의 학생들보다 3~4배 더 중퇴할 확률이 높다는 연구결과를 제시하였다. 그뿐만 아니라 가정 내에서 부모가 자녀에 대한 기대치가 지나치게 낮을 경우, 일반적인 가정의 정서적 지지보다 낮을 경우와 학교생활이나 학업성적에 대하여 무관심하거나 형식적인 관심에 그치는 경우도 학업중단에 영향을 미치는 것으로 밝혀졌다. 가정 내 부부간 잦은 갈등이나 폭력, 자녀에 대한 폭행이나 폭언, 정신적인 학대, 방임, 가족 간의 불화, 지나친 통제와 억압, 지나치게 허용적인 양육 태도 등도 학업중단에 영향을 미치는 것으로 나타났다.

(3) 또래 요인

청소년기에 또래 친구는 그들의 문제를 함께 고민하고 해결하는 긍정적인 영향을 미치는 중요한 정서적 지지 요인으로 작용한다. 친구 없이 주로 혼자 지내거나, 또래와 관계가 원만하지 못하거나, 따돌림 등 학교폭력의 대상이 되거나, 또래문화를 공유할 수 있는 시간적 제약이 심한 경우도 학업중단이 될 수 있는 위험이 있다. 한편, 비행 성향이 높은 또래 친구와 관계를 유지하는 것도 학업중단의 원인이 될 수 있다.

청소년 시기에는 호기심이 강하고, 또래 친구의 영향이 높기 때문에 학교폭력의 가해행동, 학교규칙 위반과 교사에 대한 반항, 학업의 포기, 일탈행동 선호, 약물 남용, 학교 부적응 문제를 보이는 비행청소년, 위기청소년 등과의 접촉이 빈번할수록 일탈에 대한 죄의식을 갖지 않으며, 비행에 빠져들고 학업중단을 초래하는 결과가 나타난다. 이는 서덜랜드와 크레시(Sutherland & Cressey, 1974) 가 접촉자이론에서 일탈행동이 타인과의 소통을 통해 학습되며, 학습이 친한 사람들 집단 안에서 일어나고 빈도(frequency)나 지속기간(duration), 강도(intensity)에 따라 다르게 나타난다고 설명한 점과 관계 깊다. 즉, 부모나 교사보다 또래 친구의 영향을 더 많이 받는 청소년 시기의 특성으로 볼 때 또래 요인은 학업중단의 원인으로 작용한다고 풀이된다.

(4) 학교 요인

학업중단의 요인은 다양하고 어느 한 가지 요인의 특징으로 규정할 수 없지만, 특히 학업에 대한 흥미가 없거나 학업 자체를 싫어하는 경우에 학업중단으로 이어질 가능성이 크다. 학업에 대해 흥미가 없거나 학업 자체를 싫어하는 경우의 청소년은 학습능력이 또래에 비하여 부족하고, 각 학년별로 이수해야 하는 학업량을 달성하기에 매우 취약한 상태에 놓여 있다. 학업에 대한 부담은 학교에 대한 흥미를 떨어뜨리고, 이는 잦은 지각이나 조퇴 및 결석과 같은 수업결손을 불러일으켜, 교사와의 관계에 갈등을 초래하고 학교적응에 어려움을 보이면서 학교를 이탈하게 된다. 학업에 흥미가 없는 청소년들은 학교의 다양한 행사에 관심을 보이기도 하지만, 학교축제, 체육대회, 현장체험학습 등의 학교행사는 전체 학교 일정에서 차지하는 배율이 매우 적은 것이 현실이다.

학교에서 교사와의 관계는 청소년의 학업중단과도 관계가 있다. 학생에 대한 교사의 관심도 학업중단에 영향을 미치는데, 일반적인 학생보다 지나치게 낮은 관심을 보이는 경우 학생은 정서적인 지지가 낮거나 공정하지 못하다고 생각하게 되며 교사에 대한 불만이 쌓이고 이는 학업중단으로 나타날 수 있다. 또한 교사가 다른 교사와 비교하여 지나치게 엄격한 규율로 억압하거나, 학생의 개인적인 환경을 전혀 고려하지 않거나, 상황에 따른 사유를 수용하지 않은 획일적인 잣대로 학생을 평가하게 되는 경우도 학업중단으로 이어질 수 있다. 이와는 반대로 지나치게 허용적이거나 일관되지 못하고 감정과 상황에 따라 학생을 평가하여 공평하고 공정하지 못한 상황이 자주 발생하게 되면, 학생들은 교사에 대한 불만이 증폭되어 학교 자체를 멀리하면서 학업중단이 발생하기도 한다.

아래 [그림 8-2]에서 보는 바와 같이 여러 학업중단 요인이 발생하면서 학교부적응으로 인한 학업중단자 비율은 2021년에 비해 증가한 것을 볼 수 있다.

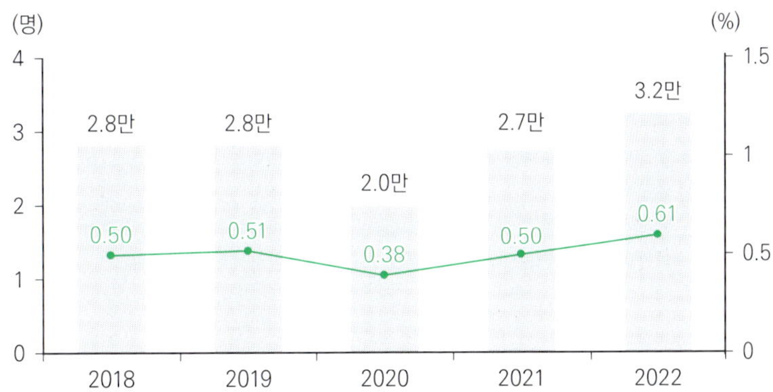

그림 8-2 부적응 사유 학업중단자/비율 추이

출처: 교육부(2023). 2022년 교육기본통계조사.

(5) 지역사회 요인

학업중단과 관련된 지역사회 요인으로는 청소년생활환경이 건전한 문화 조성이 미흡하고 지나치게 유해한 환경에 많이 노출되는 것이다. 이러한 환경에서는 청소년들이 흡연, 음주, 외박, 비행을 저지를 가능성이 높은 것으로 나타났다. 성인들이 자주 이용하는 성인노래방이나 향락문화를 쉽게 접할 수 있는 환경에 놓여 있는 청소년들은 학업중단율이 높은 것으로 많은 연구에서 조사되었다(여성가족부, 2020b).

엠피(Empey, 1982)는 비행지대론에서 도시의 황폐화된 지역(deteriorated area)이 사회 해체를 유발하고, 해체된 지역에 사는 이웃이 청소년들에 대한 통제력이 약하여 길거리 갱 집단의 형성을 방조한다고 설명하였다. 이는 취약한 지역의 비행 발생 확률이 높음을 설명하며, 결국 높은 비행 가능성에 놓인 청소년이 높은 학업중단과 연결된다는 것을 예측하였다.

그뿐만 아니라 우리나라의 지나친 입시열풍과 사회구조적인 문제로 인해 나타나는 전반적인 불신과 갈등도 방황하는 청소년 시기에 미래에 대한 희망을 포기하게 하는 원인으로 작용하기도 한다. 지나치게 오락 위주와 향락문화, 소비문화의 팽배, 물질만능주의에 의한 상대적 박탈감은 청소년의 지위를 벗어나고자 하는 욕망을 부추길 수 있다.

표 8-2 2020년 청소년 유해업소 현황

(단위: 개소)

계	유흥주점	단란주점	일반음식점	휴게음식점	무도학원(무도장)	이용업, 목욕장	숙박업	노래연습장	비디오감상실, 비디오물소극장업	복합영상물제공업	게임 제공업계				
											인터넷게임시설제공업	게임제공업	청소년게임장	복합유통게임제공업	일반게임장
984,843	26,975	12,776	658,451	175,484	772	23,155	26,118	31,212	530	19	18,589	250	5,797	2,619	2,096

※ 1) 출입·고용금지업소: 유흥주점, 단란주점, 노래연습장, 무도학원, 무도장, 비디오감상실, 기타(비디오물 소극장업, 복합영상물제공업, 제한관람가 비디오물 소극장업)

2) 고용금지업소: 일반음식점, 휴게음식점, 이용업, 숙박업, 게임제공업을 지칭(일반음식점의 경우 소주방, 호프, 카페 등이 청소년 고용금지 업소에 해당되며, 숙박업의 경우 휴양콘도미니엄업 등은 청소년 고용금지업소에서 제외)

3) 2020년 12월 말 기준 자료

출처: 행정안전부 홈페이지(www.mois.go.kr)

03 학교 밖 청소년의 특성

학교 밖 청소년은 다양한 원인에 의해 발생하기 때문에 학교 밖 청소년들의 유형 또한 다양하게 나타난다. 학교 밖 청소년의 유형별 특성을 살펴보고 각 유형에 적합한 지원을 하는 것이 필요하다.

1) 학업형

학업형은 송광성, 구정화, 이영아, 김소희(1992)가 구분한 능동형과 같은 유형으로, 자신의 문제를 적극적으로 해결하고자 학교를 그만두는 경우이다. 이들은 학업 수준이 낮지 않으며 양부모 가정일수록, 경제 수준이 높고 비행경험도 상대적으로 적은 중상위권 학생들이다. 정규학교를 떠나 대안교육기관에서 지속하는 경우와 진학 준비를 위해 정규학교 이외의 기관에서 학업을 이어나가는 경우이다. 이들은 상담복지센터나 쉼터와 같은 청소년시설에 있는 학교 밖 청소년들과 비교할 때 자존감, 자아정체감이 높게 나타나 심리·정서적으로 양호한 상태를 보인다. 자신의 특기나 소질을 위해 학업을 지속할 수 없는 경우에 학교를 그만두는 경우도 이에 해당된다.

2) 근로형

근로형은 취약계층, 또는 부득이한 사정으로 학업과 경제활동을 병행해야 하는 경우나 또래보다 상대적으로 높은 연령에 해당하는 청소년들이 학교를 떠나 근로 현장으로 뛰어드는 유형이다. 이들은 자신의 미래에 대하여 체계적인 준비를 하고 있으나 가정환경이 열악하여 자신의 진로 결정에 영향을 줄 수 있는 경제력을 확보하기 위하여 학업을 유예하는 경우로, 검정고시 등을 통해 학력을 취득하고 상위학교에 진학을 계획한다. 하지만 그렇지 않은 청소년은 학업중단 후 미래에 대한 뚜렷한 설계 없이 단순한 아르바이트나 단순노동을 함으로써 미래에 대한 불안감이 커지고 충동적인 소비 행태를 보이는 경향이 높다.

3) 은둔형/유예형

은둔형 또는 유예형은 학교에서 개인 내·외적인 원인(성적, 진로, 친구 관계, 가정문제 등) 등으로 학업을 지속하기 어려운 상황에 처한 청소년으로, 주로 자신이 처한 문제의 어려움을 회피하고자 일정 기간 학업을 유예하는 경우로 볼 수 있다. 이 유형에 속하는 청소년은 주로 은둔형에 속할 가능성이 높은 것으로 보고되고 있다.

4) 비행형

비행형은 일탈과 비행 문제로 학업을 중단하는 청소년으로, 고등학교 연령대에서 주로 나타나고 학업중단 기간이 길어질수록 비행에 연루될 가능성이 높은 것으로 나타났다. 비행형에 속하는 청소년은 주로 열악한 가정환경으로 가족과의 정서적 관계가 약하고, 경제적으로도 낮은 수준이며, 학교에서 학업성적이 낮고, 비행을 저지르는 친구들과 친하게 지내면서 학교생활에 부적응을 보이는 경우가 많다. 이들은 또래 비행청소년과 어울리면서 비행 행동의 횟수가 늘어나고, 비행의 정도도 더욱 심각해지는 경향을 보인다.

04 학교 밖 청소년에 대한 사회적 지원 실태

「학교 밖 청소년 지원에 관한 법률」이 2014년 5월 28일 제정되면서 총 200개의 학교 밖 청소년지원센터가 개소되었고(2021년 기준 220개소), 학교 밖 청소년을 지원하기 위하여 여성가족부, 교육부, 고용노동부, 법무무, 보건복지부 등이 밀접하게 관계하여 협동하고 있다. 정부가 학업중단을 예방하고, 정부-지역-민간을 연계하여 협업으로 학교 밖 사각지대를 해소하기에 본격적으로 나선 것이다.

1) 여성가족부

여성가족부에서는 학교 밖 청소년을 지원하는 청소년지원센터 꿈드림을 설치·운영하고 있고, 그 밖에도 청소년쉼터, 지역사회 청소년통합지원체계(CYS-Net), 청소년특별지원사업 등을 시행하고 있다.

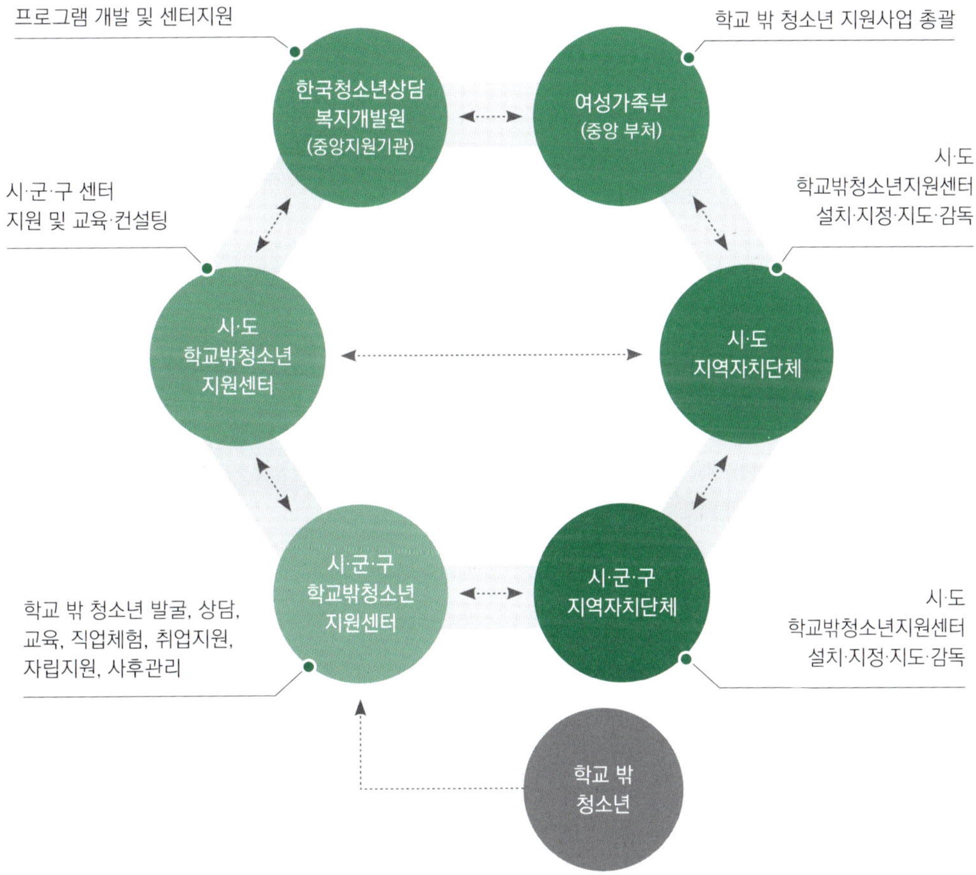

그림 8-3 학교 밖 청소년지원센터 추진 체계

출처: 꿈드림(www.kdream.or.kr)

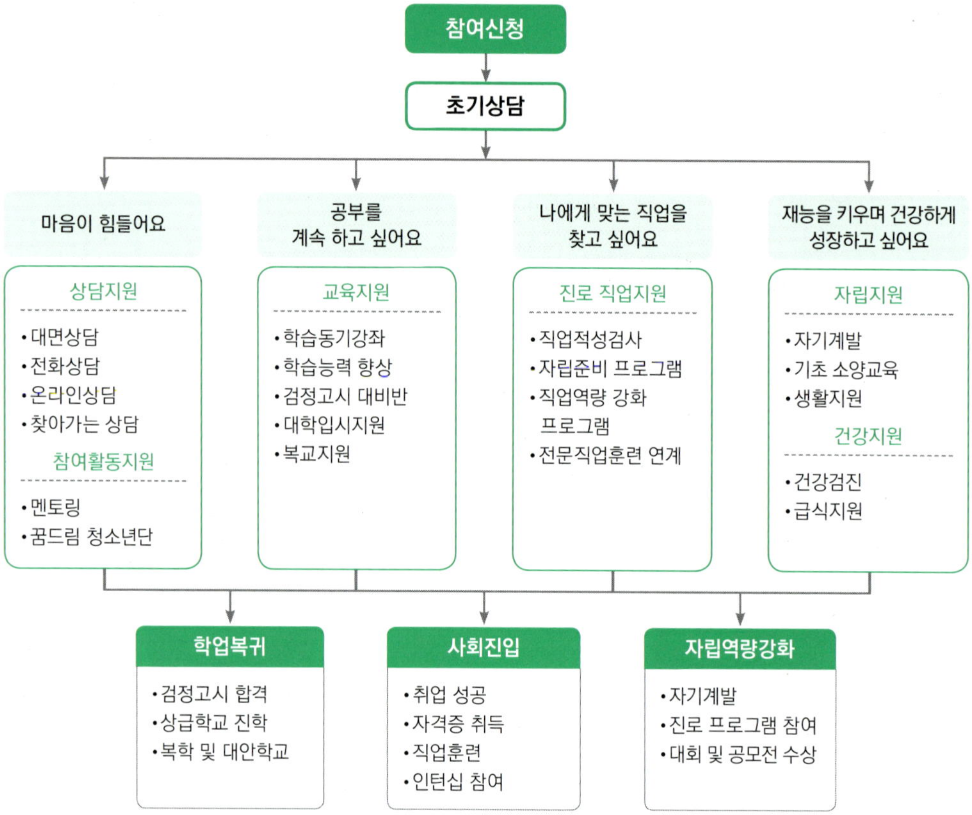

그림 8-4 꿈드림 서비스 흐름도

출처: 꿈드림(www.kdream.or.kr)

표 8-3 꿈드림 주요 서비스 내용

주요 서비스	내용
상담지원	•청소년 심리, 진로, 가족관계, 친구관계 등 상담지원 * 대면상담, 전화상담, 온라인상담, 모바일상담 등을 통한 상담
교육지원	•학업동기 강화 및 학업능력 증진 프로그램 제공 •검정고시를 통한 학력취득 지원 •학교 복귀 지원 •대학 입시 지원 •꿈드림 멘토단 지원 •학업중단 숙려상담, 취학관리 전담기구 사례관리

주요 서비스	내용
직업체험 및 직업교육훈련 지원	•직업탐색 프로그램 제공 •진로동기강화 프로그램 제공 •진로체험 프로그램 제공 •직업역량강화 프로그램 및 자립준비·취업지원 서비스 제공 •취업훈련 연계지원(국민취업지원제도 등) •창업 연계지원
자립지원	•청소년 근로 권익 등 보호 •경제적으로 어려운 학교 밖 청소년 지원 •기초 소양교육 제공 •자기계발 프로그램 지원 •청소년 참여활동 지원(꿈드림 청소년단, 청소년활동 자치기구 등)
건강검진	•청소년 특성에 맞춘 건강검진 서비스 제공(본인부담 없음) •건강생활 관리 지원 •체력관리 지원
기타 서비스	•학교 밖 청소년 급식 지원 •지역특성화 프로그램 등

출처: 꿈드림(www.kdream.or.kr)

2) 교육부

'학업중단예방·대안교육지원센터'는 학업중단예방과 학교 및 대안학교의 대안교육 역량을 지원하기 위한 목적으로 2014년 3월 교육부에서 한국청소년정책연구원에 학업중단예방센터를 지정하고, 2020년 8월 추가로 대안교육지원센터를 지정함에 따라 '학업중단예방·대안교육지원센터'로 명칭을 변경하여 운영되고 있다. 학업중단예방·대안교육지원센터 사업으로는 크게 연구/프로그램 개발 사업, 교육청/학교지원 사업, 정책홍보 사업으로 분류할 수 있다. 연구/프로그램 개발 사업으로는 학업중단예방 및 대안교실 프로그램(꿈지락) 모듈 개발(초등용), 미인가 대안학교 실태조사 연구, 홈스쿨링 도입 방안 연구 등을 진행하며, 교육청/학교지원 사업에는 시·도교육청 담당자 워크숍 지원, 민간위탁형 공립대안학교 설립 추진 지원, 원격연수 활성화, 관리자 및 담당자 연수 등을 수행하고 있으며, 학업중단예방 우수사례 UCC 공모전 등을 통해 정책홍보를 실시하고 있다(여성가족부, 2020b).

3) 고용노동부

고용노동부에서는 학교 밖 청소년을 대상으로 취업사관학교, 취업성공패키지, 청년취업인턴제를 운영하고 있다. 취업사관학교는 15~24세 미만의 학교 밖 청소년들을 대상으로 맞춤형 훈련을 통해 자립을 지원하는 정책이다. 취업성공패키지는 저소득 취약계층을 대상으로 노동시장으로의 진입을 지원하기 위한 정책이고, 청년취업인턴제는 현재 미취업 상태에 있는 청소년에게 중소기업에서의 인턴십 과정을 경험하게 함으로써 직업체험을 하고 직무능력을 배양하여 정규직으로의 취업 가능성을 제공한다.

4) 법무부

법무부에서는 소년범 및 비행청소년과 학교 밖 청소년을 대상으로 청소년비행예방센터, 청소년자립생활관, 사회정착지원센터 등을 운영한다. 전국 16개의 청소년꿈키움센터를 운영하고 있으며, 비행 초기 단계나 위기청소년을 대상으로 비행의 원인을 진단하고 비행예방교육을 실시한다. 찾아가는 학교폭력 예방교육과 법체험, 가족캠프나 보호자교육, 소년부 판사가 의뢰한 비행청소년의 상담조사 등을 행한다.

5) 보건복지부

보건복지부에서는 청소년자활지원관, 아동자립지원서비스를 통하여 학교 밖 청소년의 지원을 돕는다. 청소년자활지원관에서는 저소득층 청소년을 대상으로 직업능력 향상 지원, 건전한 문화활동 지원을 하고 아동자립지원서비스 시설 및 위탁가정에 보호되는 아동 및 보호종결(18세 이상) 된 청소년들을 위한 자립을 지원하는 서비스를 제공한다.

표 8-4 학교 밖 청소년 주요 지원 정책

담당부처	주요 대상	주요 사업 및 기관	지원 내용	운영 기관
여성가족부	학교 밖 청소년	학교밖청소년지원센터	학업·취업·자립 지원	-
	위기청소년	청소년특별지원사업	자립·자활 지원	청소년상담 복지센터
		CYS-Net	사회안전망 구축 및 맞춤형 위기지원	
		청소년동반자사업	일대일 사례관리	
	가출청소년	청소년쉼터	주거 및 생활 지원	일시·단기·중단기 쉼터
교육부	학업중단 청소년	방송통신 중·고교	교육 및 학력 취득기회 제공	방송통신 중·고등학교 운영센터
		초·중·고 졸업 학력 검정고시		시·도교육청/ 한국교육과정평가
		친구랑 (학교 밖 청소년도움센터)	학업복귀 지원	관할 교육청
	(잠재적)학업중단· 복귀청소년	대안학교	학업중단 예방 및 복귀 지원	대안교육기관
	잠재적 학업중단 청소년	학업중단숙려제	학업중단 예방	Wee센터/학교밖 청소년지원센터
		꿈키움 멘토링	멘토링을 통한 학업중단 예방	시·도 교육청
고용노동부	학교 밖 청소년	취업사관학교	직업훈련 및 취업 지원	한국산업인력공단
	비진학 미취업 청소년	취업성공패키지		고용센터
	미취업 청소년	청년취업인턴제	직업체험 및 취업지원	
법무부	소년범 및 비행청소년	자립생활관	자립·자활 지원	-
		창업보육사업	취업 지원	-
		사회정착지원센터	직업 훈련	-
	저소득층 청소년	청소년자활지원센터	자활 및 취업 지원	-
	시설 및 위탁 가정 청소년	아동자립지원단	주거 지원 및 진학 지원	-
보건복지부	저소득층 청소년	청소년자활지원센터	자활 및 취업 지원	-
	시설 및 위탁가정 청소년	아동자립지원단	주거 지원 및 진학 지원	-

출처: 홍봉선·남미애(2018). 청소년복지론.

05 학교 밖 청소년을 위한 지원 방안

1) 기본 방향

학교 밖 청소년이 지닌 다양한 욕구와 문제를 극복할 수 있도록 사회적인 정책과 서비스의 제공은 더욱 확대되어야 한다. 학교 밖 청소년을 위한 지원 방안을 시행하기 위해서는 다음의 노력이 필요하다.

(1) 학교 밖 청소년에 대한 시각의 전환

학교 밖 청소년에 대한 지원은 시혜가 아니라 권리에 입각한 것이어야 한다. 소비가 아니라 투자개념으로 전환되어야 한다. 청소년의 욕구에 기초해야 하며 청소년의 자율성을 최대한 존중해야 한다. 청소년들이 누리는 일반적인 권리가 학교 밖 청소년에게도 보장되어야 한다.

(2) 복지, 노동, 교육, 문화 등의 통합적 지원

학교 밖 청소년은 외부 환경에 크게 영향을 받는 데 반해 가족만으로는 지원하기 어렵다. 또한 사회와 노동시장에 진입하거나 적응할 수 있는 시기가 아니기 때문에 공적 영역에서 통합적이고 폭넓은 지원정책이 요구된다. 단순한 학업 유지나 일자리 제공이 아니라 복지, 노동, 교육, 여가 등의 통합적 지원이 필요하다. 청소년이 원할 때 노동, 복지, 교육, 여가 등의 수평적 이동이 가능하도록 보장하기 위해서는 평생교육 시스템의 확충, 취업 전 단계에서 생활에 필요한 기본소득을 보장하는 청소년기초연금 등이 행해져야 한다. 특히 생활 여건의 어려움으로 아르바이트로 용돈벌이를 하려고 하는 경우가 많으므로 올바른 진로지도와 직업체험 및 직업 선택 또는 건전한 아르바이트를 할 수 있도록 인프라 구축이 필요하다(남미애 외, 2013).

(3) 학교 밖 청소년의 라이프 스타일을 고려한 맞춤식 지원

전 세계적으로 청소년에서 성인기로의 이행 기간이 연장되고 있고 개인의 라이프스타일도 매우 다양해지고 있다. 학교 밖 청소년은 학교 문제, 가정 문제, 경제 문제, 정신적 문제 등이 있으며, 획일적으로 학교에 복귀한다고 해서 모든 문제가 해결되지는 않는다. 학교 밖 청소년의 자립 시기 및 방법은 개인의 라이프 스타일에 따라 상이할 수 있다. 사회가 정형화된 방법으로 제시하기보다는 복합적이고 다양한 학교 밖 청소년의 개별 욕구와 특성을 고려하여 청소년 자신의 삶에 맞게 선택할 수 있도록 해야 한다(남미애 외, 2013).

(4) 학교 밖 청소년발달 및 다양한 사회참여 확대를 통한 역량 강화

학교 밖 청소년의 지원는 단순한 일자리 연결이 아닌 사회가 필요로 하는 사회구성원으로 자신의 존재의미를 확인할 수 있는 다양한 활동에 참여함으로써 폭넓은 노동관과 직업관을 형성하는 기회와 경험을 제공하는 것이 중요하다. 이를 위해 학교 밖 청소년의 신체적·심리적·사회적 발달 및 자산증진을 통해 역량 강화를 하는 것에 초점을 둘 필요가 있다(남미애 외, 2013).

(5) 자립 유예기간의 인정 및 지원

자립 유예기간을 인정하여 학교 밖 청소년들이 생존의 절박함에서 벗어나 자신의 미래와 진로를 위해 일정 기간 여러 가지 시도와 도전을 해 보도록 기다려주는 것이 필요하다(남미애 외, 2013).

(6) 성급한 학교복귀와 취업보다는 평생교육의 강화

학교 밖 청소년은 학교를 그만둔 것일 뿐 학업을 포기한 것은 아니다. 기존 학교 밖 청소년 조사 결과에 따르면 학교 밖 청소년은 학업중단 이후 다양한 삶의 궤적을 살아가면서도 학업 유지 및 상급학교 진학에 대한 욕구가 높았다. 따라서 평생교육의 주된 대상으로 학교 밖 청소년이 강조되어야 하고, 지역의 평생교육기관에 학교 밖 청소년에게 맞는 다양한 교육과정의 개설 및 부가적인 지원들이 확대되어야 하며, 학교 밖 청소년 지원기관들과 평생교육기관과의 연계가 강화되어야 한다(남미애 외, 2013).

2) 학교 밖 청소년을 위한 제도적 접근

(1) 「학교 밖 청소년 지원에 관한 법률」 개정

학교 밖 청소년을 지원하기 위해 2014년부터 「학교 밖 청소년 지원에 관한 법률」이 제정·시행 중이다. 법률에는 학교 밖 청소년의 정의와 지원, 국가와 지방자치단체의 책무, 지원계획 수립, 실태조사에 대해 명시하였다. 또한 학교 밖 청소년 지원의 전달체계를 구체화하기 위해 학교 밖 청소년 지원 위원회, 학교 밖 청소년지원센터 설치·운영, 관련 기관과의 협조에 대해 제시하였다. 학교 밖 청소년의 다양한 욕구에 보다 적극적으로 대응하고 효과적인 지원을 위해서 학생 및 비학생이라는 이분법적 구분에서 벗어나 청소년이 필요한 경우 학교나 학교 밖에서 필요한 지원을 받을 수 있도록 해야 한다. 또한 부처 간 업무 공조체계를 명확히 하고 연계, 협력을 강화하는 내용이 포함되어야 한다.

(2) 유형별 학교 밖 청소년에 대한 연속적·다각적 개입

학교 밖 청소년에 대한 개입 및 지원은 유형에 따라 학업중단 이전에서부터 학교 복학 및 사회적응까지 연속적이고 다각적으로 이루어져야 한다. 먼저 잠재적 학업중단 청소년에 대한 발견 및 예방을 위한 차별화된 프로그램이 마련되어야 하며 학교 밖 청소년 중에서 학교복귀를 희망하는 청소년에 대해서는 학교복귀를 지원하는 서비스가 강화되어야 한다. 특히 단위학교에서는 잠재적 학업중단 학생이나 복학생의 학교 재적응을 위한 학교 내 학교생활 성공팀(school success team)을 운영하여 학생 및 가족 중심, 학제 간 접근, 개별적 지원, 지역사회지원 등을 지원하거나 독립된 프로그램을 개발·지원하는 것이 필요하다(홍봉선·남미애, 2018).

(3) 학교 밖 청소년지원센터의 확충

학교 밖 청소년지원센터를 모든 시·도 및 시·군·구에 설치·운영하여 청소년의 접근성을 높일 수 있도록 해야 한다. 그에 따른 인력 충원과 예산 증가를 통해 실질적인 서비스 제공이 이루어질 수 있도록 해야 한다. 학교 밖 청소년들의 다양한 욕구가 충족될 수 있는 맞춤형 서비스가 확대되도록 전용공간 확보 및 시설 확충을 통해 모든 학교 밖 청소년들에게 문화공간을 제공하고 사회참여를 증진시킬 수 있도록 해야 한다.

(4) 국가 차원의 통합지원센터 구축

학교를 떠난 학교 밖 청소년을 제도권 안에 들어오도록 하는 것은 매우 어렵다. 학생 신분을 벗어나면 사회적 보호망을 벗어나기 쉽다. 따라서 청소년의 자기결정권 및 개인정보 보호를 충실히 하면서도 그들을 파악할 수 있는 방안을 강구해야 한다. 이를 위한 유관기관과의 협력체계를 마련하여, 한 명의 청소년을 두고 각 부처마다 학생, 비학생, 위기청소년, 비행청소년 등 기준이 달라 효율적인 지원이 어려운 점을 보완하여야 한다. 즉, 청소년과 관련된 모든 현안을 취합하고, 각종 서비스와 정보를 제공할 수 있는 국가 차원의 청소년 전담 통합센터를 설치하는 것이 필요하다.

(5) 통합적 지원을 위한 전문가 양성

학교 밖 청소년의 다양한 욕구에 부합하는 통합적 지원을 위하여 전문가 양성이 필요하다. 청소년들은 다양한 이유로 학업을 중단하게 되지만, 중단 이후 이들이 공통적으로 고민하는 것은 자신의 학업 및 진로문제이다. 학교 밖 청소년들은 대부분 검정고시, 취업, 복교의 세 가지 진로를 준비하고 있다. 이들은 검정고시 준비를 위해 학원을 다니거나 취업을 위해 다양한 기술을 비롯한 직업교육을 받기도 한다. 그러나 학교로 다시 복귀하기를 희망하는 청소년은 뚜렷하게 준비할 것을 찾지 못한 채 막연한 두려움을 갖고 있는 경우가 많다. 학업 및 진로 준비를 하고 있는 청소년들은 자신이 속한 기관(청소년상담복지센터, 청소년쉼터, 소년원, 취업사관학교 등)에서 제공하는 서비스를 받고 있지만, 개인별 욕구에 맞는 맞춤형의 추가적인 지원을 필요로 한다. 학업 문제, 심리적 어려움, 진로나 취업 등의 문제를 통합적으로 지원할 수 있는 전문가를 양성하여 다각적인 방안에서 청소년에게 서비스를 제공해야 할 것이다(백사인 외, 2015; 홍봉선·남미애, 2018).

(6) 학교 밖 청소년 부모에 대한 지원

학교 밖 청소년의 부모는 자녀가 학업을 중단하게 되기까지 수많은 갈등과 문제로 자녀에게 상처를 입히기도 하지만, 부모 자신도 많은 스트레스와 상처를 받게 된다. 결국, 부모-자녀 간에 심리적, 정서적으로 심각한 갈등상태에 놓이게 되면서 부모와 자녀는 서로에 대하여 불신과 원망과 비난을 하게 되고, 특히 부모는 자녀의 학업중단으로 인해 주변 사람들과의 관계를 회피하는 등의 문제가 발생하기도 한다. 그러므로 자녀의 향후 진로에 대해 상담받고, 학교 밖 자녀를 둔 부모 역할에 대한 어려움을 서비스 받을 만한 기관이 마련되어야 한다. 자녀와의 관계 개선을 위한 부모-자녀 간 교육이나 캠프, 역할극을 통한 부모-자녀의 어려움 이해 등과 같은 다양한 교육과 상담, 프로그램 등과 같은 서비스를 제공하여 자녀에 대한 부정적인 인식과 관계 개선의 변화를 실시해야 할 것이다.

함께 생각 나누기

1. 청소년 시기에 가장 큰 어려움이 무엇인지 생각해 봅시다.
2. 학업중단 위기를 극복할 수 있는 방안에는 무엇이 있는지 생각해 봅시다.
3. 학교 밖 청소년을 위한 가정, 지역사회, 국가의 역할이 무엇인지 생각해 봅시다.

영화로 보는 청소년 문제

박화영

감독: 이환(2018)

영화 내용

"니들은 나 없으면 어쩔 뻔 봤냐?"

이름: 박화영
나이: 18
직업: 고등학생
가족: 없는데 있음
친구: 있는데 없음

가출청소년들의 이야기를 다룬 영화로 주인공 박화영의 집에 모인 모두는 매일 라면을 먹고, 매번 담배를 피우고 동갑인 화영을 '엄마'라고 부른다.

어느 허름한 반지하방에는 10대 가출청소년 팸들이 옹기종기 모여 앉아 있다. 영화 속 인물들의 언어 수위가 세고 불편한 구석이 많은 영화지만 이 모습이 10대의 리얼한 모습이고 그 안에서 본질적인 관계를 정립해 나가는 과정을 다룬다. 극중 화영은 뚱뚱한 가출 소녀가 아닌 누군가와 끊임없이 관계를 이어 나가고 싶은 작은 소망을 가진 친구로, 겉모습만 보고 자신을 무시하는 친구들을 철저히 욕으로 응징하지만 사실 응징보다는 방어를 하는 것은 아닐지….

함께 풀어 봅시다

1 **학교 밖 청소년에 해당하지 않는 대상은?**

① 학교에 입학한 후 3개월 이상 결석한 청소년
② 징계처분 기간 동안 학교 등교를 할 수 없는 청소년
③ 취학의무를 유예한 청소년
④ 제적·퇴학 처분을 받거나 자퇴한 청소년

정답 ②

해설 ②번은 학교폭력 등으로 징계처벌을 받은 학생으로 학교 밖 청소년에 해당하지 않는다.

2 **학업중단의 요인에 해당하지 않는 것은?**

① 친구와의 관계가 원만하지 못하다.
② 자아존중감이 낮다.
③ 교사와의 갈등이 심각하다.
④ 가정에서 적절한 통제가 이루어진다.

정답 ④

해설 가정에서 지나친 규제와 억압이 가족과의 갈등으로 나타나 학업중단의 원인으로 작용할 수 있다.

3 **학교 밖 청소년 지원을 위한 부처와 주요 사업의 연결이 바르지 않은 것은?**

① 교육부 — 청소년동반자 사업
② 여성가족부 — CYS-Net
③ 고용노동부 — 취업사관학교
④ 법무부 — 청소년자활지원센터

정답 ①

해설 청소년동반자사업은 여성가족부의 주요 사업에 해당한다.

4 학교 밖 청소년 특성 중 자신이 처한 문제의 어려움을 회피하고자 일정 기간 학업을 유예하는 경우의 유형에 해당하는 것은?

① 학업형 ② 근로형
③ 비행형 ④ 도피형

정답 ④

해설 은둔형 또는 유예형으로 이 유형에 속하는 청소년은 학교에서 개인 내·외적인 원인(성적, 진로, 친구 관계, 가정문제 등) 등으로 학업을 지속하기 어려운 상황에 처한 청소년으로 주로 자신이 처한 문제의 어려움을 회피하고자 일정 기간 학업을 유예하는 경우로 볼 수 있다.

5 다음의 설명에 해당하는 기관은?

> 학교 밖 청소년의 개인적 특성과 상황을 고려한 상담지원, 교육지원, 직업체험 및 취업지원, 자립지원 등의 프로그램을 통해 학교 밖 청소년들이 꿈을 가지고 자신의 미래를 스스로 준비하여 공평한 기회를 얻을 수 있도록 지원합니다.

① CYS-Net
② 한국청소년상담복지개발원
③ 꿈드림센터
④ Wee센터

정답 ③

해설 꿈드림센터는 「학교 밖 청소년 지원에 관한 법률」 제12조에 따른 법정(法定) 명칭은 '학교 밖 청소년지원센터'이나, 꿈드림은 '꿈=드림(Dream)', '꿈을 드림'이라는 중의적인 표현으로 학교 밖 청소년에게 새로운 꿈과 희망을 드리겠다는 의미를 지니고 있다.

chapter 9

청소년과 성

최근 우리 사회는 다양한 서구 문화의 유입과 유해환경, 성에 대한 개방적인 태도 변화로 성 의식의 혼란과 함께 성에 대한 호기심과 무분별한 성 경험이 증가하고 있다. 청소년 성 문제는 성적 충동을 절제하지 못하고 쾌락의 도구나 경제적 수단으로 성을 사고파는 등의 비윤리적인 문제가 점차 증가하고 있다. 특히 10대 청소년의 성매매와 임신, 출산에 따른 사회적·경제적 어려움은 청소년 개인뿐 아니라 사회 전체에 심각한 성 문제를 야기하고 있다. 호기심 많은 청소년 시기에 바른 성 가치관을 정립하는 것은 청소년을 포함한 사회 전반의 올바른 성문화를 형성하는 데 있어 매우 중요하다.

따라서 본 장에서는 청소년 성의 개념과 유형을 살펴보고 청소년 성 문제의 원인과 청소년 성 문제 유형을 살펴보고, 청소년 성 문제 예방 대책에 대하여 살펴보고자 한다.

01 성의 개념

성의 개념을 살펴보면 성은 일반적으로 남녀의 생물학적 성별을 나타내는 섹스(sex)와 사회문화적 측면에서 바라보는 성인 젠더(gender)로 구분되며, 성욕구와 경향성을 나타내는 섹슈얼리티(sexuality)로 구별할 수 있다(백사인 외, 2015). 흔히 성을 이해할 때는 섹스와 젠더를 모두 포괄하는 넓은 의미로 이해해야 한다.

성의 개념을 세분화하면 다음과 같다.

1) 생물학적인 성(sex)

흔히 생물학적 성이라 불리는 섹스는 신체구조의 모양이나 생김새를 기준으로 구분하며, 남녀 간의 성정체감을 지칭한다. 따라서 섹스는 개인의 선택이 아니라 태어나면서부터 결정지어지는 생득적인 성이다. 우리 사회에서는 주로 섹스를 남자와 여자의 성기결합 또는 성관계로 인식한다.

2) 사회문화적인 성

젠더의 사전적 의미를 살펴보면 '성별', '성', '남녀', '양성'으로 표현된다. 주로, 젠더는 여성성(femininity)과 남성성(masculinity)에 대한 사회문화적인 구분으로 이해되거나, 사회문화적으로 남성과 여성에게 나타나는 행동유형이나 일련의 특징을 의미한다. 따라서 젠더는 남성다움, 여성다움과 같이 생물학적 특성과 함께 사회환경적 속성에 의해 훈련되고 형성되는 것을 의미하며, 사회환경의 영향을 받으며 성장하게 된다.

3) 성 욕구와 성 경향성

섹슈얼리티의 사전적 의미는 '성', '성적 특질', '성에 대한 관심'으로 해석된다. 일반적으로 성적 욕망이나 성정체성을 의미하는 섹슈얼리티는 19세기에 만들어진 용어로, 성적 욕망이나 심리, 성에 관한 가치관이나 행동뿐 아니라 사회의 성 관련 제도나 관습에 의해서 규정되는 사회적인 요소까지 포함하는 것을 지칭한다. 또한 인간의 구체적인 성행위뿐 아니라 그 사람이 지니게 되는 성적 관념, 이미지, 매력, 기호 등을 지칭한다(송현주, 2009).

02 청소년 성의식

1) 청소년의 성문화

청소년기는 아동기에서 성인기로 가는 과도기로 신체적, 심리적, 정신적인 모든 측면에서 질적·양적 변화가 일어난다. 이때는 성호르몬 분비로 인해 제2차 성징이 나타나고 성정체감이 확립되는 시기이다(신성철 외, 2014).

과거와 달리 현대의 청소년은 다양한 경로를 통하여 성과 관련한 다양한 정보를 얻을 수 있으며, 공식·비공식 정보를 무분별하게 습득하여 왜곡된 성개념과 성문화를 형성하고 있다. 인터넷이나 대중매체 등을 통한 성 관련 상품이나 각종 음란물은 성적 호기심이 왕성한 청소년에게 비현실적인 상상을 자극하고 일탈행동을 부추기는 원인으로 작용한다. 10대 청소년의 출산율 증가, 성범죄율 증가, 성매매 및 성폭력의 증가 등은 성과 관련하여 청소년의 부정적인 측면을 단적으로 보여주고 있다.

이제는 더 이상 청소년의 성은 보호의 대상도, 금기의 대상도 아니다. 청소년의 성에 대하여 긍정적인 시각으로 바라보고, 자연스러운 변화로 인정하여 청소년기에 건강한 성의식이 발달할 수 있도록 해야 한다. 올바른 성욕구의 표출과 성적 권리를 인정하여 청소년 스스로 성에 대한 올바른 인식과 성주체성을 확립할 수 있는 환경을 조성해야 한다.

2) 청소년의 성의식 실태

청소년 성의식이라 함은 성에 대한 가치관으로 개인에게 내재하고 있는 성에 대한 신념과 선호의 형태 및 정도를 의미한다.

리제(Reiss, 1960)는 도덕성에 기초한 성의식을 절제, 애정적 허용성, 비애정적 허용성, 이중적 기준의 4가지로 분류하여 제시하였다(백사인 외, 2015). 첫째, 절제는 결혼한 배우자 외에는 어떤 성관계도 허용하지 않는 기준으로 많은 사회에서 공식적 규범으로 받아들여져 왔다. 한국 사회에서도 공식적인 성 규범이다. 둘째, 애정적 허용성은 사랑하는 사이에서 당사자 간의 합의가 이루어진다면 혼전 성관계는 개인의 자유 선택으로 여긴다는 기준이다. 서구 사회는 이미 널리 받아들인 규범이고 한국 사회도 젊은 층은 일부 받아들이고 있는 추세이다. 셋째, 비애정적 허용성은 사랑과는 상관없이 성적 충동에 의해 혼전 성관계까지도 정당하다고 보는 입장이다. 성행위에 대한 신체적 측면만을 강조한 입장이다. 넷째, 이중적 기준은 성행동에 있어서 남녀 차별적인 입장을 취하며 여성에 비해 남성에게 성적으로 더 허용적인 경향을 보인다. 대부분 남성에게는 혼전 성관계를 허용하지만, 여성에게는 허용하지 않는 것이다. 한국 사회의 전통적인 기준이며 현재도 이를 묵인하고 있다.

또한, 국내학자 채규만과 정민철(2004)은 성의식을 전통적 도덕성, 새로운 도덕성, 반도덕성의 세 가지로 구분하여 설명하였다. 전통적 도덕성은 결혼을 통한 성행위만을 인정, 그 이외의 성에 대해서는 통제적인 입장으로 리제의 구분과 같은 개념으로 설명하고 있다. 새로운 도덕성은 당사자 간의 애정을 강조하여 혼인관계가 아니더라도, 애정이 있는 개인 간의 성행위에 대하여 허용적 관점이다. 반도덕성은 리제의 비애정적 허용성과 유사한 개념으로, 모든 성행동에 대해 자유롭게 허용되며, 성적 자유를 통해 삶의 만족감을 높이고, 불안, 좌절, 긴장과 같은 부정적 요인들을 감소시키는 것으로, 성에 대해 개방적인 태도를 보인다. 이렇듯 학자들의 성에 대한 개념은 다양하게 정의되고 있다.

청소년의 성의식과 관련하여 질병관리본부(2019) 「성관계 실태조사」에 따르면 청소년 성관계 경험률은 중학생 2.6%, 고등학생 8.5%로 나타났으며, 성관계 시작 연령은 남학생 13.3세, 여학생 14.4세로 조사되어, 여학생보다 남학생의 성관계 시작 연령이 좀 더 이른 것으로 조사되었다. 또한 성관계 시 피임과 관련하여 남학생과 여학생 각각 57.9%, 62.4%로 피임을 실천하고 있는 것으로 나타나, 향후 피임의 중요성과 필요성에 대한 교육이 적극 이루어져야 함을 시사하고 있다.

한편, 「청소년성문화실태조사(2021)」에 따르면, 청소년의 첫 연애 경험은 중학생은 11.6세에, 고등학생은 13.4세에 첫 연애를 시작한 것으로 나타났다. 사귀면서 경험한 행동은 초등학생은 손잡기(60.0%), 팔짱 끼기(33.0%), 포옹하기(27.2%)까지를 많이 했으며, 중학생은 뽀뽀하기(20.2%)까지, 고등학생은 키스하기(36.1%), 야한 대화 나누기(16.1%), 신체 부위 만지기(11.2%) 등까지도 10% 이상 경험한 것으로 나타났다. 학교 급이 높아질수록 스킨십의 정도가 더 밀접해졌고, 스킨십을 하는 경우도 많은 것으로 조사되었다. 스킨십을 하기 위하여 동의를 구한 경우(76.3%)가 동의를 구하지 않은 경우(7.6%)보다 매우 많아져, 청소년들이 성에 대한 태도가 과거에 비해 변화되는 것을 발견할 수 있다.

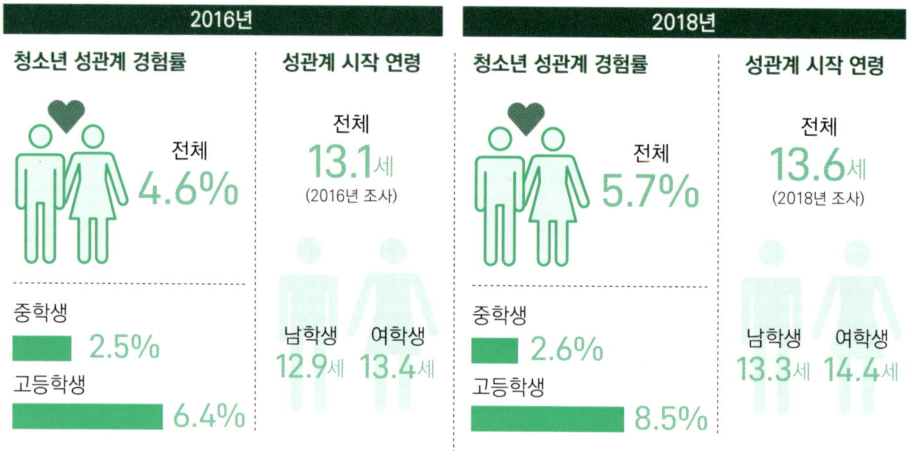

출처: 질병관리본부(2019)

청소년의 스킨십 여부(단위: %)

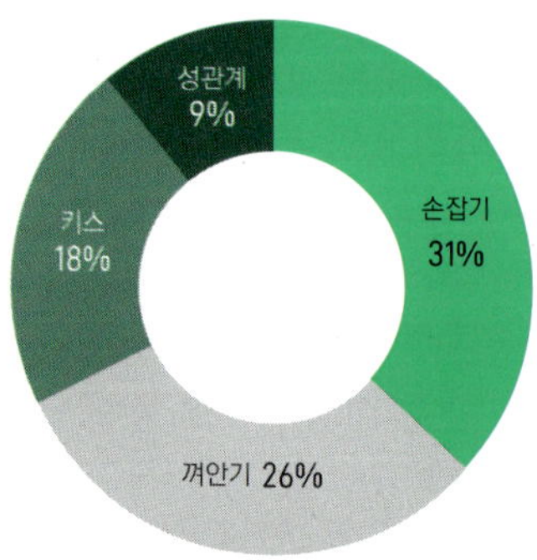

출처: 아하 서울시립청소년성문화센터(2017)

그림 9-1 청소년 성의식 실태

출처: 질병관리본부(2019). 2018 청소년 건강행태 온라인조사.

표 9-1 성관계 시작 연령

(단위: 명, 세, %)

구분	'13			'14			'15			'16			'18		
	분석 대상자수	평균 (표준오차)		분석 대상자수	평균 (표준오차)		분석 대상자수	평균 (표준오차)		분석 대상자수	평균 (표준오차)		분석 대상자수	평균 (표준오차)	
전체	3,562	12.8	(0.1)	3,282	13.1	(0.1)	2,990	13.2	(0.1)	2,623	13.1	(0.1)	2,941	13.6	(0.1)
남학생	2,540	12.7	(0.1)	2,299	13.1	(0.1)	2,207	13.1	(0.1)	1,860	12.9	(0.1)	1,941	13.3	(0.1)
여학생	1,022	13.0	(0.1)	983	13.3	(0.1)	783	13.5	(0.1)	763	13.4	(0.1)	1,000	14.4	(0.1)

출처: 질병관리본부(2019). 2018 청소년 건강행태 온라인조사.

표 9-2 청소년 성관계 피임 실천율

(단위: 명, %)

구분	'13			'14			'15			'16			'17			'18		
	분석 대상자수	분율 (표준오차)		분석 대상자수	분율 (표준오차)		분석 대상자수	분율 (표준오차)		분석 대상자수	분율 (표준오차)		분석 대상자수	분율 (표준오차)		분석 대상자수	분율 (표준오차)	
전체	3,172	39.0	(0.9)	2,930	43.6	(1.0)	2,653	48.7	(1.0)	2,287	51.9	(1.1)	3,033	49.9	(0.9)	3,209	59.3	(1.0)
남학생	2,266	38.5	(1.1)	2,050	44.1	(1.3)	1,962	48.6	(1.2)	1,616	52.0	(1.3)	2,119	49.7	(1.1)	2,118	57.9	(1.2)
여학생	906	40.5	(1.8)	880	42.2	(1.7)	691	48.8	(1.9)	671	51.8	(2.1)	914	50.4	(1.8)	1,091	62.4	(1.3)

출처: 질병관리본부(2019). 2018 청소년 건강행태 온라인조사.

표 9-3 청소년 임신 경험률

(단위: 명, %)

구분	'13			'14			'15			'16			'17			'18		
	분석 대상자수	분율 (표준오차)		분석 대상자수	분율 (표준오차)		분석 대상자수	분율 (표준오차)		분석 대상자수	분율 (표준오차)		분석 대상자수	분율 (표준오차)		분석 대상자수	분율 (표준오차)	
여학생	35,729	0.2	(0.0)	35,528	0.2	(0.0)	32,793	0.2	(0.0)	31,681	0.3	(0.0)	-	-	-	29,577	0.3	(0.0)

출처: 질병관리본부(2019). 2018 청소년 건강행태 온라인조사.

03 청소년 성 문제

1) 청소년 성 고민

청소년기는 2차 성징의 발현과 함께 신체적인 변화가 시작된다. 성에 대한 호기심이 증가하는 시기로 성에 대한 올바른 이해와 지식이 요구된다. 특히 청소년 시기에는 성적 호기심 충족과 성을 정복하기 위해 혹은 애정의 표현이나 무력감에서 벗어나기 위해 성적 관계를 경험하는 청소년이 많다는 점에 주목할 필요가 있다. 또한 특정한 누군가에게 귀속되고 신뢰를 얻기 위한 충동과 갈망이 이성친구에 대한 친밀한 신체접촉으로 나타나게 되고 이러한 행동이 성적 접촉으로 확대되어 이전보다 더 자주, 더 자극적인 신체접촉이 일어나 결국 성교행위로까지 확대된다는 점에서 청소년기의 성은 매우 중요하게 다루어져야 한다.

2021년 서울시립청소년성문화센터에서 실시한 '청소년성문화실태조사'에 따르면, 청소년이 성지식을 얻는 경로는 남 68%, 여 61%가 학교(전문강사 등), 인터넷 여 37%, 남 30%, 매스미디어 여 38%, 남 28%, 부모 여 37%, 남 19%, 성교육책 여 24%, 남 21%로 조사되었다. 또한 성표현물 접촉시기도 2013년 여 13.4세, 남 12.8세, 전체 13.0세에서 2021년 여 11.8세, 남 12.0세, 전체 11.9세로 낮아진 경향을 볼 수 있다. 또한, 여성가족부 '2022년 청소년 매체이용 유해환경 실태조사 결과'에서 청소년의 성인용 영상물 이용률은 2020년 37.4%에서 2022년 47.5%로 증가한 것으로 나타났으며, 특히 초등학생의 이용률이 2020년 33.8%에서 2022년 40.0%로 지속적으로 증가하고 있는 것으로 조사되었다. 이처럼 청소년은 학교에서 제공받는 성교육 외에도 스스로 대중매체 등 다양한 경로를 통해 성 궁금증을 해소하고 있다.

학교나 청소년시설의 지원으로 제공받고 있는 성교육 외에 스스로 대중매체, 포르노 등의 다양한 문화자원을 이용하면서 성 궁금증을 해소하고 있는 것이다. 한편, 청소년기 자위를 통해 성욕구를 해소하는 경험을 하기도 한다. '2022년 청소년성문화실태조사'에서 조사대상자의 38.1%가 자위경험이 있는 것으로 나타났다. 학교 급별로는 초등학생의 14.4%, 중학생의 43.6%, 고등학생의 55.2%가 자위 경험이 있다고 응답하여 특히 초등학생과 중학생 간 격차가 큰 것으로 나타났다. 주로 야한 것을 볼 때 자위를 했으며(46.2%), 특별한 이유 없이(35.0%) 한 경우도 많았다. 주 2~3회 정도 하는 경우(35.6%)가 가장 많았고 매일 하는 경우도 13.6%에 달했다. 자위 후 느낌에 대해서는 '아무 생각이 없었다(49.3%)'는 경우가 가장 많았으며 그 뒤를 이어 '힘이 빠졌다(29.6%)', '후련했다(21.3%)' 순으로 많았다. 자위동기에 대해서는 모든 청소년은 야한 걸 보거나 특별한 이유 없이 하는 경우가 가장 많은 것으로 나타나, 청소년기의 자위행위가 청소년 자신의 신체를 이해하고, 성정체감을 발달시키는 데 도움이 될 수 있는 시간으로 이해할 필요가 있다. 자위에 대한 부정적 인식이나 죄책감을 갖지 않도록 적절한 교육과 지도를 통해 남녀의 성적 차별 없이 성에 대한 바른 지식을 습득하고 성 충동과 성관계에 대해 건강한 방법으로 해결할 수 있도록 도와야 한다.[1]

청소년기 자녀를 둔 부모는 청소년의 자위가 성장지연을 발생시키거나, 성적 실천을 유도할 거라는 막연한 우려를 한다. 그러나 자위는 청소년에게 성욕, 성적 쾌감과 관련된 몸의 반응을 탐색하는 시간으로, 온전한 성적 주체가 되는 데 도움이 된다.

한편으로 청소년의 성욕은 성별에 따라 다르게 이해되고 있다. 남자 청소년의 자위는 자연스럽고 일상에 무리가 가지 않게 에티켓을 지켜서 하도록 권장되지만 여자 청소년의 자위는 생소하게 여겨지고 금기시된다(서울시립청소년성문화센터 www.ahacenter.kr).[2] 성적 차별 없이 성에 대한 바른 지식을 습득하고 성 충동과 성관계에 대해 건강한 방법으로 해결할 수 있도록 해야 한다.

2) 청소년 성폭력

청소년 성폭력은 만 13~18세까지의 청소년에게 발생하는 성폭력을 의미한다. 성폭력이란 상대방의 의사에 반하여 가하는 성적 행위로, 성을 매개로 하여 인간에게 가해지는 모든 신체적·언어적·정신적 폭력을 포괄한다. 「성폭력범죄의 처벌 등에 관한 특례법」에 의하면 성폭력범죄는 음행매개, 음란물의 유포 및 제조, 공연음란, 약취, 유인, 강도성폭력, 특수성폭력 및 통신매체 이용, 음란 등을 모두 고려한 개념으로 정의하고 있다. 즉, 성폭력이란 매매와 착취 등을 목적으로 한 성폭력, 성추행, 성희롱, 성기노출, 강도강간, 음란전화, 음란통신 등이 있다. 특히 청소년 성폭력 가해자의 특성은 행위가 반복적이고 지속적으로 이루어지는 것이다. 또한 대부분의 가해자가 비행청소년이라기보다는 초범자로서 평범한 청소년일 가능성이 높아 심각한 범죄로 여기지 않는 경우가 많다. 따라서 청소년 성폭력 가해

---

1 아하 서울시립청소년성문화센터(https://ahacenter.kr)

2 2001년부터 YMCA가 서울시의 지원을 받아 운영하고 있는 청소년 성교육, 성상담을 전문으로 하는 청소년 성교육 전문 특화시설이다. 어린이 체험형 성교육, 청소년 체험형 성교육, 맞춤형 찾아가는 성교육, 아하! 해피버스 ting, 사이버 상담, 아하! 핫클릭 등을 운영하고 있다.

자는 비행청소년과 달리 가정 내적 문제나 개인적 문제가 거의 나타나지 않아 성범죄가 드러나기 전까지는 이들을 상습화될 수 있는 준범죄자로 예측하는 것이 쉽지 않으며, 재발에 대한 염려도 거의 하지 않은 평범한 청소년으로 인식하기 쉽다는 것이 큰 문제이다(고정애·박경, 2013).

성폭력의 유형은 행위와 유형에 따라 다음과 같이 몇 가지로 분류할 수 있다(이해경·방기연, 2011). 행위에 따른 분류로는 강간, 강간미수, 성추행, 성희롱, 성기노출, 음란전화, 인신매매, 강제매춘, 성적 가혹 행위 등으로 분류할 수 있다. 대상에 따른 분류로는 어린이 성폭력, 청소년 성폭력, 데이트 성폭력, 부부강간 성폭력 등으로 분류할 수 있다.

한편, 여성인권진흥원에서 분류한 성폭력의 유형을 살펴보면 다음 〈표 9-4〉와 같다.

표 9-4 성폭력의 유형

범죄 유형에 따른 성폭력		대상에 따른 성폭력	
친족 성폭력	친족 관계라는 일상적 친밀감과 신뢰관계에서 발생하는 성폭력(친족의 의미는 4촌 이내 혈족 또는 인척과 동거하는 친족)	어린이 대상 성폭력	만 13세 미만 어린이에게 성폭력을 하는 행위
동성 간 성폭력	동성 간(여성 간/남성 간 사이)에 일어나는 성폭력	청소년 대상 성폭력	만 13세 이상 만 19세 미만 (19세 도달 1월 1일 이전까지) 아동·청소년을 대상으로 성폭력을 하는 행위
데이트 성폭력	성적인 친밀감이 있으면서 데이트 관계에 있는 상대방에게 동의 없이 강간뿐만 아니라 강간미수, 성추행, 성희롱 등 성적인 행동을 하여 신체적·정신적 폭력 피해를 입히는 행위	성인 성폭력	만 19세 이상 성인을 대상으로 성폭력을 하는 행위
학내 성폭력	학교를 둘러싼 인간관계 특히 권력관계에서 우월적 지위를 가진 교수나 교사에 의해 학생에게 행해지는 성폭력, 선후배 혹은 또래 학생들 사이에서 일어나는 성폭력	장애인 성폭력	신체적·정신적 장애를 가진 사람을 대상으로 성폭력을 하는 행위
직장 내 성폭력	직장 내에서 성을 매개로 상대방의 동의 없이 상대방이 원하지 않는 말이나 행동을 하여 불쾌감을 주거나 이를 이유로 고용상 불이익을 주는 행위	부부 성폭력	남편이 아내를 폭력, 협박 등으로 위협해 강제로 성관계를 하는 행위
스토킹	괴로움과 공포심을 느낄 정도로 행해지는 반복적이고 잦은 침법적 행위		
사이버 성폭력	사이버 공간을 매개로 이루어지는 성적 침해행위		

출처: 여성인권진흥원(www.stop.or.kr)

(1) 청소년 성폭력 피해 경험

여성가족부(2021e)가 발표한 '2020 청소년 매체 이용 및 유해환경 실태조사'에 따른 청소년 성폭력 피해 경험을 살펴보면, 최근 1년 동안 전체 청소년 성폭력 피해율은 1.8%로 나타났다. 성폭력 유형별로는 '말이나 눈짓, 몸짓으로 성적 모욕감을 주거나 괴롭힘을 당함'이 0.9%로 가장 많았고, '온라인(인터넷, 채팅앱)에서 스토킹이나 성희롱 피해를 당함'이 0.6% 순으로 나타났다.

성폭력 피해자의 44.7%가 온라인(인터넷) 공간에서 성폭력 피해를 경험한 것으로 나타났으며, 주된 성폭력 가해자는 '같은 학교 다니는 사람'이 47.4%로 가장 많으나 이는 전년대비 감소추세인 반면, '같은 학교에 다니지는 않지만 같은 동네 사람'이나 '온라인(인터넷) 공간에서 새로 알게 된 사람', '잘 모르는 사람'이라는 응답이 증가한 것으로 조사되었다. 또한 피해자의 65.3%가 성폭력 피해 사실을 다른 사람(또는 기관)에게 알린 것으로 나타났다.

성별 피해율로는 여자 청소년의 성폭력 피해율이 2.5%로, 남자 청소년 1.2%보다 1.3% 높게 나타났다. 전체 성폭력 피해율은 2016년 2.4%에서 2018년 2.8%, 2020년 1.8%로 감소한 것으로 나타났다.

(2) 성폭력 피해 장소

여성가족부(2021e)가 발표한 '2020 청소년 매체 이용 및 유해환경 실태조사'에 따른 청소년 성폭력 피해 장소는 '온라인(인터넷) 공간'이라는 응답이 44.7%로 가장 높게 나타났고, '학교 교실 외 교내 공간'이 16.5%, '학교 교실 안'이라는 응답이 16.0% 순으로 나타났다. 이는 2018년과 비교했을 때, 학교 교실 안의 피해율은 감소했으나 동네공터, 골목, 놀이터, 주차장 등의 피해율은 2018년 7.9%에서 2020년 10.7%로, 시내유흥가, 번화가의 피해율은 1.2%에서 1.8%로 증가하였다. 특히 온라인(인터넷) 공간에서의 피해율은 2018년 17.1%에서 44.7%로 크게 증가한 것으로 나타나 이에 대한 대책이 시급한 것으로 조사되었다.

표 9-5 청소년 폭력 피해 경험률(중복응답)

(단위: 명, %)

구분			사례 수	청소년 성폭력 피해율[1]	청소년폭력 유형별 피해율(중복응답)						
					의도적으로 계속 따라다니면서 괴롭히는 스토킹을 당함	말이나 눈짓, 몸짓으로 성적 모욕감을 느끼는 괴롭힘을 당함	고의적인 신체 접촉이나 노출 등의 괴롭힘을 당함	강제로 성관계 시도나 피해를 당함	온라인(인터넷, 채팅앱)에서 스토킹이나 성희롱 피해를 당함	온라인(인터넷, 채팅앱)에서 조건만남(성매매)을 제안 또는 강요 받음	온라인(인터넷, 채팅앱)에서 신체촬영 강요, 성적 이미지 합성 및 유포 협박 등의 피해를 당함
전체		2016	15,623	2.4	0.4	1.4	1.0	0.1	0.5	-	-
		2018	15,604	2.8	0.4	1.7	1.0	0.1	0.6	0.2	-
		2020	13,761	1.8	0.3	0.9	0.3	0.1	0.6	0.2	0.2
성별	남자	2016	8,147	2.4	0.6	1.3	1.4	0.2	0.3	-	-
		2018	8,089	2.4	0.4	1.5	1.2	0.1	0.4	0.2	-
		2020	7,190	1.2	0.3	0.6	0.3	0.1	0.3	0.1	0.1
	여자	2016	7,476	2.5	0.3	1.5	0.6	0.1	0.7	-	-
		2018	7,514	3.1	0.4	1.9	0.8	0.2	0.8	0.2	-
		2020	6,571	2.5	0.4	1.1	0.2	0.2	1.0	0.3	0.4
학교급	초등학교	2016	4,460	3.2	0.6	1.8	1.4	0.1	0.2	-	-
		2018	4,732	2.7	0.3	1.8	0.8	0.2	0.5	0.2	-
		2020	4,492	2.6	0.6	1.5	0.5	0.1	0.5	0.1	0.3
	중학교	2016	5,247	2.4	0.3	1.4	1.0	0.1	0.6	-	-
		2018	4,921	3.2	0.4	1.8	1.2	0.1	0.6	0.2	-
		2020	4,420	1.6	0.2	0.7	0.2	0.1	0.7	0.3	0.3
	고등학교	2016	5,917	1.8	0.4	1.0	0.8	0.2	0.5	-	-
		2018	5,951	2.5	0.4	1.5	1.0	0.1	0.7	0.2	-
		2020	4,849	1.3	0.2	0.4	0.1	0.1	0.7	0.2	0.1

* 무응답을 제외하고 분석한 결과임.

출처: 여성가족부(2021d). 학교 밖 청소년지원사업 청소년지원센터 '꿈드림' 업무매뉴얼.

(3) 성폭력 가해자 유형

여성가족부(2021e)가 발표한 '2020 청소년 매체 이용 및 유해환경 실태조사'에 따른 성폭력 가해자 유형에서 성폭력의 주된 가해자는 '같은 학교 다니는 사람'이 47.4%로 가장 많으나 2018년 73.5%와 비교하여 감소 추세였다. 그러나 '잘 모르는 사람'이나 '온라인(인터넷)에서 새로 알게 된 사람', '같은 학교에 다니지는 않지만 같은 동네 사는 사람'에게 피해를 당했다는 응답이 2018년 10.7%에서 33.3%로, 6.2%에서 9.9%로, 7.5%에서 9.1%로 증가 추세로 나타나 성폭력의 위험이 날로 심각해지고 있다.

표 9-6 청소년 성폭력 피해 장소

(단위: 명, %)

구분				사례수	학교 교실 안	학교 교실 외 교내 공간	학교 주변 공터/골목	동네 공터/골목/놀이터/주차장	시내 유흥가/번화가	공원/지하도/야산 등	학원 안	학원 건물 주변	온라인(인터넷) 공간	기타
폭력 경험자[1]	전체		2016	373	43.9	19.7	3.1	5.3	3.4	0.6	4.0	2.3	13.8	3.7
			2018	420	38.5	24.3	2.0	7.9	1.2	0.9	3.0	0.6	17.1	4.5
			2020	229	16.0	16.5	1.7	10.7	1.8	0.0	2.6	1.1	44.7	4.8
	성별	남자	2016	191	60.1	18.8	3.6	3.2	2.0	0.6	2.2	1.6	2.9	4.9
			2018	188	46.6	24.6	3.2	8.4	0.7	0.4	4.1	0.6	8.3	3.2
			2020	82	28.0	23.8	2.8	11.3	2.2	0.0	4.6	2.2	19.8	5.2
		여자	2016	182	27.1	20.7	2.6	7.5	4.9	0.6	5.9	3.0	25.2	2.5
			2018	231	31.9	24.2	0.9	7.6	1.6	1.4	2.1	0.6	24.2	5.6
			2020	148	9.4	12.4	1.1	10.4	1.7	0.0	1.5	0.5	58.4	4.6
	학교급	초등학교	2016	141	45.4	22.1	6.1	7.3	0.0	0.9	7.0	3.8	4.0	3.5
			2018	126	33.3	20.3	3.7	12.6	0.6	0.6	6.2	0.8	15.0	6.9
			2020	105	21.5	19.9	2.1	18.0	0.0	0.0	3.3	1.7	27.5	6.0
		중학교	2016	125	50.1	21.0	1.2	2.9	3.0	0.0	2.2	0.0	17.0	2.8
			2018	152	41.7	27.8	0.9	4.6	0.9	0.9	2.6	0.0	17.5	3.0
			2020	66	11.5	15.7	2.7	0.0	1.8	0.0	3.8	1.1	62.0	1.3
		고등학교	2016	108	35.0	15.2	1.5	5.5	8.4	1.1	2.2	3.0	23.1	5.1
			2018	141	39.7	24.2	1.6	7.3	2.2	1.2	0.6	1.0	18.4	3.9
			2020	59	11.4	11.2	0.0	9.9	5.2	0.0	0.0	0.0	55.7	6.7
응답자 전체[2]	전체		2016	15,617	1.0	0.5	0.1	0.1	0.1	0.0	0.1	0.1	0.3	0.1
			2018	15,657	1.0	0.7	0.1	0.2	0.0	0.0	0.1	0.0	0.5	0.1
			2020	14,536	0.3	0.3	0.0	0.2	0.0	0.0	0.0	0.0	0.7	0.1
	성별	남자	2016	8,145	1.4	0.4	0.1	0.1	0.0	0.0	0.0	0.0	0.1	0.1
			2018	8,129	1.1	0.6	0.1	0.2	0.0	0.0	0.1	0.0	0.2	0.1
			2020	7,560	0.3	0.3	0.0	0.1	0.0	0.0	0.0	0.0	0.2	0.1
		여자	2016	7,473	0.7	0.5	0.1	0.2	0.1	0.0	0.1	0.1	0.6	0.1
			2018	7,528	1.0	0.7	0.0	0.2	0.1	0.0	0.1	0.0	0.7	0.2
			2020	6,976	0.2	0.3	0.0	0.2	0.0	0.0	0.0	0.0	1.2	0.1
	학교급	초등학교	2016	4,457	1.4	0.7	0.2	0.2	0.0	0.0	0.2	0.1	0.1	0.1
			2018	4,747	0.9	0.5	0.1	0.3	0.0	0.0	0.2	0.0	0.4	0.2
			2020	4,883	0.5	0.4	0.0	0.4	0.0	0.0	0.1	0.0	0.6	0.1
		중학교	2016	5,245	1.2	0.5	0.0	0.1	0.1	0.0	0.1	0.0	0.4	0.1
			2018	4,943	1.3	0.9	0.0	0.1	0.0	0.0	0.1	0.0	0.5	0.1
			2020	4,640	0.2	0.2	0.0	0.0	0.0	0.0	0.1	0.0	0.9	0.0
		고등학교	2016	5,915	0.6	0.3	0.0	0.1	0.2	0.0	0.0	0.1	0.4	0.1
			2018	5,967	0.9	0.6	0.0	0.2	0.1	0.0	0.0	0.0	0.4	0.1
			2020	5,013	0.1	0.1	0.0	0.1	0.1	0.0	0.0	0.0	0.7	0.1

주: 1) 최근 1년 동안 다른 학생이나 친구, 선후배 등으로부터 성폭력을 당한 적이 있다고 답한 응답자에 한함
2) 최근 1년 동안 청소년 성폭력 경험 여부와 무관하게 응답자 전체를 대상으로 산출한 비율임
* 무응답을 제외하고 분석한 결과임

출처: 여성가족부(2021e). 2020년 청소년 매체이용 및 유해환경 실태조사.

표 9-7 성폭력 가해자 유형

(단위: 명, %)

구분			사례 수	같은 학교 다니는 사람	같은 학교에 다니지는 않지만 같은 동네 사는 사람	온라인(인터넷)에서 새로 알게 된 사람	잘 모르는 사람	기타
전체		2016	373	73.7	6.8	3.8	15.1	0.6
		2018	424	73.5	7.5	6.2	10.7	2.1
		2020	221	47.4	9.1	9.9	33.3	0.2
성별	남자	2016	191	86.2	5.0	0.9	6.6	1.2
		2018	193	83.9	5.0	4.3	4.3	2.5
		2020	79	64.2	7.6	4.1	23.3	0.7
	여자	2016	182	60.6	8.7	6.8	23.9	0.0
		2018	231	64.8	9.6	7.8	16.1	1.6
		2020	143	38.2	9.8	13.2	38.8	0.0
학교급	초등학교	2016	139	85.2	5.0	1.0	7.1	1.7
		2018	126	75.6	8.2	6.1	9.2	0.9
		2020	97	64.3	8.6	5.4	21.7	0.0
	중학교	2016	125	75.3	3.1	4.9	16.7	0.0
		2018	152	77.8	5.6	6.3	10.3	0.0
		2020	66	39.1	6.4	18.6	35.1	0.8
	고등학교	2016	109	57.1	13.5	6.0	23.4	0.0
		2018	145	67.1	8.9	6.2	12.6	5.2
		2020	59	29.0	12.9	7.6	50.5	0.0

출처: 여성가족부(2021e). 2020년 청소년 매체이용 및 유해환경 실태조사.

(4) 성폭력 피해 사실 알림 여부

여성가족부(2021e)가 발표한 '2020 청소년 매체 이용 및 유해환경 실태조사'에 따른 피해 사실 알림 여부에 대하여 성폭력 피해자의 65.3%가 성폭력 피해 사실을 다른 사람(또는 기관)에 알린 것으로 나타났다. 성폭력 피해 사실을 알린 대상은 가족(62.4%), 친구나 선후배(44.6%), 선생님(28.1%), 지원기관(상담기관, Wee센터, 학교폭력 신고센터, 성폭력 상담소 등: 8.2%), 경찰(5.6%)의 순으로 파악되었다.

한편, 성폭력 피해 사실을 다른 사람(또는 기관)에 알리지 않은 이유를 조사한 결과, '알려봐야 소용이 없을 것 같아서'라는 응답이 32.3%로 가장 많았고, '별로 심각한 일이 아니라고 생각해서' 25.5%, '알린 후에 보복당할 것이 두려워서' 13.3%, '어떻게 해야 할지 몰라서' 10.5% 등의 순으로 나타났다.

표 9-8 성폭력 피해 사실을 다른 사람(또는 기관)에 알리지 않은 주된 이유

(단위: 명, %)

구분			사례수	알려봐야 소용이 없을 것 같아서	알린 후에 보복 당할 것이 두려워서	어떻게 해야 할지 몰라서	내가 혼자 스스로 해결하고 싶어서	알려지는 게 창피해서	별로 심각한 일이 아니라고 생각해서	내가 처벌을 받을까 두려워서	기타
전체		2016	176	38.0	5.5	11.6	16.4	7.1	15.9	-	5.5
		2018	212	27.7	6.4	4.6	11.3	3.9	39.6	1.1	5.5
		2020	74	32.3	13.3	10.5	7.8	9.7	25.5	0.9	0.0
성별	남자	2016	112	34.2	6.0	12.1	18.7	6.2	16.8	-	6.1
		2018	122	25.5	6.3	4.6	11.7	1.9	42.2	0.0	7.8
		2020	26	22.2	28.8	3.2	12.3	11.0	19.8	2.7	0.0
	여자	2016	64	44.8	4.7	10.8	12.4	8.5	14.3	-	4.5
		2018	90	30.7	6.5	4.6	10.7	6.6	36.0	2.6	2.3
		2020	48	37.7	5.0	14.4	5.4	8.9	28.6	0.0	0.0
학교급	초등학교	2016	50	31.0	10.5	26.3	17.2	4.3	4.8	-	6.0
		2018	54	35.0	9.6	9.3	13.0	2.2	25.2	1.8	3.9
		2020	24	31.7	20.7	15.5	9.5	10.8	11.7	0.0	0.0
	중학교	2016	72	39.4	2.2	9.2	12.6	9.0	21.8	-	5.8
		2018	67	24.8	8.9	5.2	5.3	1.8	48.8	0.0	5.1
		2020	27	42.2	12.7	5.6	5.2	12.2	19.4	2.6	0.0
	고등학교	2016	55	42.7	5.3	1.4	20.5	7.1	18.4	-	4.6
		2018	91	25.5	2.7	1.5	14.6	6.4	41.2	1.5	6.7
		2020	24	21.4	6.7	11.1	9.1	5.5	46.1	0.0	0.0

*주: 1) 최근 1년 동안 다른 학생이나 친구, 선후배 등으로부터 성폭력을 당한 적이 있다고 답한 응답자에 한함
2) 최근 1년 동안 청소년 성폭력 경험 여부와 무관하게 응답자 전체를 대상으로 산출한 비율임
3) 무응답을 제외하고 분석한 결과임

출처: 여성가족부(2021e). 2020년 청소년 매체이용 및 유해환경 실태조사.

3) 청소년 성매매

청소년 성매매는 과거 '원조교제'라는 용어에 대한 대체 용어로, 이에는 미성년 성관계, 금품 수수, 유인이나 강요, 오락 등의 내용을 포함한다. 특히 원조교제라는 용어는 돈을 주고 미성년자와 성관계를 갖는다는 뜻의 일본어로서 우리말로는 적합하지 않다는 점과 성의 잘못된 사용에 대한 의미가 나타나지 않는다는 점 등이 용어 사용의 문제점으로 제기되어 청소년 성매매로 대체되었다(조성연 외, 2017).

성매매는 「성매매 알선 등 행위의 처벌에 관한 법률」 제2조에 따라 "불특정인을 상대로 금품이나 그 밖의 재산상의 이익을 수수하거나 수수하기로 약속하고 성교행위나 유사 성교행위를 하고, 그 상대방이 되는 것"으로 정의되는데, 청소년 성매매는 청소년이 그와 같은 행위를 하는 것이다. 2014년 개정된 「아동·청소년의 성보호에 관한 법률(이하 청소년성보호법)」에 따르면 '아동·청소년의 성을 사는 행위'란 아동·청소년, 아동·청소년의 성(性)을 사는 행위를 알선한 자, 아동·청소년을 실질적으로 보호·감독하는 자 등에게 금품이나 그 밖의 재산상 이익, 직무·편의 제공 등 대가를 제공하거나 약속하고 성교행위, 구강·항문 등 신체의 일부나 도구를 이용한 유사 성교행위, 신체의 전부 또는 일부를 접촉·노출하는 행위로서, 일반인의 성적 수치심이나 혐오감을 일으키는 행위, 자위행위를 아동·청소년을 대상으로 하거나 아동·청소년으로 하여금 하게 하는 것으로 정의하고 있다.

(1) 청소년 성매매 실태

여성가족부는 2007년부터 3년마다 성매매 실태조사를 실시하고 있으며, 2019년 실태조사에서는 청소년이 온라인에서 겪는 성적 위험을 심층 파악하기 위한 랜덤채팅앱 내 대화분석, 전국 중·고등학생 대상 인터넷을 통한 성적 유인 경험 조사 등이 새롭게 포함되었다. 또한 기존 위기청소년 조사와 더불어 전국의 일반 청소년도 설문조사에 포함하여 심층 분석하였다.

① 청소년 성적 유인과 성매매

먼저, 일반 청소년 조사에서는 지난 3년간 온라인에서 원치 않은 성적 유인 피해를 당한 경험이 있는 응답자는 11.1%였으며, 전체 응답자 중 만남 유인까지 경험한 비율은 2.7%로 나타났다. 성적 유인 상위 3개 경로는 인스턴트 메신저(카카오톡, 페이스북, 메신저 등)(28.1%), SNS(트위터, 인스타그램, 페이스북 등)(27.8%), 인터넷 게임(14.3%) 순이었으며, 유인자는 대부분 온라인에서 처음 만난 관계(76.9%)로 나타났다. 다만, 만남 동반(단순 만남, 성매수 등) 시에는 인스턴트 메신저 > SNS > 랜덤채팅 순으로 나타났다.

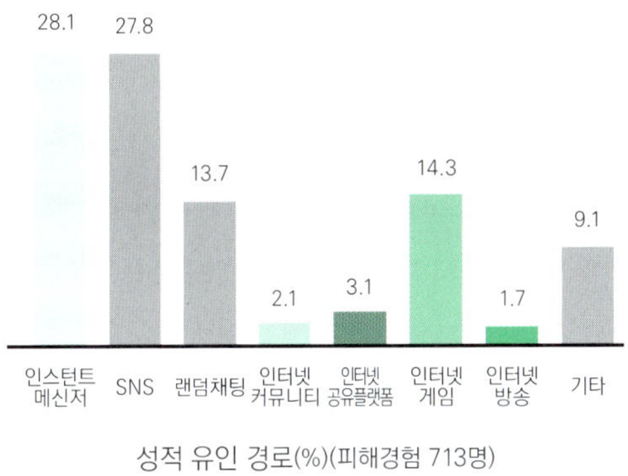

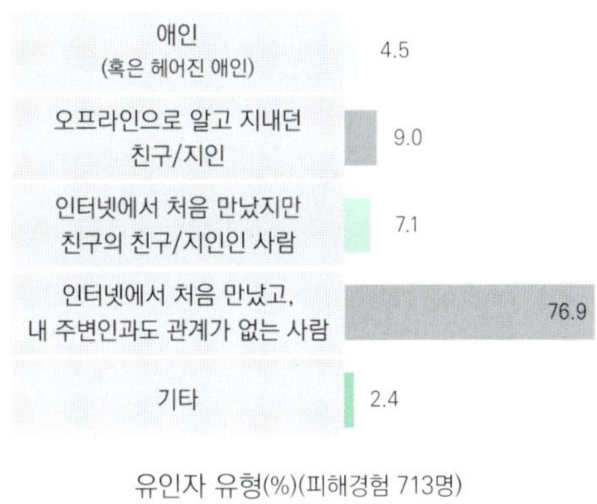

그림 9-2 성적 유인경로 및 유인자 유형

출처: 여성가족부(2019b). 성매매 실태조사.

인터넷에서 성적 유인 피해를 경험한 응답자(713명) 중 피해 사실을 알리지 않은 비율은 54%였으며, 성매수 관련 유인 피해자(34명)의 경우, 피해 사실을 알리지 않은 가장 큰 이유는 누군가 알게 되는 것이 싫어서(33%)였다.

다음으로 위기청소년 조사에서는 응답자(166명) 중 조건만남(휴대폰을 이용하거나 지인 소개 또는 우연한 기회에 돈, 식사, 선물, 술 등의 대가를 약속받고 남성과 만나거나 성관계를 가지는 경우)을 경험한 비율은 47.6%(79명)였으며, 조건만남 경로에 대한 응답자(78명)의 87.2%[(채팅앱) 46.2%, (랜덤채팅앱) 33.3%, (채팅사이트) 7.7%]가 온라인을 이용했다고 답해, 온라인 이용비율이 2016년(74.8%)에 비해 12.4% 증가하였다.

- 채팅앱: 1:1 채팅, 화상채팅 등
- 랜덤채팅앱: 불특정한 상대방과의 채팅 또는 쪽지를 주고받는 애플리케이션

조건만남 근절을 위해 필요한 정책으로는 응답자(163명)의 절반 이상이 '조건만남 상대 남성 수사 및 처벌 강화'(54.6%, 89명)를 꼽았다. 가출과 조건만남을 모두 경험한 응답자(66명)의 77.3%(51명)는 가출 이후에 조건만남을 처음 경험한 것으로 나타났다.

② 온라인 성매매

2016년 조사는 스마트폰 앱과 웹사이트를 대상으로 성매매 전반에 대한 양적 조사에 한정하였으나, 2019년 조사에서는 매체 중요도와 심각성을 고려하여 앱에서의 대화 패턴 분석과 성매매 후기 사이트 심층조사, 유튜브에 대한 양적 조사를 추가로 실시하였다.

표 9-9 랜덤채팅앱 조사

구분	2016	2019
앱	소개팅, 채팅, 알바정보 제공 등 성매매 전반에 대한 앱(317개) 양적 조사	랜덤채팅앱(399개) 양적 조사, 앱 내 대화패턴 분석(신규)
사이트	채팅형, 매칭형, 정보공유형 등 성매매 전반에 대한 사이트(108개) 양적 조사	성구매 후기 주요 사이트(15개) 양적 조사 및 운영 방식 등 심층 조사
유튜브	-	성인인증 없이 검색 가능한 성매매 관련 영상(5,067개) 양적 조사(신규)

출처: 여성가족부(2019b). 성매매 실태조사.

가. 랜덤채팅앱 조사

399개 랜덤채팅앱 조사결과, 조사시점('19.6) 기준 사용연령 등급(연령등급 설정기준: 아동 만 3·7·12세 이상, 청소년 만 16세 이상, 성인 만 18세 이상)은 성인(77.7%), 아동(13.3%), 청소년(9%) 순으로 비율이 높았으나, 전체 앱 중 본인인증을 요구하는 비율은 26.3%에 그쳤다.

아울러, 2,230명과의 대화(설득: 적극적 권유) 분석 결과, 조사대상자의 연령대는 대부분 30대 이하(89.8%)였고, 특히 미성년 대상의 대화 사례(1,605명)를 보면 성적 목적(76.8%) 대화가 가장 많고, 미성년임을 인지한 후 대화를 지속한 경우는 61.9%였다.

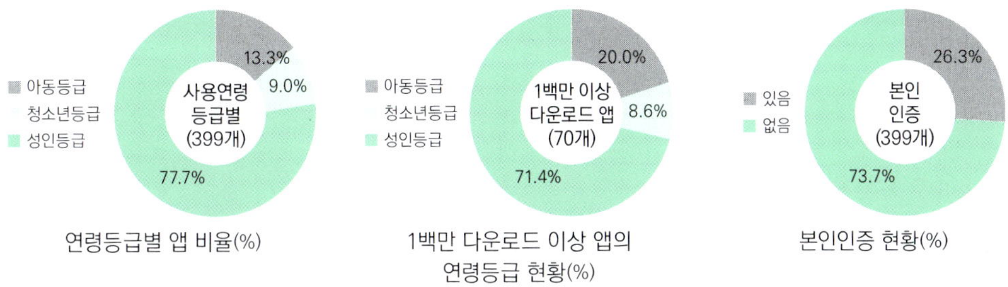

그림 9-3 랜덤채팅앱 연령등급 조사

출처: 여성가족부(2019b). 성매매 실태조사.

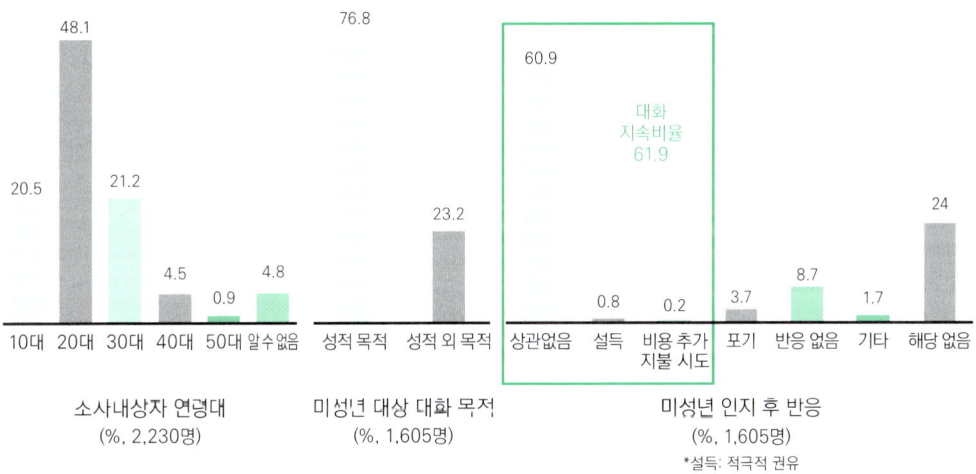

그림 9-4 조사대상자 연령대, 대화 목적, 반응

출처: 여성가족부(2019b). 성매매 실태조사.

나. 성구매 후기 사이트 및 유튜브 조사

2019년 5월을 기준으로, 15개 성구매 후기 사이트의 1일 방문자는 38,511명, 1일 페이지뷰 444,428건, 등록업소 7,973개소, 후기글은 983,684건으로 파악되었다.

2019년 6월 기준, 유튜브에서 검색되는 성매매 조장 영상(유튜브에서 검색되는 성매매 관련 영상 5,067개) 중 뉴스 등 기타를 제외한 업소/사이트 홍보, 업소 후기, 성인인증 필요 영상은

2,425개[분포(%): 업소/사이트 홍보 39.8, 업소 후기 42.3, 성인인증 필요 17.9]로 나타났으며, 이 중 성인인증이 필요한 영상은 17.9%였다.

(2) 청소년 성매매의 원인

① 개인적 원인

청소년 성매매는 개인적 측면과 관계가 있다. 성에 대한 호기심, 유흥비와 생활비 마련, 놀이와 여가생활, 성적 탐닉 같은 물질주의적 가치관과 왜곡된 성 가치관의 결합이 청소년 성매매의 원인이 되고 있다(정규석 외, 2014).

또한 낮은 자존감과 열악한 생활환경은 자포자기 상태에서의 성비행이나 성매매에 빠지게 하는 원인이 된다. 성매매를 경험하는 청소년의 신분이 가출청소년과 학교 중퇴생이 상당수 되는 것으로 보아, 학교중퇴와 가출경험 여부가 청소년 성매매에 큰 영향을 미치고 있음을 알 수 있다.

② 가족적 원인

청소년 성매매는 가족의 특성과 관련이 있다. 부모의 이혼과 불화, 부모와의 갈등, 부모의 무관심, 가정의 빈곤 등이 자녀에 대한 부모의 지도역량을 약화시킴으로써 청소년들이 방황하게 되고 비행에 노출되기 쉽게 만든다(정규석 외, 2014). 가족 간의 유대가 약하거나 부모의 양육방식에 일관성이 결여되어 가족에 대한 심각한 불신이 발생하면, 청소년은 방황하게 되고 심리적 불만이 쌓여 가출을 계획하고 성매매의 유혹에 빠지기 쉽게 된다. 또한 가정에서의 학대나 폭력을 당한 청소년은 우울감과 낮은 자존감으로 스스로를 성매매와 같은 위험에 빠트림으로써 불행한 가정에서 벗어나고자 한다.

③ 사회환경적 원인

성에 대한 사회의 왜곡된 향락문화와 성을 상품화하는 물질만능풍조, 이중적 성 윤리, 성매매를 조장하거나 묵인하는 사회적 분위기, 특권층의 성에 대한 경시 풍토, 성에 대한 차별, 대중매체의 무분별한 선정적 보도, 통제·감시가 어려운 인터넷의 급속한 전파 등은 청소년이 성에 대한 부정적 인식과 함께 잘못된 성문화를 습득하도록 한다. 음란 동영상과 같은 영상물을 통하여 부정적 성행위를 모방하고, 성 욕구를 절제하지 못하는 등 왜곡된 성문화를 접촉함으로써 죄의식 없이 성매매에 가담하는 요인이 되고 있다.

2020년 '청소년 매체 이용 및 유해환경 실태조사'에 따른 청소년이 최근 1년간 경험한 성인용 영상물 시청과 관련된 경험은 다음의 〈표 9-10〉과 같다(여성가족부, 2021a).

표 9-10 최근 1년간 이용 경로별 성인용 영상물 시청 경험(중복응답)

(단위: %)

구분		TV방송		인터넷 포털 사이트		인터넷 개인 방송 및 동영상 사이트		인터넷/모바일 메신저		SNS		파일 다운로드 사이트		스마트폰 앱	
		2018	2020	2018	2020	2018	2020	2018	2020	2018	2020	2018	2020	2018	2020
전체		12.9	13.5	28.2	23.9	17.7	17.3	10.5	12.6	16.5	12.8	6.6	5.7	11.0	13.4
성별	남자	15.2	14.5	37.5	31.3	20.8	19.9	12.9	13.6	18.7	12.8	9.4	6.9	14.0	14.7
	여자	10.4	12.5	18.2	15.9	14.2	14.6	8.0	11.6	14.1	12.8	3.6	4.4	7.9	11.9
학교급	초등학교	9.5	16.1	10.6	19.4	13.8	21.6	10.3	18.4	6.2	11.1	2.6	6.9	11.2	18.5
	중학교	12.6	11.0	31.0	20.1	20.2	14.4	11.5	10.5	18.7	12.5	5.8	4.4	11.5	11.2
	고등학교	15.7	13.3	39.8	31.8	18.7	15.9	9.8	9.0	22.8	14.6	10.4	5.7	10.5	10.3

*주: 1) 무응답을 제외하고 분석한 결과임
2) 2016년도 '성인용 영상물'의 용어를, 2018년도와 2020년도는 '성인용 TV 프로그램, 영화, 동영상 등'으로 변경하여 질의함
3) 2018년도 'TV방송(유선방송, 위성방송, 케이블, IPTV 등)'을 2020년도는 'TV방송(지상파, 케이블, IPTV 등)'으로 변경하여 질의함

출처: 여성가족부(2021e). 2020년 청소년 매체이용 및 유해환경 실태조사.

④ 또래 요인

청소년기는 부모로부터 독립하려는 심리가 강하고, 친구와의 관계 형성이 중요한 시기이다. 이때는 또래의 영향을 많이 받는 시기로 특히 또래 청소년의 성에 대한 인식이나 태도를 그대로 따라 하는 경향이 강하다. 특히 가정에서의 정서적 지지가 약한 청소년은 또래 친구로부터 정서적 지지를 받으며 긴밀한 관계를 유지한다. 또한 또래의 성에 대한 허용적 태도는 집단화되어 죄책감을 상쇄시키며 더욱 과감하게 성매매에 가담하게 한다. 집단심리적 의존과 집단비행의 무감각에서 오는 잘못된 성 가치관 형성이 성매매에 중요한 원인으로 작용한다고 볼 수 있다.

04 청소년 성행동의 위험 요인과 보호 요인

청소년 성행동(성병, 임신 포함)의 위험 요인과 보호 요인을 선행 연구들을 근거로 개인, 가족, 또래 및 학교, 그리고 사회환경 차원에서 정리하면 다음과 같다(김성이 외, 2013).

표 9-11 청소년 성행동의 위험 요인과 보호 요인

구분	위험 요인	보호 요인
개인 요인	• 낮은 지적 능력 • 위험 행동 및 반사회적 행동: 알코올 및 약물 남용 • 상처받은 생활사건: 아동기 학대 경험 • 조숙하게 어른이 되려는 기대: 미래의 경제적인 기회에 대한 부정적인 인식, 성에 대한 지나친 호기심, 허용적인 성 태도, 피임을 안 함	• 긍정적인 자아존중감, 내적 통제감 • 자기효능감, 자기인식 • 개인적 기술들: 성매매에 대한 사회적인 영향을 인식하고 저항하는 방법 습득과 효과적인 사회성 및 대인관계 기술, 종교적 신념, 학업성취, 상급학교 진학 열망 • 정확한 성 지식 • 효과적인 성 관련 의사소통: 자신의 성행위에 대한 의사표시를 분명히 함
가족 요인	• 가족의 낮은 사회경제적 지위 • 결손된 가족구조: 부나 모가 미혼부/미혼모, 결혼하지 않은 동거 남녀는 청소년 자녀에 대해 적절한 감독을 할 수 있는 권위가 없음 • 가족의 혼전 성 경험 및 허용적 태도: 성 경험 있는 형제, 재혼한 모친을 가진 가정은 허용적 태도를 가짐 • 가족갈등 및 불화: 미혼모인 모친과의 과잉 동일시, 가족의 만성적인 스트레스, 긴장과 갈등, 관계 불만, 부모의 적절한 감독 부재	• 부모와의 긍정적 관계: 모녀의 친밀성 • 부모와의 효과적인 대화: 성과 성에 대한 감정 및 행동에 대한 대화, 부모와 대화가 많고 전통적 가치관을 가진 가정이 안정적, 무조건적 대화보다 어떤 내용에 대해 대화를 하는지가 중요 • 부모의 양육의 질: 부모의 관심, 일관성 있는 태도, 명확한 가족 규칙, 기대 및 보상 필요 • 부모의 교육에 대한 높은 기대
또래 학교 요인	• 또래 친구의 위험 요인: 허용적 성 태도를 지닌 친구와의 사귐, 혼전출산 경험 또래 사귐, 친구에게 속박된 관계, 또래 집단의 압력 • 학교의 위험 요인: 학업 중퇴, 낮은 학교성적, 부정적 학교 경험, 교육결핍으로 낮은 열의를 가짐	• 친구의 보호 요인: 긍정적인 모델링이 될 수 있는 친구가 존재 • 학교의 보호 요인: 긍정적인 학교 경험과 학업기술, 인생 목적을 세우고 교육기대에 대한 긍정적 강화 • 효과적인 성교육
사회 환경 요인	• 일 관련 위험 요인: 취업확률이 낮음 • 지역사회의 위험 요인: 이웃의 긍정적인 모델링 결핍, 잦은 이사와 비조직화된 지역사회의 영향, 법과 규범들의 결핍, 이웃(성인)의 감독 부재 • 매스미디어의 위험 요인: 선정적인 장면에의 노출	• 일 관련 보호 요인: 긍정적인 일 및 취업의 경험, 최소한의 급여를 받는 일자리 • 지역사회의 보호 요인: 성인과 긍정적인 관계, 지역사회 활동에 참여, 종교 혹은 신앙심, 가족·학교·지역사회의 정서적인 유대관계 및 참여

출처: Small & Luster(1994); Whitebeck & Hoyt(1999): 김성이 외(2013). 청소년복지학. 재인용.

05 청소년 성 문제 예방 대책

1) 개인적 차원

청소년 시기에는 성에 대한 관심이 증가하고 특히 이성에 대한 관심이 증가하여 친하게 지내고 싶은 욕구와 사랑하고 싶은 욕구가 생기게 된다. 특히 성적 호기심이 이성에게 향하게 되고, 이 시기에 성과 관련된 경험을 하게 된다. 이때 성에 대한 올바른 지식을 습득하는 것이 필요하며, 온라인상에 떠도는 정보를 무분별하게 학습하지 않도록 주의를 기울여야 한다. 또한 이성과 성관계 시 상대방이 원하지 않는 성관계를 강제로 요구하거나 성적 학대를 가하는 행위는 청소년에게 신체적, 정서적으로 큰 상처를 줄 수 있고, 그 후유증이 성인이 되어서도 나타나는 경향을 간과해서는 안 된다.

따라서 지나친 성에 대한 호기심에 집착하지 않도록 성적 욕구를 배출할 수 있는 방법과 공간이 마련되어야 한다. 청소년 자신의 성적 변화에 대하여 부모나 가까운 대화 상대에게 충분히 의논하고, 건전한 방법으로 성적 호기심을 충족시켜야 하며, 성적 에너지를 다양한 활동으로 발산할 수 있도록 노력해야 한다. 운동, 음악, 동아리활동, 각종 축제, 봉사활동 등을 통하여 욕구를 해소하고 다양한 인간관계 형성으로 성에 대한 올바른 가치관을 정립할 수 있도록 노력해야 한다.

2) 가족적 차원

가정에서 부모의 성에 대한 교육은 양성평등의 기초 위에 올바르게 전달될 수 있다. 성 정체성과 성 주체성에 대한 이해는 가족구성원의 가족 내 역할 안에서 청소년에게 전달될 수 있고, 이것이 성역할의 확립에 영향을 미칠 수 있다. 따라서 과거의 성차별적인 가족구조의 틀에서 벗어나, 성역할의 유연성이 길러질 수 있는 환경을 마련해야 하며, 성적 자기결정권과 올바른 성 가치관을 확립하도록 모범을 보이고 관심을 기울여야 한다. 가정 안에서 남녀평등의 가치를 배우고, 건강한 성문화를 학습하여 성인기 행복한 사회생활과 건강한 성생활을 영위할 수 있는 토대를 갖추도록 가정 안에서 노력해야 한다.

또한 부모는 청소년의 특성을 파악하고 자연스러운 접근을 통해 성 가치관을 형성할 수 있는 환경을 조성해야 한다. 이를 위해 부모와 자녀와의 관계가 상호존중되고 민주적인 관계를 유지할 수 있도록 가정 내 분위기를 조성하는 것이 필요하다. 특히, 부모와의 대화를 통해 성에 대한 호기심을 해소할 수 있도록 열린 마음으로 자녀의 호기심에 관심을 기울이는 것이 필요하고, 가정 내에서 불법영상, 유해사이트의 위험성을 함께 공유하며, 신체적, 정신적으로 위해를 끼칠 수 있는 관련 인터넷사이트를 스스로 차단할 수 있는 적절한 교육과 함께 청소년보호에 필요한 다양한 정보를 제공하는 것이 필요하다.

3) 학교 차원

7차 교육과정(초등 200년, 중등 2001, 고등 2002년부터 적용)에서는 재량활동 중 창의적 재량활동에서 범교과 학습에서 성교육을 지도할 수 있도록 명시하고 있다. 학교성교육이 관련 교과를 중심으로 학교교육 활동 전반에 걸쳐 이루어져야 할 중요한 교육적 과제로 인식된 것이다. 유치원에서부터 고등학교까지의 학교 간의 체계적인 연계 틀 속에서 성교육 지도 지침 및 자료를 개발·보급하고 학교현장의 성교육 담당교사 또는 관련 교과 담당교사를 중심으로 연수를 실시함으로써 학교현장에서 성교육지도지침 및 자료를 효율적으로 활용될 수 있도록 지원하고 있다(배정철, 2002).

이러한 기본계획에 의거하여 2001년 기존의 성교육 지도 자료를 보완하여 초·중·고등학생을 위한 성교육교사용지도서 『함께 풀어가는 성 이야기』와 함께 성희롱·성폭력 예방교육 프로그램 책자와 CD를 각 학교에 배포하였다. 그뿐만 아니라 학교별 성교육담당교사를 지정하고 재량활동 시간을 이용해 연간 10시간 이상 성교육을 실시하도록 하는 학교성교육 활성화 지침을 각 학교에 전달하였으며, 성교육담당교사를 중심으로 방학 중 연수교육 실시 등의 학교 성교육의 토대 구축을 위해 노력하였다(변혜정, 2014).

2015년 교육부에서 발표한 「국가 수준의 학교 성교육 표준안」의 주요 내용을 살펴보면 다음과 같다.

「국가 수준의 학교 성교육 표준안」의 주요 내용

1) 성폭력 대처 방법 생각하기: 이성 친구와 단둘이 집에 있을 때/단둘이 있는 상황을 만들지 않는다('학교 성교육 표준안' 초등학교 3, 4학년 교사용 지도서 중 일부).
2) 미혼 남녀의 배우자 선택 요건: 여성은 외모를, 남성은 경제력을 높여야 한다(초등 5, 6학년 8차시).
3) 남성은 돈, 여성은 몸이라는 공식이 통용되는 사회 속에서는 데이트 비용을 많이 사용하게 되는 남성의 입장에서는 여성에게 그에 상응하는 보답을 원하게 마련이다. 이 과정에서 데이트 성폭력이 발생할 수 있다(고등 24차시 '데이트 성폭력의 의미와 유형').
4) 성과 관련된 거절 의사 표현을 분명히 하지 않았을 때 성폭력, 임신, 성병 등 성 문제가 발생할 수 있다(중등 12차시).
5) 남성의 성에 대한 욕망이 때와 장소에 관계없이 충동적으로 급격하게 나타난다(초등 1, 2학년 3차시).

출처: 교육부(2015). 국가 수준의 학교 성교육 표준안.

이와 같이 「국가 수준의 학교 성교육 표준안」은 편견과 혐오를 비롯하여 사실이 아닌 내용들을 담고 있다. 현행 학교에서 이를 적용하기도 전에 여러 가지 문제점이 지적되고 있다. 그동안 성교육을 해 온 여성단체들이 조직적으로 반대 입장을 표명하였고, 정부의 여성가족부도 부정적인 반응을 나타내고 있으며, 일선학교의 교사, 보건교사들도 실망과 우려를 표출하였다. 심지어 기존의 국가교육과정과 배치되는 등 기초적인 형식이나 내용도 문제점으로 지적되고 있다(김대우, 2016). 즉, "남성의 성은 충동적이라 자제할 수 없다."고 교육할 경우 불법이 되는 것이다. 성교육은 문화적으로 편향되지 않고, 의학적으로 정확한 정보를 전달하는 것이다.

효과적인 성교육을 위해서는 피임교육 중심이 되어야 한다. 한국 성교육의 내용은 대부분 성행위를 억제하고 금지하는 것에 초점이 맞춰져 있어, 끊임없이 성적인 메시지가 흘러나오는 현대사회에서 금욕을 기반으로 한 성교육이 효과적일 수 없다는 것을 알면서도 눈 가리고 아웅 하는 식이다. 그저 낙태에 대한 공포심을 자극하는 교육, 성병에 대한 편견을 조장하는 교육을 통해서는 실제 성관계에서 무엇을 어떻게 하는지 배우기는 어렵다. 실용적이고 정확한 피임 교육은 '성관계 시에만' 도움이 되는 것이 아니다. 여러 연구 결과들은 피임에 대해 정확한 정보를 배우는 것이 신체에 대한 이해, 건강을 위협하는 요인에 대한 이해에 도움을 준다고 밝히고 있다.

나아가 성교육은 쾌락에 대한 교육을 포함해야 한다. 유네스코가 제시한 조기 성교육 지침은 5세 아동을 대상으로 '자신의 성기를 만지며 즐기는 행위가 바로 자위행위이고, 성기를 만지면 쾌감을 느낄 수 있다.'는 내용을 교육하고 있다(건강과 대안 젠더건강팀, 2016).

많은 십대들의 연애와 사랑은 자연스럽고 보편화되어 있다. 다양한 경로를 통하여 성 관련 정보를 습득하고 성 경험을 하게 된다. 따라서 과거 청소년의 성에 대하여 억압적이고 부정적인 인식을 주는 교육이나 반복되는 기본적인 성교육을 넘어 청소년의 성문화에 실질적인 도움이 될 수 있는 교육이 필요하다. 현행 초·중·고등학교는 「학교보건법」에 따라 연간 15시간 이상의 성교육을 통해 성에 대한 바른 가치관과 성의 소중함, 올바른 성 지식을 교육함으로써 청소년의 성적 자기결정권에 책임감을 갖고 행동해야 한다는 인식을 주어야 한다. 학교에서 진행되는 인성과 인권교육에서 인간의 존엄성을 바탕으로 생명존중의 소중함을 일깨우고, 자신과 타인에 대한 이해와 배려의 중요성을 깨닫도록 해야 한다. 또한 성에 대한 다양한 정보에 대하여 비판적으로 사고할 수 있는 리터러시 교육을 진행하여 올바른 성 가치관을 형성하도록 도와야 한다.

4) 사회적 차원

지역사회 차원에서 청소년 유해업소 출입금지 운동, 유해환경 퇴치 운동, 음란 사이트 단속운동 등 시민들의 적극적인 참여가 요구된다. 지역사회 내의 관련 기관과의 유대강화와 시민단체, 종교단체, 청소년단체 등 체계적이고 행동화할 수 있는 구체적인 전략이 필요하다(박정란 외, 2018). 구와 동, 생활권역별 교회, 학교, 복지관, 청소년상담실이 중심이 되어 청소년과 부모를 대상으로 실질적인 성교육 프로그램과 성 문제 예방을 위한 다양한 서비스를 활성화가 필요하다. 지역사회 성교육 상담실의 전문성을 강화하기 위해 상담원과 자원봉사자들을 대상으로 정기적인 보수교육과 심화교육이 제공되어야 한다.

2024년 기준 전국 57개 운영 중인 청소년성문화센터를 통해 청소년들이 자기주도적인 체험학습을 함으로써 올바른 성지식을 습득하고 성문화에 대한 비판적 시각과 건강한 성 정체성을 갖도록 지원을 강화해 나가야 한다(한국청소년성문화센터협의회 cseinkorea.tistory.com/4).

청소년이 체험형 성교육 프로그램을 통해 정확한 성지식을 습득하고 성적 위험에 대한 감수성을 높이고 성평등 의식을 고취하여 성적 자기결정 능력을 향상함으로써 성적 주체로서 자기인식을 갖도록 해야 한다(변혜정, 2014).

5) 국가적 차원

청소년 성 문제 유형에 적합한 관련 기관과 시설을 다양화하고 특성화하며, 관련 기관과 시설의 통합적인 연계 서비스가 이루어져야 한다. 가출쉼터, 위기청소년 교육센터, 교정시설, 중·단기보호시설 등의 연계와 지원이 확대되어야 한다. 성 관련 문제 해결을 위한 전문 인력을 양성하여 청소년 관련 기관과 시설에 의무적으로 배치하고, 성 문제 발생 시 신속하고 전문적으로 대처할 수 있는 체계적인 시스템이 구축되어야 한다. 또한, 청소년 성 문제의 심각성과 청소년 성 문제 해결을 위한 토론과 공청회를 통하여 다양한 개선 방안을 마련하고, 정부 차원의 공익광고나 캠페인을 확대해야 한다.

특히, 청소년 성문제와 관련하여 정부는 그동안 아동·청소년 대상 성범죄에 대한 처벌 강화, 성매매와 성착취 위험에 노출될 수 있는 온라인 환경 개선, 또래상담 등 모니터링과 조기 개입을 통한 피해 예방 등을 위한 청소년 성매매피해자 지원센터를 통해 성매매 피해 치료회복 및 진학·취업연계 등을 통합적으로 지원하기 위한 성매매·디지털성범죄 피해상담센터[청소년상담 1388(지역번호+1388), 여성긴급전화 1366(지역번호+1366), 디지털성범죄피해자지원센터(02-735-8994)]를 더욱더 확대·운영할 필요가 있다. 특히 '디지털 성범죄 근절대책' 이행으로 아동·청소년 대상 성범죄에 대한 처벌과 수사를 강화하고, 랜덤채팅앱 등 관련 제도개선 추진, 피해아동·청소년 보호와 지원을 확대해야 한다.

「아동·청소년의 성보호에 관한 법률」 개정으로 아동·청소년 성착취물 범죄에 대한 법정형을 상향되고, 아동·청소년 성착취물을 광고·구입·시청하는 행위도 처벌할 수 있는 근거를 마련하는 등 많은 노력을 기울이고 있고, 나아가 랜덤채팅앱의 청소년 유해매체물 지정, 그루밍 범죄에 대한 처벌 근거 마련, 잠입수사 도입 등 제도개선이 이루어지고 있다. 디지털 환경에 익숙한 청소년은 그만큼 성적 유인과 성매매 피해를 경험할 위험이 높다. 위험요인을 미리 차단하고 성착취 행위에 대해 강력하게 대응하여 성매매 등 청소년에 대한 성범죄 방지 및 피해자 보호에 만전을 기해야 한다.

청소년이 우리 미래의 주요한 인적 자원임을 인지하고, 변화하는 청소년에 대한 이해를 넓힐 수 있도록 성인에 대한 청소년 이해 교육도 함께 진행하여 건강한 성문화가 정착될 수 있는 지속적인 노력이 필요하다.

참 고

아동·청소년 성매매자 등에 대한 처벌규정

구분	내용	처벌
성 구매자	• 아동·청소년의 성을 사는 행위를 한 사람(성 구매자)(「아동·청소년의 성보호에 관한 법률」 제13조제1항)	1년 이상 10년 이하의 징역 또는 2천만 원 이상 5천만 원 이하의 벌금
아동	• 아동·청소년의 성을 사기 위해 아동·청소년을 유인하거나 성을 팔도록 권유한 사람(「아동·청소년의 성보호에 관한 법률」 제13조제2항)	1년 이하의 징역 또는 1천만 원 이하의 벌금
성매매 피해자의 알선자	• 아동·청소년에게 성매매 피해자가 되도록 강요행위를 한 사람(「아동·청소년의 성보호에 관한 법률」 제14조제1항) ① 폭행이나 협박으로 아동·청소년의 성을 사는 행위의 상대방이 되게 한 사람 ② 선불금, 그 밖의 채무를 이용하는 등의 방법으로 아동·청소년을 곤경에 빠뜨리거나 위계 또는 위력으로 아동·청소년에게 아동·청소년의 성을 사는 행위의 상대방이 되게 한 사람 ③ 업무·고용이나 그 밖의 관계로 자신의 보호 또는 감독을 받는 것을 이용해 아동·청소년에게 아동·청소년의 성을 사는 행위의 상대방이 되게 한 사람 ④ 영업으로 아동·청소년의 성을 사는 행위의 상대방이 되도록 유인·권유한 사람	5년 이상의 유기징역 (미수범 처벌)
	①~③의 죄를 범한 사람이 그 대가의 전부 또는 일부를 받거나 이를 요구 또는 약속한 경우(「아동·청소년의 성보호에 관한 법률」 제14조제2항)	7년 이상의 유기징역 (미수범 처벌)
	• 아동·청소년에게 성매매 피해자가 되도록 유인·권유한 사람(「아동·청소년의 성보호에 관한 법률」 제14조제3항)	7년 이하의 징역 또는 5천만 원 이하의 벌금
성매매 장소 제공자	• 영업으로 아동·청소년의 성을 사는 행위의 장소를 제공하는 사람(「아동·청소년의 성보호에 관한 법률」 제15조제1항제1호)	7년 이상의 유기징역
	• 아동·청소년에게 성매매 피해자가 되도록 유인·권유한 사람(「아동·청소년의 성보호에 관한 법률」 제15조제2항제2호)	7년 이하의 징역 또는 5천만 원 이하의 벌금
	• 영업으로 아동·청소년의 성을 사는 행위의 장소를 제공하는 사람(「아동·청소년의 성보호에 관한 법률」 제15조제2항제4호)	7년 이하의 징역 또는 5천만 원 이하의 벌금
	• 성매매 장소를 제공하는 업소이거나 성매매를 알선하는 업소로 사용되는 사실을 알면서 자금·토지 또는 건물을 제공한 사람(「아동·청소년의 성보호에 관한 법률」 제15조제1항제3호)	7년 이하의 유기징역
성매매 구매 알선자	• 영업으로 아동·청소년의 성을 사는 행위를 알선하거나 정보통신망에서 알선정보를 제공한 사람(「아동·청소년의 성보호에 관한 법률」 제15조제1항제2호)	7년 이하의 유기징역
	• 아동·청소년의 성을 사는 행위를 알선하거나 정보통신망에서 알선정보를 제공한 사람(「아동·청소년의 성보호에 관한 법률」 제15조제2항제3호)	7년 이하의 징역 또는 5천만 원 이하의 벌금
	• 영업으로 아동·청소년의 성을 사는 행위를 알선하거나 정보통신망에서 알선정보를 제공하기로 약속한 사람(「아동·청소년의 성보호에 관한 법률」 제15조제2항제4호)	7년 이하의 징역 또는 5천만 원 이하의 벌금

참 고

아동·청소년의 성보호에 관한 법률(약칭: 청소년성보호법)

제11조(아동·청소년성착취물의 제작·배포 등) ① 아동·청소년성착취물을 제작·수입 또는 수출한 자는 무기 또는 5년 이상의 징역
② 영리를 목적으로 아동·청소년성착취물을 판매·대여·배포·제공하거나 이를 목적으로 소지·운반·광고·소개하거나 공연히 전시 또는 상영한 자는 5년 이상의 유기징역
③ 아동·청소년성착취물을 배포·제공하거나 이를 목적으로 광고·소개하거나 공연히 전시 또는 상영한 자는 3년 이상의 유기징역
④ 아동·청소년성착취물을 제작할 것이라는 정황을 알면서 아동·청소년을 아동·청소년성착취물의 제작자에게 알선한 자는 3년 이상의 유기징역
⑤ 아동·청소년성착취물을 구입하거나 아동·청소년성착취물임을 알면서 이를 소지·시청한 자는 1년 이상의 유기징역
⑥ 제1항의 미수범은 처벌
⑦ 상습적으로 제1항의 죄를 범한 자는 그 죄에 대하여 정하는 형의 2분의 1까지 가중

제12조(아동·청소년 매매행위) ① 아동·청소년의 성을 사는 행위 또는 아동·청소년성착취물을 제작하는 행위의 대상이 될 것을 알면서 아동·청소년을 매매 또는 국외에 이송하거나 국외에 거주하는 아동·청소년을 국내에 이송한 자는 무기 또는 5년 이상의 징역

제13조(아동·청소년의 성을 사는 행위 등) ① 아동·청소년의 성을 사는 행위를 한 자는 1년 이상 10년 이하의 징역 또는 2천만 원 이상 5천만 원 이하의 벌금
② 아동·청소년의 성을 사기 위하여 아동·청소년을 유인하거나 성을 팔도록 권유한 자는 3년 이하의 징역 또는 3천만 원 이하의 벌금
③ 16세 미만의 아동·청소년 및 장애 아동·청소년을 대상으로 제1항 또는 제2항의 죄를 범한 경우에는 그 죄에 정한 형의 2분의 1까지 가중처벌

제14조(아동·청소년에 대한 강요행위 등) ① 다음 각 호의 어느 하나에 해당하는 자는 5년 이상의 유기징역
1. 폭행이나 협박으로 아동·청소년으로 하여금 아동·청소년의 성을 사는 행위의 상대방이 되게 한 자
2. 선불금(先拂金), 그 밖의 채무를 이용하는 등의 방법으로 아동·청소년을 곤경에 빠뜨리거나 위계 또는 위력으로 아동·청소년으로 하여금 아동·청소년의 성을 사는 행위의 상대방이 되게 한 자
3. 업무·고용이나 그 밖의 관계로 자신의 보호 또는 감독을 받는 것을 이용하여 아동·청소년으로 하여금 아동·청소년의 성을 사는 행위의 상대방이 되게 한 자
4. 영업으로 아동·청소년을 아동·청소년의 성을 사는 행위의 상대방이 되도록 유인·권유한 자
② 제1항제1호부터 제3호까지의 죄를 범한 자가 그 대가의 전부 또는 일부를 받거나 이를 요구 또는 약속한 때에는 7년 이상의 유기징역
③ 아동·청소년의 성을 사는 행위의 상대방이 되도록 유인·권유한 자는 7년 이하의 징역 또는 5천만원 이하의 벌금
④ 제1항과 제2항의 미수범은 처벌

제15조(알선영업행위 등) ① 다음 각 호의 어느 하나에 해당하는 자는 7년 이상의 유기징역
1. 아동·청소년의 성을 사는 행위의 장소를 제공하는 행위를 업으로 하는 자
2. 아동·청소년의 성을 사는 행위를 알선하거나 정보통신망(「정보통신망 이용촉진 및 정보보호 등에 관한 법률」 제2조제1항제1호의 정보통신망을 말한다. 이하 같다)에서 알선정보를 제공하는 행위를 업으로 하는 자
3. 제1호 또는 제2호의 범죄에 사용되는 사실을 알면서 자금·토지 또는 건물을 제공한 자
4. 영업으로 아동·청소년의 성을 사는 행위의 장소를 제공·알선하는 업소에 아동·청소년을 고용하도록 한 자
② 다음 각 호의 어느 하나에 해당하는 자는 7년 이하의 징역 또는 5천만 원 이하의 벌금
1. 영업으로 아동·청소년의 성을 사는 행위를 하도록 유인·권유 또는 강요한 자
2. 아동·청소년의 성을 사는 행위의 장소를 제공한 자
3. 아동·청소년의 성을 사는 행위를 알선하거나 정보통신망에서 알선정보를 제공한 자
4. 영업으로 제2호 또는 제3호의 행위를 약속한 자
③ 아동·청소년의 성을 사는 행위를 하도록 유인·권유 또는 강요한 자는 5년 이하의 징역 또는 3천만원 이하의 벌금

제15조의2(아동·청소년에 대한 성착취 목적 대화 등) ① 19세 이상의 사람이 성적 착취를 목적으로 정보통신망을 통하여 아동·청소년에게 다음 각 호의 어느 하나에 해당하는 행위를 한 경우에는 3년 이하의 징역 또는 3천만원 이하의 벌금
1. 성적 욕망이나 수치심 또는 혐오감을 유발할 수 있는 대화를 지속적 또는 반복적으로 하거나 그러한 대화에 지속적 또는 반복적으로 참여시키는 행위
2. 제2조제4호 각 목의 어느 하나에 해당하는 행위를 하도록 유인·권유하는 행위
② 19세 이상의 사람이 정보통신망을 통하여 16세 미만인 아동·청소년에게 제1항 각 호의 어느 하나에 해당하는 행위를 한 경우 제1항과 동일한 형으로 처벌

함께 생각 나누기

1. 청소년 성 문제의 원인이 무엇인지 생각해 봅시다.
2. 청소년 성 문제 해결을 위한 방법에 대하여 생각해 봅시다.
3. 청소년 성 문제 예방을 위한 방안에 대하여 생각해 봅시다.

영화로 보는 청소년 문제

한공주

감독: 이수진(2013)

영화 내용

열일곱, 누구보다 평범한 소녀 한공주.

음악을 좋아하지만 더 이상 노래할 수 없고, 친구가 있지만 고향을 떠날 수밖에 없었다.

다신 웃을 수 없을 것만 같았지만 전학 간 학교에서 만난 새로운 친구와 노래는 공주에게 웃음과 희망을 되찾아준다. 그러던 어느 날, 이전 학교의 학부형들이 공주를 찾아 학교로 들이닥치는데….

한공주, 그녀에게 대체 무슨 일이 있었던 것일까?

2004년 밀양에서 발생한 여중생 집단 성폭행 사건을 모티브로 함.

함께 풀어 봅시다

1 성에 대한 설명으로 바르지 않은 것은 무엇인가?

① sex는 태어나면서부터 결정되는 것이다.
② gender는 사회환경적 속성에 의해 훈련되고 형성되는 것이다.
③ sex는 신체구조적 차이가 있다.
④ gender는 한번 결정되면 바뀔 수 없다.

정답 ④
해설 gender는 사회환경에 의해 결정되는 것으로, 사회환경에 따라 변화할 수 있다.

2 청소년 성폭력 피해가 가장 많이 발생하는 장소는?

① 학교 교실 안
② 학교 교실 외 교내 공간
③ 학교 주변 공터
④ 동네 놀이터나 골목

정답 ①
해설 성폭력 피해가 가장 많이 발생하는 장소는 학교 교실 안이다.

3 청소년 성매매의 주요 원인에 대한 설명이 바르지 않은 것은?

① 개인적 요인으로 성적 호기심, 유흥비와 생활비 마련, 놀이와 여가생활, 성적 탐닉 등이 있다.
② 가족적 요인으로 부모이혼과 불화, 부모와의 갈등, 부모의 무관심, 가정의 빈곤 등이 있다.
③ 사회환경적 요인으로 왜곡된 향락문화와 성을 상품화하는 물질만능풍조, 이중적 성윤리가 있다.
④ 또래 요인으로 학교중퇴와 가출경험 등이 있다.

정답 ④
해설 학교중퇴와 가출경험은 개인적 요인에 해당한다.

4 **청소년 성행동의 위험 요인과 보호 요인의 연결이 잘못된 것은?**

① 개인 요인 중 낮은 지능은 위험 요인에 해당한다.
② 가족 요인 중 부모의 교육에 대한 높은 기대는 위험 요인에 해당한다.
③ 또래학교 요인의 효과적인 성교육은 보호 요인에 해당한다.
④ 사회환경 요인의 선정적인 장면에의 노출은 위험 요인에 해당한다.

정답 ②
해설 가족 요인 중 부모의 교육에 대한 높은 기대는 보호 요인에 해당한다.

5 **청소년 성 문제 예방 대책으로 적절하지 않은 것은?**

① 가정에서 부모의 성에 관한 조기교육은 성 문제를 야기할 수 있다.
② 청소년 시기에 성에 대한 관심과 성적 욕구를 배출할 수 있는 방법이 마련되어야 한다.
③ 지역사회에서 청소년 유해업소 출입금지 운동, 유해환경 퇴치운동, 음란 사이트 단속운동 등이 요구된다.
④ 국가적 차원에서 관련 기관과 시설을 다양화하고 특성화하며, 시설의 통합적인 연계 서비스가 이루어져야 한다.

정답 ①
해설 가정에서 부모의 성에 관한 올바른 조기교육으로 성에 대하여 자연스러운 이해와 접근을 통하여 올바른 성 가치관을 형성할 수 있도록 해야 한다.

chapter 10

청소년과 학교폭력

학교폭력은 심각한 사회문제가 된 지 오래다. 시간이 지날수록 학교폭력의 양상은 다양해지고 수위는 더욱 높아지고 있으며, 발생 연령 또한 초등 저학년으로까지 확대되었다. 학교폭력의 발생 원인은 가정, 학교, 지역사회와 함께 개인의 다양한 환경적 요소와 상황적 요소가 결합되어 나타나고 있다. 이러한 학교폭력은 건강한 심신으로 성장해야 할 청소년 시기에 신체적, 정신적, 사회적으로 심각한 어려움을 경험하게 한다. 또한 학교폭력은 피해자뿐만 아니라 가해자에게도 많은 어려움을 경험하게 하며, 방관자에게도 부정적인 영향을 미칠 수 있다. 이와 같이 학교폭력은 청소년이 성장하여 건강한 사회구성원으로 역할을 하는 데 많은 어려움을 줄 수 있다. 따라서 학교폭력의 예방을 위한 사회 각 분야의 노력이 절실하게 요구된다.

본 장에서는 학교폭력의 개념과 발생 요인, 유형, 현황 및 학교폭력의 예방에 대해 구체적으로 살펴보고자 한다.

01 학교폭력의 개념과 특징

1) 청소년폭력

일반적으로 청소년폭력(青少年暴力)은 "타인 또는 타인의 재산에 해를 입히기 위한 물리적인 힘의 행사"(Breakwell & Rowett, 1989)라고 정의된다. 이 정의는 가해자가 상대에게 해를 끼치려는 의도를 가지고 행한 물리적 힘의 행사를 폭력으로 간주하고 있다. 이와 같은 일반적 정의는 집단따돌림이나 욕설과 같은 심리적이고 언어적인 폭력행위를 포함하지 않기에, 폭력행동을 지나치게 단순화시켜 해석하고 있다는 비판을 받고 있다. 최근 우리나라 청소년들에게 빈번하게 발생하고 있는 고의적인 집단 괴롭힘이나 따돌림, 금품갈취, 언어적 놀림, 겁박과 욕설 등은 청소년폭력의 범주에 분명히 포함되는 요소들이다. 따라서 청소년폭력은 가해자가 상대에게 신체적·정신적 해를 입히기 위해 가해진 물리적·언어적·심리적 힘의 행사를 의미한다고 말할 수 있을 것이다.

그러나 위의 정의는 다분히 가해자 중심이며, 그리고 가해자의 의도를 중시하고 있는 입장이다. 가해자가 의도하지 않았다면 폭력이 되지 않는다고 볼 수 있는 것이다. 청소년폭력의 문제는 가해자보다 피해자 입장에서 문제시되는 행동이라고 본다면, 이를 피해자의 입장에서 해석할 필요가 있을 것이다. 예컨대, 가해자의 행위나 연령 및 장소 등과 관계없이 폭력 피해자가 청소년일 때 청소년폭력이 성립되며, 피해청소년이 타인의 부당한 행위에 의해 신체적·인격적 손상을 경험했거나 지위 및 건강의 상실을 경험하였거나 정신적 장애와 충격을 경험하게 되었다면 이것이 곧 청소년폭력인 것이다. 이러한 정의가 통용될 경우, 폭력을 가한 사람이 개념의 혼란을 빙자하여 "나는 폭력을 한 바가 없다."고 변명할 수 있는 여지는 없어질 것이다. 폭력 피해자의 주관적인 해석에 따르겠다는 것은 피해자의 인격을 보호하고 존중하고자 하는 것이며, 청소년폭력에 대한 법적 차원의 대응에서 한걸음 나아가 심리적·교육적 차원에서 이 문제에 접근하고자 하는 적극적인 자세라고 할 수 있다.

청소년폭력은 학교폭력을 포함하는 개념이다. 이때 학교폭력은 주로 학교와 직접적으로 관련이 있는 장소, 즉 학교 내에서의 폭력과 등·하굣길에서 발생하는 폭력이며, 학생들 간의 폭력과 교사에 대한 학생의 폭력을 의미한다(임영식, 1998). 그러나 청소년폭력은 학교와 등·하굣길은 물론이고 가정을 비롯한 그 밖의 장소에서 청소년이 피해자가 되는 모든 형태의 폭력이며, 그리고 학생들 간의 폭력은 물론 청소년과 성인(교사와 부모, 이웃 등) 간의 폭력을 포함하는 개념으로 사용된다(이승희, 2002).

2) 학교폭력의 개념

「학교폭력예방 및 대책에 관한 법률」(약칭: 학교폭력예방법) 제2조에서는 학교폭력을 다음과 같이 정의하고 있다.

"학교폭력"이란 학교 내외에서 학생을 대상으로 발생한 상해, 폭행, 감금, 협박, 약취·유인, 명예훼손·모욕, 공갈, 강요·강제적인 심부름 및 성폭력, 따돌림, 사이버 따돌림, 정보통신망을 이용한 음란·폭력 정보 등에 의하여 신체·정신 또는 재산상의 피해를 수반하는 행위를 말한다.

"따돌림"이란 학교 내외에서 2명 이상의 학생들이 특정인이나 특정집단의 학생들을 대상으로 지속적이거나 반복적으로 신체적 또는 심리적 공격을 가하여 상대방이 고통을 느끼도록 하는 모든 행위를 말한다. "사이버 따돌림"이란 인터넷, 휴대전화 등 정보통신기기를 이용하여 학생들이 특정 학생들을 대상으로 지속적, 반복적으로 심리적 공격을 가하거나, 특정 학생과 관련된 개인정보 또는 허위사실을 유포하여 상대방이 고통을 느끼도록 하는 모든 행위를 말한다.

학교폭력이 법제화되던 2004년 초기에는 학교폭력의 정의를 '학생 간'에 발생한 폭력으로 정의하였다. 그러나 2012년 법 개정을 통하여, '학생을 대상'으로 하는 폭력으로 가해자의 범위를 확대하였다. 또한 법률 초기에는 포함되지 않았던 '사이버 따돌림'에 대한 정의를 명시함으로써 청소년들의 인터넷, 휴대전화 등 정보통신기기를 이용한 학교폭력의 심각성에 대처하기 위한 법적인 근거를 마련하였다.

학교폭력은 갈수록 피·가해자의 연령이 낮아지고 있고, 폭력의 정도도 매우 심각해지고 있다. 또한 폭력의 행위도 매우 교묘하게 변화되어 눈에 띄지 않는 사각지대에서 이루어지고 있으므로 폭력을 발견하거나 단속하기가 쉽지 않은 실정이다.

학교폭력의 시작은 대수롭지 않은 장난에 의해 시작된다. 그러나 하찮은 언행이라 할지라도 폭력을 당하는 학생이 심리적으로 어려움을 겪고, 행동하는 데 많은 제약이나 불편함을 느낀다면 충분히 학교폭력으로 간주될 수 있다.

3) 학교폭력의 특징

학교폭력은 청소년기 특성으로 인하여 다양한 특성을 포함하게 되는데, 주요 특징을 살펴보면 다음 몇 가지로 요약할 수 있다.

첫째, 학교폭력의 피해자, 가해자의 연령이 과거 중·고등학생의 연령에서 초등학생으로 낮아지고 있다는 점이다. 청소년의 성장발달이 과거에 비해 빠른 속도를 보이면서 폭력에 노출되는 시기 또한 과거에 비해 앞당겨진 것이 일반적인 현상이다.

둘째, 과거의 신체적 폭력과 달리 집단따돌림, 협박, 괴롭힘, 사이버 따돌림, 은따(은근히 따돌리는 행위)와 같은 정신적 폭력의 형태가 증가하고 있다. 이는 학교폭력의 행위가 다양화되면서 매우 심각해지고 있는 것을 의미한다. 과거에는 신체폭력이나 금품갈취와 같은 단순한 행위의 폭력이 발생하였다면, 현재는 조직적이고 집단화되고 두세 종류의 폭력을 함께 행사하는 복합적인 폭력으로 진화하는 양상을 띠고 있다.

셋째, 학교폭력이 학교 내에서 꾸준히 발생하고 있다. 쉬는 시간, 교실 내, 화장실, 운동장, 학교 내 사각지대 등에서 지속적으로 학교폭력이 발생하고 있다. 이러한 결과는 학생이 폭력에 대하여 민감하게 반응하지 않고 폭력행위를 정당화하는 환경으로 변질될 우려가 있다.

넷째, 학교폭력이 발생하는 동안 피해자와 가해자를 제외한 많은 학생들이 방관자로 지켜보고 있다. 대다수 학생이 학교폭력의 현장을 목격하거나, 의심하면서도 적극적으로 나서지 않고 방관하는 것은 자신이 피해의 대상이 되는 것을 두려워하기 때문이다. 그러나 이는 2차, 3차 폭력이 발생할 수 있는 환경이 되기도 한다.

다섯째, 학교폭력의 종류가 언어·신체폭력뿐만 아니라 인터넷과 스마트폰 사용의 급증으로 사이버폭력으로까지 확대되고 있다는 점이다. 사이버폭력은 익명성과 함께 빠른 전파성으로 피해가 매우 심각하고, 피해자의 후유증은 여러 가지 사회문제로까지 확대될 수 있기 때문에 이에 대한 대비책이 시급한 실정이다.

여섯째, 학교폭력이 일반화·보편화되는 양상을 띠고 있다. 과거에는 특정 비행단체, 예를 들어 일진회와 같은 일부 비행청소년에 국한되어 발생하였지만 최근 들어 일반 청소년과 여학생에게서도 자연스럽게 나타나고 있다. 이러한 현상은 학교폭력에 대한 행위자의 심각성이나 죄책감이 약화되고 있음을 보여주는 것이다. 특히 초기에 재미 삼아 시도한 행동이 지속적이고 공격적으로 진화하면서 스릴과 쾌락을 추구하는 가학적 성향으로 발전하게 되고, 비인간적 행위가 반복되면서 죄책감이나 양심의 가책을 느끼지 않는 상태가 된다.

일곱째, 학교폭력 피해학생 중 일부는 보복 심리에 의해 가해학생이 되어 학교폭력을 행사한다. 이러한 현상은 약자의 위치에서 학교폭력의 피해로 인하여 받았던 피해학생이 상황이 변화되는 기회가 생기면 가해학생으로 전환하여 폭력을 행사함으로써 피해자가 가해자가 되는 악순환이 형성된다는 점이 문제이다.

02 학교폭력의 발생 요인과 유형

청소년폭력에 직·간접적인 영향을 미치는 요인은 다양하나.

이미리와 어주경(1999)은 청소년폭력의 영향 요인을 크게 심리적 요인과 환경적 요인으로 구분하였다. 심리적 요인에는 성별, 스트레스, 자극추구 동기, 자기존중감, 물질추구적인 가치관, 도덕성, 우울증, 학업성적 등이 포함되며, 환경적 요인에는 가정, 학교, 친구집단, 대중매체와의 접촉 등이 포함된다.

임영식(1998)은 학교폭력의 유발요인을 가정 관련 요인과 학교 관련 요인, 친구 관련 요인, 그리고 기타 요인으로 구분하여 설명하였다. 가정 관련 요인에는 가족 내 갈등과 부모의 자녀에 대한 양육방식 등이 제시되었고, 학교 관련 요인에는 학교에서의 실패 경험이 주요 요인으로 포함되었으며, 친구 관련 요인에는 또래의 동조 압력과 비행친구와의 접촉 경험이 포함되었다. 그리고 기타 요인에는 매체 폭력, 개인적 특성(낮은 IQ, 사회적 기술 부족, 자기통제력 부족, 충동적 성격 등), 폭력 피해경험 등이 포함되었다.

이러한 요인들 가운데 어떤 한 가지만으로 청소년폭력을 모두 설명할 수 없을 뿐만 아니라 가장 강력한 영향 요인 또한 무엇인지 밝혀지지 않고 있다. 이 요인들이 다양한 상황에 따라 청소년폭력에 다르게 영향을 미치기 때문이기도 하고, 청소년 개인의 과거 경험 및 지각적 판단에 따라 요인들의 영향력이 다르기 때문이다(이승희, 2002).

따라서 본 장에서는 청소년폭력의 발생에 영향을 미치는 요인을 개인적 요인, 가정 환경적 요인, 학교 요인, 지역사회적 요인으로 나누어 살펴보고자 한다.

1) 학교폭력의 발생 요인

(1) 개인적 요인

학교폭력 발생의 개인적 요인으로 생물학적인 원인을 들 수 있다. 청소년 시기에 지나치게 공격적이고 통제가 불가능한 일부 청소년으로, 전두엽[1]의 실행기능에 문제가 있는 경우이다. 특히 자기조절능력의 부족으로 행동조절, 감정조절이 어려운 학생에게 우울증, 품행장애, 반항성 장애, 주의력결핍 등이 발생하면서 학교폭력이나 비행으로 이어질 수 있다. 또한 성장 과정에서 나타나는 열등감, 낮은 자존감, 양심과 도덕성에 대한 비뚤어진 판단, 원만한 인간관계 곤란으로 인한 타인에 대한 적대감과 소외감 등은 반사회적 행동으로 표출되면서 폭력과 비행으로 나타난다.

또한 성장하면서 겪었던 과거의 부정적 사건의 경험으로 가정에서의 부적응적 경험이나 학교에서 교사나 또래관계 등 대인관계의 실패나 학업성취의 실패 등은 청소년의 폭력행동에 직접적인 영향을 주는 것으로 밝혀지고 있다. 어릴 때부터의 부정적인 경험이나 가정환경 등은 많은 연구에서 청소년폭력을 예견해주는 것으로 밝혀지고 있다.

---

1 인간의 뇌는 전두엽, 측두엽, 두정엽, 후두엽으로 구분되며 전두엽은 인간의 감정, 운동, 지적 기능을 담당하고 있다. 이러한 전두엽은 인간 고유의 정신기능과 언어 생성, 신체 운동, 주의집중, 동기, 이성 사고, 기억력, 추리력 등에 관여하며 자극과 반응을 광범위하게 중재하고 목표를 향해 나아가게 한다. 청소년기 뇌는 미성숙한 발달 단계로 편도체가 활성화되면서 충동, 반항, 폭력, 감정 기복 등이 심하게 나타나 예측할 수 없는 행동을 보이는 특성이 나타나게 되며 이러한 특성이 학교폭력으로 이어지고 있다.

(2) 가정환경적 요인

청소년이 처한 가정환경적 요인은 매우 다양하며, 청소년의 개인적 특성에 따라 유사한 상황에서도 각기 다른 양상으로 나타난다.

어린 시절 겪게 되는 양육자에 의해 학대나 폭력의 피해에 노출된 경험은 청소년 시기에 타인에 대한 가해로 이어지는 경향이 있다. 또한 부모의 갈등으로 인한 심리적 불안요인과 이혼으로 인한 가족해체는 청소년 시기 정체성의 혼란과 부모에 대한 원망, 자신의 현실에 대한 불만 등이 쌓이면서 심리적 안정에 심각한 위기를 초래한다. 가정에서 정서적 지지 획득에 실패한 청소년은 비슷한 상황에 처한 또래 친구와 관계를 맺으며 일탈과 폭력에 가담하는 경향을 보인다. 또한 지나치게 권위주의적인 부모의 양육방법으로 억압, 정서적 지원의 좌절과 역할 실패에 따른 가족구성원의 질타, 외면, 무시 등의 경험은 청소년기에 손상된 자존심의 회복을 위해 또래나 또래보다 어린 대상에게 폭력이나 일탈행동을 유발하게 하는 원인이 된다.

(3) 학교 요인

학교는 교육과정과 활동을 통하여 청소년의 지적·도덕적·정서적·신체적 능력이 발휘될 수 있도록 하며, 그러한 능력의 발전을 훼손하는 환경을 제거하거나 저해하는 조건들을 개선하여 청소년의 전인적 성장에 기여하는 역할을 하는 곳이다. 학교교육을 통해 민주시민의 자질과 함께 문화적 소양을 배양하고, 세계시민의식을 길러 청소년의 꿈과 비전을 발견하도록 도와야 한다. 학교라는 물리적 공간 안에서 학생이 자신의 진로와 적성을 발견하고, 교사 및 또래와의 관계를 통해 사회성을 키우는 기회의 장이 마련되어야 한다.

그러나 우수한 성적과 입시 위주의 목표를 추구하는 경쟁적 학교교육 시스템 속에서 다양한 욕구를 가진 학생들은 자아개발이 충족되지 못하고 심한 스트레스에 시달리고 있다. 또한 학생 인성과 관련한 여러 교육이 진행되고는 있으나 대부분 형식적으로 이루어지는 경우가 많아 학생들에게 미치는 영향은 미미한 편이다. 그리고 일부 교사의 학생에 대한 비인격적인 태도와 감정적인 표현으로 인한 교사와 학생 간 갈등이 또래 약자에게 모방되어 나타나기도 한다. 그뿐만 아니라 개성이 존중받기 어려운 학교 상황에 대한 불만과 불신이 스트레스로 누적되면서 학교규칙에 순응하지 못하고 비행, 폭력, 일탈과 같은 학교부적응 현상이 나타나기도 한다.

(4) 지역사회적 요인

학생을 둘러싼 지역사회의 환경 요인은 매우 취약하다. 학생의 건전한 성장을 방해하는 유해환경으로는 유흥업소, 노래방, 게임방, 오락실, 슬럼가 등을 들 수 있다. 이들 환경은 호기심이 많은 청소년들에게 유혹에 빠질 수 있는 여건을 조성하고, 유흥비 마련을 위한 금품갈취, 폭력 등의 비행을 조장하는 동기를 낳게 한다.

또한 언론과 대중매체가 지나친 소비풍조 문화를 노골적으로 표현함으로써 청소년의 가치관 정립에 혼란을 야기하고, 그릇된 소비문화를 답습하게 하는 등 부정적인 영향을 끼치고 있다. 이와 더불어 무관심과 이기주의, 안전불감증의 증대로 개인주의가 팽배한 사회적 이기주의 현상은 공동체를 파괴하고 폭력 행동을 반성하지 않으며, 폭력을 정당화하거나 합리화하면서 또 다른 폭력을 양산하는 원인으로 작용하고 있다.

2) 학교폭력의 유형

「학교폭력예방 및 대책에 관한 법률」에서 학교폭력의 유형을 상해, 폭행, 감금, 협박, 약취·유인, 명예훼손·모욕, 공갈, 강요·강제적인 심부름 및 성폭력, 따돌림, 사이버 따돌림, 정보통신망을 이용한 음란·폭력 정보 등에 의하여 신체·정신 또는 재산상의 피해를 수반하는 행위 등으로 규정하고 있다. 이 중 강제 심부름과 사이버폭력은 과거에는 다루지 않았던 유형으로, 법률이 개정되면서 새롭게 추가되었다.

여기에서는 학교폭력의 유형 중 자주 발생하는 대표적인 학교폭력의 유형을 살펴보고자 한다.

(1) 신체폭력

최근 들어 신체폭력의 발생 빈도는 줄어들었다고는 하지만, 여전히 학교 현장에서 자주 발생하는 유형이다. 주먹이나 자신의 신체를 이용해 때리거나 밀쳐 쓰러트리는 행위, 목을 조르거나 꼬집는 등의 행위와 같이 신체 일부 또는 전부에 위해를 가하는 폭력이다. 또한 칼이나 학용품, 소지품 등 물리적인 도구를 이용하여 상대방을 위협하며 실제 해를 가하는 행위도 신체폭력에 해당한다.

신체폭력은 장난을 가장한 형태로 발생하는 경우가 많다. 그래서 실제 피해자가 피해를 호소해도 친구들 사이에서 심각성을 인지하지 못하는 경우가 많고, 장난의 수위가 높아져 심각한 후유증을 남기거나 사망으로 이어지는 경우도 발생한다. 구체적으로 살펴보면, 신체를 손이나 발로 때려 고통을 가하는 상해나 폭행, 일정한 장소에서 쉽게 나오지 못하도록 하는 감금행위, 강제(폭행, 협박)로 일정한 장소로 데리고 가는 약취, 상대방을 속이거나 유혹해서 일정한 장소로 데리고 가는 유인과 장난을 빙자한 꼬집기, 때리기, 힘껏 밀치기 등 피해학생이 폭력으로 인식하는 행위도 신체폭력으로 간주한다.

(2) 언어폭력

언어폭력은 학생들 사이에서 빈번하게 일어나는 폭력 유형이다. 신체에 직접적인 폭력을 가하지는 않으나 정서·심리적으로 부정적인 반응을 불러일으키는 것으로, 대표적으로 욕설이 이에 해당된다. 또한 상대에게 모욕감을 주거나(생김새에 대한 놀림, '병신, 바보' 등 상대방을 비하하는 내용), 협박(신체 등에 해를 끼칠 듯한 언행으로, '죽을래.' 등과 같은 문자메시지로 겁을 주는 행위)이나 공포를 느끼게 하거나 빈정거리는 말투로 심한 불쾌감을 주거나 심한 욕설, 위협을 가하는 발언, 사이버 언어폭력(악성 댓글, 인터넷 아이디 도용 등) 등이 이에 해당한다. 특히, 여러 사람 앞에서 상대방의 명예를 훼손하는 구체적인 말(성격, 능력, 배경 등)을 하거나 그런 내용의 글을 인터넷, SNS 등으로 퍼뜨리는 행위는 그 내용이 진실이라 하더라도 범죄에 해당하고, 허위인 경우에는 「형법」상 가중 처벌 대상이 될 수 있다.

(3) 집단따돌림

따돌림은 학교 내·외에서 특정 학생을 대상으로 지속적으로 괴롭혀 신체적·심리적·정신적 고통을 느끼도록 하는 행위이다. 특히 집단따돌림은 2명 이상의 학생들이 반복·지속적으로 집단적인 폭력을 행사하거나 협박과 위협을 가하는 등의 공격적이고 지속적인 행위를 말한다. 이러한 집단따돌림은 피해학생에 대하여 근거 없는 소문을 유포하여 집단으로부터 이탈하게 하거나 인위적으로 소외시키거나 배척하게 하고, 자신들의 집단 이외의 다른 학생들과 어울리지 못하도록 하는 등의 방해를 하여 괴롭힌다. 그뿐만 아니라 집단적으로 상대방을 놀리거나 괴롭히는 행위와 함께 은근히 상대방에게 모욕감을 주거나 회피하는 행위(은따) 등을 통하여 피해자로 하여금 다양한 심리적 갈등과 위축으로 정상적인 학교생활을 어렵게 하는 폭력이다.

(4) 금품갈취(공갈)

금품갈취는 상대방에게 폭행, 협박, 공갈, 위협 등으로 심리적 두려움을 느끼게 하고 공포를 조장하여 재물을 취득하거나 재산상의 이익을 취득하는 것이다. 상대방에게 특별한 이유 없이 돈을 요구 또는 갈취하거나 상대방의 동의 없이 물건을 강탈하는 것을 말한다. 이러한 금품갈취 종류에는 속칭 삥(금전) 뜯기, 와이파이셔틀, 빵셔틀, 게임머니 갈취 등이 있다.

(5) 강요

일명 빵셔틀, 와이파이셔틀, 가방셔틀, 과제 대행, 게임 강요, 각종 심부름 강요 등과 같이 의사에 반하는 행동을 강요하는 행위로, 폭행이나 협박 등의 위협을 가하며 상대방의 권리를 침해하거나 방해하면서 모욕과 모멸감을 느끼게 하면서 강제하는 행위를 말한다.

(6) 성폭력

성폭력은 성적 자기결정권의 침해를 가져오는 폭력으로, 성적인 말과 행위로 상대에게 성적 불쾌감을 주고 상대방의 의사에 반하는 성을 매개로 한 모든 폭력을 포함한다. 예를 들면, 상대방의 의사를 무시하고 강제로 성교를 하는 강간, 그러한 행위를 시도하는 강간미수, 강간을 시도하지 않았지만 상대방의 의사를 무시하고 강제로 키스를 하거나 애무 등 신체접촉을 하는 성추행, 많은 사람들 앞에서 성기를 의도적으로 노출시키는 행위, 성적 자극을 유발하거나 외설스러운 말과 음성으로 전화를 하는 음란전화, 인터넷상에서 발생하는 사이버성폭력 등이 있다.

(7) 사이버폭력

최근 인터넷 확산과 디지털기기의 발달로 사이버폭력이 지속적으로 증가하고 있으며 그 결과가 매우 치명적이다. 사이버폭력은 가상공간에서 특정 대상에 대한 공포심을 조장하면서 굴욕적이고 모욕적인 언어로 고통을 주거나 그러한 영상을 지속적으로 발송하거나 카페·블로그·인터넷 게시판 등 SNS를 활용한 험담, 거짓 정보 유포 등 정보통신망을 통하여 이루어지는 모든 행위를 의미한다. 사이버폭력의 유형은 모바일 메신저를 이용한 언어폭력, 사이버상에 거짓을 유포하는 인터넷 괴담, 사이버강요, 사이버성폭력, 사이버테러, 사이버불링, 사이버명예훼손, 사이버 음란물의 유통, 대화명 테러, 인증놀이, 게임부주 강요 등이 있다. 특히, 사이버따돌림은 청소년들 사이에서 단체 채팅방에서 욕하거나 따돌림으로 번갈아 가면서 괴롭히는 떼카가 있고, 채팅방에 초대해 놓고 모두 나가 버리는 방폭, 또는 초대하고 나가면 계속해서 재초대로 나갈 수 없게 만드는 카톡감옥 등이 있다.

이러한 사이버폭력은 닉네임을 이용하는 익명서, 빠른 전파와 확산성, 댓글과 퍼나르기 등과 같은 집단적인 공격성, 피해자가 인지하지 못한 상황에서 발생, 온라인상에서 발생한 폭력이 오프라인으로 이어지는 2차, 3차 폭력 등의 피해가 발생되는 특성이 있다.

03 학교폭력의 실태

학교폭력실태조사는 「학교폭력예방 및 대책에 관한 법률」 제11조에 따라 전국 시·도교육청이 매년 2회에 걸쳐 조사하고, 그 결과를 교육부에서 주요 통계자료를 취합·발표하여 학교폭력에 관한 실태를 파악하는 것이다. 조사는 매년 4월에 전수조사를 실시하고, 9월에는 표본조사를 실시한다.

교육부(2021)[2] 발표에 따른 주요 결과를 살펴보면, 전체 피해응답률은 0.9%로, 2019년 1차 조사(2019.4.1.~2019.4.30.) 대비 0.7% 감소한 것으로 나타났다. 또한 학교급별로는 초 1.8%, 중 0.5%, 고 0.2%로 조사되어, 2019년 1차 조사 대비 각각 초 1.8%, 중 0.3%, 고 0.2% 감소한 것으로 나타났다.

학생 천 명당 피해 유형을 살펴보면 응답 건수는 지난해와 비교해 모든 피해 유형에서 감소한 것으로 나타났으며, 언어폭력(4.9건), 집단따돌림(3.8건), 사이버폭력(1.8건) 등의 순으로 조사되었다.

표 10-1 학생 천 명당 피해유형별 응답 건수

구분	2013년 1차	2014년 1차	2015년 1차	2016년 1차	2017년 1차	2018년 1차	2019년 1차	2020년	증감(건)
언어폭력	13.6	9.4	6.8	6.2	6.3	8.7	8.1	4.9	△3.2
집단따돌림	6.6	4.6	3.6	3.3	3.1	4.3	5.3	3.8	△1.5
스토킹	3.7	3.0	2.6	2.0	2.3	3.0	2.0	1.0	△1.0
신체폭력	4.7	3.1	2.4	2.2	2.2	2.5	2.0	1.2	△0.8
사이버폭력	3.6	2.5	1.9	1.7	1.8	2.7	2.0	1.8	△0.2
금품갈취	4.0	2.2	1.5	1.2	1.2	1.6	1.4	0.8	△0.6
성폭력	1.3	1.0	0.9	0.8	0.9	1.3	0.9	0.5	△0.4
강요	2.4	1.3	0.9	0.8	0.7	1.0	1.1	0.6	△0.5

출처: 교육부(2021). 2020년 학교폭력실태조사.

피해유형별 비중에서는 언어폭력(33.6%), 집단따돌림(26.0%), 사이버폭력(12.3%) 순이며, 2019년 1차 조사와 비교하여 다른 피해 유형의 비중이 감소한 것과 달리 사이버폭력(3.4%), 집단따돌림(2.8%)의 비중은 증가하였다. 이는 코로나19 상황을 감안하면, 큰 폭의 증가라고 해석할 수 있다.

---

2 2020년에는 코로나19 상황의 확산을 고려하여 학교현장의 업무 부담을 경감하기 위해 4월 조사를 진행하지 않았고, 9월에 한 번 시행하였다.

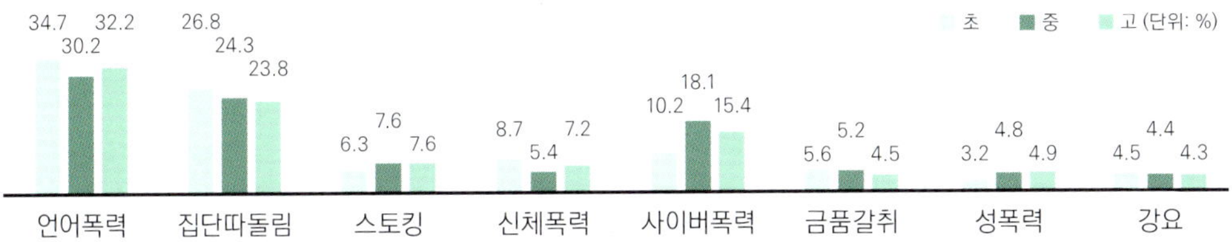

그림 10-1 학교급별 피해유형 비율

출처: 교육부(2021). 2020년 학교폭력실태조사.

전체 학생의 가해응답률을 살펴보면 0.3%로, 2019년 1차 조사 대비 0.3% 감소한 것으로 나타났고, 학교급별로 초 0.7%, 중 0.2%, 고 0.05%로 조사되어, 2019년 1차 조사 대비 각각 초 0.7%, 중 0.1%, 고 0.05% 감소한 것으로 나타났다.

전체 학생의 목격응답률을 살펴보면 2.3%로, 2019년 1차 조사 대비 1.7% 감소한 것으로 나타났고, 학교급별로 초 4.0%, 중 1.6%, 고 0.8%로 조사되어, 2019년 1차 조사 대비 각각 초 3.9%, 중 1.1%, 고 0.6% 감소한 것으로 나타났다.

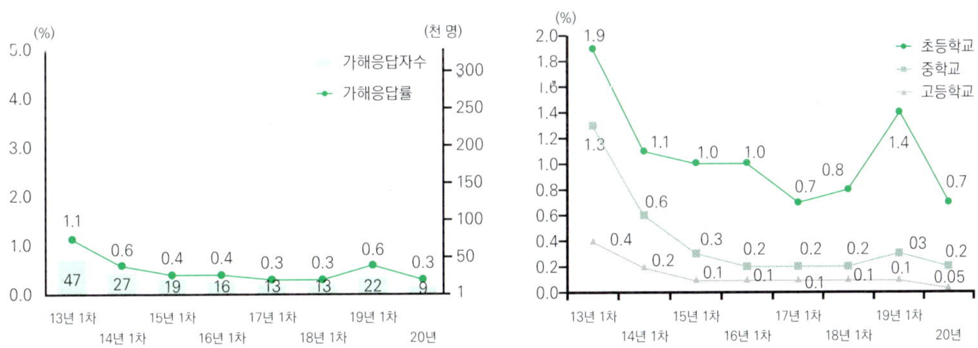

그림 10-2 가해응답률과 학교급별 가해응답률

출처: 교육부(2021). 2020년 학교폭력실태조사.

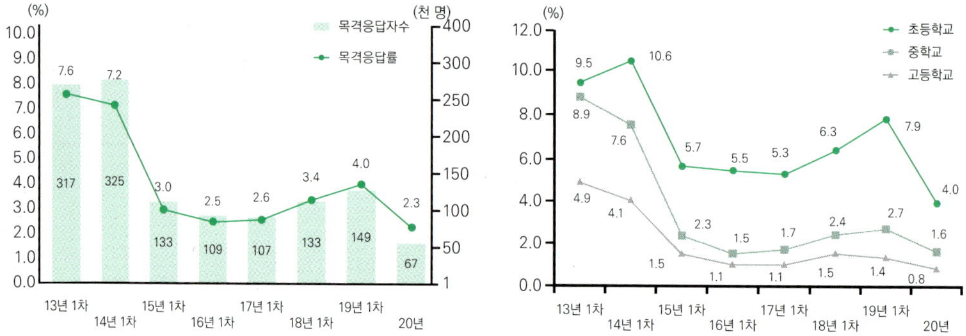

목격응답률　　　학교급별 목격응답률

그림 10-3 목격응답률과 학교급별 목격응답률

출처: 교육부(2021). 2020년 학교폭력실태조사.

표 10-2 학교폭력 피해 관련 내용

조사 내용	주요 결과표

피해 응답률

구분	전체	초	중	고
비율(%)	0.9	1.8	0.5	0.2
명수(천 명)	26.9	19.2	5.8	1.8

피해유형별 비율(%) (복수응답, 건수 기준)

구분	언어폭력	집단따돌림	스토킹	신체폭력	사이버폭력	금품갈취	성폭력	강요
전체	33.6	26.0	6.7	7.9	12.3	5.4	3.7	4.4
초	34.7	26.8	6.3	8.7	10.2	5.6	3.2	4.5
중	30.2	24.3	7.6	5.4	18.1	5.2	4.8	4.4
고	32.3	23.8	7.6	7.2	15.4	4.5	4.9	4.3

가해자 유형(%)

구분	같은 학교 같은 반	같은 학교 같은 학년	같은 학교 다른 학년	다른 학교 학생	잘 모르는 사람	기타
전체	50.9	26.1	6.6	4.1	2.0	10.3
초	52.7	24.3	7.3	3.3	2.0	10.4
중	46.8	30.5	4.5	6.0	2.0	10.2
고	45.5	30.6	4.8	6.7	2.0	10.4

피해 장소(%) (복수응답, 건수 기준)

구분	학교 안(64.2)							학교 밖(28.3)						기타
	교실 안	복도	운동장	화장실	특별실	기숙사	급식실, 매점 등	놀이터	사이버 공간	학원 주변	학교 밖 체험	집, 집 근처	PC 노래방	
전체	32.5	11.5	7.4	3.4	1.6	0.5	7.3	6.6	9.2	3.7	4.1	3.9	0.8	7.4
초	32.1	11.0	8.9	3.4	1.4	0.2	6.2	8.3	6.6	4.4	4.5	4.6	0.4	8.0
중	33.0	12.9	4.2	3.3	1.7	0.4	9.8	2.7	16.5	2.1	3.1	2.4	1.9	6.0
고	35.4	12.2	2.7	3.3	2.6	3.5	11.1	2.5	13.1	1.4	2.7	2.0	1.3	6.0

조사 내용	주요 결과표

피해 시간 (%) (복수응답, 건수 기준)

구분	쉬는 시간	점심시간	하교 이후	수업시간	하교시간	학교 밖 체험	등교시간	방과 후 수업	기타
전체	36.0	15.1	16.0	7.3	5.3	4.4	3.2	2.4	10.3
초	36.5	13.4	17.5	5.6	6.0	4.5	3.2	3.0	10.3
중	35.1	18.5	12.9	9.9	3.9	4.4	3.1	1.2	11.0
고	34.5	20.0	11.3	14.1	3.3	3.2	3.3	1.7	8.6

피해 사실을 알린 사람 (%)

구분	보호자나 친척	학교 선생님	친구 선·후배	117 신고센터	학교상담실 선생님	학교전담 경찰	학교폭력 신고함	학교 밖 기관	미신고
전체	주위에 알리거나 신고(82.4)								17.6
	45.3	23.0	9.3	1.4	1.6	0.5	0.3	1.0	
초	48.8	20.7	7.4	1.6	1.0	0.3	0.1	1.2	18.9
중	38.2	27.4	13.3	1.2	3.1	0.6	0.6	0.4	15.2
고	31.3	33.1	16.4	1.1	3.8	1.2	0.5	0.6	12.0

피해 미신고 이유 (%)

구분	별일이 아니라고 생각해서	더 괴롭힘을 당할 것 같아서	스스로 해결하려고	이야기해도 소용없을 것 같아서	선생님이나 부모님의 야단/걱정 때문에	어디에 도움을 요청할지 몰라서
전체	28.5	14.8	23.8	18.6	11.4	2.9
초	29.8	15.6	24.6	15.9	11.1	3.0
중	25.8	12.9	21.3	25.3	12.4	2.3
고	20.7	8.9	21.1	35.2	11.3	2.8

출처: 교육부(2021). 2020년 학교폭력실태조사.

표 10-3 학교폭력 목격응답률 및 목격 후 행동

조사 내용	주요 결과표

목격 응답률

구분	전체	초	중	고
비율(%)	2.3	4.0	1.6	0.8
명수(천 명)	67.2	43.4	17.9	5.6

목격 후 행동 (%)

구분	전체	초	중	고
때리거나 괴롭히는 친구를 말렸다.	15.9	18.8	11.2	8.9
가족, 선생님, 학교전담경찰관 등 주위에 알리거나 신고했다.	11.2	11.9	9.9	10.0
피해를 받은 친구를 위로하고 도와주었다.	36.4	34.1	38.3	47.8
나도 같이 피해학생을 괴롭혔다.	1.9	2.0	1.7	1.1
아무것도 하지 못했다.	34.6	33.2	38.8	32.2

출처: 교육부(2021). 2020년 학교폭력실태조사.

표 10-4 학교폭력 발생 시 대처행동

조사 내용	구분	전체	초	중	고
학교폭력 발생 시 대처행동 (%) (복수응답, 건수 기준)	학교선생님이나 신고함에 알리겠다.	32.6	32.3	33.8	31.0
	117신고센터, 경찰관에게 알리겠다.	22.2	19.4	23.8	24.3
	가족이나 보호자에게 도움을 요청하겠다.	12.8	14.4	11.2	12.8
	피해를 받은 친구를 위로하고 도와주겠다.	18.0	19.2	17.7	16.5
	때리거나 괴롭히는 친구를 말리겠다.	9.4	10.5	8.4	9.2
	친구나 선배(후배)에게 도움을 요청하겠다.	5.0	4.1	5.1	6.2

출처: 교육부(2021). 2020년 학교폭력실태조사.

표 10-5 학교폭력 가해응답률 및 가해이유와 가해방법

조사 내용	구분	전체	초	중	고
가해 응답률	비율(%)	0.3	0.7	0.2	0.05
	명수(천 명)	9.3	7.1	1.8	0.3
가해 이유 (%) (복수응답, 건수 기준)	상대방이 먼저 괴롭혀서	17.5	19.3	12.6	8.7
	장난이나 특별한 이유 없이	28.1	27.9	28.6	29.1
	오해와 갈등으로	13.9	12.2	19.4	20.6
	상대방의 행동이 마음에 안 들어서	12.7	12.0	15.2	15.0
	다른 친구가 하니까	10.1	10.1	10.8	6.5
	화풀이 또는 스트레스 때문에	8.3	8.7	6.4	9.0
	강해 보이려고	5.0	5.3	3.5	6.1
	나의 보호자나 선생님의 관심을 받고 싶어서	1.5	1.5	1.3	2.4
	선배나 친구가 시켜서	2.9	3.0	2.3	2.5

조사 내용	구분	단독	집단
가해 방법 (%)	전체	45.3	54.7
	초	46.1	53.9
	중	40.1	59.9
	고	51.3	48.7

출처: 교육부(2021). 2020년 학교폭력실태조사.

04● 학교폭력에 관한 법률과 지원체계

1) 학교폭력예방 및 대책에 관한 법률(약칭: 학교폭력예방법)

학교폭력을 예방하기 위하여 「학교폭력예방 및 대책에 관한 법률」이 시행되고 있다. 학교폭력은 형법의 대상이 되기 때문에 이에 따라 학교폭력 가해학생에게는 「형법」 및 「폭력행위 등 처벌에 관한 법률」을 비롯한 형사법이 적용될 수 있으며, 가해학생의 연령이나 행위의 동기와 죄질 등을 고려해서 「소년법」이 적용될 수도 있다. 그 외에도 손해배상과 관련해서 「민법」이 적용될 수도 있다(김윤재 외, 2018).

표 10-6 학교폭력 가해학생에 대한 처벌 기준

<table>
<tr><th colspan="5" rowspan="2"></th><th colspan="5">기본 판단 요소</th><th colspan="2">부가적 판단 요소</th></tr>
<tr><th>학교폭력의 심각성</th><th>학교폭력의 지속성</th><th>학교폭력의 고의성</th><th>가해학생의 반성 정도</th><th>화해 정도</th><th>해당 조치로 인한 가해학생의 선도 가능성</th><th>피해학생이 장애학생인지 여부</th></tr>
<tr><td colspan="4" rowspan="5">판정 점수</td><td>4점</td><td>매우 높음</td><td>매우 높음</td><td>매우 높음</td><td>없음</td><td>없음</td><td rowspan="14">해당점수에 따른 조치에도 불구하고 가해학생의 선도 가능성을 고려하여 시행령 제14조 제4항에 따라 학교폭력 대책자치위원회 출석위원 과반수의 찬성으로 가해학생에 대한 조치를 가중 또는 경감할 수 있음</td><td rowspan="14">피해학생이 장애학생인 경우 가해학생에 대한 조치를 가중할 수 있음</td></tr>
<tr><td>3점</td><td>높음</td><td>높음</td><td>높음</td><td>낮음</td><td>낮음</td></tr>
<tr><td>2점</td><td>보통</td><td>보통</td><td>보통</td><td>보통</td><td>보통</td></tr>
<tr><td>1점</td><td>낮음</td><td>낮음</td><td>낮음</td><td>높음</td><td>높음</td></tr>
<tr><td>0점</td><td>없음</td><td>없음</td><td>없음</td><td>매우 높음</td><td>매우 높음</td></tr>
<tr><td rowspan="9">가해학생에 대한 조치</td><td colspan="2" rowspan="3">교내 선도</td><td>1호</td><td>피해학생에 대한 서면 사과</td><td colspan="5">1~3점</td></tr>
<tr><td>2호</td><td>피해학생 및 신고·고발 학생에 대한 접촉 협박 및 보복행위의 금지</td><td colspan="5">피해학생 보호가 필요하다고 자치위원회가 의결할 경우</td></tr>
<tr><td>3호</td><td>학교에서의 봉사</td><td colspan="5">4~6점</td></tr>
<tr><td colspan="2" rowspan="2">외부 기관 연계 선도</td><td>4호</td><td>사회봉사</td><td colspan="5">7~9점</td></tr>
<tr><td>5호</td><td>학내외 전문가에 의한 특별 교육 이수 또는 심리 치료</td><td colspan="5">가해학생 선도에 필요하다고 자치위원회가 의결할 경우</td></tr>
<tr><td rowspan="4">교육 환경 변화</td><td rowspan="2">교내</td><td>6호</td><td>출석정지</td><td colspan="5">10~12점</td></tr>
<tr><td>7호</td><td>학급교체</td><td colspan="5">13~15점</td></tr>
<tr><td rowspan="2">교외</td><td>8호</td><td>전학</td><td colspan="5">16~20점</td></tr>
<tr><td>9호</td><td>퇴학처분</td><td colspan="5">16~20점</td></tr>
</table>

출처: 교육부(2016). 학교폭력 가해학생 조치별 적용 세부기준 고시.

「학교폭력예방 및 대책에 관한 법률」은 학교폭력의 예방 및 대책에 필요한 사항을 규정함으로써 피해학생을 보호하고, 가해학생의 선도·교육 및 피해학생과 가해학생 간의 분쟁조정을 통하여 학생의 인권을 보호하고 학생을 건전한 사회구성원으로 육성함을 목적으로 한다고 밝혀 학교폭력에 관련한 제반 사항이 이 법을 따르도록 규정하고 있다.

피해학생의 보호(제16조)

1호. 학내외 전문가에 의한 심리상담 및 조언
2호. 일시보호
3호. 치료 및 치료를 위한 요양
4호. 학급교체
5호. 삭제 〈2012. 3. 21.〉
6호. 그 밖에 피해학생의 보호를 위하여 필요한 조치
* 제1항에 따른 요청이 있는 때에는 교육장은 피해학생의 보호자의 동의를 받아 7일 이내에 해당 조치, 그 조치에 필요한 결석을 출석일수에 포함하여 계산
제3항에 따른 조치로 성적 등을 평가하는 경우 학생에게 불이익을 주지 아니하도록 노력하여 함
피해학생이 전문단체나 전문가로부터 제1항 제1호부터 제3호까지의 규정에 따른 상담 등을 받는 데에 사용되는 비용은 가해학생의 보호자가 부담

가해학생에 대한 조치(제17조)

1호. 피해학생에 대한 서면사과
2호. 피해학생 및 신고, 고발 학생에 대한 접촉, 협박 및 보복행위(정보통신망을 이용한 행위를 포함한다)의 금지
3호. 학교에서의 봉사
4호. 사회봉사
5호. 학교 내외 전문가에 의한 특별교육이수 또는 심리치료
6호. 출석정지
7호. 학급교체
8호. 전학
9호. 퇴학처분(의무교육과정에 있는 가해학생은 제외)
* 제1항에 따라 심의위원회가 교육장에게 가해학생에 대한 조치를 요청할 때 그 이유가 피해학생이나 신고·고발 학생에 대한 협박 또는 보복행위(정보통신망을 이용한 행위를 포함한다)일 경우에는 같은 항 제6호부터 제9호까지의 조치 동시에 부과하거나 조치 내용 가중할 수 있음
제2,3,4호 및 제6,7,8호까지의 처분을 받은 가해학생은 교육감이 정한 기관(대안교육기관 포함)에서 특별교육을 이수하거나 심리치료를 받아야 함
학교의 장은 학교폭력을 인지한 경우 지체 없이 제1항제2호의 조치를 하여야 함

학교의 장은 피해학생의 보호와 가해학생의 선도·교육이 긴급하다고 인정할 경우 우선 제1호, 제3호, 제5,6,7호까지의 조치를 각각 또는 동시에 부과할 수 있음.
제1항에 따른 요청이 있는 때에는 교육장은 14일 이내에 해당 조치를 하여야 함
가해학생이 제3,4,5호까지의 규정에 따른 조치를 받은 경우 이와 관련된 결석은 학교의 장이 출석일수에 포함하여 계산할 수 있음
가해학생이 다른 학교로 전학을 간 이후에는 전학 전의 피해학생 소속 학교로 다시 전학올 수 없도록 하여야 함

출처: 「학교폭력예방 및 대책에 관한 법률」

이 법의 주요 내용을 살펴보면 다음과 같다.

교육부장관은 5년마다 관련법에 관한 정책 목표와 방향을 설정하여 이에 따른 학교폭력의 예방 및 대책에 관한 기본계획을 학교폭력대책위원회의 심의를 거쳐 수립하고 시행해야 한다. 국무총리 소속으로 학교폭력대책위원회가 운영되고, 위원회는 교육청, 학교폭력대책지역위원회, 학교폭력대책자치위원회, 전문단체나 전문가가 요청하는 사항에 대하여 심의한다.

시·도 교육감은 해당 교육청에 학교폭력의 예방과 대책을 담당하는 전담부서를 설치·운영하여야 하며, 관할 구역 안에서 학교폭력이 발생한 때에는 해당 학교의 장과 관련 학교의 장에게 경과 및 결과의 보고를 요구할 수 있고, 학교장에게 학교폭력 예방 및 대책에 관한 실시계획을 수립·시행하도록 하여야 한다. 또한 교육감은 학교폭력 등에 관한 조사, 상담, 치유 프로그램 운영 등을 위한 전문기관을 설치·운영할 수 있다.

교육부장관, 교육감, 지역 교육장, 학교의 장은 학교폭력과 관련한 개인정보 등을 경찰청장, 지방경찰청장, 관할 경찰서장 및 관계 기관의 장에게 요청할 수 있다.

학교에서는 학교폭력대책자치위원회를 설치하여 학교폭력의 예방 및 대책수립을 위한 학교 체제를 구축하고, 상담실을 설치하여 전문상담교사를 둔다.

학교폭력 예방을 위하여 각 학교의 장은 학생과 교직원뿐 아니라 학부모를 대상으로 학기당 1회 이상의 학교폭력 예방교육을 실시하여야 하고, 학교폭력 예방프로그램의 구성과 운영계획을 학부모가 쉽게 확인할 수 있도록 인터넷 홈페이지에 게시하고, 그 밖에 다양한 방법으로 학부모에게 알릴 수 있도록 노력해야 한다.

「학교폭력예방 및 대책에 관한 법률」은 특별법이 아닌 일반법이기 때문에 다른 법령에

폭력 및 성폭력과 관련된 규정이 있는 경우에는 그 법을 우선적으로 적용하여야 한다. 따라서 학교폭력 사건에 대하여는 보충적인 적용의 의미를 지니고 있다(김윤재 외, 2018).

2) 학교폭력 지원체계

학교폭력 예방을 위해 정부와 청소년유관기관은 학교폭력지원 체계를 구축하여 학교폭력과 관련한 예방교육, 문제해결, 사후처리 등을 신속하게 처리함으로써 청소년의 건강한 정신함양 및 건전한 사회구성원으로 성장할 수 있도록 적극 지원하고 있다.

표 10-7 학교폭력 지원체계

기관	주요 지원체제
117 학교폭력 신고·상담센터	전화로 어디에서나 국번 없이 117을 눌러 신고하며, 24시간 운영함. 긴급 상황 시에는 경찰 출동, 긴급구조를 실시
위(Wee)프로젝트	We(우리들), education(교육), emotion(감성)의 첫 글자를 모은 것으로, 학교 및 교육(지원)청에서 학생 상담 지원 Wee클래스(학교 단위)-Wee센터(교육지원청 단위)-Wee스쿨(시·도교육청 단위)
청소년상담복지센터 (CYS-Net)	위기청소년에게 적합한 맞춤형 서비스를 제공하는 ONE-STOP 지원센터
청소년전화 1388	청소년의 위기, 학교폭력 등의 상담, 신고 전화
푸른나무재단 (1588-9128)	학교폭력 관련 전화 및 사이버 상담을 실시하고, 학교폭력 피해학생 및 가족 대상 통합지원, 학교폭력SOS지원단에서는 화해·분쟁조정지원, 사안처리 진행 자문 및 컨설팅 지원
청소년꿈키움센터 (법무부청소년비행예방센터)	학교폭력 가해학생 및 보호자 특별교육, 찾아가는 학교폭력 예방교육 등 운영
대한법률구조공단(132)	법률상담, 변호사 또는 공익법무관에 의한 소송대리 및 형사변호 등의 법률적 지원

출처: 교육부(2020a). 제4차 학교폭력예방 및 대책 기본계획. p. 24.

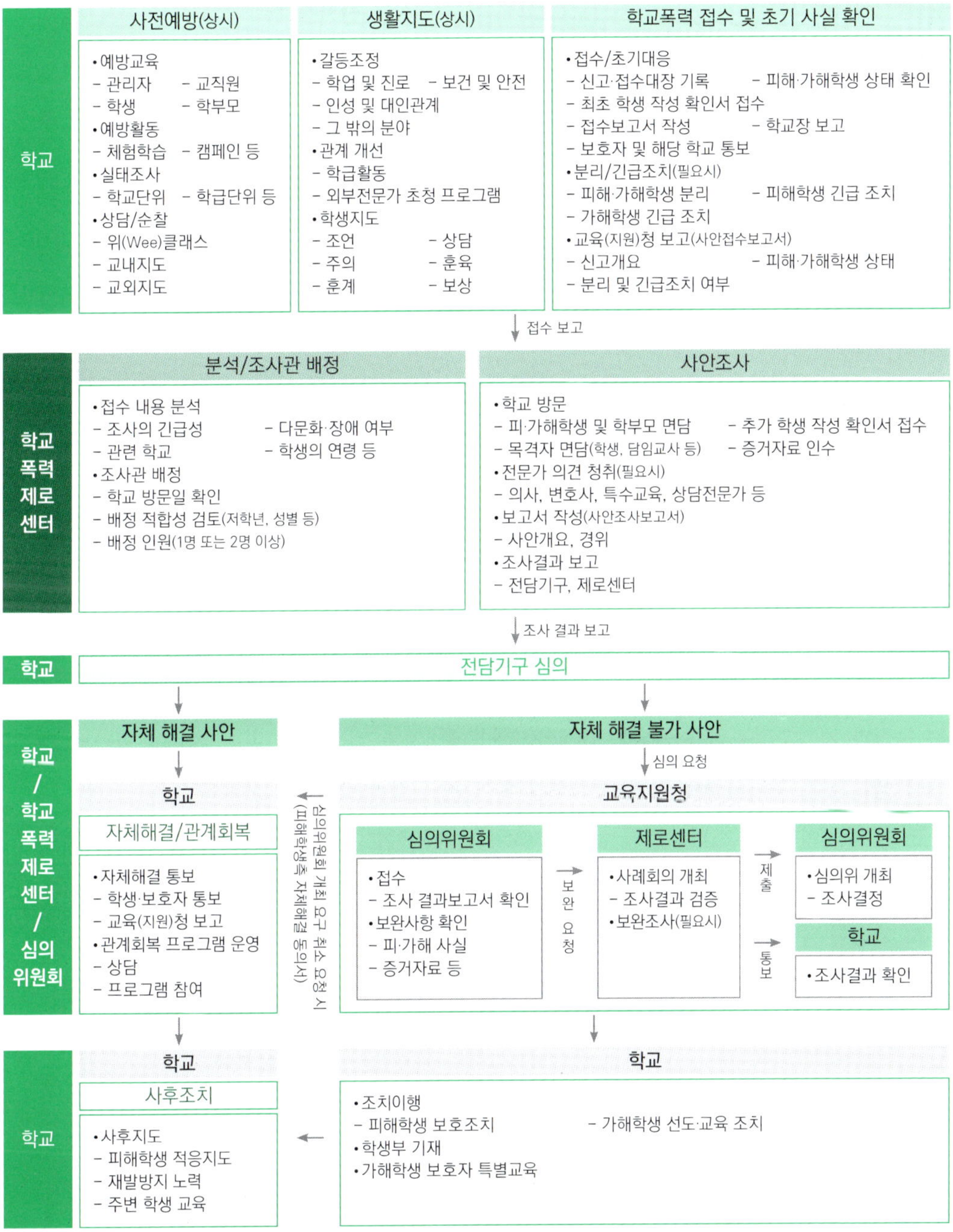

그림 10-4 학교폭력사안처리

출처: 교육부(2024). 2024 학교폭력 사안처리 가이드북.

05 청소년 학교폭력의 예방을 위한 방안

1) 가정의 역할

학교폭력을 예방하기 위한 가정의 역할은 부모와 자녀 간에 충분한 의사소통이다. 바쁜 현대 생활에서 잃어버린 밥상머리 교육을 통하여 가족이 한자리에 모여 함께 식사하고, 대화하면서 의견을 나누고, 가족 간의 감정을 공유하고 소통하는 과정이 필요하다. 이로써 인성, 예절, 사회성이 길러져 감정을 절제하고 문제해결능력을 높일 수 있다. 미국 콜럼비아 대학교 약물오남용예방센터에서도 가족이 다 함께 식사를 하는 가정의 아이들이 그렇지 않은 또래와 비교했을 때 더 우수한 성적을 받고, 비행에 빠질 확률도 50% 감소했다는 연구 결과를 발표하였다. 여기에서도 알 수 있듯이, 가정에서 부모와 자녀가 서로 신뢰하고 존중하는 관계를 형성할 때 자녀에게 심리적·정서적 안정을 줄 수 있다.

가정에서 부부간의 갈등을 현명하게 대처하고 해결하는 모습을 보여야 한다. 부부간의 폭력은 자녀로부터 폭력에 대해 허용적이고 폭력을 모방할 수 있는 기회를 제공하는 것이라는 점을 인식해야 한다. 부부간의 애정은 가정의 분위기를 편안하게 하고 갈등을 해결하는 능력과 자기조절능력을 키우는 데 긍정적인 에너지를 제공할 것이다. 부모의 일관된 양육방식과 관심, 자녀의 자존감을 향상시킬 수 있는 적극적인 지지가 필요하다.

또한, 자녀의 학업 스트레스를 해소할 수 있는 방안이 마련되어야 한다. 스트레스 해소의 방법은 매우 다양하고, 부모의 적극적인 관심으로 자녀의 스트레스를 해결하는 데 충분히 기여할 수 있다. 또한 학교폭력이 발생했을 때 학교와 관련 기관에 신고하여 문제를 해결하는 데 도움을 받을 수 있도록 사전에 관련 기관에 대한 정보를 숙지하는 것이 필요하다.

표 10-8 학교폭력 관련 기관

학교폭력으로 도움이 필요할 땐?				
	교육부	경찰청	청소년폭력예방재단(청예단)	Wee센터
유선	117	117	1588-9128	02-2057-8709
웹사이트	Stopbullying.or.kr	www.safe182.go.kr	www.jikim.net/sos	www.wee.or.kr
모바일	m.stopbullying.or.kr	117 Cat APP	지킴톡톡 APP	m.wee.go.kr

출처: 김향은 외(2016). 청소년복지론.

2) 학교의 역할

「학교폭력예방 및 대책에 관한 법률」은 학교 단위의 해결을 중심에 두고 있다. 따라서 학교의 운영 기조를 정하는 학교장의 관심과 노력 여하에 따라 학교 환경에 많은 차이가 있다. 학교에서 이루어지는 신체활동과 예술활동은 청소년들의 입시 위주 교육 환경으로 인한 학업 스트레스를 해소해줄 뿐만 아니라 다양한 개성을 찾아 진로를 발견할 수 있는 전인교육에도 도움이 된다. 또한 낮은 성적으로 자신감을 잃고 자신의 존재나 능력을 발견하지 못한 채 학교 부적응으로 내몰리는 다수의 학생에게도 긍정적인 효과를 줄 수 있다.

담임교사가 학교폭력 문제에 관심을 갖고 모니터링을 하며, 학생에 대한 관심을 보이는 것 또한 학교폭력 예방에 매우 중요하다. 담임교사와 학생 간의 신뢰 관계가 형성되어 있으면, 학생이 어려운 문제를 교사와 상담하여 학교폭력을 사전에 예방할 수 있고, 학교폭력 발생 시 빠른 대응으로 문제를 원만히 해결할 수 있다. 이러한 관계 형성이 가능하려면 학교 업무의 효율성을 떨어뜨리고 성취동기를 저하시키는 요인들을 변화시켜야 한다. 형식주의적인 교육행정을 개선시키고 학교장이 창의적인 리더십을 발휘하여 학교를 경영함으로써 구성원 개인이 자신의 역량을 제대로 발휘할 수 있도록 하며, 학교의 총체적 능력과 교육서비스 향상을 위해 학교 인프라가 구축되어야 한다(김영진·김태영, 2017).

더하여 학교에서 진행하는 학교폭력 예방교육을 형식적이고 일회적으로 끝내는 것이 아니라 학생들이 직접 자신들의 사례를 나누고 해결방안을 모색할 수 있는 학생참여형 교육 프로그램을 실시하도록 해야 한다. 즉, 의무적이고 형식적인 참석이 아닌 학교폭력과 관련한 학생들의 목소리를 통해 폭력을 예방할 수 있는 방안으로, 첫째, 학생 주도 학교폭력예방인 어깨동무활동 실시로 또래상담, 또래조정 등 학생이 주도하는 학교폭력예방 또래활동 운영과 학생자치회 중심 친구사랑 주간, 애플데이, 허그데이, 사이버폭력 예방, 인권 친화적 언어 사용, 학교폭력 문제해결 규칙 정하기 등 학생자율 학교폭력예방 캠페인을 더욱 활성화 해야 한다. 둘째, 교육공동체 협력을 통한 자율적 예방활동과 또래보호, 결연, 순찰 등 학생·학부모·교직원 간 협력 활동, 담임교사와 학생, 학생 상호 간 소통과 공감의 장 마련, 학부모 및 지역사회 인사 중심으로 학교폭력 예방교육 재능기부 활성화를 더욱 확대해야 한다. 셋째, 학생 중심 문화·예술 교육을 통한 공감적 정서 함양을 기를 수 있도록 문화·예술 교육을 통한 감수성, 사회성, 공감능력을 신장할 수 있도록 하며, 교육과정과 연계한 연극·뮤지컬 등 문화체험을 통한 학생 인성 역량 함양, 학생 중심 스포츠클럽 활성화를 통한 규칙 준수 습관, 청소년단체와 청소년활동 지원을 통한 협동·봉사 정신 및 공동체의식을 함양할 수 있도록 노력해야 한다.

3) 사회적 역할

학교폭력의 예방을 위해 정부 차원에서 예방과 대처에 효율적인 프로그램을 적극적으로 개발하고 보급할 수 있는 지원이 필요하다. 획일적인 교육프로그램에서 벗어나 지역별, 대상별로 특화된 맞춤형 프로그램을 개발하여 학생의 문제 상황에 발 빠르게 적용할 수 있는 프로그램이 개발·보급되어야 한다. 또한, 청소년을 둘러싼 유해환경에 대한 관리·감독을 철저히 하여 호기심으로 인한 유혹에 빠지지 않도록 법적·제도적 뒷받침을 철저히 해야 한다. 또한, 대중매체는 지나치게 성인 중심의 상업적이고 오락적·선정적 보도나 프로그램의 방송시간을 조절한다든가 혐오 보도의 수위를 조절하는 등 공영기관으로서의 책임 있는 자세가 더욱 요구된다.

학교폭력 피해학생 상담·치유를 위한 Wee 프로젝트 운영

- 단위학교 Wee클래스, 교육지원청 Wee센터, 가정형 Wee센터, 병원형 Wee센터 운영
- 신속한 학교폭력 피해학생 지원을 위한 학교안전공제회 선 치료비 지원

학교폭력 가해학생 선도·교육 체계 구축

- 학교폭력 가해학생 특별교육 프로그램 기관 지정·운영
- 교육감 지정 외부 특별교육이수기관 운영
- 교육지원청 Wee센터 중심의 특별교육이수기관 역량 강화 및 컨설팅 실시

출처: 교육부(2020a). 제4차 학교폭력예방 및 대책 기본계획.

더하여 학교폭력 발생 시 즉각적인 위기개입이나 각 기관과의 긴밀한 협조가 이루어질 수 있는 현장 중심 학교폭력 대책이 필요하다.

「학교폭력예방 및 대책에 관한 법률」 제6조에 따라 교육부장관은 5년마다 학교폭력 예방 및 대책 기본계획을 수립해야 한다. 교육부(2020)는 제4차 학교폭력 예방 및 대책 기본계획(안)으로 학교장 자체해결제 활성화와 학교폭력에 대한 학교의 교육적 역할 강화, 피해학생 보호·치유 확대와 가해학생 교육·선도 조치 내실화, 우범소년 송치제도 및 촉법소년 연령 하향 등 중대 학교 폭력 엄정 대처를 기본방향으로 하여 다음과 같은 추진방향을 발표하였다.

표 10-9 제4차 학교폭력 예방 및 대책 기본계획 추진방향

비전	모두가 함께 만드는 행복한 학교	
목표	•존중과 배려가 가득한 학교문화 •적극적 보호와 교육으로 신뢰받는 학교 •민주시민의 성장을 돕는 가정과 사회	
5대 정책영역		14개 추진과제
1	학교공동체 역량 제고를 통한 학교폭력 예방 강화	① 학교·학급 단위의 학교폭력 예방교육 내실화 ② 학생 참여·체험 중심의 학교폭력 예방활동 확대 ③ 학교폭력 유형·추세 대응 예방활동 강화 ④ 전 사회적 협력을 통한 학교폭력 예방문화 조성
2	학교폭력에 대한 공정하고 교육적인 대응 강화	⑤ 학교폭력 조기 감지 및 대응체계 강화 ⑥ 학교의 교육적 해결역량 제고 ⑦ 사안처리의 공정성·전문성 확보
3	피해학생 보호 및 치유 시스템 강화	⑧ 피해학생 맞춤형 보호·지원체계 강화 ⑨ 사후지원 강화 및 학교 안팎 협력체계 구축
4	가해학생 교육 및 선도 강화	⑩ 가해학생 교육·선도 내실화 ⑪ 중대한 학교폭력 가해학생에 대한 엄정 대처
5	전 사회적 학교폭력 예방 및 대응 생태계 구축	⑫ 가정의 교육적 역할 강화 ⑬ 지역사회의 역할 및 책무성 강화 ⑭ 전 사회적 대응체계 강화 및 대국민 인식제고

출처: 교육부(2020a). 제4차 학교폭력예방 및 대책 기본계획.

함께 생각 나누기

1. 자신이 경험하였거나 목격했던 학교폭력의 유형을 생각해 봅시다.
2. 학교폭력의 피해자, 가해자, 방관자의 입장이 되어 그들의 행동과 감정을 생각해 봅시다.
3. 학교폭력 예방을 위한 아이디어를 생각해 봅시다.

영화로 보는 청소년 문제

우아한 거짓말

감독: 이한(2013)

영화 내용

"동생이 죽었다. 하지만 아무도 이유를 알지 못한다…."

'나'를 지키기 위한 우리들의 진인한 거짓말… 그리고 뜨거운 눈물은 평범하게만 보이던 열네 살 소녀 천지가 자살하는 사건에서 시작한다. 천지의 죽음을 이해할 수 없었던 언니 만지는 동생이 남긴 흔적을 좇으며 퍼즐을 맞추어 가는데, 차츰 가슴 아픈 진실이 모습을 드러낸다.

청소년 소설에서 따돌림이나 자살, 친구 문제 등은 흔한 소재일 것이다. 그러나 인물들을 가해자와 피해자로 나누는 것을 넘어서 인간관계의 역학 자체에 깊숙이 파고든 작품은 드물다.

함께 풀어 봅시다

1 학교폭력의 개념으로 바르지 않은 내용은 무엇인가?

① 학교폭력은 학교 내외에서 발생하는 폭력을 말한다.
② 욕설이나 모욕적인 말을 하는 것은 언어폭력에 해당한다.
③ 학교폭력은 학생 간에 발생하는 행위이다.
④ 학교폭력은 신체적·정신적, 재산상의 피해를 수반한다.

정답 ③

해설 "학교폭력"이란 학교 내외에서 학생을 대상으로 발생한 상해, 폭행, 감금, 협박, 약취·유인, 명예훼손·모욕, 공갈, 강요·강제적인 심부름 및 성폭력, 따돌림, 사이버 따돌림, 정보통신망을 이용한 음란·폭력 정보 등에 의하여 신체·정신 또는 재산상의 피해를 수반하는 행위를 말한다.

2 학교폭력의 종류에 대한 설명으로 틀린 것은?

① 신체폭력은 학교폭력의 가장 흔한 유형으로 주먹으로 때리거나 발로 차기, 찌르고 목 조르는 행위, 꼬집기 등 자신의 신체 일부를 사용하는 폭력이다.
② 사이버폭력은 신체에 직접적인 폭력을 가하지 않으나 정서적, 심리적으로 부정적인 반응을 불러일으키는 것으로, 대표적으로 욕설이 이에 해당된다.
③ 금품갈취는 상대방에게 폭행, 협박, 공갈, 위협 등으로 심리적 두려움을 느끼게 하고 공포를 조장하여 재물을 취득하거나 재산상의 이익을 취하는 것으로, 빵 셔틀, 와이파이 셔틀 등이 있다.
④ 집단따돌림은 2명 이상의 학생들이 반복·지속적으로 집단적인 폭력을 행사하거나 협박과 위협을 가하는 등의 공격적이고 지속적인 행위를 말한다.

정답 ②

해설 언어폭력에 대한 설명이다.

3 우리나라 학교폭력의 특징에 해당하지 않는 것은?

① 학교폭력의 피해자, 가해자의 연령이 과거 중·고등학생의 연령에서 초등학생으로 저연령화되고 있다.

② 과거의 언어폭력과 달리 집단따돌림, 협박, 괴롭힘, 사이버 따돌림, 은따(은근히 따돌리는 행위) 등 신체폭력의 형태가 증가하고 있다.

③ 쉬는 시간, 교실 내, 화장실, 운동장, 학교 내 사각지대 등에서 학교폭력이 발생하고 있다.

④ 학교폭력 피해학생 중 일부는 보복심리에 의해 가해학생이 되어 학교폭력을 행사한다.

정답 ②

해설 과거의 신체적 폭력과 달리 집단따돌림, 협박, 괴롭힘, 사이버 따돌림, 은따(은근히 따돌리는 행위) 등 정신적 폭력의 형태가 증가하고 있다.

4 학교폭력 신고센터와 관련이 없는 기관은?

① 청소년폭력예방재단 ② 교육부

③ 청소년활동진흥원 ④ 경찰청

정답 ③

해설 청소년활동진흥원은 청소년의 건강한 성장에 필요한 역량을 개발할 수 있도록 지원하는 여성가족부 산하 기관이다.

5 학교폭력 예방을 위한 관련 법제는 무엇인가?

① 청소년 기본법

② 아동·청소년 성보호에 관한 법률

③ 학교폭력예방 및 대책에 관한 법률

④ 학교 밖 청소년 지원에 관한 법률

정답 ③

해설 학교폭력을 해결하고 예방하고자 2004년 「학교폭력예방 및 대책에 관한 법률」(약칭: 학교폭력예방법)이 제정되었다.

chapter 11

청소년과 매체 중독(과의존)

01 청소년의 사이버 문화

오늘날 과학기술과 디지털기술의 발달은 우리가 경험하지 못한 새로운 세상의 지평을 열어 주고 있다. 최근 뜨겁게 대두되고 있는 AI(인공지능)와 사물인터넷, 3D프린팅, 자율주행, 로봇, 바이오테크놀러지 등은 인간의 삶에 수많은 변화를 이끌어 내며 기대에 찬 미래를 예측하고 있다. 하지만 또다른 측면에서는 미처 예측하지 못한 의외의 문제가 나타날 수 있다는 우려의 목소리가 끊임없이 제기되고 있다. 특히, 현대사회에 필수적인 인터넷 기반 디지털기기의 사용은 보편적 일상으로 자리잡았고, 이러한 환경에서 성장한 청소년은 사이버세계와 그 안에서 펼쳐지는 수많은 사이버 문화는 빠르게 확산되고 있다. 일찍이 디지털 환경에 익숙한 청소년은 성인과 달리 새로운 사이버 문화를 습득하고 익히는 데 있어 매우 능동적이고 활발하다. 다양한디지털기기를 자유자재로 사용하고, 매체를 통한 SNS 사용과 사이버·인터넷을 활용한 여가 생활의 변화 및 네트워크 확대는 과거에 볼 수 없었던 새로운 그들만의 사이버 문화로 자리잡고 있다. 그러나 지나친 인터넷·디지털기기 사용은 청소년에게 과의존으로 인한 예기치 못한 문제를 양산하고 있다.

이에 본 장에서는 사이버문화와 과의존이 청소년에게 미치는 영향에 대하여 살펴보고 올바른 사이버 문화 정착과 인터넷 과의존 예방을 위한 방안과 실천적 내용을 살펴보고

자 한다.

1) 사이버 문화의 개념

사이버 문화는 정보통신기술의 급속한 발달과 함께 네트워크의 급격한 팽창으로 인터넷을 활용한 가상의 공간에서 컴퓨터, 휴대폰, 노트북과 같은 기계를 매개로 하여 가상의 공간인 사이버상에서 이루어지는 기술적·사회적 특성의 상호작용 속에서 형성되는 문화라고 할 수 있다. 홍성태(1996)는 사이버 문화를 "기계화의 최신 국면으로서 정보화가 낳은 문화적 산물이며, 기계문화의 변형이다. 이 문화는 컴퓨터라는 정보처리기계의 허용과 관련하여 나타나는 포괄적인 변화를 함축한다. 인터넷으로 대변되는 컴퓨터 통신이나 오락산업에서 널리 활용되고 있는 가상현실 기술은 그 중요한 구성요소이다."라고 설명하였다.

레비(Levy, 2000)는 그의 저서 『사이버 문화(*cyber culture*)』에 대하여 사이버 공간의 팽창에 따라 발달하고 변화하는 물적·지적 테크닉, 실천, 태도, 사유 방식의 총체로 정의하였다.

사이버 문화는 현대과학, 의학, 로봇공학, 인공지능, 우주과학, 교육학의 광범위하고 다양한 영역에서 5G(5th generation), 사물인터넷(Internet of Things: IOT)[1], 웨어러블(Wearable divice)[2]과 같은 생활 전반에 깊숙이 개입되어 있다. 이러한 사이버 문화는 시대가 변화할수록 빠르게 진화되고 다양한 종류의 가상현실(Virtual Reality: VR)을 출현시킬 것이고, 이는 인간의 삶의 방식을 변화시키며 인간의 사고체계와 함께 사회 전 영역에서 거대한 변화를 초래할 것이다.

---

1 스마트폰, PC를 넘어 자동차, 냉장고, 세탁기, 시계 등 모든 사물이 인터넷에 연결되는 것을 사물인터넷(IoT)이라고 한다. 이 기술을 이용하면 각종 기기에 통신, 센서 기능을 장착해 스스로 데이터를 주고받고 이를 처리해 자동으로 구동하는 것이 가능해진다. 교통상황, 주변 상황을 실시간으로 확인해 무인 주행이 가능한 자동차나 집 밖에서 스마트폰으로 조정할 수 있는 가전제품이 대표적이다(다음백과 100.daum.net)

2 웨어러블(wearable)의 본래 뜻은 '착용 가능한'의 의미이다. 정보통신(IT) 기기를 사용자의 몸(손목, 팔, 머리 등)에 지니고 다니는 기기로 만드는 기술을 말한다. 미국 군사 훈련용으로 개발된 것을 시초로 하여, 스마트워치와 같은 웨어러블 컴퓨터, 스마트 의류(smart clothes), VR을 위한 HMD(Head-Mounted Display) 기기, 피부 이식용 임플란트 등으로 응용되어 다양한 산업 분야에 활용되고 있다. 일상생활에 사용되는 시계, 안경, 옷, 헬멧 등에 접목되어 웨어러블 IT 기술은 사용자에게 언제 어디서나 컴퓨팅 환경을 제공한다(사이언스올, 2018.12.12.).

2) 사이버 문화와 청소년

현대사회의 발전은 인터넷의 발달과 함께 빠르게 변화하고 있다. 인터넷의 생활화는 정치, 경제, 사회, 문화, 예술 등 모든 인간의 삶 속에서 함께하고 있다. 인터넷은 쇼핑, 게임, SNS, 이메일, 금융거래, 강의 수강 등 일상생활 전반에 깊숙이 들어와 인간생활에 편리함을 제공하고 있다. 인터넷의 발달은 청소년에게 사이버 공간, 사이버 문화를 형성하며 시간적, 공간적, 비용적으로 매우 용이하게 접근할 수 있는 매력적인 매개체가 되었다.

「2020년 인터넷이용실태조사」에 따르면 청소년은 웨어러블기기를 이용한 서비스로 스마트폰과 연결하여 문자, 전화 등 송수신 기능(62.9%), 심박수, 칼로리 소모량 측정 등 건강관리기능(27.4%), 스마트폰 음성인식서비스(15.4%), 인공지능스피커(4.4%), 스마트가전(2.9%)을 이용하는 것으로 나타났다(한국지능정보사회진흥원, 2021). 청소년은 인터넷을 통하여 수많은 정보를 언제 어디서든 쉽게 얻을 수 있고, 스마트폰의 발달로 대화방식, 여가, 학습, 취미, 대인관계로 이어지는 다양한 일상을 사이버 공간에서 누리고 있다. 인터넷이 성인보다 청소년에게 과다 사용을 부추기는 이유는 다음과 같은 몇 가지 요인에 기인한다.

① 개방성이다. 사이버 공간은 성, 인종, 연령, 학력, 지위, 지역 등에 상관없이 누구에게나 언제, 어디서든 개방되어 있어 접근이 용이하다.

② 참여성이다. 사이버 공간에서는 자신이 원하고 필요한 무언가를 얻기 위하여 능동적으로 참여할 수 있다.

③ 익명성이다. 사이버 공간에서는 오프라인에서와 같이 직접 상대방과 대면하지 않고 온라인을 이용하여 만날 수 있고, 사이버상의 활동에서 자신의 정보를 구체적으로 밝히지 않아도 된다.

④ 저항성이다. 사이버 공간에서 나누는 다양한 의사소통은 쌍방소통으로 이루어지기는 하지만, 자신의 의사와 가치에 반하는 상대방의 의견을 무시한 채 일방적으로 의사소통을 차단 또는 저항이 가능하다.

⑤ 정체성의 변화이다. 사이버 공간에서는 자신을 임의로 조작하고, 변형된 형태의 여러 개 아이디를 생성시킬 수 있고, 사이버 공간에 따라 자신의 역할을 달리할 수도 있다.

이와 같이 사이버 문화는 인터넷을 매개로 이용하는 것으로, 청소년에게 다양한 지식과 정보를 제공해주고, 시간과 공간을 초월해서 다양한 계층과 교류하도록 하며, 새로운 문화의 창출이라는 측면에서 긍정적인 요소가 많다. 그러나 과다하게 사용하거나 지나치게 몰입하면 부정적인 측면도 상당히 존재한다(홍봉선·남미애, 2018).

02 청소년의 인터넷 중독(과의존)

과의존[3]이란 개인의 욕구나 의지를 노예 상태로 만드는 강박관념이나 충동 혹은 강한 집착이라고 할 수 있다. 과의존 문제는 개인적 영역을 넘어 사회적으로 시급히 해결되어야 할 문제로 확대되고 있다. 한국지능정보사회진흥원(National Information Society Agency: NIA)과 한국과학기술통신부에서 발표한 「2022년 인터넷이용실태조사」에 따르면, 우리나라 전체 가구의 99.96%가 인터넷에 가입해 있고, 만 3세 이상 스마트폰 보유비율은 93%로, 만 6세 이상 스마트폰 보유비율은 98.3%로 조사되었다. 이 외에도 인터넷 기반 노트북, 컴퓨터, 태블릿 PC, 웨어러블기기 등 인터넷 기반 디지털기기는 우리 삶의 주요한 수단으로 자리잡고 있다.

여성가족부에서 2009년부터 해마다 전국 학교를 대상으로 초등학생 4학년, 중학생 1학년, 고등학생 1학년을 대상으로 '청소년 인터넷·스마트폰 이용습관 진단조사'를 진행하고 있다. 2023년 조사 결과에 따르면 인터넷·스마트폰 과의존 위험군은 230,634명으로 나타났고, 인터넷과의존 위험군은 181,056명, 스마트폰과의존 위험군은 131,560명으로 조사되었다(여성가족부, 2023c).[4]

---

3 인터넷과 스마트폰의 과도한 사용으로 인한 문제들이 불거지면서 중독이라는 용어가 사회적인 거부감이나 반감을 불러일으켜(한국청소년정책연구원, 2013), '중독'이란 용어를 순화하기 위한 대체용어를 「국가정보화 기본법」에서 개정 검토 중이며, 정부부처를 중심으로 '과의존(overdependence)'이란 용어 사용이 점차 늘어나고 있다(한국정보화진흥원, 2016). 따라서 본 교재에서는 과의존이란 용어를 주로 사용하고자 한다.

4 조사참여 학생: 초등 4학년 399,129명, 중등 1학년 439,655명, 고등 1학년 438,005명 전체 1,276,789명

표 11-1 학년별 · 성별 인터넷(左), 스마트폰(右) 과의존 위험군 수(2021~2023)

(단위: 명)

구분	인터넷 과의존						스마트폰 과의존					
	초4		중1		고1		초4		중1		고1	
	남	여	남	여	남	여	남	여	남	여	남	여
2021	33,582	22,267	35,033	35,127	24,738	32,481	19,030	13,246	22,525	24,826	22,219	27,697
2022	36,821	23,081	36,441	33,894	25,915	32,826	20,503	13,475	24,130	24,855	23,624	28,245
2023	34,214	20,104	38,300	34,113	25,328	29,006	18,788	11,463	26,471	25,895	23,441	25,502

출처: 여성가족부(2023c). 2023년 청소년 인터넷스마트폰 이용습관 진단조사.

1) 인터넷 중독(과의존)의 개념

인터넷 중독(internet addiction)이란 인터넷 과다한 이용으로 일상생활에 지장을 초래할 정도로 금단과 내성이 생기는 현상이다. 인터넷 과다사용과 관련된 개념은 인터넷 증후군(internet syndrome), 웨바홀리즘(webaholism), 인터넷 중독 장애(internet addiction disorder), 병리적 컴퓨터 사용(pathological computer use), 인터넷 몰입 등이 있다. 이들 개념은 아직 학술적으로 정립된 것이 아니며, 뚜렷한 구분 없이 혼용되고 있다(홍봉선·남미애, 2018).

인터넷 중독이란 용어를 처음 사용한 사람은 골드버그(Goldberg, 1996)이다. 그는 병리적이고 강박적인 인터넷 사용을 인터넷 중독으로 규정하였으나 최근에는 자신의 견해를 수정하여 '병리적 컴퓨터 사용'이라는 용어로 대체하였다. 영(Young, 1999)은 인터넷 중독을 약물이나 알코올, 도박에 중독되는 것과 유사한 방식으로 의존, 금단, 내성 증상이 동반되는 심리적 장애라고 정의하였다. 한국지능정보사회진흥원(2021)에 따르면 인터넷 과의존은 "인터넷 사용에 대한 금단과 내성을 지니고 있으며 이로 인해 일상생활의 장애가 유발되는 것"으로 정의하였다. 인터넷 과의존은 "컴퓨터 및 인터넷 사용에 있어서 자율적 통제가 불가능한 것으로, 인터넷의 과다한 사용으로 학교, 가정, 사회생활 등의 현실 생활에 지장을 받을 정도의 신체적·정신적 이상 현상을 경험하는 것"을 말한다. 인터넷을 더 많이 사용해야 만족을 느끼게 되는 '내성', 인터넷 이용을 중단하거나 감소하면 초조나 불안을 느끼거나 인터넷에 대한 강박적 사고나 환상과 같은 증상이 일어나는 '금단', 인터넷 이용을 위해 중요한 사회적·직업적 활동이 포기되는 '일상생활 장애'가 12개월 중에 발생할 시, 이를 '인터넷 과의존'이라고 한다. 인터넷 과의존은 우울증, 사회적 고립, 충동조절장애와 약물 남용 등의 문제를 일으킨다. 유사용어로 사이버 중독, 인터넷 과다 사용, 인터넷 증후군, 인터넷 의존, 컴퓨터 중독, 리셋(Reset) 증후군, 가상중독 등이 있다(최원석 외, 2012).

2) 인터넷 과의존의 원인 분석

(1) 인터넷 과의존의 4가지 원인

킹(King, 1996)은 인터넷 과의존의 원인을 다음의 4가지 차원으로 나누어 설명하였다.

① 사이버 공간은 익명성으로 내가 누구인지 밝히지 않아도 된다. 인터넷 공간에서는 현실세계와 다르게 개인의 정체성을 드러내지 않고, 아이디를 활용하여 자유롭게 활동할 수 있다. 따라서 이러한 익명성은 개인에게 인터넷을 과다사용 하도록 하는 기제로 작동한다.

② 사이버 공간에 있는 나를 향한 사회적 지지다. 현실에서 인정받지 못한 개인일지라도, 익명을 가장한 사이버 세계에서는 특정 영역에서 타인에게 수많은 지지와 응원을 받을 수 있고, 이러한 현상은 인터넷 활동을 더욱 활발하게 하도록 한다.

③ 새로운 페르소나(persona)의 창출이다. 페르소나는 원래 그리스어의 '가면'을 나타내는 말로, '외적 인격' 또는 '가면을 쓴 인격'을 뜻한다. 즉, 인터넷상에서는 '실제의 나'가 아닌 자신이 바라는 '이상적인 나'로 존재할 수 있다는 의미이다.

④ 성취감과 자신감이다. 인터넷 게임을 통해 일상생활에서 느끼지 못하는 통쾌함과 짜릿함을 느끼게 된다. 평소 현실에서 성취감을 느끼지 못했던 개인일수록 가상세계로 빠져들 확률이 높고, 이것이 과의존으로 나타나게 되는 것이다.

(2) 개인적 요인과 환경적 요인

인터넷 과의존의 원인을 개인적 요인과 환경적 요인으로 나누어 살펴볼 수도 있다.

① 개인적 요인

- 타인과의 관계 형성에 어려움을 겪거나 대인관계에 부정적인 사고를 지니고 있어 사회

적으로 고립감을 자주 느끼는 경향이 클수록 과의존에 빠질 위험이 높다.

- 자기통제력, 자아존중감 등 심리적 요인이 낮을수록 인터넷(스마트폰) 과의존에 더 쉽게 빠질 수 있다.
- 충동적인 성향, 강한 자극을 추구하는 성향, 일상에 무력감을 쉽게 느끼는 성향, 우울감이 많은 성향일수록 인터넷(스마트폰) 과의존에 빠지기 쉽다.
- 일상에서 좌절과 실패의 경험으로 자신감을 상실하고, 가상세계로 빠져들어 즉각적인 만족이나 현실과 동떨어진 비현실적인 이상을 꿈꾸는 경우 자신도 모르게 인터넷(스마트폰) 과의존에 빠지게 된다.
- 여가시간의 활용방법 중의 하나로 인터넷(스마트폰) 사용이 급증하면서 과의존에 빠지게 된다. 과거와 달리 청소년에게 주어지는 여가시간에 놀이나 신체활동보다 인터넷(스마트폰)을 활용한 가상세계 활동으로 이동하는 경향이 큰 폭으로 증가하였다.

② 환경적 요인

- 시대의 변화에 따라 인터넷(스마트폰) 사용이 일상화되어, 생활 전반에 걸쳐 인터넷(스마트폰)의 사용이 편리함을 제공하고, 인터넷(스마트폰)을 통한 대인관계 활동이 늘어나는 요인도 인터넷(스마트폰) 과의존에 빠지게 하는 요인으로 작용한다.
- 가족 형태의 변화나 맞벌이 가족의 증가로 부모의 적절한 통제나 관심이 어려워지고, 부모의 관심과 지지가 낮을수록 인터넷(스마트폰) 사용이 늘어나게 되면서 자연스럽게 인터넷(스마트폰) 과의존에 빠지게 된다.
- 학교 환경으로 교사 및 교우 간의 갈등, 심한 학업 스트레스 등을 인터넷(스마트폰)으로 해소하려는 경향이 늘면서 인터넷(스마트폰) 과의존에 빠지게 된다.
- 사회환경적 요인으로, 대안 놀이 문화가 부족한 상황에서 인터넷 콘텐츠가 흥미, 오락, 호기심을 채워주는 다양한 게임이나 취미활동을 하기에 개방적인 환경과 쉽게 접근 가능한 기기의 활용도 과의존에 빠질 위험을 높게 한다.

3) 사이버·인터넷 과의존의 주요 특징

사이버·인터넷 과의존의 주요 특징을 살펴보면 다음과 같다.

표 11-2 사이버·인터넷 과의존의 주요 특징

유형	개념	특징
SNS	문자, 대화, 게시글(댓글)에 과도하게 집착	•채팅을 통한 일회성 만남을 즐김 •신분을 조작, 은폐
게임	게임으로 자기통제력을 잃고 집착하여 사용	•게임 레벨을 높이는 과정에서 과다 소비(비용, 시간) •게임 속의 공격성, 폭력성을 현실에서 적용
음란물	음란물을 보는 데 강박적으로 몰입	•PC, 스마트폰을 몰래 사용하고 주변에 은폐 •왜곡된 성 의식 및 성 비행의 원인이 될 수 있음
도박	충동적, 지속적, 반복적으로 도박에 집착	•도박에 빠진 상황을 숨기기 위한 거짓말 •도박자금 마련을 위해 불법행위
검색	불필요한 자료 수집과 정보 검색에 지나치게 몰두	•특정한 목적 없이 검색하여 시간 통제 불가 •흥미로운 정보를 검색하려는 집착 증세 보임

출처: 한국지능정보사회진흥원(2021). 2020 인터넷이용실태조사.

4) 인터넷 이용 실태

우리 사회의 인터넷 이용 실태와 관련하여 NIA와 한국과학기술정보통신부에서는 매년 전 국민을 대상으로 인터넷 이용 실태를 조사하여 그 결과를 발표하고 있다. 인터넷 평균 이용시간은 해마다 지속적으로 증가 추세를 보이고 있다. 만 3세 이상 인터넷 개인 이용률은 2019년 44.7%에서 2020년 94.9%로 급격히 증가한 것으로 나타났다. 특히, 2020년 10대는 일주일에 평균 27.6시간을, 20대는 일주일 평균 29.5시간 인터넷을 이용하는 것으로 나타났다. 특히 10대와 20대 모두 하루에 1회 이상 인터넷을 사용하는 빈도가 98% 이상으로 나타나 청소년은 거의 매일 인터넷을 이용하는 것으로 나타났다. 인터넷은 이동전화, 스마트폰, 스마트패드를 활용하여 이동 중에 언제, 어디서든 사용할 수 있고, 직장(회사), 상업시설(PC방, 카페, 식당, 공항, 호텔 등), 공공시설(우체국, 주민센터, 관공서, 도서관 등), 학교 등의 교육장소 등 모든 일상생활에서 이용이 가능하다. 또한 스마트폰, 데스크톱, 스마트 TV, 노트북,

태블릿 PC, 일반 TV, 인공지능스피커, 게임기, 스마트가전, 전자책 단말기 등 인터넷 접속기기의 활용으로 앞으로도 지속적으로 이용시간이 증가할 것으로 예측된다.

표 11-3 인터넷 평균 이용[1] 시간 및 빈도

(단위: 시간, %)

구분		주 평균 이용시간	인터넷 이용 빈도			
			하루에 1회 이상	일주일에 1회 이상	한 달에 1회 이상	한 달에 1회 미만
2016	10대	15.4	93.9	5.6	0.3	0.2
	20대	22.8	99.6	0.4	0.0	-
2017	10대	16.9	98.1	0.9	1.0	-
	20대	23.6	100.0	-	0.0	-
2018	10대	17.8	98.1	1.2	0.7	-
	20대	24.2	99.9	0.1	0.0	-
2019	10대	17.7	96.9	2.6	0.5	0.0
	20대	24.3	98.6	0.9	0.4	0.0
2020	10대	27.6	98.5	1.5	0.0	-
	20대	29.5	99.3	0.6	0.1	0.0

1) 최근 1개월 이내 인터넷 이용자이며, 이동전화, 스마트폰, 스마트패드, IPTV, 인터넷 전화 등을 이용한 인터넷 접속을 모두 포함

출처: 한국지능정보사회진흥원(2021). 2020 인터넷이용실태조사.

표 11-4 인터넷 이용[1] 용도(복수응답)

(단위: %)

구분	커뮤니케이션	여가활동	자료 및 정보 획득	홈페이지 등 운영	교육·학습	직업·직장	기타
10대	98.5	99.1	95.2.	64.8	99.9	9.4	37.7
20대	99.9	99.8	100.0	87.4	82.6	51.5	96.2
청소년	98.6	99.2	96.2	71.4	100.0	22.9	57.3
남자	98.5	99.3	96.1	69.2	100.0	22.2	56.3
여자	98.8	96.4	96.4	73.8	100.0	23.7	58.3

1) 최근 1개월 이내 인터넷 이용자. 단시점, 20. 7. 1. 기준

출처: 한국지능정보사회진흥원(2021). 2020 인터넷이용실태조사.

한국지능정보사회진흥원(2021)에서 발표한 「2020년 인터넷이용실태조사」에서 10대와 20대, 청소년들은 10대 99.8%, 20대 99.9%를 커뮤니케이션 이용수단으로 인터넷을 활용하는

것으로 나타났다. 또한 10대는 교육과 학습에 99.9%의 높은 이용률을, 20대는 자료 및 정보 획득에 100.0%의 높은 이용률을 보였다.

청소년 대상으로 조사한 결과 전체 청소년의 98.6%가 커뮤니케이션 이용 용도로 인터넷을 활용하는 것으로 나타났고, 남자청소년(98.5%)보다 여자청소년(98.8%)이 약간 높게 나타났다. 여가활동에서 남자청소년(99.3%)이 여자청소년(96.4%)보다 높게 나타난 것을 제외하고 전체적으로 여자청소년이 인터넷을 다양한 용도로 활용하는 것으로 나타났다.

청소년은 컴퓨터를 이용하여 인터넷을 이용하는 비율이 82.5%로 나타났고(남자청소년 82.1, 여자청소년 82.9%), 모바일기기를 이용하는 비율이 98.7%(남자청소년 98.6%, 여자청소년 98.8%)로 나타나, 모바일기기 이용비율이 더 높은 것으로 나타났다.

또한 청소년들은 SNS 서비스를 적극 활용하고 있는데, 페이스북(73.9%), 인스타그램(68.9%), 카카오스토리(19.5%), 네이버 밴드(17.3%), 블로그(네이버, 다음 등)(16.1%), 카페(네이버, 다음 등)(11.5%), 트위터(14.6%), 기타(0.2%) 순으로 그 활용빈도가 높게 나타났다.

청소년들이 SNS를 사용하는 주요 이유는 친교나 교제를 위한 목적이 가장 높게 나타났고(78.9%), 그 다음으로 타인이 게시한 콘텐츠를 살펴보기 위해서(54.1%), 취미나 여가활동 등 개인적 관심사를 공유하기 위해서(45.4%)로 나타나, 청소년들에게 대인관계 맺기나 유지를 위해 SNS를 통한 소통이 적극 활용되고 있는 것을 알 수 있다.

한편, 청소년은 인터넷을 이용한 쇼핑도 점차 증가하고 있는데, 2020년 한달 평균 인터넷 쇼핑에 지출되는 비용은 124,507원으로 나타났고, 해외직구를 통해 물건을 구입하는 청소년의 비율도 전체 쇼핑 비율에 따라 0.3%에서 6.5%까지 나타나 점차 증가하고 있는 것으로 나타났다. 청소년은 온라인을 통해 미디어서비스 활용도 적극적인 것으로 나타났다. 신문 보기(79.6%), 영화 보기(92.0%), TV 프로그램 보기(61.8%), 잡지·서적 읽기(28.7%), 라디오 프로그램 듣기(16.1%), 전혀 안 함(1.5%) 등을 이용하는 것으로 나타났다.

이처럼 청소년의 인터넷 사용은 학습, 오락, 소셜미디어, 동영상 시청 및 제작, 미디어 활용, 커뮤니티, 여가활동, 인터넷 쇼핑, 사회참여 등 생활 전반에 걸쳐 더욱 확대되고 있다는 것에 주목하여, 안전하고 올바른 인터넷 사용을 위한 교육이 시대변화에 맞춰 이루어져야 할 것으로 보인다.

5) 스마트폰을 활용한 인터넷 이용률

인터넷 이용률은 해마다 급격히 증가하고 있다. 스마트폰 보유비율은 2020년 98.9%로 나타나고 있어 거의 모든 사람이 스마트폰을 이용하고 있다는 것으로 해석될 수 있다. 스마트폰을 이용한 인터넷 이용은 90.4%로 노트북, 컴퓨터(36.4%)나 태블릿 PC(18.7%)보다 월등히 높은 것으로 나타났다.

한국지능정보사회진흥원의 「2020년 인터넷이용실태조사」 결과를 살펴보면, 청소년의 대부분인 98.7%가 스마트폰을 보유하고 있는 것으로 나타났다. 또한 청소년은 1개월 이내 스마트폰을 이용한 청소년은 99.4%로 나타나 전체 이용률인 91.9%보다 높게 나타났다. 스마트폰 이용빈도 또한 하루에 1회 이상 이용하는 청소년이 95.5%로 나타나 전체 이용자의 93.2%보 높게 나타났다. 스마트폰 주 평균 이용시간은 14.5시간으로 나타났으나 7~21시간 미만의 이용자 비율이 60.7%로 나타나 많은 시간 스마트폰을 사용하는 청소년비율이 높은 것으로 나타났다(한국지능정보사회진흥원, 2021).

이처럼 현실에서 스마트폰은 없어서는 안 될 필수도구로 자리 잡았기에, 청소년을 포함한 모든 대상에게 스마트폰의 바른 사용과 함께 과의존에 대한 예방이 필요하다.

표 11-5 주평균 스마트폰 이용시간 (단위 %)

		1시간 미만	1~3시간 미만	3~7시간 미만	7~14시간 미만	14~21시간 미만	21~35시간 미만	35시간 이상	1주 평균 (시간)
만 3세 이상 스마트폰 이용자		3.1	8.4	14.3	35.2	21.2	13.5	4.3	11.9
청소년	전체	1.3	4.6	9.1	33.8	26.9	17.8	6.6	14.5
	남자	1.3	4.5	8.9	33.4	27.7	17.4	6.8	14.6
	여자	1.3	4.6	9.3	34.2	26.0	18.1	6.4	14.4

기준: 만 3세 이상, 최근 1개월 이내 스마트폰 이용자
기간: 최근 1년 이내

출처: 한국지능정보사회진흥원(2021). 2020 인터넷이용실태조사.

6) 스마트폰 과의존 실태

스마트폰·인터넷 과의존 실태조사는 「지능정보화 기본법」 제12조에 근거하여 2004년부터 전국의 만 3~69세에 이르는 인터넷·스마트폰 이용자의 최근 1개월 이내 이용내용을 토대로 조사를 시행하고 있다. 이 조사를 통해 한국지능정보사회진흥원은 인터넷 스마트폰 정보격차를 해소하고, 과의존 예방과 역기능을 해소하기 위한 지원과 연구를 하는 데 법적 근거로 활용하고 있다.

청소년에 대한 스마트폰 과의존 척도는 현저성(salience), 조절실패(self-control failure), 문제적 결과(serious consequences)의 특성을 제시한 후, 모든 특성을 나타내는 고위험군 집단, 1~2가지 특성을 보이는 잠재적 위험군, 그리고 일반 사용자군으로 분류하여 설명한다(표 11-6).

결국, 스마트폰 과의존이란 과도한 스마트폰 이용으로 스마트폰에 대한 현저성이 증가하고, 이용조절능력이 감소하여 문제적 결과를 경험하는 상태로 정의한다.

현저성이란 개인의 삶에서 스마트폰을 이용하는 생활패턴이 다른 행태보다 두드러지고 가장 중요한 활동이 되는 것을 의미하고, 조절실패란 이용자의 주관적 목표 대비 스마트폰 이용에 대한 자율적 조절능력이 떨어지는 것, 문제적 결과란 스마트폰 이용으로 인해 신체·심리·시회적으로 부정적인 결과를 경험했음에도 불구하고 스마트폰을 지속적으로 이용하는 것이다.

표 11-6 스마트폰 과의존 척도 해석

구분		청소년 행동특성
과의존 위험군	고위험군	스마트폰 사용에 대한 통제력을 상실한 상태로, 일상생활의 상당시간을 스마트폰 사용에 소비하고 있으며 그로 인해 대인관계 갈등이나 일상의 역할문제, 건강문제 등이 심각하게 발생한 상태로, ICT 역량 발달을 지체시킬 위험이 높은 상태
	잠재적 위험군	스마트폰 사용에 대한 조절력이 약화된 상태이며, 그로 인해 이용시간이 증가하여 대인관계 갈등이나 일상의 역할에 문제가 발생하기 시작한 단계로, ICT 역량 발달에 부정적 영향을 미칠 위험이 존재하는 상태
일반군		스마트폰을 조절된 형태로 사용하고 있어서 일상생활의 주요 활동이 스마트폰으로 인해 훼손되는 문제가 발생하지 않는 상태로, ICT 역량 발달 및 발휘를 위한 기본 조건을 충족시키고 있는 상태

출처: 한국인터넷진흥원(2016). 2016 인터넷이용실태조사.

한국지능정보사회진흥원(2020)에서 조사한 연구결과를 살펴보면 다음과 같다.

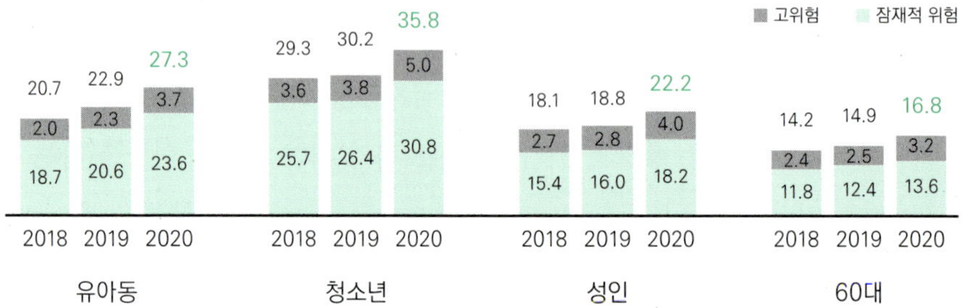

※ 대상별 연령대: 유아동 만 3~9세, 청소년 만 10~19세, 성인 만 20~59세, 60대 만 60~69세

그림 11-1 연도별·대상별 스마트폰 과의존 위험군 비율(단위: %)

출처: 한국지능정보사회진흥원(2020). 2020 스마트폰 과의존 실태조사.

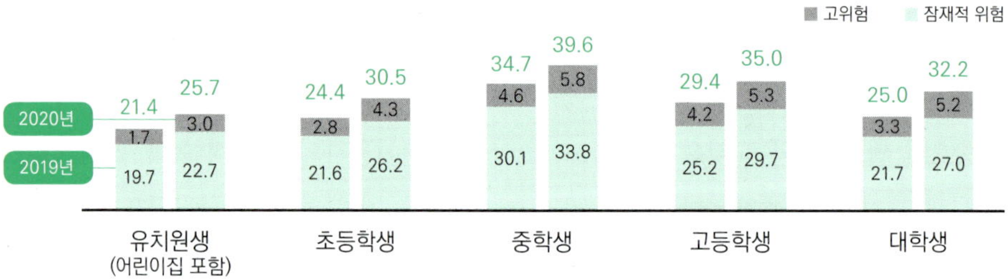

그림 11-2 학령별 스마트폰 과의존 현황(단위: %)

출처: 한국지능정보사회진흥원(2020). 2020 스마트폰 과의존 실태조사.

그림 11-3 맞벌이 가정 유아동·청소년 스마트폰 과의존 현황(단위: %)

출처: 한국지능정보사회진흥원(2020). 2020 스마트폰 과의존 실태조사.

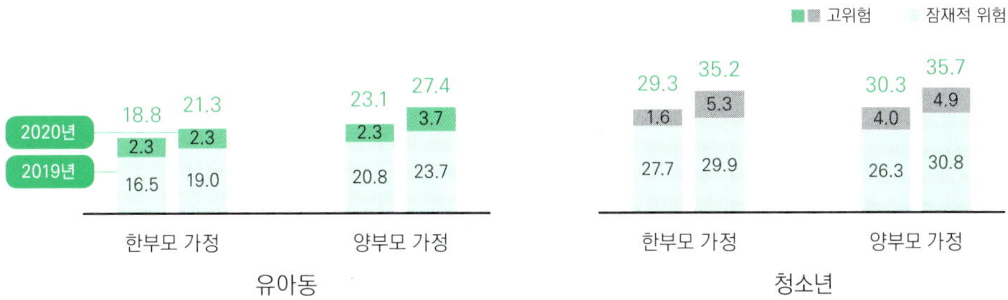

그림 11-4 한부모 가정 유아동·청소년 스마트폰 과의존 현황(단위: %)

출처: 한국지능정보사회진흥원(2020). 2020 스마트폰 과의존 실태조사.

03 청소년의 매체 과의존

1) 인터넷 과의존의 단계

인터넷 과의존은 점진적인 발달단계를 거친다(주석진, 2011; 최은영·양종국, 2005; 조성연 외, 2015 재인용). 김용진과 전영숙(2001)은 단순사용 단계, 남용 또는 문제사용 단계, 중독 단계의 3단계로, 백상민(2000)은 과다사용 단계, 중독경향 단계, 중독직전 단계, 중독 단계의 4단계로, 한국지능정보사회진흥원(2020)은 초기, 중기, 말기의 세 단계로 제시하였다.

한국지능정보사회진흥원에서 제시한 인터넷 과의존의 초기 단계는 인터넷에 점점 몰입하기 시작하여 밤늦게까지 인터넷을 하느라 아침에 일어나기가 힘들고, 가끔 이상하거나 수업 중에 졸거나 멍하게 앉아 있기도 한다. 중기 단계는 서서히 일상생활에서의 적응 현상이 발생하여 업무나 학업능률이 떨어지기 시작하고, 조퇴나 결석 등을 자주 한다. 마지막 후기 단계는 금단, 내성 및 일상생활 장애 등의 인터넷 과의존의 준거 증상이 심각하게 나타난다. 이 단계가 되면 인터넷 사용 조절이 안 되고 충동적이며 행동 통제에 어려움이 있을 뿐만 아니라, 가족이나 주변 사람들에게서 분리되어 고립되어 있을 가능성도 크다.

2) 인터넷 과의존의 유형별 특성

정보통신부의 지원을 받아 한국정보문화진흥원(2003)이 제작한 한국형 인터넷 중독 자가진단검사 청소년용(K-척도)은 4점 척도 40문항으로 이루어져 있다. 일상생활장애, 현실 구분 장애, 긍정적 기대, 금단, 가상적 대인관계 지향성, 일탈행동, 내성의 7요인으로 측정한다. K-척도에 의해 인터넷 사용 수준을 일반 사용자군, 잠재적 위험 사용자군, 고위험 사용자군으로 유형화하였는데, 그 내용을 살펴보면 다음과 같다.

표 11-7 청소년 인터넷 과의존의 유형별 특성

구분	주요 행동 특성	진단 의견
고위험 사용자군	• 사이버 공간에서의 대인관계가 대부분이며 해킹과 비도덕적 행위에 대한 막연한 긍정적 기대가 있고, 현실 생활에서 인터넷에 접속하고 있는 듯한 착각을 하기도 함 • 대개 자신이 인터넷 과의존이라고 느끼며, 학업에 곤란을 겪음 • 심리적 불안정 및 대인관계 곤란, 우울한 기분 등이 흔하고, 성격적으로 자기조절에 심각한 어려움을 보이며 무계획적인 충동성도 높은 편임 • 인터넷 사용에 대한 금단 현상이 나타나며, 현실 세계에서 사회적 관계에 문제가 있으며, 외로움을 느끼는 경우도 많음	• 인터넷 과의존 경향성이 매우 높으므로 관련 기관의 전문적 지원과 도움 필요
잠재적 위험 사용자군	• 고위험 사용자에 비해 보다 경미한 수준이지만 일상생활에서 장애를 보이며, 인터넷 사용 시간이 늘어나고 집착을 하게 됨 • 학업에 어려움이 나타날 수 있으며, 심리적 불안정을 보이지만 절반 정도의 학생은 자신이 아무 문제가 없다고 느낌 • 인터넷 이용이 다분히 계획적이지 못하고 자기조절에 어려움을 보이며 자신감도 낮은 편임	• 인터넷 과의존에 대한 주의 요망 • 학교 및 관련 기관에서 제공하는 건전한 인터넷 활용 지침을 따름
일반 사용자군	• 대부분 인터넷 과의존 문제가 없음 • 심리적 정서문제나 성격적 특성에서 특이한 문제를 보이지 않고, 주변 사람들과의 대인관계에서도 자신이 충분한 지원을 얻을 수 있다고 느끼며, 심각한 외로움이나 곤란을 느끼지 않음	• 건전한 인터넷 활용에 대한 자기점검 지속 수행

출처: 한국지능정보사회진흥원(2020). 2020 스마트폰 과의존 실태조사.

04● 인터넷·스마트폰 과의존 예방 및 대처 방안

인터넷과 스마트폰은 보편화된 보급과 사용으로 현대생활에 필수품을 넘어 개인의 삶에 깊숙이 개입해 있다. 갈수록 편리한 기술들의 발전으로 스마트폰의 활용도는 더욱 증가하고 있으며, 그에 따른 과의존 현상도 눈에 띄게 나타나고 있다. 특히 청소년 시기 스마트폰 과의존 현상으로 나타나는 신체적·정신적 위험신호에 대한 관심과 함께, 바른 사용에 대한 책임의식을 강화하는 예방교육의 필요성이 요구된다. 인터넷과 스마트폰의 사용은 개인의 편익을 넘어 인권과 복지문제라는 새로운 인식과 함께 디지털 자원 활용 기회를 최대화하며 그로 인해 나타날 수 있는 부작용이나 위험은 최소화할 수 있는 방안에 대한 모색이 필요하다.

해외에서는 이와 같은 기조의 정책이 일찍이 시행되고 있는데, 유럽연합(EU)에서는 온라인상에서 아동의 보호를 강조하는 관점에서 긍정적 인터넷 이용 및 비판적 디지털 스킬을 촉진하는 전략인 Safer Internet for Kids('99~'13년 이행) 시행 이후 Better Internet for Kids('14년~현재 이행)를 시행하고 있다. OECD에서도 기회증진, 비판적 디지털 스킬의 함양을 포함하도록 아동보호 개념을 재정의하고 있다. 영국에서도 2018년부터 아동 및 청소년 보호를 위해 소셜미디어 기업에 이용조절을 돕는 기술적 기능의 의무적용을 요구하는 법안을 준비하고 있다.[5] 미국에서도 비영리기관[6]을 중심으로 디지털 미디어 기업의 습관 형성 기술[7]의 문제점을 지적하고 인식 제고 캠페인에 관한 입법을 추진하고 있다. 프랑스에서는 2018년 9월부터 중학교 과정 이하 아동 및 청소년은 스마트 미디어를 가지고 등교할 수 없도록 하는 법안이 통과하여 개인의 자유와 아동·청소년 보호, 교육을 위한 ICT 활용 기회 제한이라는 갈등이 공존하고 있다.

우리나라에서도 2016년부터 주체적으로 참여하는 디지털 사회 구현을 위한 정책을 국가 중심으로 추진하고 있다. 4대 추진전략의 내용을 살펴보면, ① 역기능 방지에서 역량강

---

5 영국정보보호감독기구(Information Commission Office)에서 밤시간 알림 메시지 금지, 알림 및 자동재생 자동꺼짐 기능 추가 등을 골자로 하는 법안 준비

6 커먼센스(Common Sense)와 인도적 기술 센터(Center for Humane Technology)

7 디지털 미디어의 반복적이고 과도한 이용을 촉진하는 알림, 디자인, 보상 체계 등의 기술

화로의 적극적 예방, ② 예방, 회복, 성장으로 이어지는 역기능 대응체계 구축, ③ 가정·학교·사회의 지원 환경 기반 강화, ④ 국민 중심 정책 추진을 위한 지식과 정보의 공유이다.

이에 대한 세부 내용은 다음과 같다.

첫째, 역기능 방지에서 역량강화로의 적극적 예방으로, 청소년 과의존 예방 교육을 토론과 실천형으로 전환하고, 청소년·학부모·교사 대상의 올바른 게임 이용 교육을 추진하는 한편, 청소년 과의존 예방 및 유해물 차단을 위한 기술적 지원을 강화해야 한다. 또한 생애주기별 인터넷 윤리교육 및 사이버폭력 대응에 관한 체험형 교육을 강화하고 위기·비행청소년 대상 사이버범죄 및 과의존 예방교육을 적극 실시해야 한다.

둘째, 예방·회복·성장으로 이어지는 역기능 대응체계 구축으로 과의존 예방을 위한 디지털 역량강화 코칭 프로그램을 개발하여 확산하고, 스마트폰 과의존 및 관련 역기능 치유·치료 서비스의 안정적인 운영을 지원하며, 지역별·기관별 상담 사례를 분석·공유하여 상담 서비스의 질적 향상을 높여야 한다. 이를 위해 스마트쉼센터의 허브 기능과 유관기관과의 협력체계를 강화해야 한다. 특히 실태조사 결과 과의존 위험군 청소년의 상담과 치료를 위해 기숙 치유 프로그램 운영[8]을 활성화하고, 관련 매뉴얼을 개발하고 보급해야 한다.

셋째, 가정, 학교, 사회의 지원 환경 기반 강화를 위해 스마트폰 바른 사용 시범 중점학교를 운영하여 인성교육을 통한 사이버폭력 예방교육(어울림프로그램)을 더욱 확대할 필요가 있다.

가정에서 실천하는 인터넷 윤리교육을 통해 스마트폰의 바른 사용에 관한 보호자 코칭교육을 확대하기 위하여 밥상머리 인터넷 윤리교육을 실시할 필요가 있고, 이와 관련한 교육용 인터넷 윤리 온라인 콘텐츠를 개발하여 활용해야 한다. 또한, 학교에서는 스마트폰 과의존 교원연수와 함께 전문인력 양성을 단계적으로 확대해야 하고, 게임 리터러시, 게임 활용 코딩교육을 위한 교사연수를 실시하여 변화에 적극 대처할 필요가 있다. 또한 청소년 전문 상담인력을 대상으로 미디어 과의존 직무교육과 함께 사이버도박 문제 예방과 해소를 위한 전문인력 양성과 함께 기존의 인력에 대한 재교육이 필요하다.

청소년의 건강한 게임 이용을 위한 이용시간 제한제도를 현실에 적합하게 보완할 필요

---

8 국립인터넷 드림마을은 인터넷·스마트폰 과의존 해소를 위해 여성가족부가 2014년 8월부터 운영하는 상설운영기관으로 전라북도 무주에 위치하고 있다.

가 있고, 전 국민의 정책 참여에 대한 관심과 의견수렴을 활성화하여 과의존에 대한 인식 제고를 위한 캠페인, 홍보 등을 통해 성숙한 디지털 시민으로 성장하기 위한 기본 역량을 함양할 수 있도록 체계적인 방안이 수립·실천될 수 있어야 한다(관계부처 합동, 2018).

이를 위해 여성가족부(사이버폭력예방상담 거점 Wee센터), 문화체육관광부(게임과몰입힐링센터), 보건복지부(중독관리통합지원센터), 한국지능정보사회진흥원(스마트쉼센터), 경찰청, 서울시(아이윌센터), 방송통신위원회, 게임물등급위원회 등 관련 부처의 협조 아래 정책추진이 원활하게 이루어질 수 있도록 노력하고 청소년에게 많은 영향을 미치는 방송, 언론도 책임 있는 역할을 할 수 있도록 법적·제도적 장치를 보완해야 한다.

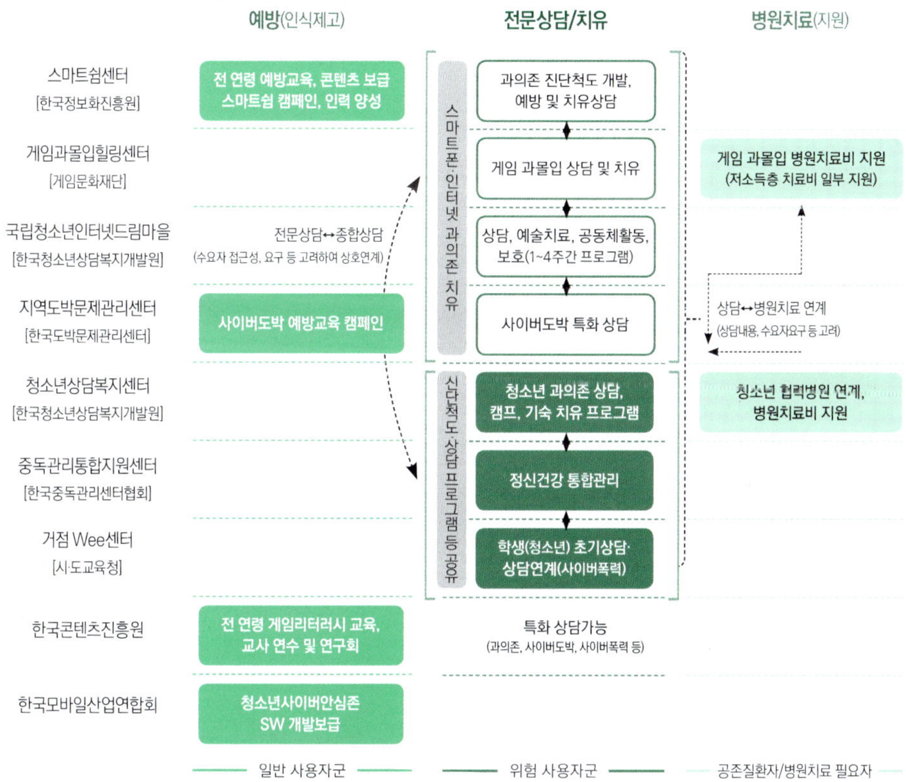

그림 11-5 스마트폰·인터넷 과의존 전문기관 협력 체계

출처: 관계부처 합동(2018). 제4차 인터넷중독 예방 및 해소 종합계획(요약).

함께 생각 나누기

1. 인터넷(스마트폰) 과의존을 경험한 사례를 찾아보고 다 함께 이야기 나누어 봅시다.
2. 인터넷(스마트폰) 과의존 예방 방안으로 가정, 학교, 지역사회에서의 역할은 무엇인지 다 함께 생각해 봅시다.
3. 인터넷·스마트폰 과의존 예방을 위한 대안에 대하여 나만의 경험을 공유하고, 다양한 방안을 제안해 봅시다.

영화로 보는 청소년 문제

신촌좀비만화-유령

감독: 류승완(2014)

영화 내용

「유령」은 신촌 사령카페 살인사건을 모티브로, 학교에 적응하지 못하고 오직 사이버 세계에서만 사는 요즘 청소년들의 세상과의 소통, 감정을 담았다. 현실보다 확장된 가상현실이 청소년에게 미치는 악영향을 감각적이면서도 자극적이게 꼬집었다.

현실에서는 존재감 제로이지만 가상공간에서만큼은 존재감을 드러내며 또 다른 인생을 살고 있는 주인공의 모습이 현재의 청소년과 묘하게 닮았다. 가상공간이 주는 안락함에 만족하면서 점점 그 경계가 모호해진다. 이를 통해 빠른 SNS 확산과 인터넷 중독의 심각성이 재조명되기도 하였다.

함께 풀어 봅시다

1 청소년이 성인보다 인터넷을 과다사용 하도록 부추겨지는 이유에 해당하지 않는 것은?

① 폐쇄성　　② 참여성
③ 익명성　　④ 저항성

정답 ①
해설 사이버 공간은 성, 인종, 연령, 학력, 지위, 지역 등에 상관없이 누구에게나 언제, 어디서든 개방되어 있어 접근이 용이하다.

2 사이버, 인터넷 과의존의 개인적 요인에 해당하지 않는 내용은 무엇인가?

① 타인과의 관계 형성에 어려움을 겪거나 대인관계에 부정적인 사고를 지니고 있어 사회적으로 고립감을 자주 느끼는 경향이 클수록 과의존에 빠질 위험이 높다.
② 자기통제력, 자아존중감 등 심리적 요인이 낮을수록 인터넷(스마트폰) 과의존에 더 쉽게 빠질 수 있다.
③ 충동적인 성향, 강한 자극을 추구하는 성향, 일상에 무력감을 쉽게 느끼는 성향, 우울감이 많은 성향일수록 인터넷(스마트폰) 과의존에 빠지기 쉽다.
④ 생활 전반에 걸쳐 인터넷(스마트폰)의 사용이 편리함을 제공하고, 인터넷(스마트폰)을 통한 대인관계 활동이 늘어나는 요인도 인터넷(스마트폰) 과의존에 빠지게 하는 요인으로 작용한다.

정답 ④
해설 ④는 환경적 요인에 해당한다.

3 인터넷 과의존 고위험 사용자군의 주요 행동 특성에 해당되지 않는 내용은 무엇인가?

① 대개 자신이 인터넷 과의존이라고 느끼며, 학업에 곤란을 겪음
② 심리적 불안정 및 대인관계 곤란
③ 불안정을 보이지만 절반 정도의 학생은 자신이 아무 문제가 없다고 느낌
④ 무계획적인 충동성도 높은 편임

정답 ③
해설 ③번은 잠재적 위험 사용자군에 대한 설명이다.

4 청소년의 인터넷 과의존 예방에 해당하지 않는 내용은?

① 컴퓨터는 내 방에 두어도 무방하다.
② 방과 후 할 일을 먼저 하고 컴퓨터를 켠다.
③ 학습을 위한 인터넷 활용을 늘린다.
④ 하루 컴퓨터 사용 시간을 정한다.

정답 ①
해설 인터넷 과의존 예방을 위해서 컴퓨터는 가족이 공유하는 장소에 둔다.

5 한국지식정보사회진흥원에서 운영하는 인터넷 과의존대응센터 관련 사이트는 무엇인가?

① 아이윌(Iwill)센터
② 스마트쉼센터
③ 게임과몰입힐링센터
④ 국립청소년인터넷 드림마을

정답 ②
해설 미래창조과학부 산하 한국지식정보사회진흥원에서 운영하는 스마트쉼센터는 인터넷 과의존 예방과 관련한 프로그램을 운영하고 있다.

chapter 12

청소년과 정신건강

청소년기 심리적·정서적 특징은 스트레스에 취약하여 일시적이고 충동적이며 상황 대처가 미숙하거나 불완전하다는 것이다. 신체적, 심리적으로 급격한 발달에 따라 주변 환경에 민감하게 반응하며, 특히 가족이나 친구 관계, 학업 문제, 진로, 외모 등으로 인한 스트레스와 압박으로 급격한 감정의 기복을 보인다. 특히 이 시기에는 가정을 벗어난 사회환경과의 상호작용이 활발해지면서 문제 상황에 대한 대처능력, 조절능력, 통제능력과 같은 기술이 부족하여 갈등과 우울을 경험하고, 충동적으로 자살을 생각하는 심리적 부적응을 나타내거나 실제 자살행동으로 이어지는 상황으로 나타나기도 한다.

따라서 본 장에서는 정신건강의 일반적 개념을 살펴본 후, 청소년의 정신건강에 영향을 미치는 우울, 스트레스와 자살에 대한 개념을 살펴보고, 우리나라 청소년의 자살 현황을 파악하여 자살의 원인과 대책에 대하여 살펴보고자 한다.

01 정신건강의 개념

인간의 삶에 행복과 불행을 좌우하는 데 있어 정신건강은 매우 중요하다. 정신건강에 대하여 세계보건기구(World Health Organization: WHO)에서는 "건강이란 신체적·정신적 및 사

회적으로 완전한 안녕의 상태로서, 단지 지병이 없다거나 허약하지 않은 상태를 말하는 것이 아니다. 건강은 한 인간 생활의 모든 측면이 의·식·주, 노동, 인간관계 및 사회생활 등과 밀접한 관계가 있으며, 개인의 정서적 균형, 정신적 구조의 외부환경에의 적응은 물론 사회생활을 영위해 나갈 수 있는 능력을 포함하고 있다."고 정의하고 있다.

미국정신위생위원회(National Committee for Mental Hygiene)에서는 "정신건강이란 정신적 질병에 걸려 있지 않은 상태만이 아니고 만족스러운 인간관계와 그것을 유지해 나갈 수 있는 능력을 나타낸다. 이것의 의미는 모든 종류의 개인적·사회적 적응을 포함하며 어떠한 환경에도 대처해 나갈 수 있는 균형 있고(balanced), 건전하고(wholesome), 통일된(integrated) 성격(personality)을 발달시킨다는 것을 의미한다."고 정의하고 있다(공마리아·강윤주, 2012).

미국정신의학회(American Psychiatric Association: APA)에서는 "정신적 질환을 예방하고 초기 치료를 통하여 정신질환을 감소시키며 정신건강을 유지하고 증진시키는 방법으로 정의한다. 정신적 장애와 정서적 장애로 야기되는 여러 가지 장애를 예방하고 치료하고, 사람들이 스스로에 대한 이해를 보이며 사회에 보다 잘 적응할 수 있도록 정신의 건강상태를 관리 및 증진시키는 모든 활동을 포함한다."라고 정의하고 있다.

위와 같이 다양하게 정의되고 있는 개념들을 종합해 보면, 신체정신건강은 한 인간의 건강한 사회생활을 영위할 수 있도록 신체적, 정신적으로 병적 증세가 나타나지 않는 안녕한 심신의 상태로, 환경에 대한 적응능력을 키워 타인과의 긍정적인 상호작용을 할 수 있는 개인의 인지·정서적 건강상태라고 할 수 있다.

02 청소년기 정서적 특성 및 정신건강 문제

청소년기는 인간발달 단계에서 매우 중요한 시기로 아동기, 성인기와 다른 독특한 정서적 특징을 나타낸다.

청소년기에는 변화하는 환경에 적절히 대처하는 능력이 미숙하여 가정, 학교, 또래 관계에서 많은 어려움을 겪게 된다. 특히, 자신과 관계되어 일어나는 상황들에 대한 반응이 일관되지 않고, 감정에 치우쳐 상황을 판단하는 빈도가 높으며, 문제 상황에 민감하게 반응하여 심리적·정서적 스트레스를 높게 받는다. 상황에 대한 미숙한 대처와 판단능력의 오류는 스트레스를 유발하여 내적으로 심리적 우울과 자살에 대한 생각을 낳고, 외적으로는 폭력성향이 증가하거나 일탈 행동으로 이어지면서 사회 부적응 현상으로 표출된다.

청소년기에는 가정에서 발생할 수 있는 부부갈등, 부모와 자녀 간의 갈등, 가족 간의 의사소통 부재, 경제적 지원 정도에 따라 심리적 우울과 정서적 불안을 느끼며 강한 스트레스를 받는다. 학교에서 나타날 수 있는 교사와의 갈등, 또래 친구와의 관계, 학업성취 수준과 목표에 대한 좌절, 불확실한 진로 등은 대인관계와 진로에 대한 불안으로 작용하여 청소년들에게 심각한 우울감과 함께 학교이탈, 현실도피와 같은 일탈을 생각하게 한다. 또한 친구 관계에서 자주 발생하는 학교폭력은 청소년의 자신감 상실과 대인관계 기피, 학교공포와 같은 두려움을 갖게 하여 충동적인 자살생각과 자살행동으로 나타나기도 한다. 지역사회의 청소년 유해환경은 스트레스에 취약한 청소년을 쉽게 빠져 들게 유혹하고, 무책임한 행동으로 인한 불안과 두려움을 현실회피로 해결하고자 극단적인 선택을 하게도 한다.

이처럼 청소년의 정신건강은 스트레스와 우울, 자살생각으로 이어지고 적절한 대처와 해결방안을 찾지 못한 채 자살이라는 비극적인 선택을 하게 된다. 따라서 청소년의 정신건강에 대하여 자세히 살펴보고 그 대책에 대하여 논의해 보기로 한다.

1) 청소년기 스트레스

(1) 스트레스의 개념

청소년 시기는 성취해야 하는 많은 발달과업으로 인해 크고 작은 스트레스가 발생한다. 스트레스는 '팽팽하게 죄다'는 라틴어 'Stringer'에서 유래한 말로, 공학, 물리학뿐 아니라 사회과학에서도 인간의 행동 및 경험을 설명하는 데 활용되었다. 스트레스의 의미는 시대에 따라 다르게 사용되어 왔다. 17세기에는 고난이나 역경, 고통과 같은 의미로 사용되었고, 18~19세기에 이르러서는 물질이나 사람의 힘과 같은 압력의 의미로 사용되다가 19세기

말부터 20세기 초에는 의학, 생물학 분야로 확대되어 스트레스와 긴장이 질병의 주요 원인으로 작용한다고 주장하였다(이현주 외, 2014).

셀리에(Selye, H., 1907~1982)는 스트레스란 '신체에 가해진 어떤 외부자극에 대하여 신체가 수행하는 일반적이고 비특징적인 반응'이라고 정의하였다. 이후 많은 학자에 의해 스트레스에 대한 정의가 내려졌는데, 최근 들어 스트레스를 상호작용 관점에서 개인과 환경과의 복잡하고 역동적인 상호작용으로 보려는 시도가 이어지고 있다. 즉, 개인에게 발생한 내적인 요구와 외부적인 압력에 대하여 해결할 수 없는 경우에 발생하는 것이 스트레스라는 것이다.

스트레스는 개인이 적응하기 어려운 환경이나 조건에 처할 때 그 환경 변화에 잘 적응하기 위한 기능을 하기 때문에 누구나 스트레스를 지니고 있다. 그렇지만 일반적으로 스트레스는 개인의 생활습관이 부정적이거나 비관적인 사고 성향이 높은 사람, 현실과 상이한 망상이나 기대심리가 지나치게 큰 사람, 사람과 사물에 대한 소유욕이 강하거나 독선적인 사람, 유연하지 못한 사고를 지닌 사람 등과 같이 개인의 내적인 요인이 주요 요인으로 작용한다. 일상에서 적당한 수준의 스트레스는 자기계발과 목표달성, 건강증진에 긍정적인 효과를 미치지만 과도한 스트레스는 부정적인 영향을 끼쳐 정신적·신체적 문제를 야기하게 된다. 나아가 과도한 스트레스에 적절히 대처하지 못할 때에는 극심한 우울을 경험하고 극단적인 경우 자살에 이르는 일도 발생한다.

(2) 청소년 스트레스 현황

질병관리청에서 실시한 제16차 청소년건강행태조사 통계 결과를 통해 우리나라 청소년의 스트레스 인지율을 살펴보면, 스트레스를 '대단히 많이' 또는 '많이' 느끼는 학생은 2020년 34.2%로, 2019년 39.9%에 비해 5.7% 감소하였다(질병관리청 www.kdca.go.kr). 여학생(40.7%)이 남학생(28.1%)보다 높았으며, 전년 대비 감소폭도 여학생이 남학생보다 더 컸다(남 3.6%, 여 8.1%). 또한 고등학생(남 31.1%, 여 45.2%)이 중학생(남 24.9%, 여 36.2%)에 비해 높았다. 단, 2019년보다 2020년에 스트레스 지수가 감소한 것은 코로나19라는 특수상황에서 학교 미등교와 같은 청소년의 외적 상황이 반영된 결과라고 유추할 수 있어, 청소년의 내적 환경에 의한 스트레스 인지율이 감소한 것으로 해석하기에는 무리가 있다.

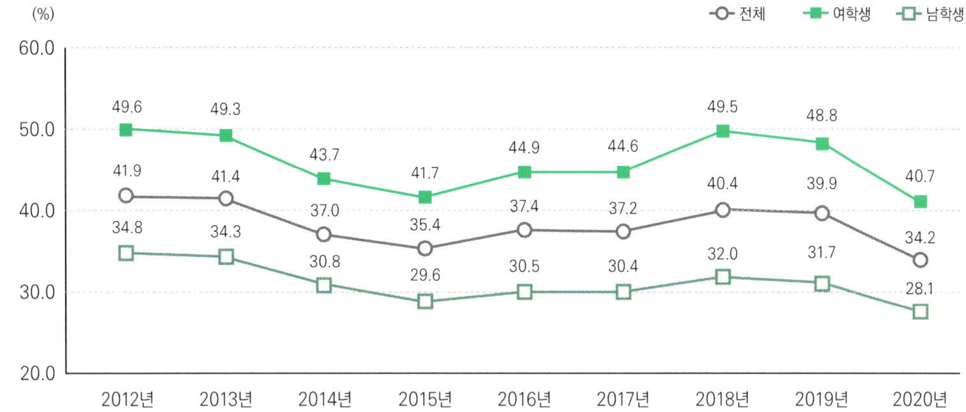

※ 스트레스 인지율은 평상시 스트레스를 '대단히 많이' 또는 '많이' 느끼는 편인 사람의 분율임.

그림 12-1 청소년 스트레스 인지율

출처: 질병관리청(www.kdca.go.kr)

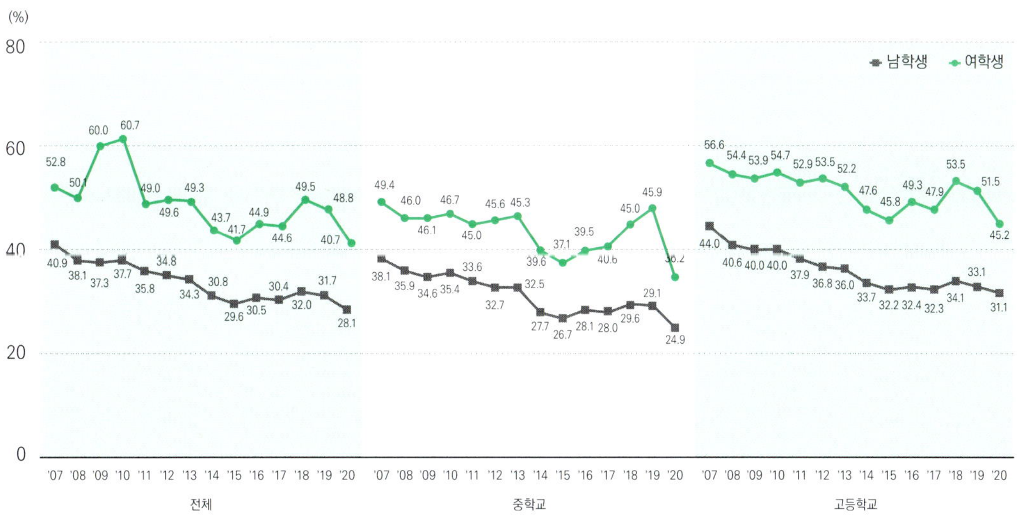

그림 12-2 대상별 스트레스 지수

출처: 질병관리청(www.kdca.go.kr)

(3) 청소년 스트레스의 주된 원인

청소년 스트레스의 원인은 주로 입시 위주의 경쟁적인 교육환경에서 파생된다. 구체적으로는 성적, 진로와 직업, 외모, 경제적 어려움, 친구 관계, 가정 문제, 성 문제 등이 다양한 스트레스 원인으로 나타났다.

표 12-1 2018 청소년 고민 유형(13~24세)

(단위: %)

구분	공부(성적, 적성)	직업	외모	고민 없음	가계경제 어려움	신체적·정신적 건강	용돈 부족	친구(우정)	가정 환경	이성교제(성 문제)	기타
2016	32.9	28.9	10.7	5.2	5.9	4.8	4.2	2.2	2.0	1.5	1.7
2018	29.6	30.2	10.9	6.4	4.8	5.4	4.9	2.5	1.7	1.8	1.8
남자	31.0	28.7	7.9	7.2	5.0	6.0	5.4	2.4	1.6	2.3	2.5
여자	28.2	31.7	13.8	5.5	4.6	4.9	4.3	2.6	1.9	1.4	1.1
13~18세	47.3	12.3	13.1	5.3	2.4	4.0	5.8	4.5	1.6	1.4	2.4
19~24세	14.9	45.1	9.0	7.3	6.8	6.6	4.2	0.8	1.9	2.2	1.3

출처: 여성가족부(2018c). 청소년통계.

2) 청소년기 우울

(1) 청소년기 우울의 개념

우울은 기분이 저조한 상태로서 누구나 흔히 느끼는 감정 중의 하나이며 가볍게 느끼는 슬픔에서부터 심각한 우울증까지 나타내는 일반적인 용어이다. 청소년의 우울한 감정, 특히 경증에서부터 중증까지의 우울은 청소년기에 보편적으로 나타나는 현상이다(Reynolds, 1995; White, 1989). 이러한 이유로 청소년기의 우울을 발달상 특성으로 간주하여 시간이 지나면 해결될 일시적인 것으로 생각하여 안이하게 대처하기 쉽다. 그러나 우울한 감정이 장기간에 걸쳐 일어나고 심화되면 부정적인 자아개념, 일상활동에 대한 관심 및 흥미 저하와 의욕상실, 무기력감, 식욕저하, 주의집중 곤란, 수면장애 등의 심각한 장애들이 수반될 수 있다(Cantwell & Baker, 1991; White, 1989). 특히 청소년기에 나타나는 급격한 신체적 성숙과 함께 심리적·사회적 성숙 간의 불균형, 이성에 대한 호기심과 그에 따른 성적 충동에 대한 적절한 대처와 효과적인 조절의 어려움, 역할수행에 동반되는 긴장과 이에 따른 압박감, 상충적인 욕구로 인한 갈등과 분노, 우울과 좌절감에 따른 절망감에 쉽게 빠져든다. 더불어 한국 사회의 지나친 경쟁 위주 교육환경으로 인한 입시 스트레스, 성적으로 인한 심리적 압박감, 학교와 학원으로 이어지는 과도한 학습량으로 인한 여가시간의 부족, 상호보완 관계가 아닌 경쟁과 경계의 대상으로 학교폭력과 같은 문제를 야기하는 또래관계에서 오는 갈등과 위기는 청소년에게 심리적 외로움과 함께 우울감을 상승시킴으로써 충동적이거나 극단적인 자살로 이어질 가능성이 농후하다.

이처럼 청소년기는 심리적, 사회적으로 매우 불안정하고 청소년이 처한 환경과 상황은 청소년 자신의 존재가치와 역할에 대한 책임과 의무에 대하여 고민하게 하며, 자신의 미래에 대한 불안과 함께 현실을 도피하고자 하는 정서적 어려움에 처하게 된다. 청소년기는 이러한 우울한 상황을 다양한 직·간접적인 문제행동으로 표현하는 것이 특징적이다.

우울을 겪고 있는 청소년은 심리적으로 안정되어 있지 못하기 때문에 짜증을 자주 내고, 부모 및 교사에 대하여 반항적인 언행을 보이며, 때로는 공격적인 행동을 해서 주위를 놀라게 하기도 한다. 심할 경우 가출을 하거나 학교를 결석하고, 일탈과 함께 음주, 흡연, 약물 남용 등의 유혹에 빠지기도 한다. 또한, 감정의 기복이 지나치게 심하거나 감정에 대하여 무감각하여 특정 상황에 대하여 감정 반응을 보이지 않음으로써 주의를 당혹시키기도 한다.

한편, 청소년의 우울은 신체화 증상[1]으로 나타나기도 한다. 소화불량을 동반하거나 두통이나 어지럼증을 호소하기도 하고, 극도의 피로감이나 불면증을 동반하여 체중의 변화를 보이기도 한다. 또한 무기력감에 빠지거나 산만하여 주의집중에 어려움을 겪거나 평소와 다른 행동을 보이기도 한다.

---

1 신체화 장애: 신체화란 정신적인 문제가 신체적인 증상으로 나타나는 과정이다. 이러한 증상이 꾸며낸 것은 아니지만 위험한 질환의 증상으로 생각되면 환자들은 놀라게 된다. 이 질환은 건강염려증과 유사한 면이 있는데, 이는 경미한 증상임에도 불구하고 심각한 질환 때문에 생기는 것이라고 근거 없이 걱정하는 것이지만, 신체화 장애는 정신적인 문제가 실제로 신체의 변화를 일으켜 증상이 생긴다. 보통 사춘기나 성인기 초기에 시작되고, 남성보다 여성에게 흔히 발생하며, 주요인은 스트레스이다(서울대학교병원 의학백과사전).

(2) 청소년기 우울의 특징과 증상

청소년기 우울증의 특징과 증상에 대하여 캔트웰과 베이커(Cantwell & Baker, 1991), 화이트(White, 1989)의 견해를 중심으로 살펴보기로 한다. 먼저 캔트웰과 베이커(1991)에 따르면 청소년기 우울증의 주요 특징을 열 가지로 정리할 수 있다.

① 지속적으로 슬픈 감정을 보인다.
② 이전에 좋아하던 활동을 하지 않고 활동 자체가 현저히 줄어든다.
③ 화를 잘 낸다.
④ 두통이나 복통과 같은 신체적 증상이 빈번히 나타난다.
⑤ 학교를 자주 결석하거나 성적이 저조하고 과제를 이행하지 않는다.
⑥ 주의집중력이 떨어지고 권태감을 자주 호소한다.
⑦ 식사나 수면 시간의 변화가 있다.
⑧ 친구들과 어울리는 시간이 줄어들고 혼자 지내거나 친구와 놀이에 흥미를 잃는 경우가 많다.
⑨ 자살에 대해 이야기를 하거나 죽고 싶다는 말을 한다.
⑩ 기분전환으로 알코올이나 흡연과 같은 약물 남용에 빠지는 경우가 발생한다.

이에 비해 화이트(1989)는 청소년의 우울증 증상을 ① 정서·감정적인 면, ② 인지·사고적인 면, ③ 행동적인 면, ④ 신체적인 면의 네 가지 영역으로 구분하여 설명하고 있다.

① 정서·감정적인 측면에서는 심각한 슬픔·비애감·의기소침·좌절감·낙심 등에 빠져 있으며, 감정의 기복이 심하고 화를 낸다거나 신경질적으로 변한다거나 즐거운 일이 없는 상황에서 이유 없이 행복해하는 경우, 칭찬을 하여도 반응이 없는 상태가 지속될 때가 해당된다.
② 인지·사고적인 측면에서는 자아개념이 낮으며, 자기비하나 자기비판적인 태도를 가지며, 극도의 죄책감과 수치감으로 휩싸이게 된다. 또한, 아무도 자신을 돌보지 않는다든지 혹은 누구를 돌봐주는 것도 가치가 없다는 생각을 하게 된다. 나아가 불길한 예감

에 싸여 있고, 희망이 없으며 장래에 대한 계획이 부재하며, 삶의 가치가 없다고 생각하여 자살이나 죽음에 대한 생각을 하게 된다.

③ 행동적인 측면에서는 무기력감에 빠져 있고, 무슨 일을 시작하지 못하거나 시도하지 않으며, 일에 집중하는 능력이나 활동에 참여하려는 의욕이 떨어진다. 특히 즐기던 사회활동으로부터 자신을 격리시키며, 일상생활에 대한 관심을 잃기 쉽다. 그뿐만 아니라 일의 생산성이 저하되며 자주 우는 경우가 이에 해당한다.

④ 신체적인 측면에서는 극도의 피로감을 느끼거나 쉽게 지치게 되고 망각이 잦아진다. 식욕이 저하되거나 지나친 과식을 자주 하는 경우, 불면증으로 고생하거나 지나치게 잠을 많이 잔다. 그리고 두통, 복통 또는 뚜렷한 증상 없이 자주 고통을 호소한다(김성이 외, 2013).

이상과 같은 우울증의 증세는 청소년기의 발달 특성과 함께 혼재되어 나타나기 때문에 임상적인 진단과 치료의 측면에서 각별한 주의를 요구한다. 즉, 청소년기의 심각한 감정 기복과 자아정체감 탐색으로 인한 혼돈감, 입시 스트레스 등을 비롯하여 다양한 역할 및 과제를 수행하는 청소년으로서는 이러한 다양한 사회적 요구를 충족시킬 능력과 대처 기제를 갖추고 있어야 하지만 그렇지 못한 경우 심각한 정서장애를 갖게 된다. 그리고 우울한 청소년을 대하게 될 때 우울증 문제를 스트레스로 인한 단순한 문제로 간과하기 쉽기 때문에 청소년의 우울 문제는 보다 면밀한 검사를 요한다(김성이 외, 2013).

(3) 청소년 우울 현황

질병관리본부(2021)에서 실시한 「제16차 청소년건강행태조사 통계」 결과를 통해 우리나라 청소년의 스트레스 인지율을 살펴보면, 최근 12개월 동안 2주 내내 일상생활을 중단할 정도로 슬프거나 절망감을 느낀 적이 있는 학생은 25.2%로, 2019년에 비해 3.0% 감소하였다. 여학생(30.7%)이 남학생(20.1%)에 비해 높았고, 전년 대비 감소폭도 여학생이 남학생보다 더 컸다(남 2.1%, 여 3.9%). 고등학생(남 22.2%, 여 33.0%)이 중학생(남 17.8%, 여 28.4%)에 비해 높았다(그림 12-3).

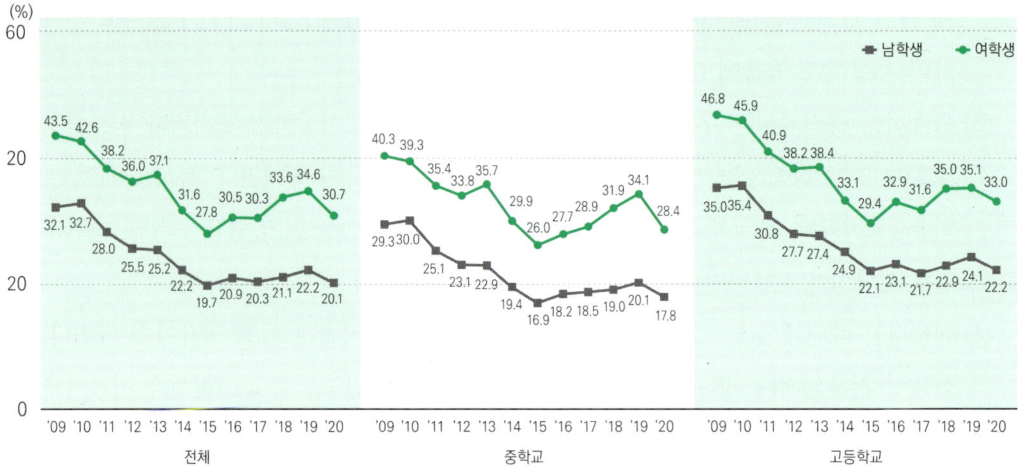

그림 12-3 청소년 대상별 우울감 경험률 추이

출처: 질병관리본부(2021). 제16차 청소년건강행태조사.

3) 청소년기 자살

(1) 자살의 개념과 자살이론

자살(suicide)의 어원을 살펴보면 라틴어의 'sui(자기 자신을)'와 'cædo(죽이다)'라는 두 낱말의 합성어에서 비롯되었다. 여기서 알 수 있듯이, 자살이란 그 원인이 개인이든 사회든, 당사자가 자유의사(自由義思)에 의하여 자신의 목숨을 끊는 행위를 말한다. 세계보건기구(WHO)의 정의에 의하면 '자살이란, 자살행위로 인하여 죽음을 초래하는 경우로서 죽음의 의도와 동기를 인식하면서 자신에게 손상을 입히는 행위'라고 하였다(조성연 외, 2017). 프로이트(Freud)는 자살을 '자기 자신에게 향한 죽음의 본능(thanatos)을 표출한 극단적 표현이며, 자기 자신을 향한 폭력이며, 살해로써 타인을 향한 살해 욕구를 자기 자신에게 표현한 것'이라고 설명하였다. 한편 뒤르켐(Durkheim)은 자살에 대하여 '앞으로 초래될 자신의 행위에 대한 결과를 알면서 실행되는 긍정적 혹은 부정적 행동으로 직접 혹은 간접으로 초래되는 죽음'이라고 정의하였다. 일반적으로 자살 또는 자살행동이란 한 개인이 스스로 죽기 위해 행하는 자발적인 행동이라고 할 수 있다. 그러나 모든 자살행동의 목적이 반드시 자신의 생명을 끊는 것에 있는 것은 아니며, 어떤 경우에는 자살행동을 통해 자신의 절망이나 희망의 상실, 분노 등의 감정을 표현하려는 목적을 갖기도 한다(조성연 외, 2017).

모든 사람이 동일한 과정을 통해 자살을 시도하는 것은 아니다. 막연하고 수동적인 생각에서 시작하여 단계적인 과정을 거치기도 하며(Bonner & Rich, 1990), 오랜 시간 자살하려는 생각을 가지고 있다가 한순간 강한 정서적 스트레스를 받아 충동적으로 일어나는 경우도 있다(Kreitman, Smith, & Tan, 1970). 이러한 측면에서 자살행위(suicidal behavior)는 크게 자살생각(suicidal thought), 자살시도(attempted suicide), 자살완료(completed suicide)로 나눌 수 있다(Beck, Kovacs, & Weissman 1979; Bonner & Rich, 1990).

자살생각은 자살에 대한 생각, 계획 등 사고적 측면에 초점을 두는 반면, 자살시도는 구체적인 행동으로 표현된 경우이다. 자살시도는 정말 죽으려는 의도를 가지지 않고 자살행동을 통해 다른 목적(예를 들어, 타인의 관심을 끌거나 다른 사람에 대한 위협 수단 등)을 달성하려는 것에서부터 죽으려고 하였으나 다른 사람의 개입으로 인해 결과적으로 그 목적을 달성하지 못한 경우를 말한다(성영모 외, 2012).

이러한 자살은 자신의 목숨을 끊는 개인적인 행위에 그치는 것이 아니라 자살한 대상을 지키지 못했다는 자살자의 가족, 친구, 주변의 사람들에게 미안함과 죄책감을 갖게 하여 자살이 개인적인 측면뿐만 아니라 사회적으로도 매우 심각한 영향을 미친다.

자살에 대하여 뒤르켐(Durkheim, 1949)은 자살이 사회통합과 사회규제와 관련이 있음을 발견하고 그 정도에 따라 자살의 유형을 네 가지로 분류하여 설명하고 있다.

① 이타적 자살(altruistic suicide): 이타적 자살은 이기적 자살과는 반대로 과도한 사회통합으로 집단주의 의식이 지나치게 강해 개인의 생명과 존엄이 과소평가되는 경우 발생하기도 한다.

② 이기적 자살(egoistic suicide): 이기적 자살은 사회적 통합이 낮은 사회, 사회로부터 멀어지고 존재의 의미를 찾지 못해 방황하는 사람들에게서 주로 발생한다. 즉, 집단의식이 낮거나 개인주의가 팽배한 사회, 그리고 정신적으로 고통을 받거나 상실의 경험이 있는 사람들에게서 주로 발생한다. 이기적 자살을 하는 사람들은 심한 우울증과 주변에 대하여 냉담함을 보인다.

③ 아노미적 자살(anomic suicide): 아노미적 자살은 사회규범이 상실된 상태에서 발생하는 자살 유형이다. 정치, 경제가 위기에 처함으로 사회적 규범이나 질서가 갑작스레 붕괴되어 행위규준이 상실되고, 사회적 혼란이 발생할 때 나타나는데, 전쟁이나 혁명으로 사회규범이 와해되어 극도의 혼란스러운 상태에서 벗어나고자 자살을 선택하는 것이다.

④ 숙명적 자살(fatalistic suicide): 숙명적 자살은 자신을 둘러싸고 있는 환경에 대하여 극복할 수 있는 능력이 없다고 판단하거나 사회적 통제가 지나치게 강하여 개인이 그 상황을 극복할 수 없다고 판단하고, 자신의 미래에 대한 희망을 상실하면서 발생하는 자살의 유형이다.

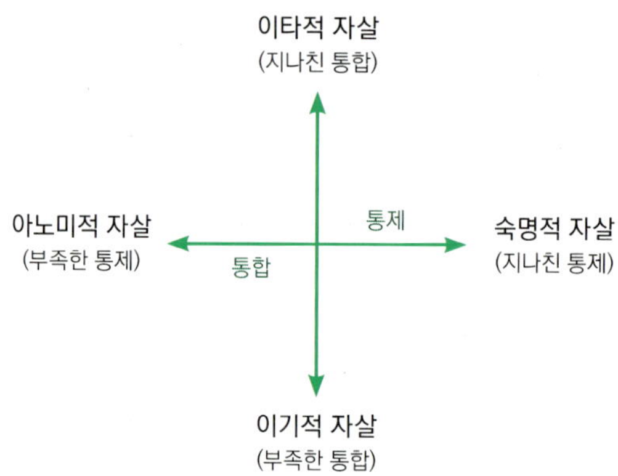

그림 12-4 뒤르켐의 4가지 자살 유형

출처: Durkheim(1949). The division of labort in society.

(2) 청소년의 자살 현황

중앙자살예방센터의 「2019년 자살예방백서」에 따르면, 2017년 질병관리본부 청소년건강행태 온라인조사 결과 '최근 12개월 동안, 심각하게 자살을 생각한 적이 있었습니까?'라는 문항에 대해 청소년 중 12.1%가 지난 1년간 자살생각을 경험하였다고 응답했다. 여성 청소년(15.0%)이 남성 청소년(9.4%)에 비해 5.6% 더 높은 자살생각 경험률을 보였다. 2016년 조사 결과와 비교해 보면, 전체 자살생각 경험률은 동일하나 여성 청소년의 경우에는 0.1%가 증가하였고, 남성 청소년은 0.1%가 감소한 것으로 나타났다.

표 12-2 청소년 성별 자살생각 유경험자 수 및 비율

(단위: 명, %)

구분	자살생각 경험이 있다		자살생각 경험 없다		전체	
	응답자 수	백분율	응답자 수	백분율	응답자 수	백분율
남성	148,739	9.4	1,428,427	90.6	1,577,166	100.0
여성	217,459	15.0	1,232,863	85.0	1,450,322	100.0
전체	366,198	12.1	2,661,290	87.9	3,027,488	100.0

출처: 중앙자살예방센터(2019). 2019년 자살예방백서.

또한, 자살계획 경험 여부를 묻는 질문에서는 '최근 12개월 동안, 자살하기 위해 구체적인 계획을 세운 적이 있었습니까?'라는 문항에 대해 청소년 중 3.9%가 지난 1년간 자살계획을 세운 경험이 있다고 응답하였다. 여성 청소년(4.3%)이 남성 청소년(3.5%)보다 0.8% 더 높은 경험률을 보였다. 2016년 조사결과에 비해 전체 자살계획 경험률은 0.1%, 남성 청소년은 0.3%가 감소했으나 여성 청소년은 동일한 수치를 보인 것으로 나타났다.

표 12-3 청소년 성별 자살계획 유경험자 수 및 비율

(단위: 명, %)

구분	자살계획 경험 있다		자살계획 경험 없다		전체	
	응답자 수	백분율	응답자 수	백분율	응답자 수	백분율
남성	55.879	3.5	1,521,287	96.5	1,577,166	100.0
여성	62,942	4.3	1,387,380	95.7	1,450,322	100.0
전체	118,821	3.9	2,908,667	96.0	3,027,488	100.0

출처: 중앙자살예방센터(2019). 2019년 자살예방백서.

'최근 12개월 동안, 자살을 시도한 적이 있었습니까?'라는 문항에 대해 청소년 중 2.6%가 실제로 자살을 시도하였다고 응답하였다. 우울감, 자살생각, 자살계획 경험과 마찬가지로 여성 청소년(3.2%)이 남성 청소년(2.0%)에 비해 더 높은 경험률을 보였다. 2016년 조사결과와 비교해 보면, 전체 자살시도 경험률은 0.2%, 여성 청소년은 0.5% 증가한 것으로 나타났으며 남성 청소년의 자살시도 경험률은 동일하였다.

표 12-4 청소년 성별 자살시도 유경험자 수 및 비율

(단위: 명, %)

구분	자살시도 경험 있다		자살시도 경험 없다		전체	
	응답자 수	백분율	응답자 수	백분율	응답자 수	백분율
남성	31,258	2.0	1,545,908	98.0	1,577,166	100.0
여성	46,902	3.2	1,403,420	96.8	1,450,322	100.0
전체	78,160	2.6	2,949,328	97.4	3,027,488	100.0

출처: 중앙자살예방센터(2019). 2019년 자살예방백서.

(3) 자살행동의 원인

청소년기 자살의 원인은 개인적 요인, 가정환경적 요인, 또래 및 학교 요인, 사회 요인 등으로 나누어 살펴볼 수 있으며, 그 구체적인 내용은 다음과 같다.

① 개인적 요인

급격한 신체적 발달과 함께 환경 변화의 적응에 많은 어려움을 겪는 청소년은 자신도 알아차리지 못하는 다양한 스트레스에 직면하게 된다. 과중한 학업과 불투명한 진로와 또래 친구와의 갈등으로 인해 자기조절의 어려움을 느껴 심한 스트레스가 나타나고, 스트레스로부터 벗어나고자 일탈을 경험한다. 자아존중감이 낮은 청소년은 자신의 외모에 대한 불만으로 인하여 자신감을 상실하거나 지나친 외모 추종을 선망하게 됨에 따라 자기비하에 따른 근심이 증가하면서 자존감 저하와 함께 우울감을 경험하게 된다. 때론 자신의 우울을 표출하지 못하고 억지로 웃거나 우울을 감추고 즐거운 척하는 등 가면우울의 증세를 보이기도 한다. 특히 민감한 청소년은 이러한 우울이 신체화 증상을 동반하여 원인을 알 수 없는 고통을 호소하기도 하고, 잦은 짜증과 화를 내는 등 평소와 다른 행동 양상을 보이기도 한다.

심각한 우울과 낮은 자존감을 가진 청소년은 위급한 상황이 닥쳤을 때 효과적으로 대응하거나 해결하는 능력이 미숙하여 자신이 처한 상황을 벗어나고자 순간적으로 자살을 선택하는 경우도 발생한다.

표 12-5 청소년 스트레스 인지에 따른 자살생각 유경험자 수 및 비율

(단위: 명, %)

구분	자살생각 경험 있다		자살생각 경험 없다		전체	
	응답자 수	백분율	응답자 수	백분율	응답자 수	백분율
스트레스 안 느낌	16,418	2.7	595,736	97.3	612,154	100.0
보통	74,200	5.8	1,215,280	94.2	1,125,854	100.0
스트레스 많이 느낌	275,579	24.5	850,275	75.5	1,125,854	100.0
전체	366,197	12.1	2,661,291	87.9	3,027,488	100.0

출처: 중앙자살예방센터(2019). 2019년 자살예방백서.

② 가정환경적 요인

청소년기 자살의 원인을 밝히기 위한 심리학적 부검(Psychological autopsy)[2] 연구 결과에 따르면, 자살한 청소년의 부모 중 절반 정도가 이혼을 했으며, 자살을 했거나 시도한 가족 구성원이 있는 경우가 20~30%로 나타났다. 자살한 청소년의 경우 부모의 정신건강 문제(15~47%)와 부모의 약물 남용(16~35%)이 보편적인 것으로 조사되었다. 또한 부모와의 부족한 대화, 가족의 자살행동 과거력, 부모의 법적인 문제가 청소년들의 자살과 관련이 깊은 요인으로 밝혀졌으며, 가족의 우울증과 약물 남용의 과거력, 부모와 자녀 간의 불화도 청소년 자살과 연관이 있는 것으로 조사되었으며, 가까운 친척 중에 자살을 한 사람이 있을수록 자살을 시도한 빈도가 증가하는 것으로 밝혀졌다(Pelkonen & Marttunen, 2003; 박정란 외, 2017 재인용).

청소년기 심리적·정서적 지지기반이 되어야 하는 가정에서 그 역할이 제 기능을 다하지 못할 때 청소년은 불안과 위기감을 느낀다. 특히 가정폭력을 목격하거나 학대경험에 노출된 경우 자기 비난과 좌절을 경험하고 부모와 사회에 적개심과 분노와 같은 부정적 표상이 발달하면서 자살에 대한 행동을 서슴없이 실행하기도 한다.

---

2 심리적 부검은 자살 사망자의 유족과 전문가의 면담을 통해 사망에 영향을 끼쳤을 다양한 요인들을 살펴보고 고인의 삶을 통합하는 과정으로, 한국형 심리부검 체크리스트(Korea-Psychological Autopsy Checklist: K-PAC)를 사용한다. 심리적 부검은 건강한 애도의 첫걸음이 될 수 있고, 다른 사람에게 털어놓지 못했던 이야기를 함으로써 심리적 어려움을 덜고, 고인을 객관적으로 바라보고, 고인의 삶을 통합적으로 받아들이며, 정신건강 관련 기관이나 전문가에 대한 안내와 도움을 받을 수 있다. 자살로 인한 또 다른 슬픔이 반복되지 않도록 국가 자살예방 정책 수립에 기여할 수 있다(한국생명존중희망재단 www.psyauto.or.kr).

표 12-6 청소년 가족 경제 상태에 따른 자살생각 유경험자 수 및 비율

(단위: 명, %)

구분	자살생각 경험 있다		자살생각 경험 없다		전체	
	응답자 수	백분율	응답자 수	백분율	응답자 수	백분율
가족 경제 상태-상	36,833	11.1	295,438	88.9	332,271	100.0
가족 경제 상태-중	308,243	11.8	2,309,679	88.2	2,617,922	100.0
가족 경제 상태-하	21,122	27.3	56,173	72.7	77,295	100.0
전체	366,198	12.1	2,661,290	87.9	3,027,488	100.0

출처: 중앙자살예방센터(2019). 2019년 자살예방백서.

③ 학교 요인

학교는 청소년기 가장 많은 시간을 보내는 곳으로, 발달에 필요한 인성, 가치, 태도, 행동 윤리, 도덕규범, 대인관계 등의 성장 기회를 제공한다. 그러나 학교에서 청소년기에 경험하게 되는 교사와의 갈등은 교권 추락을 낳고 이는 성인과 규범에 대한 반항과 함께 두려움으로 확대되기도 한다. 청소년을 대상으로 발생하는 학교폭력, 왕따와 같은 문제는 심리적 트라우마를 형성하여 타인에 대한 기피 현상인 히키코모리 증상을 보이는 한편, 강자에 대한 분노, 약자에 대한 보복심리로 발전하여 지속적인 피해의식을 야기하는 등의 사회문제를 발생시키고 있다. 또한, 과열된 입시경쟁으로 인한 과중한 학업 부담은 지속적인 긴장과 스트레스를 유발하여 경쟁의식을 부추기고 청소년기에 중요한 자아발견과 진로 탐색의 기회를 간과하게 한다. 더하여 부모의 기대에 미치지 못할 경우, 비관하거나 죄책감에 시달리기도 한다. 특히 입시를 준비하는 청소년이 그렇지 않은 청소년에 비하여 자살생각이나 자살행동을 더 많이 한다는 연구 결과는 학업으로 인한 스트레스의 강도가 정신건강에 미치는 정도를 추측할 수 있게 한다.

표 12-7 청소년 학업성적과 자살생각 경험 여부

(단위: 명, %)

구분	자살생각 경험 있다		자살생각 경험 없다		전체	
	응답자 수	백분율	응답자 수	백분율	응답자 수	백분율
학업 성적-상	45,761	11.1	365,998	88.9	411,759	100.0
학업 성적-중	267,062	11.5	2,047,438	88.5	2,314,500	100.0
학업 성적-하	53,375	17.7	247,854	82.3	301,229	100.0
전체	366,198	12.1	2,661,290	87.9	3,027,488	100.0

출처: 중앙자살예방센터(2019). 2019년 자살예방백서.

④ 지역사회환경 요인

인터넷 사용과 와이파이 사용의 편리함은 언제 어디서나 다양한 정보를 획득하고, 쉽게 원하는 사이트에 접속할 수 있는 환경적 여건이었으나 이러한 환경은 청소년의 자살을 부추기는 요인으로 작용하기도 한다. 자살사이트의 접속, 대중매체의 심각한 자살 관련 방송이나 언론매체의 자살에 대한 미화나 왜곡된 정보, 자살수단의 방법이나 자살 도구의 획득 방법, 생명경시 풍조 등은 청소년의 자살에 대한 생각을 가볍게 하고, 구체적 행동으로 옮길 수 있는 여건을 제공한다. 특히 유명 연예인의 자살을 모방하는 베르테르 효과는 우리 사회에 자살에 대한 언론과 사회적 책임에 대해 경각심을 가져야 함을 시사한다.

책임 있는 모습을 보여야 할 기성세대의 부정과 비리, 권력의 횡포와 윤리의식의 상실 등은 민감한 청소년에게 미래사회를 신뢰와 희망이 아닌 불신과 절망의 사회로 해석하도록 하며, 타인과 사회에 대한 무관심을 낳고 꿈을 포기한 채 순간적인 향락과 유흥에 빠져들게 한다. 이러한 일탈은 청소년이 일상에서 허구적이고 불가능한 상상을 하게 하며, 사회에 대한 기대를 저버려 비관적이고 소비적인 생활습관을 형성하여 건전한 사고의 흐름을 방해한다. 나아가 사회·제도적으로 청소년기 문제에 대한 부족한 체계적 지원이나 상황 발생에 미흡한 대처, 서비스 제공의 비효율성 등도 청소년의 정신건강에 부정적으로 작용하고 있다.

표 12-8 자살의 요인별 위험요인과 보호요인

구분	위험요인	보호요인
개인요인	• 자아비난과 부정적 평가, 낮은 성취 • 우울증, 무력감, 충동성, 낮은 자아존중감, 희망 없는 미래, 이전 자살시도 경험, 생활스트레스 및 대처기제 고갈, 자기도피적 사고, 정서적·사회적 고립, 비현실적 기대, 가족과 학교에 대한 애착 부족 • 친밀관계 상실 및 대화 단절 • 이성 혹은 양육자와의 문제 등	• 원만한 대인관계 • 문제해결 기술, 효과적 스트레스 대처능력, 도움 요청기술, 긍정적 자아존중감, 종교적 믿음 • 성공적인 학업 성취도
가족요인	• 자살행동의 가족력과 유전적 요인 • 가정폭력, 경제적 빈곤 부모의 실직, 가족 응집력 결여, 부부간 혹은 부모-자녀 간 잦은 갈등 및 불만족, 부모로부터의 정서적 박탈, 부모 사별, 생이별, 가족의 질병, 가족원의 자율적 기능 상실, 부모의 정신질환과 부모의 이혼, 신체학대 및 성 학대 경험	• 가족원의 지원, 지역사회의 지지, 가정폭력에 적극 개입, 높은 가족 응집력, 원만한 의사소통, 부모-자녀 간 지지적 관계, 경제적 안정

구분	위험요인	보호요인
또래요인	• 학교 부적응, 시험성적 부진, 빈약한 친구 관계, 친구(이성, 동성) 문제, 대입, 경쟁 등 공부성적 압력, 학업, 학교의 갈등문제, 학교 폭력 문제, 학교 및 직업상 문제와 모방자살	• 교사, 또래와의 원만한 관계와 지지망, 학교예방교육, 정신건강 서비스, 멘티서비스, 사회적 지지망 구축
사회요인	• 인터넷사이트나 미디어를 통한 왜곡된 죽음정보, 자살을 미화하는 문화적 및 종교적 신념, 총기와 같은 치명적 수단의 접근 용이성, 정신건강 치료에 대한 장애, 낮은 사회적 지지도, 실연, 왕따, 법률 위반 등	• 정신건강치료기관 접근용이, 우울 및 자살 예방교육, 생명존중 사회풍토, 자살위기센터 설치·운영, 유해화학물질 관리

출처: 이태희·정재필(2019). 청소년복지론.

03 청소년기 정신건강 관리 방안

1) 청소년기 스트레스 관리 방안

같은 스트레스 상황에 노출되더라도 개인에 따라 스트레스를 받는 정도의 차이가 상이하다. 사소한 일에도 스트레스를 크게 받아 심각한 정신적 질환으로까지 진행되는 사람이 있는가 하면 심각한 문제 발생에도 유연하게 대처하는 사람이 있다. 그 차이는 '자기조절력'에 따라 달라진다. 개인마다 스트레스원에 대하여 해석의 차이가 있고, 그 해석에 따른 반응이 각기 다르게 나타난다. 즉, 문제에 대한 인식을 긍정적으로 하는지, 부정적으로 하는지에 따라 스트레스 정도가 달라질 수 있다.

스트레스 관리에서 중요한 것은 '예측 가능성'과 '조절 가능성'이다. 앞으로 가야 할 길을 예측할 수 있게 조정하고 능력에 맞추어 페이스를 조절하고 현재 상황을 장악할 수 있다고 느낄수록 주관적으로 느끼는 스트레스는 훨씬 줄어들고 심리적·신체적 안정감은 커진다. 10대 청소년들은 앞날을 예측하기 어렵다고 느끼고 입시라는 커다란 임무 앞에서 극심한 압박감과 무기력에 의한 스트레스를 받는다. 하지만 청소년기에 해야 할 일이 명확하고 공부와 가족과의 관계도 페이스 조절이 가능하므로 적극적인 노력으로 스트레스에 대처해야 한다(하지현·신동민, 2012).

부모는 가정에서 청소년의 고민에 귀 기울이고, 친구와 같은 멘토로서 지지와 조언을 조절하여 제시하고, 방황으로 인한 어려운 시기를 가정이라는 울타리가 든든한 버팀목이 되어 줄 수 있다는 믿음을 주어야 한다.

청소년의 스트레스에 교육환경이 미치는 영향이 매우 크기 때문에 정부 차원의 근본적인 개선 대책이 마련되어야 한다. 청소년의 개성을 존중하고, 진로에 적합한 융합교육이 가능하도록 제도적·정책적 변화가 우선되어야 하며, 지나치게 서열화되고 성적으로 인정받는 사회 인식의 개선이 필요하다. 청소년들이 성적 이외에도 다른 재능을 찾을 수 있도록 진로적성 검사 및 상담을 체계적으로 실시하여 다양한 진로선택이 존중받을 수 있는 사회적 분위기가 확산되어야 청소년기 학업으로 인한 스트레스를 줄일 수 있을 것이다.

2) 청소년 우울증 관리 방안

청소년기 우울증은 몸과 마음을 동시에 병들게 하는 질환이다. 검사결과 특별한 소견이 없음에도 불구하고 두통, 복통, 현기증, 어지러움 등의 증상을 호소하기도 한다. 또한, 학업 및 일상생활에 심각한 장애를 가져오는 동시에 다양한 발달이 지속적으로 일어나야 하는 중요한 시기에 발달과정을 순조롭게 이행하지 못할 수 있으며 비행문제, 자살까지도 발생할 수 있기 때문에 적절한 시기의 도움이 필요하다. 도움을 주려는 사람이 청소년들이 지니고 있는 건강한 면, 긍정적인 면을 인정하게 되면 청소년은 자신들이 힘겹게 지켜 가고 있는 건강한 부분을 스스로 인식할 수 있다. 나아가 어른이나 사회의 부정적 판단으로부터 스스로를 보호할 수 있다. 청소년을 수동적으로 인식해 일방적으로 교정하려는 것이 아니라 부모와 학교, 지역사회가 청소년을 치료 파트너로 여기고 함께 문제해결의 실마리를 찾으려고 노력할 때 우울증을 극복할 수 있다(대한신경정신의학회 www.knpa.or.kr).

청소년기 우울증 치료와 관련하여 전문의가 처방하는 항우울제, 신경안정제, 기분안정제 등의 약물치료와 인지행동 치료, 대인관계 치료, 정신분석 치료 및 상담치료 등 심리적 치료, 명상과 이완훈련, 운동과 독서요법, 요가 등 자기치료와 같은 다양한 서비스가 지원되고 있다.

또한 청소년기의 우울한 감정을 이해하기 위해서는 청소년과 대화를 시작해야 한다. 청소년의 우울증은 주로 좌절감과 부모 상실 경험, 박탈감 등으로 인하여 발생하는 경우가 많은데, 이때 격려한다는 생각으로 계속 다가가려고만 한다면 오히려 부정적인 영향을 줄 수도 있다. 청소년 편에 서서 본질적인 스트레스 원인이 무엇인지 찾아보려는 노력이 필요하다(전동일 외, 2016).

3) 청소년 자살 예방

청소년은 죽음에 대하여 막연하고 불확실한 생각을 갖고, 현실의 고통을 회피하거나 절망, 분노, 상실에 대한 극단적 표현으로 자살을 시도하려 한다. 따라서 청소년의 자살은 자살행동으로 나아가기 전에 나타나는 징후가 있으며, 그러한 징후에 대하여 관심을 갖는다면 자살을 예방할 수 있다.

표 12-9 자살행동으로 나아가기 전에 나타나는 징후

구분	내용
직접적 행동단서	• 수면제, 진통제, 감기약 등을 자살목적으로 지속적으로 모아서 감춘다. • 끈이나 칼 등 자살도구를 준비하여 감춘다. • 의미 있는 개인소장품이나 수집물건을 남에게 주거나 태우거나 버린다. • 죽음이나 자살사이트에 심취한다. • 일기장, 노트, 메모장에 글, 그림, 낙서로 자살이나 죽음에 대해 표현한다. • 주위 사람에게 자살이나 죽음에 관련된 말을 흘린다.
직접적 언어 표현	• "나는 정말 죽고 싶어" • "나는 더 이상 지탱할 힘이 없어." • "나에게는 더 이상 사는 것이 의미가 없어." • "내가 없어지면 모든 것이 훨씬 나아질 거야" • "나는 이 세상에 쓸모가 없어." • "내가 사라지면…."
간접적 행동이나 상징적 단서	• 지나치게 환상적·공상적 내용의 소설, 만화, 영상에 심취한다. • 실연이나 상실에 대해서 지나치게 미화시키는 대중음악 등에 심취한다. • 자살에 대해서 모험적이며, 로맨틱하게 생각한다. • 칭찬이나 포상을 거부하는 행동을 한다. • 성격의 심한 변화를 보인다. • 외모에 대한 관심이 결여된다. • 식사와 수면상태의 변화가 일어난다. • 에너지가 떨어져서 쳐져 있다.

출처: 이태희·정재필(2019). 청소년복지론.

(1) 개인적 차원의 예방대책

청소년의 자살예방과 관련하여 갖추어야 할 심리적·정신적·행동적 자세와 관련한 내용을 정리하면 다음과 같다.

첫째, 자신의 감정을 충분히 표현할 수 있도록 한다. 자신의 감정을 다양한 언어로 표현해 보는 훈련을 하고, 부정적인 감정이나 슬픈 감정이 떠오르는 것에 대하여 회피하거나 부인하지 않고 있는 그대로 받아들이는 연습이 필요하다.

둘째, 우울하거나 부정적인 감정을 전환할 수 있는 탈출구를 마련한다. 자신만의 스트레스 해소 방법을 찾아 우울하거나 부정적인 감정이 찾아올 때, 탈출구로 나아가는 연습을 한다. 평소 스트레스 해소에 도움이 되었던 방법들 중 자신이 특히 좋아하는 취미나 놀이, 오락 등을 기억해 두거나 마음을 나눌 수 있는 친구 및 가족이나 의인화할 수 있는 대상을 선정하여 필요 시 감정전환을 위한 도움을 받을 수 있도록 한다.

셋째, 자신의 생각을 정리한다. 갈등상황을 빨리 벗어나거나 회피하고자 양자택일의 사고방식을 하고 있지는 않은지 자신을 객관적으로 바라보는 것이 필요하다. 둘 중 하나를 선택하거나 죽기 아니면 살기, 모 아니면 도와 같은 극단적 결정은 갈등과 불안의 상황 속에서 자칫 위험한 선택을 하게 할 수 있다. 따라서 시간이 소요되더라도 바람직한 해결 방안을 찾을 수 있도록 노력해야 한다.

넷째, 상황에 대한 해결방안을 찾도록 도움을 요청한다. 청소년은 자신의 상황을 확대해석하여 부정적 감정에 빠질 위험이 크다. 자신의 갈등상황이나 부정적 감정에 대해 혼자 해결하려고 하지 말고, 자신의 이야기를 들어줄 수 있는 친구, 가족, 상담기관 등을 통해 도움받도록 용기 내야 한다.

(2) 가정에서의 예방대책

가정은 청소년의 신체적·심리적·정신적 성장의 기초가 되는 공간으로서, 안정적인 가정에서 청소년의 건강한 발달이 이루어질 수 있다.

화목한 가정의 분위기는 자녀에게 심리적·정서적 안정감을 제공하고, 부모의 모범적인 생활을 통해 자녀는 존경심을 갖고 질서와 규칙을 배운다. 부모는 자녀에게 과잉 기대를 하기보다 올바른 인성을 갖출 수 있도록 긍정적인 지지와 안정적인 지원을 해주어야 한다. 올바른 양육 태도와 일관성 있는 훈육으로 자녀가 규범을 지키고 자신의 감정을 절제하고 적절히 표현할 수 있도록 부모의 책임 있는 역할이 필요하다. 또한, 자녀가 지닌 고민을 자연스럽게 이야기하고 해결방법을 모색할 수 있도록 평소 자녀와의 눈높이를 맞춘 대화를 하기 위해 노력해야 한다.

(3) 학교에서의 예방대책

학교는 청소년의 전인적인 성장을 도모하는 장으로서, 지나친 성적 위주의 교육에서 벗어나 개인의 개성을 자유롭게 표현할 수 있는 다양한 교육 프로그램이 진행되어야 한다. 주입식 교육으로 인한 사고의 획일성을 지양하고, 다양하고 창의력이 발휘될 수 있는 수업으로 변해야 한다. 그리고 존경과 존중을 바탕으로 교사와 학생 간의 신뢰가 형성되도록 학교문화를 조성하고 다양한 신체활동을 통해 학습의 능률이 향상되는 학교현장이 되어야 한다.

또한 학교에서 원활한 또래 관계가 형성될 수 있도록 학교폭력 예방교육을 적극적으로 실시하고, 학교생활에 어려움을 호소하는 학생들의 고민을 들어주고 문제를 해결할 수 있는 Wee클래스 활성화를 위해 학교와 관계기관의 체계적인 지원이 필요하다. 그뿐만 아니라 또래 상담자의 역할을 더욱 확대하여, 청소년기 고민을 해결하고 갈등을 조정하는 데 중요한 역할을 하도록 해야 한다. 특히, 학기 초 정서행동 검사 결과 나타나는 관심군, 위험군 대상의 학생은 가정, 학교, 지역사회와 연계하여 관리하고, 문제해결을 위한 심층적인 대안을 마련해야 한다. 또한, 자살 예방 및 생명존중 교육(중앙자살예방센터: 게이트키퍼 / 한국생명의전화: 아이러브유 등)을 통해 생명존중에 대한 인식과 자살예방이 이루어질 수 있는 교육을 진행하여, 소중한 인격체로서 주체적인 삶을 영위할 수 있도록 하여 타인과의 관계개선과 함께 더불어 사는 삶의 의미를 찾을 수 있도록 해야 한다.

표 12-10 성별에 따른 고민을 나눌 지인 현황

(단위: %)

구분	없다	아버지	어머니	형제/자매	담임 선생님	학교 상담선생님	친구	이웃/친척	청소년 상담센터	기타	전체
남성	10.3	8.0	40.4	4.9	0.5	0.3	33.1	0.8	0.3	1.3	100
여성	8.8	2.2	36.4	7.4	0.3	0.9	41.3	1.0	0.2	1.5	100
전체	9.6	5.2	38.5	6.1	0.4	0.6	37.1	0.9	0.3	1.4	100

출처: 한국청소년정책연구원(2018). 한국아동·청소년 인권실태 2018 기초분석 보고서.

(4) 지역사회·정부 차원에서의 예방대책

청소년 자살은 우발적이고 충동적인 감정조절의 실패 결과 나타나는 행동으로, 예측 불가능하다고 생각할 수 있다. 그러나 자살을 시도하는 청소년은 사전에 다양한 방법으로 자살징조 신호를 보낸다. 학교폭력의 피해로 대인관계의 어려움을 호소했거나 학업성적의 급격한 하락으로 불안증세를 보였거나 평소와 다른 행동으로 심리적 변화가 나타난 경우, 특별한 관심을 갖고 학교 상담센터나 지역사회 청소년 전문상담기관(시·도 청소년상담복지센터, 정신건강증진센터 등)에 연락하여 신속한 대처를 취해야 한다. 이때 생명의 위협에 처한 긴급한 상황에서의 개인의 비밀보장은 예외로 할 수 있다.

경미한 우울증이나 스트레스 증상을 보이는 청소년이라 할지라도 주기적인 상담과 세심한 관리를 지속적으로 진행하고, 특히 고위험군의 우울증상이나 자살생각을 하는 청소년에게는 자살에 대해 직접적으로 물음으로써 자살생각을 노출시키고 적극적으로 개입해야 한다. 특히, 청소년들에게 한국생명의전화 SOS 생명의 전화나 청소년통합지원센터(CYS-Net) 내의 사이버청소년상담센터, 1388 청소년 전화에 대한 홍보를 적극적으로 실시하여, 자살위기에 처한 청소년의 위기를 극복할 수 있는 적절한 조치를 강구하고 서비스를 제공해야 한다.

이를 위해 정부 차원에서 중앙자살예방센터의 자살에 관한 통계, 보건복지부의 자살예방정책사업 지원, 자살예방 홍보, 유해정보와 미디어 모니터링 등의 사업을 지속적으로 확대·실시해 나가야 한다. 중앙자살예방센터의 게이트키퍼(gatekeeper) 양성으로 생명존중과 자살예방에 관한 교육을 지속적으로 실시하고, 자살 위험 대상자를 조기에 발견하여 전문기관에서 상담과 치료를 받을 수 있도록 현장모니터링과 지역사회 연계를 강화하며, 생명

존중 가치를 확산시킬 수 있도록 자살예방의 날(매년 9월 10일) 대국민 캠페인, 광고 등을 위한 정부와 민간의 차원의 협력적 노력이 필요하다. 또한 생애주기별 맞춤형 자살예방대책을 마련하고, 이를 위한 대상에 적합한 교육프로그램과 정신건강관리사업 및 지역사회 연계를 통한 고위험군 지지체계를 강화하는 방안이 마련되어야 한다.

청소년 자살예방을 위한 체계적이고 더 나은 서비스를 제공할 수 있도록 건강가정지원센터, 지역교육청, 청소년상담지원센터, 지역사회 청소년 관련 단체·시설 등의 긴밀한 협조체계를 구축하여 적극적인 예방을 위한 실천적 교육과 함께 자살위험과 관련한 지역사회 환경개선에 앞장서야 한다.

특히, 청소년 자살 예방을 위한 언론 역할의 중요성을 인식하고, 유명 연예인의 자살 사건 등에 대한 보도에 신중할 필요가 있다. 자살과 관련하여 호기심을 유발하거나 모방의 우려가 있는 내용에 대한 사실적 보도 수위를 조절함으로써 청소년이 자살을 미화하거나 모방하는 것을 사전에 방지해야 한다. 이를 위해 자살보도에 관한 방송, 언론기사, 인터넷 포털 등에 보도권고 기준을 더욱 엄격하게 적용하고, 자살과 관련한 유해정보 차단을 위한 법과 제도를 강화하는 방안이 강구되어야 한다.

함께 생각 나누기

1. 최근에 받았던 스트레스에 관하여 이야기하고, 스트레스 극복을 위한 방안이 무엇이었는지 이야기해 봅시다.
2. 우울한 감정을 자주 느끼는 사람에게서 나타나는 특징을 이야기해 보고, 우울을 극복할 수 있는 방안은 무엇인지 다 함께 이야기해 봅시다.
3. 자살이 미치는 영향에 대해 생각해 보고, 자살 예방을 위해 필요한 것이 무엇인지 다 함께 토론해 봅시다.

영화로 보는 청소년 문제

지랄발광 17세
(The Edge of Seventeen)

감독: 켈리 프레몬(2016)

영화 내용

17세 네이딘, 어느 날 갑자기 깨닫다!

자식보다 본인 인생이 더 중요한 엄마, 공부 잘하고 잘생기고 인기 많은 엄마아들, 이런 엄마아들과 눈 맞은 10년 넘은 베프, 내 존재조차 모르는 짝사랑남, 고민을 상담해도 전혀 도움도, 위로도 안 되는 돌직구 선생님까지. 내 주변은 무식하고 이기적인 인간들투성이다.

그보다 더 끔찍한 사실은 지금 이 얼굴로 평생을 살아야 한다는 것….

망했다… 이번 생은 완전히 망했다!

이 영화는 17세 청소년의 우울을 그린 영화로 원제는 「*The Edge of Seventeen*」이다. 원래 제목과 번역에서도 중의적인 표현이 담겨 있다. 직역하면 '17세의 끝' 정도가 된다.

또한 'Edge'라는 단어는 통렬함, 강렬함, 날카로움이라는 뜻도 있다. 더 폭넓은 번역으로는 10대 청소년들의 허세를 뜻하는 단어로도 쓰인다.

함께 풀어 봅시다

1 청소년기 나타날 수 있는 정신건강의 문제가 아닌 것은?

① 변화하는 환경에 대처하는 능력이 미숙하다.
② 자신과 관계되어 일어나는 일에 대하여 일관된 반응을 보인다.
③ 감정에 치우쳐 상황을 판단하는 경우가 많다.
④ 문제 상황에 민감하게 반응한다.

정답 ②
해설 청소년기에는 자신과 관계되어 일어나는 일에 대하여 감정에 치우쳐 일관되지 않게 반응한다.

2 청소년기 정신건강에 대한 설명으로 적절하지 않은 것은?

① 스트레스는 개인이 적응하기 어려운 환경이나 조건에 처할 때 그 환경변화에 잘 적응하기 위한 기능을 하기 때문에 누구나 스트레스를 지니고 있다.
② 청소년의 우울한 감정, 특히 경증에서부터 중증까지의 우울은 청소년기에 보편적으로 나타나는 현상이다
③ 청소년기 우울은 간헐적으로 슬픈 감정을 보인다.
④ 자살생각은 자살에 대한 생각, 계획 등 사고적 측면에 초점을 둔다.

정답 ③
해설 청소년기 우울은 지속적으로 슬픈 감정을 나타낸다.

3 뒤르켐의 4가지 자살 유형 중 사회적 통합이 낮을 때 주로 나타나는 자살의 유형은?

① 이기적 자살　　② 이타적 자살
③ 숙명적 자살　　④ 아노미적 자살

정답 ①
해설 이기적 자살은 사회적 통합이 낮은 사회에서 주로 발생하며, 사회로부터 멀어지고 존재의 의미를 찾지 못해 방황하는 사람에게서 주로 발생한다.

4 자살행동의 원인에 대한 설명으로 틀린 것은?

① 개인적 요인으로 위급한 상황이 닥쳤을 때 효과적으로 대응하거나 해결하는 능력이 미숙하여 자신이 처한 상황을 벗어나고자 순간적으로 자살을 선택하는 경우도 발생한다.

② 가정 요인으로 가정폭력을 목격하거나 학대 경험에 노출된 경우 자기 비난과 좌절을 경험한다.

③ 사회적 요인으로 책임 있어야 할 기성세대의 부정과 비리, 권력의 횡포와 윤리의식의 상실 등은 민감한 청소년에게 미래사회에 대한 신뢰와 희망을 불신과 절망의 사회로 해석하게 한다.

④ 개인적 요인으로 학교폭력, 왕따와 같은 문제가 심리적 트라우마를 만들어 대인기피 현상을 낳게 한다.

정답 ④

해설 학교폭력, 왕따와 같은 문제가 심리적 트라우마를 만들어 대인기피 현상을 낳게 하는 것은 학교 요인에 해당한다.

5 청소년 자살 예방에 관한 설명 중 옳지 않은 것은?

① 가정에서 긍정적 지지와 안정적 지원을 제공한다.

② 청소년들에게 'SOS 생명의 전화' 119나 청소년통합지원센터(CYS-Net) 내의 사이버청소년상담센터, 1388 청소년 전화에 대한 홍보를 한다.

③ 자살 예방을 위해 언론에서 유명 연예인의 자살 사건을 자세히 보도한다.

④ 자신의 스트레스와 우울감에 대하여 인지하고 필요한 경우 학교 상담실이나 그 밖의 청소년 관련 기관(청소년상담복지센터)을 찾아 상담 및 관련 검사를 받을 수 있도록 한다.

정답 ③

해설 유명 연예인의 자살 사건에 대하여 신중한 태도로 접근하여 보도하고, 청소년의 호기심을 유발할 수 있거나 모방의 우려가 있는 내용에 대한 사실적 보도 수위를 조절하여 청소년이 자살을 미화하거나 모방하는 것을 사전에 방지해야 한다.

chapter 13

청소년문화와 청소년활동

청소년기는 지(知), 덕(德), 체(體)의 조화로운 발달이 필요한 시기이다. 청소년의 문화활동과 관련하여 세계인권선언과 아동권리협약, 「헌법」, 「교육기본법」에 명시되어 있다. 그렇지만 우리나라 청소년의 현실은 대부분의 시간을 지(知)에 집중하여 발달시키고 있어 문화활동을 할 수 있는 시간적 여유가 절대적으로 부족한 실정이다. 이는 「청소년 기본법」에 명시하고 있는 수련활동, 교류활동, 문화활동 등과 같은 다양한 형태의 청소년활동에 적극적으로 참여할 수 있는 환경이 조성되어야 할 필요성을 시사한다.

이 장에서는 청소년활동에 관하여 청소년문화, 청소년활동으로 나누어 개념과 특징을 살펴보고, 현재 시행되고 있는 청소년 관련 문화와 활동과 청소년의 참여증진을 위한 개선 방안에 대하여 살펴보기로 한다.

01 청소년문화

1) 청소년문화의 개념

(1) 문화의 개념

문화란 특정 사회의 공동체 구성원이 공유하는 생활양식을 말한다. 문화는 인간의 행동이나 방향에 일정한 방식을 취하도록 하며, 시대에 따라 변화되고 역사적으로 전승되며 공동체성을 곤고히 유지할 수 있도록 하는 것으로, 일상생활에서 학습되어 형성되는 인간의 정신적·물질적 활동의 총체적 결합이라고 할 수 있다.

윌리엄스(Williams)는 문화를 다음의 세 가지로 설명하고 있다(김향초, 2015).

첫째, 예술과 예술활동으로서의 문화이다. 이는 음악, 문학, 회화, 조각, 연극, 영화 등을 지칭한다.

둘째, 삶의 방식으로서의 문화이다. 문화는 우리가 일상생활에서 부딪히는 문제를 효율적으로 해결하는 방식의 하나로, 앞선 세대에 의해 만들어져 사회생활 곳곳에 퍼져 있다.

셋째, 과정과 발전으로서의 문화이다. 문화는 자연의 일정 부분에 인간의 의도와 작용이 가미되어 조작되고 변화된 상태로, 사회화의 한 과정으로 간주할 수 있다. 이러한 문화는 한 사회의 구성원들이 일상생활을 통해 학습·공유되고 세대를 거쳐 역사적으로 전승되는 포괄적인 성격을 가진다.

(2) 청소년문화의 개념

청소년문화는 인간발달 단계상 청소년 시기에 있는 대상들이 그들만의 방식으로 나타나는 행동양식, 사고방식, 생활양식 등을 모두 포함하는 개념이다. 이러한 청소년문화가 다양한 활동과 연계되어 청소년문화활동으로 정의되고, 이는 「청소년 기본법」에 명시되어 있는 9~24세 이하의 인구연령에게 필요한 다양한 활동으로 나타난다.

청소년의 문화에 대하여 학자마다 다양한 견해를 제시하는데, 김신일(1992)은 다음과 같이 다섯 가지 관점으로 정리하였다.

첫째, 청소년문화를 미숙한 문화로 보는 입장이다. 청소년문화를 어른의 시각에서 바라보고 판단하는 것으로, 청소년의 문화를 인정하지 않으며 미숙하고 모자라는 것으로 생각하는 견해이다.

둘째, 청소년문화를 비행문화로 보는 입장이다. 청소년이 공부나 일보다는 놀기를 더 좋아하고 어른 몰래 나쁜 짓 하는 것을 즐긴다고 보는 것이다. 의식적으로 사회적 규범을 깨뜨리는 것에서 쾌감을 느끼고, 규범과 질서를 따르지 않아야 그들 사이에서 큰소리를 칠 수 있다고 생각한다. 청소년들은 항상 부모나 교사 또는 성인들의 감독하에 있어야 한다고 생각하여, 청소년들끼리는 언제나 문제를 일으키기에 성인들의 관리하에 두어야 한다는 견해이다.

셋째, 청소년문화를 하위문화로 보는 입장이다. 청소년은 사회 전체를 구성하는 하나의 집단으로 그들만의 문화를 이룬다. 즉, 지배적 주류문화의 일부분을 차지함으로써 사회 전체 주류문화의 한 부분을 차지한다는 견해이다.

넷째, 청소년문화를 대항문화(counter-culture) 혹은 반(反)문화로 보는 입장이다. 청소년은 기성세대의 문화를 거부하고 자신들의 새로운 문화를 대안으로 내세우면서 개혁과 변화를 요구한다. 이는 기성세대 문화를 주류문화로, 청소년문화를 비주류문화로 분류하는 것으로, 새로운 청소년세대가 기성세대에게 비판을 가하고 반항하는 것은 그들이 미숙하거나 삐뚤어졌기 때문이 아니라 기성세대와는 다른 인생관, 역사관, 세계관, 미래관을 가지고 그들만의 삶의 방식을 추구하기 때문이라는 것이다.

다섯째, 청소년문화를 새로운 문화로 보는 입장이다. 청소년세대는 그들 나름대로의 문화를 창조하고, 그들의 문화를 향유하며 살아간다는 것이다. 청소년들에게서 볼 수 있는 그들만의 독특한 말투와 개성 넘치는 패션, 기성세대의 입장에서 낯설고 불편하여 이해하기 어려운 남녀 간의 과감한 행동 등은 청소년에게는 자연스러운 그들만의 일상적인 행동인 것이다.

이와 같이 청소년문화는 청소년기의 특성에 따라 기성세대의 문화와는 차별화된 그들만의 개성과 사고를 반영한 생동감 있는 문화를 창조한다.

(3) 청소년문화의 특성

한국 사회의 청소년 집단이 처해 있는 조건과 환경의 특수성은 한국 청소년문화의 특수한 성격을 형성한다. 우리나라 청소년문화의 특성은 다음과 같다.

첫째, 한국의 청소년 집단이 대부분 학생이라는 신분을 가지고 학교라는 공간에 속해 있다는 점에서 한국의 청소년문화는 기본적으로 학교, 혹은 학습이라는 영역과 밀접하게 관련되어 있다. 학교 문화는 청소년들이 자발적으로 선택한 것이 아니라 한국 특유의 교육제도와 입시환경에 의해 강제된 문화이긴 하지만 청소년은 학교로 대표되는 삶의 환경에 그들 나름대로의 방식으로 반응하며 독특한 문화적 정체성을 형성한다.

둘째, 대중문화에 대한 의존성이 매우 크다. 청소년이 그들 스스로의 문화를 자발적으로 창조하기 어렵다. 그들의 문화적 정체성을 형성하는 데 대중매체가 제공하는 대중문화는 가장 중요한 도구가 된다.

셋째, 청소년은 소비문화의 중심 주체이자 비주류문화의 생성 주체이기도 하다. 청소년 세대는 기존 소비문화와 영상문화에 길들여져 있기도 하지만, 그 문화를 탈중심화하고 그 문화로부터 이탈하여 새로운 독립 공간을 만들려고 노력한다.

넷째, 청소년은 문화세대로서 문화적 자율성을 펼칠 수 있는 가장 독립적이고 능동적 주체이기도 하지만, 동시에 기존 세대로부터 문화적 검열을 가장 많이 받는 억압적 대상이기도 하다(김영화·최영진, 2017).

다섯째, 현재의 청소년은 사이버 네트워크를 삶의 중요한 측면으로 누리는 세대로, 그 속에서 새로운 사이버 문화를 창조하고 있고 이를 바탕으로 전체 문화의 방향 변화를 주도하는 문화의 새로운 주류세대라는 특징을 지니고 있다. 즉, 청소년은 단순히 인터넷에 친숙한 세대라는 의미로부터 벗어나 이제는 지금까지 존재하지 않았던 새로운 문화의 실천 및 실험을 담당하고 있다.

여섯째, 최근의 청소년 세대는 과거의 결핍동기에 의한 가치 지향으로부터 어느 정도 해방되어 차별동기에 의한 가치 성향, 즉 개별적 취향과 개성에 따른 욕구충족의 다양화, 개별화의 특성을 나타내고 있다. 자기표현중심주의는 새로운 미디어와 공간들이 창출되면서 더욱 다양하게 그리고 강화되고 있는 추세이다. 자기표현중심주의는 앞으로도 계속되고 더욱 강화될 전망으로, 자기도취(narcissism)와 관음증(voyeurism) 같은 심리적 기저에 더한 소셜 네트워크 시스템(Social Network System)들, 이를 테면 블로그, 미니홈페이지, 페이스북, 카카오스토리 등에 나타나는 자기표현들은 더욱 다양해지고 독특해질 것이다(김윤재 외, 2018).

2) 청소년문화 양태

「청소년활동 진흥법」 제2조(정의)에 따르면, 청소년문화활동은 청소년이 예술·스포츠·동아리·봉사활동 등을 통하여 문화적 감성과 더불어 살아가는 능력을 함양하는 체험활동을 말한다. 청소년문화활동은 청소년의 문화적 감수성 증진을 통하여 입시 위주의 환경 속에서 청소년의 삶의 질을 향상하고자 추진되고 있다. 청소년문화활동은 청소년의 상시적이고, 자율적인 참여를 통해 지역사회 중심으로 건전한 청소년문화를 형성하도록 한다(여성가족부, 2018d).

(1) 청소년동아리활동

청소년동아리활동은 청소년이 문화·예술·스포츠·과학 등의 다양한 취미활동을 통해 건강한 또래 관계를 형성하고 자신의 특기·소질을 계발할 수 있는 자율적 활동이다. 여성가족부는 전국 시·도별 청소년시설 및 각급 학교(초·중·고·대학교)의 동아리활동의 활성화를 위하여 인근 청소년수련시설과 연계해 우수청소년동아리를 선정하여 지원하고 있으며, 2017년부터는 2,500개의 청소년동아리를 선정·지원하고 있다(여성가족부, 2020b).

표 13-1 지역별 청소년동아리 수

구분	동아리 지원 수	구분	동아리 지원 수	구분	동아리 지원 수
서울	440	울산	49	전북	114
부산	139	세종	14	전남	74
대구	122	경기	534	경북	160
인천	93	강원	158	경남	145
광주	69	충북	76	제주	101
대전	115	충남	97	합계	2,500

출처: 여성가족부(2020b). 2020년 청소년백서. pp. 143-144.

(2) 청소년어울림마당

청소년어울림마당은 「청소년활동 진흥법」 제60조(청소년문화활동의 진흥), 제61조(청소년문화활동의 기반 구축)에 근거하여 이루어지고 있다.

청소년어울림마당[1]은 청소년이 생활권 주변에서 문화적 감수성을 높일 수 있는 다양한 문화·예술·놀이 체험을 상시적 체험활동으로 제공하고, 공연, 전시, 문화체험을 청소년의 접근이 용이한 지역사회 자원이 결합된 일정한 공간(상설 공간)에서 펼치고 있다.

청소년어울림마당은 지역 내의 청소년들이 다양한 문화활동의 생산자이자 소비자로서 주도적으로 문화활동에 참여할 수 있는 상시적 공간을 조성하여 청소년의 문화적 감수성 및 역량을 증진하고, 동아리 및 지역사회 자원과 청소년활동의 연계를 통하여 건전한 청소년문화를 형성하는 것을 목적으로 매년 지자체별로 시행되고 있다.

청소년어울림마당은 청소년들이 주체가 되어 기획·진행하여 청소년의 다양한 문화표현의 장으로 운영될 수 있도록 하고 있으며, 모니터링을 통해 청소년 눈높이에서 청소년의 욕구가 적극 반영될 수 있도록 유도하고 있다. 또한 청소년문화와 기성세대 문화의 만남의 장으로 활용하여 문화의 세대 차이를 극복하고 문화의 다양성과 포괄성을 제고하도록 하고 있다. 어울림마당을 통하여 4차 산업혁명 도래 및 미래사회가 요구하는 다양한 관점과 사고능력을 배양하여 창의적 융합과 복합적 문제해결 능력을 갖춘 인재를 양성하고, 스스로 문제를 찾고 해결하는 자기주도형 청소년활동 및 창의적 진로 개발 역량을 갖출 수 있도록 지원한다.

청소년어울림마당은 여성가족부에서 총괄하며, 한국청소년활동진흥원에서 지자체별 운영기관을 선정하여 운영한다.

청소년어울림마당의 운영내용은 다음과 같다.

① 지역 특성에 맞는 청소년문화, 예술, 놀이체험의 장 상설 운영
② 청소년이 스스로 기획부터 운영, 평가에 참여하는 청소년 주도의 행사 운영
③ 지역사회 관계기관 네트워크 구축을 통한 청소년활동 활성화

---

1 청소년어울림마당의 '어울림마당'이란 순우리말로, '청소년이 활동을 통하여 상호 소통하는 장'이라는 뜻을 담고 있다.

④ 세대별 참여 및 소통이 가능한 프로그램 운영 및 지역축제나 청소년문화행사 등과 연계 운영

⑤ 청소년문화활동의 장이 되도록 청소년동아리의 공연 외에도 다양한 체험활동(부스, 활동키드 등) 운영 권장(청소년동아리 공연에 치중하지 않고 다양한 주제의 체험활동 운영 권장)

⑥ 활동 분야별 동아리, 관련 학과, 관련 기관 등 연합 어울림마당 실시로 유사 분야 동아리 네트워크 강화

⑦ 모니터링 운영 및 관리 개선 등을 통해 안전한 행사 운영 도모, 시간·장소에 구애받지 않는 '비대면 어울림마당'[2] 운영

2004년 전국 8개 시·도, 29개 시·군·구를 대상으로 시범 실시한 후, 2008년에는 16개 시·도, 90개 시·군·구로 확대·실시하였으며 2011년부터 16개 시·도, 110개 시·군·구에서 청소년어울림마당이 운영·지원되고 있다.

청소년어울림마당은 지역 특성에 따른 청소년참여 활성화를 위하여 지자체별로 자체 홍보를 진행하고 있으며, 'e-청소년 사이트(www.youth.go.kr)'에 행사정보를 등록하고 시·도 및 시·군·구별 어울림마당 홍보 SNS 페이지를 운영하도록 권고하고 있다. 또한 지자체별로 우수 청소년어울림마당 운영기관, 청소년어울림마당 기획단 우수사례를 선정하여(한국청소년활동진흥원 주관) 여성가족부 장관상을 시상하고 있다(여성가족부, 2021f).

3) 청소년문화활동 정책

(1) 청소년문화권의 법적 근거

청소년문화의 법적 근거는 「청소년 기본법」과 「청소년활동 진흥법」의 내용을 기반으로 한다. 「청소년 기본법」에서는 청소년의 균형 있는 성장을 위해 필요한 활동으로 규정하고(제3조제3항), 「청소년활동 진흥법」에서는 청소년이 예술활동, 스포츠활동, 동아리활동, 봉사활동 등을 통하여 문화적 감성과 더불어 살아가는 능력을 함양하는 체험활동으로 정의하

2 2020년 코로나19 팬데믹과 관련하여 비대면 어울림마당을 진행하고 있으며, 공연·전시, 체험활동 관련 영상 콘텐츠 제작, 체험활동 준비물(키트) 제작·배포, 온라인 플랫폼을 활용한 실시간 송출 등을 운영하고 있다.

고 있다(제2조제5항). 「문화예술교육 지원법」에서는 모든 국민의 문화예술 향유와 창조력 함양을 위한 교육을 지향한다는 원칙 아래 나이, 성별, 장애, 사회적 신분, 경제적 여건, 신체적 조건, 거주지역 등에 관계없이 자신의 관심과 적성에 따라 평생에 걸쳐 문화예술을 체계적으로 학습하고 교육받을 수 있는 기회를 균등하게 보장받는다고 규정하고 있다(제3조). 이 법에 의하여 「문화예술진흥법」 규정에 따른 문화시설, 「청소년활동 진흥법」 규정에 따른 청소년활동시설, 「평생교육법」 규정에 따른 평생교육기관 중 문화예술교육을 실시하는 시설 등을 문화예술교육시설로 규정하고 있다. 2006년 시민사회 주도로 제정한 「문화헌장」과 2011년 경기도교육청이 시행한 학생 인권조례 등에서도 아동과 청소년의 문화적 권리보장과 문화활동 향유할 권리 등을 명시하고 있다.

(2) 청소년문화 정책 현황

① 여성가족부의 청소년문화활동 지원

여성가족부에서는 청소년활동 프로그램으로 청소년문화존 운영, 청소년동아리활동, 청소년활동 프로그램 공모 등을 지원하고 있다.

첫째, 청소년문화존은 지역사회 내 청소년의 생활 공간을 거점으로 지역사회의 역사, 문화 등 사회적 인프라를 청소년의 여가문화와 연계하여 청소년의 문화정착을 위한 시설, 조직, 프로그램을 조성하는 공간이다. 청소년의 접근이 용이한 지역의 특정 장소를 선정하여 청소년의 다양한 문화와 놀이, 예술 등을 체험할 수 있도록 한다.

둘째, 청소년동아리활동 지원은 여성가족부와 각 지자체가 청소년의 동아리활동을 지원하여 문화, 예술, 스포츠 등 청소년들의 창의적 발달과 인성 함양, 특기와 소질을 계발하고 건강한 또래 관계를 형성할 수 있도록 한다.

셋째, 청소년활동 프로그램 공모를 지원하여 청소년의 인성, 창의성, 공동체의식 함양과 같은 청소년의 숨은 역량을 계발하기 위한 프로그램을 개발·보급하도록 하고 있다.

넷째, 맞벌이, 한부모, 취약계층 가정의 나홀로 청소년 대상으로 활동, 복지, 보호, 지도를 통하여 청소년 스스로 자립할 수 있는 역량 배양을 지원하는 방과후 아카데미를 운영하고 있다. 청소년수련관, 청소년수련원, 청소년문화의집, 사회복지관, 청소년 관련 시설, 학교 등을 지정하여 청소년지도사의 배치 아래 방과후 아카데미를 운영하고 있다. 청소년 방과후 아카데미는 일반 청소년 대상 수익자부담의 일반형과 저소득층 청소년 대상 무료지원의 유형으로 구분되어 다양한 체험 위주 활동으로 청소년들의 특기, 적성을 계발할 수 있는 기회를 제공한다.

표 13-2 청소년 방과후 아카데미 운영 및 지원 내역

구분	세부 내용	
체험·역량 강화 활동	주중 체험활동	•강습형태가 아닌 체험활동 위주로 청소년들의 창의·인성 함양을 위한 다양한 체험활동 프로그램 운영(예술체험활동, 과학체험활동, 직업개발활동, 봉사활동, 리더십개발 활동 등)
	진로개발을 역량 프로그램 (진로체험)	•강습형태가 아닌 전문적인 체험활동으로 운영 •청소년 주도의 프로젝트(PBL: Program-Based Learning) *역량강화는 별도의 편성이 아닌, 체험활동 또는 학습지원 프로그램 편성에 반영하여 구성
	창의·융합 프로그램	
	주말체험활동 (분기별 1회 급식포함 5시수)	•주말체험활동과정 운영 시 외부활동 권장 *외부는 단순히 운영시설의 건물 밖 공간을 의미하는 것만이 아니라, 다양한 테마활동이 가능한 외부현장(시설, 공간)을 의미함
	지역사회 참여활동	•방과후 아카데미 자체기획으로 청소년들이 지역사회에서 봉사활동을 하거나, 지역에서 개최하는 각종 지역행사에 의미 있는 역할을 담당하여 참여하는 활동으로 주말체험활동과 연계하여 편성
	주중자기개발활동과정	•청소년들이 중심이 되어 진행하는 활동(자치활동, 동아리활동 등) •각 운영기관에서 자유롭게 편성하여 운영하는 과정 •실무자가 중심이 되어 운영하는 프로그램
	주중자기개발활동과정 (필요시 1회당 2시수 이상)	
	특별지원	•청소년캠프(방학), 부모(보호자) 교육, 초청인사 특별강의, 발표회 등
학습지원	보충학습지원	•청소년들의 자율적인 숙제, 보충학습지도, 독서지도 등의 프로그램 위주로 운영
	교과학습	•전문 강사진의 교과학습 중심의 학습지원
생활지원	•급식, 상담, 건강관리, 생활일정 관리(메일링서비스) 등의 생활지원	

출처: 청소년 방과후 아카데미(www.youth.go.kr/yaca)

② 교육부의 청소년 창의적 체험활동

교육부는 2009년 개정 교육과정을 통하여 기존의 특별활동과 창의적 재량활동을 통합하여 '창의적 체험활동'을 도입하였다. 최근 2015년 개정 교육과정에서도 '창의적 체험활동'

을 유지하고 있다. 교과 지식 위주의 학교교육활동에서 벗어나 다양한 현장체험 교육을 강화하여 창의성과 인성을 갖추고, 배려와 나눔을 실천하는 인재육성을 목표로 문화활동을 증진시키도록 한다(김영화 · 최영진, 2017).

표 13-3 창의적 체험활동 영역

영역	세부 영역	활동 내용
자율활동	적응활동	학교 적응, 기초생활습관 형성, 상담활동 등
	자치활동	학급회, 학생회, 모의의회, 토론회 등
	행사활동	각종 행사, 체육대회, 현장학습, 수련활동 등
	창의적 특색활동	학생, 학급, 학년, 학교특색 전통수립
봉사활동	교내봉사활동	학습부진 친구, 다문화가정 학생 돕기 등
	지역사회봉사활동	병원, 고아원, 양로원, 군부대 위문 등
	자연환경보호활동	식목활동, 저탄소 생활 습관화 등
	캠페인활동	질서, 교통안전, 헌혈, 편견 극복 등
동아리활동	학술활동	과학 탐구, 다문화 탐구, 신문 활동, 외국어 등
	문화예술활동	문예, 회화, 성악, 뮤지컬, 연극, 방송 등
	스포츠활동	구기운동, 수영, 육상, 무술 등
	실습노작활동	요리, 설계, 목공, 조립, 로봇제작 등
진로활동	자기이해활동	심성 계발, 정체성 탐구, 각종 진로 검사
	진로·정보탐색활동	학업, 학교, 직업 정보 탐색, 직장 방문
	진로계획활동	진로 설계, 진로 지도 및 상담 활동 등
	진로체험활동	학업 및 직업 세계 이해, 직업 체험활동

출처: 대구광역시교육청 창의적 체험활동지원센터(www.dge.go.kr)

③ 문화체육관광부 청소년문화활동 지원 정책

문화체육관광부에서는 「문화예술진흥법」에 따라 2014년부터 경제적·사회적·지리적 여건 등으로 인한 문화 소외 계층을 대상으로 문화예술, 여행, 스포츠를 관람할 수 있는 문화누리카드를 발급하고 있다. 연간 가구당 10만 원, 만 6~19세 청소년은 5만 원을 추가하여 지급함으로써 문화활동을 지원하고 있다.

2012년부터 주 5일제 수업제도가 전면적으로 시행됨에 따라 문화관광부에서의 방과후 교육프로그램 지원이 강화되었다. 박물관 등 지역의 문화예술기관을 중심으로 창의체험활동 교육을 위한 토요문화학교가 운영된다. 또한, 토요일에 학생들의 스포츠활동(토요 스포츠데이)을 지원하는 토요 스포츠강사를 배치하여 추진하고, 방학기간 체육활동이 지원된다. 또한 문화·예술·체육 교육을 확대하기 위해 초·중·고교에 예술강사(국악, 연극, 영화, 무용, 만화·애니메이션, 공예, 사진, 디자인 등 8개 분야)를 지원한다. 그리고 전 국민의 문화예술교육 참여 환경을 조성하기 위해 지역거점 오케스트라 교육지원, 다양한 시민문화예술교육 사업 발굴, 문화예술교육 사회적 기업 수익사업 개발 지원, 문화예술교육사 제도 도입 등을 추진한다(김영화·최영진, 2017).

02 청소년활동

1) 청소년활동의 개념

청소년이 다양한 활동에 주체적이고 자발적으로 참여하여 자신의 꿈과 희망을 실현할 충분한 기회를 제공하기 위하여 「청소년 기본법」 제3조에서도 다양한 활동을 소재로 하는 수련활동, 교류활동, 문화활동 등 다양한 형태의 활동으로 정의하고 있다.

「청소년활동 진흥법」에서는 청소년활동을 청소년수련활동, 청소년교류활동, 청소년문화활동으로 나눈다. 청소년수련활동이란 청소년이 청소년활동에 자발적으로 참여하여 청소년 시기에 기량과 품성을 함양하는 교육적 활동으로서 청소년지도자와 함께 청소년수련거리에 참여하여 배움을 실천하는 체험활동을 말한다. 청소년교류활동이란 청소년이 지역 간, 남북 간, 국가 간의 다양한 교류를 통하여 공동체의식 등을 함양하는 체험활동을 말한다. 청소년문화활동이란 청소년이 예술활동, 스포츠활동, 동아리활동, 봉사활동 등을 통하여 문화적 감성과 더불어 살아가는 능력을 함양하는 체험활동을 말한다.

이러한 청소년활동을 위하여 국가 및 지방자치단체는 청소년활동을 활성화하는 데 필요한 청소년활동시설이나 청소년활동 프로그램, 청소년지도자 등을 위한 시책을 수립·시행해야 하고 청소년활동지원에 필요한 행정적·재정적 지원을 할 수 있도록 「청소년활동 진흥법」에 명시하고 있다. 청소년문화활동은 청소년들의 문화적 감수성을 증진하여 입시 위주의 환경 속에서 청소년의 삶의 질을 향상하고자 추진되고 있으며, 청소년들의 상시적이고 자율적인 참여를 통해 지역사회 중심으로 건전한 청소년문화를 형성하는 데 목적을 둔다.

2) 청소년활동시설

「청소년활동 진흥법」 제10조에서는 청소년활동시설의 종류를 청소년수련시설과 청소년이용시설로 구분하고 있다. 청소년수련시설에는 청소년수련관, 청소년수련원, 청소년문화의 집, 청소년특화시설, 청소년야영장, 유스호스텔이 있고, 청소년이용시설에는 문화예술시설, 공공체육시설, 기타 청소년이용시설이 있다.

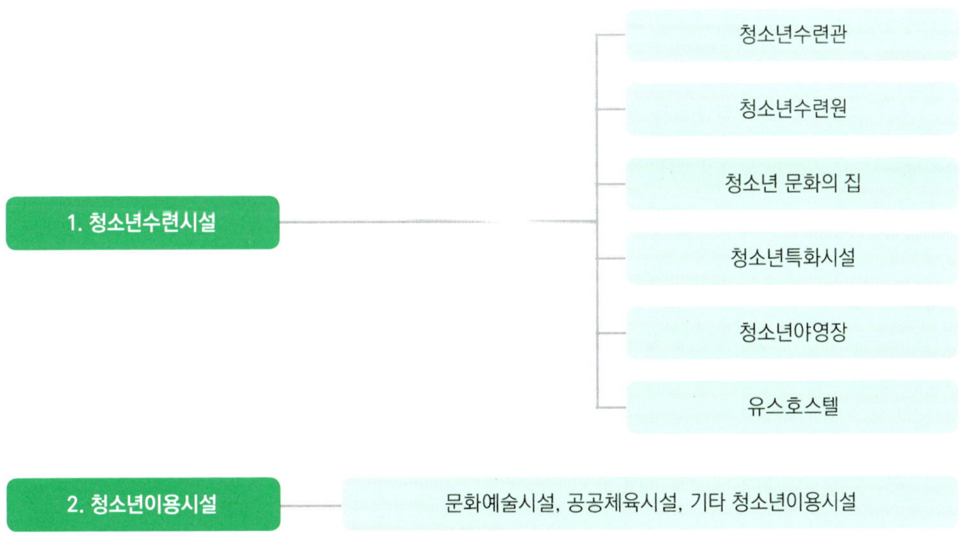

그림 13-1 청소년활동시설의 종류

출처: 여성가족부(2020b). 2020년 청소년백서. p. 530.

(1) 청소년수련시설

청소년수련시설의 종류를 살펴보면 다음과 같이 구분할 수 있다.

표 13-4 청소년수련시설 개요

(단위: 개소)

구분	시설 수	주요 기능 및 운영 프로그램
청소년 수련관	201	• 다양한 수련거리를 실시하는 종합수련시설 • (청소년활동)캠프, 주말체험, 성취포상제, 자원봉사활동, 해외문화체험·자원봉사 등 국제교류활동, 동아리활동 • (교육문화) 외국어·과학 창의력·수학·미술·음악·취미 독서·논술 등 평생교육프로그램 • (생활체육) 수영, 헬스, 농구, 배드민턴 등 체육강좌 • (진로교육) 파티쉐·바리스타·디자이너·요리사 등 진로체험, 진학·직업 적합도 검사·진로상담, 관련 학과 대학생 실습 등
청소년 문화의 집	347	• 간단한 수련거리를 실시하는 정보, 문화, 예술 중심의 수련시설 • 캠프·동아리활동 등 청소년활동, 수학·어학 강좌 등 교육문화 강좌, 진로체험 및 진로 지도 등 특색 있는 프로그램 운영 * 체육관, 대규모 강당 등을 보유하지 않은 소규모 시설로 수련관의 체육활동 외외 대부분의 프로그램 운영
청소년 특화시설	14	• 특정 목적의 청소년활동을 전문적으로 실시할 수 있는 수련시설 • 영상미디어, 진로 및 대안교육, 성문화, 국제교류, 자원봉사 등 특정 분야 전문 교육 프로그램 운영
청소년 수련원	153	• 숙박 기능을 갖춘 종합수련시설 • 초·중·고교 연계 학교단체 수련활동, 임원수련회, 숙박형 현장체험학습, 일일현장 체험활동, 특성화 캠프 운영
유스 호스텔	105	• 청소년에 적합한 숙박 편의 제공, 여행청소년의 활동지원을 위한 수련시설 • 유스호스텔은 허가받은 시설·설비 범위 내에서 수련원과 유사한 학교단체 수련활동 등 운영
청소년 야영장	34	• 야영시설을 갖추고 수련거리 및 야영 편의를 제공하는 수련시설 • 야영을 매개로 수련원과 유사한 학교단체 수련활동 등 운영

출처: 한국청소년수련시설협회(www.youthnet.or.kr)

(2) 청소년수련활동 정책 현황

여성가족부는 지역 간 균형 있는 청소년활동 공간 확충을 통해 청소년의 조화로운 성장과 발달을 도모하기 위해 수련활동이 가능한 시설을 확충하고, 또 이에 재정적인 지원을 한다. 그리고 현재 청소년수련활동 인증제와 국제청소년성취 포상제(에딘버러포상제)를 시행하여 청소년수련활동의 활성화를 도모하고 있다(청소년활동정보서비스 e-청소년 www.youth.go.kr).

① 청소년수련활동 인증제

청소년수련활동 인증제도는 「청소년활동 진흥법」 제35조 내지 제38조에 따라 시행된 제도로서, 청소년수련활동이 청소년의 균형 있는 성장에 기여할 수 있도록 국가 및 지방자치단체 또는 개인·법인·단체 등이 실시하고자 하는 청소년수련활동을 인증하고, 인증된 수련활동에 참여한 청소년의 활동 기록을 유지·관리·제공하는 청소년수련활동 프로그램에 대한 국가 인증제도이다. 이 인증제도는 국가가 청소년수련활동의 공공성과 신뢰성을 인증함으로써 청소년활동 정책의 실효성을 제고하고, 청소년의 교육과 사회적 환경변화에 따른 양질의 청소년활동 정책과 참여기회를 제공한다. 그뿐만 아니라 다양한 청소년활동 정보제공 및 청소년활동 참여를 활성화하고, 자기계발 및 진로모색에 활용 가능한 활동기록 관리와 제공 등을 위해서 도입되었다.

청소년활동 인증제의 특징은, 첫째, 맞춤형 참여로, 청소년의 눈높이에 맞는 다양하고 재미있는 인증수련활동에 참여할 수 있다. 둘째, 안전과 전문성으로, 안전한 활동환경을 갖추고 전문성을 지닌 지도자와 함께한다. 셋째, 체계적 관리로, 인증신청, 수시점검, 사후관리 등 인증수련활동의 시작부터 끝까지 꼼꼼하게 관리한다. 넷째, 경험의 활용으로, 인증수련

그림 13-2 청소년수련활동 인증제 운영체계

출처: 청소년활동정보서비스 e청소년(www.youth.go.kr)

활동 참여 후 여성가족부장관 명의 참여 기록확인서를 발급받을 수 있고 포트폴리오를 작성하여 관리할 수 있다(청소년활동정보서비스 e-청소년 www.youth.go.kr).

② 국제청소년성취포상제(에딘버러포상제)

국제청소년성취포상제란 만 14~24세 사이의 모든 청소년을 대상으로 청소년이 다양한 활동영역에서 자기주도적으로 활동하여 스스로의 잠재력을 최대한 개발하고 삶의 기술을 갖도록 하는 전 세계 140여 개국에서 운영되는 국제적으로 공인된 자기개발 프로그램이다. 국제성취포상제 활동은 비경쟁성, 접근성, 자발성, 유연성, 균형성, 단계 지향성, 과정 중시성, 지속성, 재미를 기본 이념으로 하고 있다. 포상활동의 영역은 몸과 마음을 건강하게 하는 신체단련활동, 타인과 지역사회에 도움을 줄 수 있는 봉사활동, 개인의 관심 분야를 배우고 익히는 자기개발활동, 자연에서 도전정신과 팀워크 그리고 환경의 소중함을 깨닫는 탐험활동, 새로운 사람들과 가치 있는 목적을 공동으로 다루는 합숙활동(금장만 해당)으로 구분한다.

> **에딘버러포상제**
>
> 에딘버러포상제는 영국 엘리자베스 2세 여왕 부군인 에딘버러 공작에 의해 1956년 처음 소개되었다. 청소년 간의 경쟁적 승리가 아니라 인내와 성취를 통한 개인의 역량 향상에 초점을 두고 참여 청소년이 4개의 활동 영역 안에서 지역에 따라 가능한 활동을 자유의지로 선택하며, 성별, 인종, 종교·정치적 소속에 근거한 어떠한 차별도 받지 않는다. 모든 청소년을 대상으로 하는 포상제로 청소년에게 스스로 역량을 계발할 수 있는 균형 잡힌 프로그램을 통해 성인기를 잘 대비할 수 있도록 동기를 부여하기 위함이었다.

출처: 여성가족부(2020b). 2020년 청소년백서.

표 13-5 청소년자기도전포상제 포상 단계별 포상활동 영역 최소 활동 기간

<table>
<tr><th>구분</th><th>봉사활동</th><th>신체단련활동</th><th>자기개발활동</th><th>탐험활동</th><th>합숙활동</th></tr>
<tr><td rowspan="2">금장
(만 16세 이상)</td><td>최소 12개월
48회(시간) 이상</td><td>최소 12개월
48(시간) 이상</td><td>최소 12개월
48회(시간) 이상</td><td>3박 4일</td><td>4박 5일</td></tr>
<tr><td colspan="3">은장을 보유하지 않은 경우,
3가지 영역(봉사, 자기개발, 신체단련) 중
1가지 영역을 선택해 추가로 6개월 활동</td><td>예비탐험 3박 4일,
1일 최소
야외활동 9시간</td><td>금장
단계에
한함</td></tr>
<tr><td rowspan="2">은장
(만 15세 이상)</td><td>최소 6개월
24회(시간) 이상</td><td>최소 6개월
24회(시간) 이상</td><td>최소 6개월
24회(시간) 이상</td><td>2박 3일</td><td>-</td></tr>
<tr><td colspan="3">동장을 보유하지 않은 경우,
3가지 영역(봉사, 자기개발, 신체단련) 중
2가지 영역을 선택해 추가로 6개월 활동</td><td>예비탐험 2박 3일,
1일 최소
야외활동 7시간</td><td>-</td></tr>
<tr><td rowspan="2">동장
(만 14세 이상)</td><td>최소 3개월
12회(시간) 이상</td><td>최소 3개월
12회(시간) 이상</td><td>최소 3개월
12회(시간) 이상</td><td>1박 2일</td><td>-</td></tr>
<tr><td colspan="3">참가자는 3가지 영역(봉사, 자기개발, 신체단련) 중
1가지 영역을 선택해 추가로 3개월 활동</td><td>예비탐험 1박 2일,
1일 최소
야외활동 6시간</td><td></td></tr>
</table>

※ 활동 1회당 1시간 이상, 회당 7일 이상 간격

출처: 청소년활동정보서비스 e청소년(www.youth.go.kr)

국제청소년성취포상제의 운영은 시·도 지역 단위 사무국 기능을 승인받은 17개 시·도 청소년활동진흥센터와 한국사무국으로부터 승인을 받은 청소년 관련 법인의 중앙운영사무국[3]에서 운영한다.

③ 청소년자원봉사

가. 도입 배경

우리 사회에 만연한 물질만능주의 가치관과 부모의 지나친 보호 속에서 성장한 우리나라 청소년은 남을 먼저 배려하기보다는 오직 자신과 가족만을 생각하는 극단적인 개인주의 풍조에 물들게 되었다. 게다가 치열한 입시 위주의 학교교육은 청소년기에 길러주어야 할 인성 함양을 위한 소양교육을 하기에 쉽지 않은 여건에 놓여 있다. 이에 입시 위주 교육

3 전국 시·도 규모의 3개 이상의 지부를 보유, 전국 단위로 일정 규모의 조직 및 체계를 확보한 청소년 관련 법인 또는 단체

에 매몰된 청소년의 인성을 함양하고 공동체 의식을 제고하며, 민주시민으로서의 자질 향상과 사회생활에 필요한 직업에 대한 탐색 및 준비 등을 할 수 있도록 도와줄 수 있는 무언가가 절실히 필요하였다. 1995년 대통령자문기구인 교육개혁위원회에서는 '5.31 교육개혁방안'을 제안함으로써 청소년으로 하여금 입시 위주의 학교교육에서 탈피하여 다양한 체험활동 및 봉사활동을 할 수 있는 제도적 틀을 마련하였다.

나. 청소년 자원봉사활동 추진 현황

청소년 자원봉사활동 관리를 위해 2005년 청소년봉사활동 관리시스템(CS 버전)을 구축하여 시·도 청소년자원봉사센터가 지역별 봉사활동기관 및 봉사활동 프로그램과 실적 등을 보다 쉽게 관리·지원할 수 있도록 하였다. 또한, 청소년이 온라인상에서 실시간으로 봉사활동 신청 및 경력 관리, 봉사활동 확인서 출력 등의 기능을 더욱 편리하게 이용할 수 있도록 하였다. 2012년에 여성가족부 청소년통합정보시스템과 통합 작업을 추진하여 기존 청소년자원봉사 포털사이트(dovol.youth.go.kr)[4]를 개편하였으며, 정부 부처 간 칸막이 제거를 통해 이용자 편리성을 증대하자는 일환으로 안전행정부 자원봉사 통합관리시스템(1365 나눔 포털)의 연계 서비스를 제공하고 있다. 자원봉사실적 연계를 교육행정 정보시스템 '나이스(NEIS)'를 통하여 생활기록부에 온라인 실적전송을 할 수 있도록 하고 있다. 2017년에는 청소년활동정보서비스(youth.go.kr)와 통합하여, 청소년자원봉사활동뿐만 아니라 청소년 국제교류, 자유학기제 연계 체험활동 등 타 청소년활동 정보와의 연계도 강화하였다.

다. 청소년 자원봉사활동 현황

청소년자원봉사는 개인, 가족, 동아리, 단체 등의 유형으로 활동에 참여하며, 일손돕기·환경미화·취약계층 활동 보조 등의 노력봉사, 학습지도·멘토링·공부방 운영 지원 등의 교육봉사, 지역행사 운영·보조, 캠페인 활동 등의 문화봉사, 청소년들의 다양한 재능을 활용한 재능봉사활동 등 다양하게 이루어지고 있다.

청소년봉사활동은 17개 시·도 청소년활동진흥센터에서 인증한 기관을 의미하는 봉사활

---

4 두볼(Dovol)은 'Do Volunteer(자원봉사하다)'의 약자로, 국내 유일 청소년을 위한 자원봉사시스템이다(청소년활동정보서비스 e-청소년 www.youth.go.kr)

동 인증터전을 통해 이루어지고 있으며, 인증터전에 청소년기관 및 단체, 사회복지기관 및 시설, 문화·예술시설 및 단체, 체육·관광시설 및 단체, 의료보호시설 및 단체, 기업체(사회공헌재단 등)의 다양한 기관이 참여하고 있다.

2016년부터는 청소년자원봉사의 안전한 봉사활동 환경 보장과 자발적 봉사참여 촉진을 위해 자원봉사 상해보험 지원을 시작하였으며, 2017년부터는 자원봉사 포털(1365 나눔포털, VMS) 간 종합보험 통합 제공 추진을 통해 자원봉사 상해보험 수혜 대상자를 크게 확대[5]하였다.

2017년부터 자기주도형 봉사활동 시범사업을 추진하여, 청소년이 지역사회의 문제나 변화에 능동적으로 참여하는 봉사활동을 진행하고 있다. 1998년부터 매년 4월 셋째 주 주말에 '세계청소년 자원봉사의 날(Global Youth Service Day)' 행사를 개최하여 매년 100여 개 이상의 국가가 참여하고 있고, 2001년부터 대한민국도 한국청소년활동진흥원에서 관련 행사를 주관하고 있다.

표 13-6 청소년 자원봉사활동 실인원 및 지속 참여 인원 (단위: 명, %)

연도	2011	2012	2013	2014	2015	2016	2017	2018	2019
실인원(명)	275,981	277,908	241,287	231,887	250,024	275,163	260,770	271,727	279,743
10시간(명)	86,529	91.223	73,936	74,293	84,110	99,289	97,907	99,425	105,347
비율(%)	31.35	32.82	30.64	32.04	33.64	36.08	37.55	36.59	37.65

출처: 여성가족부(2021). 2020년 청소년종합실태조사

표 13-7 청소년자원봉사 포털사이트 연간 프로그램 제공 수 (단위: 개)

연도	2011	2012	2013	2014	2015	2016	2017	2018	2019
프로그램 수	171,032	185,429	281,847	303,408	313,387	447,905	506,822	419,119	362,144

출처: 한국청소년활동진흥원(www.kywa.or.kr)

(3) 청소년이용시설

① 청소년이용시설의 개념 및 유형

청소년이용시설은 청소년수련시설이 아니지만 설치 목적의 범위 내에서 청소년활동 실시

---

5 Dovol 회원 중 봉사활동에 1회 이상 참가한 청소년(약 9만 명)에서 청소년 자원봉사활동에 참여하는 전체 회원(약 27만 명)으로 확대됨

와 청소년의 건전한 이용 등을 위하여 제공할 수 있는 시설을 말한다.

- 「문화예술진흥법」 제2조제1항제3호의 규정에 의한 문화시설
- 「과학관의 설립·운영 및 육성에 관한 법률」 제2조제1항의 규정에 의한 과학관
- 「체육시설의 설치·이용에 관한 법률」 제2조제1항의 규정에 의한 체육시설
- 「평생교육법」 제2조제3항의 규정에 의한 평생교육시설
- 「산림문화·휴양에 관한 법률」 제13조, 제14조 및 제19조의 규정에 의한 자연휴양림
- 「수목원·정원의 조성 및 진흥에 관한 법률」 제2조제1항의 규정에 의한 수목원
- 「사회복지사업법」 제34조제4항의 규정에 의한 사회복지관
- 시민회관·어린이회관·공원·광장·고수부지와 그 밖에 이와 유사한 공공시설로서 수련 활동 또는 청소년 여가선용을 위한 이용에 적합한 시설 등이 해당된다.

시장·군수·구청장은 청소년이용시설 중 청소년지도사를 배치한 시설에 대해서는 청소년이용 권장시설로 지정하여 다른 청소년이용시설에 우선하여 지원할 수 있다 (한국청소년활동진흥원, 2021).

② 청소년이용시설 현황

가. 문화시설

문화시설로는 청소년들의 정서 함양을 위해 국가가 건립한 국립중앙극장, 국립중앙박물관, 국립현대미술관, 국립국악원, 국립민속박물관, 국립중앙도서관 등이 있으며, 각 지역별로 박물관, 미술관, 도서관, 문예회관, 지방문화원 등의 시설이 있다. 문화공간은 공연시설(공연장, 영화상영관, 야외음악당 등), 전시시설(박물관, 미술관, 화랑, 조각공원), 도서시설(도서관, 문고), 지역문화복지시설(복지회관, 문화체육센터), 문화보급전수시설(지방문화원, 국악원, 전수회관) 등으로 분류된다.

나. 과학관

과학관 중 대표적인 이용시설로는 국립중앙과학관과 국립서울과학관이 있다. 국립중앙과학관의 상설전시관에는 4개 분야 약 4,100여 점의 전시품이 전시되고 있다. 이 밖에 탐구

관, 천체관, 영화관, 특별전시관, 야외전시장 등을 갖추고 있다. 국립서울과학관은 상설전시관, 특별전시관, 영화관, 과학교실, 세미나실, 놀이 및 휴식 공간 등의 공간을 갖추고 있다.

다. 체육시설

우리나라의 체육시설은 정부의 지속적인 투자로 양과 질적인 측면에서 괄목할 만한 성장을 이루어 왔다. 정부는 국민의 건전한 여가선용과 생활체육활동을 증진하기 위하여 국민이 집 주변에서 쉽게 접근할 수 있는 생활체육시설과 전문선수의 육성을 위한 전문체육시설의 건설을 지원해 왔으며, 각종 국제경기대회 등의 개최를 계기로 국제 수준의 체육시설을 확충하고 있다. 현재 정부가 지원하고 있는 공공체육시설의 종류로는 생활체육공원, 국민체육센터, 마을단위 생활체육시설, 동네운동장, 길거리농구대 시·군 기본체육시설 등이 있다(여성가족부, 2018d).

03 청소년문화활동의 문제점과 개선 방안

국가, 지역사회, 학교와 기성세대는 청소년이 적극적이고 자발적으로 자신을 표현할 수 있도록 도와야 할 책임이 있다. 청소년의 전인적 성장과 발달에 긍정적인 영향을 미치는 다양한 문화활동을 경험함으로써 청소년이 문화경험의 기회를 확대하고 다른 한편으로는 영상매체 노출로부터 청소년을 보호하는 것은 매우 중요하다. 청소년문화활동에서 학교문화예술교육은 2015 개정 교육과정에서 초등학교 및 중학교 비율은 동일한 상황이다. 고등학교에서는 특성화 고등학교 예술교과 최소 이수 시수가 기존 5단위에서 6단위로 다소 증가하였으나 예술교과가 1단위 증가하는 대신 체육교과는 10단위에서 8단위로 감소하여 전반적으로 예술·체육교과 시수는 유지 또는 감소한 것으로 판단된다(한국문화예술교육진흥원, 2016). 따라서 학교에서의 문화교육은 예능교육이나 특기적성활동을 강화하는 것뿐만 아니라 모든 교과과정에 문화적 관점이 포함될 수 있도록 교과과정이 마련되어야 한다.

또한, 상위문화 교육 차원에서 대안학교, 청소년문화시설, 평생학습센터, 기타 공공문화

기반시설 등 학교 이외의 다양한 사회적 영역과 연계하에 청소년의 문화적 감수성을 함양하고 문화활동을 활성화하기 위한 교육 프로그램이 마련되어야 한다(김윤재 외, 2018). 문화체육관광부에서 실시하고 있는 문화가 있는 날[6]을 청소년도 함께 참여할 수 있도록 교육정책과 연계된 방안을 마련하여 국가적 차원의 국민 문화생활의 질을 높이는 데 적극적인 자세를 취해야 한다. 그뿐만 아니라 청소년 욕구의 다양성과 개별성을 감안하여 다양한 분야의 문화예술활동을 지원하는 인프라 구축과 프로그램이 개발되어야 하며, 청소년이 여가를 건전하고 건강하게 즐기도록 학교와 지역사회의 협력을 토대로 문화활동 공간을 제공하고, 청소년들이 문화활동을 통해 자신의 흥미와 취미, 적성과 소질을 발견할 수 있는 기회를 제공해야 한다. 또한 청소년이 이러한 문화활동 프로그램에 적극적으로 참여할 수 있도록 청소년 서포터즈와 같은 홍보활동과 함께 청소년이 많이 사용하는 인터넷, 미디어, SNS를 활용하여 적극적으로 알린다.

문화복지란 국가 차원에서 국민의 삶의 질을 높이고 최소한의 문화적 향유를 누릴 수 있도록 다방면에서 지원하는 새로운 복지정책이다. 과거 특정 계층에서만 누릴 수 있었던 연극, 뮤지컬, 클래식 연주, 오페라, 미술 관람 등의 고급 문화예술을 모든 국민이 함께 누릴 수 있도록 정부의 제도적 지원과 기존제도의 보완으로 문화 향유의 일상화를 추진해야 한다. 특히 성장기에 있는 청소년의 문화감수성을 향상시키기 위한 방안을 국가 주도하에 체계적으로 수립하여 청소년이 언제 어디서든 문화생활을 접할 수 있는 환경을 조성해야 한다. 청소년 또한 다양한 형태로 제공되는 문화 혜택을 충분히 누려 문화활동 프로그램의 수혜와 제공이 동시에 일어날 수 있도록 적극적인 참여 자세가 필요하다.

한편, 청소년활동은 성인으로 나아가는 삶을 준비하는 데 매우 중요한 역할을 담당하고 있으므로 청소년활동을 좀 더 체계적으로 재정비할 필요가 있다. 이제는 청소년의 자기결정을 바탕으로 구체적인 성장의 기회를 제공하고 사회에서 공유할 수 있는 성과를 제공할 수 있는 포괄적·통합적 의미의 청소년 역량개발 중심의 청소년활동정책으로 변화가 요구

6 매달 마지막 주 수요일에 다양한 문화 혜택을 제공하는 것으로, 영화관, 공연장, 박물관, 미술관, 문화재 등 전국의 2천여 개 문화시설을 할인 또는 무료로 즐길 수 있고, 지역문화 콘텐츠 특성화, 청춘 마이크, 동동동 문화놀이터, 직장 문화배달 등 다양한 기획 사업을 통해 민간단체와 협력하고 국민문화향유권 확대를 위해 노력한다

되고 있다(김향초, 2015).

문제점과 개선사항을 다음 몇 가지로 살펴볼 수 있다.

첫째, 청소년은 스스로 자신의 여가활동에 대해 많은 불만을 갖고 있는데, 여가활동에 대한 청소년의 주된 불만은 여가시간의 부족, 시설과 장소의 부족이다. 청소년을 주체적인 존재로 인정할 때 청소년의 불만을 일정 부분 해소할 수 있을 것이다.

둘째, 청소년 역량개발 지원을 위한 법과 제도의 정비가 필요하다. 청소년 활동에 관한 내용을 담고 있는 「청소년활동 진흥법」을 수정·보완하여 청소년수련시설이나 단체 및 기관에서 청소년 역량개발을 위한 구체적인 사업을 추진하고, 이를 국가와 지방자치단체에서 지원할 수 있도록 명시하여 제도화해야 한다. 즉, 국가나 지방자치단체의 청소년활동 지원 책임을 명시하고 예산 지원에 관한 규정을 강화해야 한다. 또한 청소년활동진흥센터는 일선의 청소년시설이나 단체와 차별화하여 센터의 정체성은 확립하되 전국에서 공통적으로 지켜야 할 명확한 기준을 마련해야 한다(김윤재 외, 2018).

셋째, 청소년의 성장과 발달에 지대한 영향을 미치는 가정에서의 부모 역할은 무엇보다 중요하다. 청소년의 욕구와 문제점을 해결하기 위해서는 청소년과 청소년활동에 대한 부모의 이해가 선행되어야 한다. 부모교육을 통해 청소년활동의 참여를 격려하고 부모와 함께 체험활동, 자원봉사활동 등에 참여함으로써 청소년의 올바른 가치관 형성을 도와야 한다.

넷째, 지역과 학교 간의 긴밀한 협소가 필요하다. 이를 위해서 관련 부처의 적극적인 공조가 선행되어야 한다. 학교를 벗어나 길거리에서 방황하는 청소년들에게 안전이 보장된 학교라는 공간 안에서 다양한 활동을 통해 안전과 경험이라는 일석이조의 성과를 창출할 수 있는 기회의 장을 제공해야 한다.

함께 생각 나누기

1. 청소년의 창의적 체험활동 시간에 경험했던 일들 중 기억에 남는 내용을 이야기해 봅시다.
2. 청소년자원봉사 경험을 나누고, 느낀 점을 이야기해 봅시다.
3. 청소년이용시설 경험을 토대로 개선할 점에 대하여 이야기해 봅시다.

함께 풀어 봅시다

1 청소년문화의 개념으로 옳지 않은 내용은?

① 예술과 예술활동으로서의 문화이다.
② 삶의 방식으로서의 문화이다.
③ 과정과 발전으로서의 문화이다.
④ 결과로서의 문화이다.

정답 ④
해설 청소년 문화는 과정과 발전으로서의 문화라서 결과로서의 문화는 해당하지 않는다.

2 창의적 체험활동 영역에 속하지 않는 것은?

① 자율활동
② 봉사활동
③ 문화활동
④ 진로활동

정답 ③
해설 청소년 창의적 체험활동 영역은 자율활동, 봉사활동, 동아리활동, 진로활동이다.

3 청소년수련시설에 속하지 않는 것은?

① 청소년문화의 집
② 청소년이용시설
③ 청소년수련원
④ 청소년특화시설

정답 ②
해설 청소년수련시설에는 청소년수련관, 청소년수련원, 청소년문화의 집, 청소년특화시설, 청소년야영장, 유스호스텔이 있다.

4 청소년이용시설의 종류가 아닌 것은?

① 오락실
② 과학관
③ 체육관
④ 청소년문화시설

정답 ①
해설 청소년이용시설의 종류에 과학관, 체육관, 청소년문화시설이 있다.

5 청소년문화활동의 개선 방향으로 옳지 않는 것은?

① 청소년들의 여가시간을 확대
② 청소년시설을 확대
③ 청소년을 수동적인 존재로 인정
④ 청소년활동 장소의 확대

정답 ③
해설 청소년문화활동의 개선 방향으로 청소년을 주체적인 존재로 인정해야 그들의 불만을 해소하고 개선할 수 있다.

chapter 14

청소년복지의 과제와 전망

우리 사회에서 청소년복지에 대한 관심은 그 어느 때보다도 활발하게 논의되고 있으며, 실질적인 복지서비스를 제공하고자 관련법을 바탕으로 관련 부처와 많은 노력을 기울이고 있다. 그럼에도 불구하고 우리 사회 청소년의 행복 수준은 OECD 국가 중에서 여전히 하위 수준을 벗어나지 못하고 있다. 이는 기성세대의 입장에서 청소년을 바라보는 정체된 인식의 변화가 절대적으로 필요하다는 것을 나타내는 결과이며, 청소년의 진정한 욕구와 실질적인 복지혜택이 이루어지지 않고 있음을 나타내는 것이라고 할 수 있다.

따라서 이 장에서는 청소년이 행복할 수 있도록 실질적이고 필요한 복지서비스를 제공하기 위해 해결해야 할 과제에 대하여 고찰해 보고, 향후 청소년복지의 발전 방향에 대하여 전망해 보고자 한다.

01 청소년복지의 과제

1) 청소년에 대한 통일된 개념 정립

현재 우리나라의 '청소년'의 연령에 대한 범주는 관련법에 따라 매우 다양하게 정의되고 있다. 현재 시행되고 있는 관련법을 근거로 살펴보면 「청소년 기본법」, 「청소년복지 지원법」, 「청소년활동 진흥법」에서는 청소년을 9세 이상 24세 미만의 자로 규정하고 있고, 「청소년 보호법」, 「소년법」, 「민법」, 「아동·청소년의 성보호에 관한 법률」에서는 19세 미만의 자로 규정하나 '청소년', '소년', '미성년자', '아동·청소년'으로 그 용어를 다르게 규정하고 있다. 또한 「아동복지법」, 「한부모가족지원법」, 「국민기초생활 보장법」에서는 18세 미만의 자로 규정하나 그 용어를 청소년이 아닌 '아동'으로 규정하고 있고, 14세가 되지 아니한 자로 규정한 「형법」에서는 '형사 미성년자'로, 「근로기준법」에서는 '연소자'로 규정하는 등 관련 법에 따라 용어의 구분이 각기 상이하여(청소년, 소년, 아동, 미성년자, 연소자) 청소년에 대한 통일된 용어가 필요하다.

그뿐만 아니라, 연령에 있어서도 법마다 다른 적용기준을 정비하여 청소년의 입장에서 그 범주를 통일하여 일치시킬 필요가 있다. 이는 청소년복지 서비스를 계획하고 실행하는 데 있어 효율적인 정책집행으로 이어질 것이다. 또한 사회적으로 청소년의 정체성을 명확히 규정함으로써 우리 사회가 청소년을 수동적이고 의존적인 존재로 인식하는 것에서 벗어나 자주적이고 주체적이며 독립적인 존재로 인식함으로써 청소년의 지위가 인정될 것이다.

2) 청소년 관련 법체계 개편

현재 우리나라에서 시행되고 있는 청소년 관련법을 살펴보면 「근로기준법」(1953), 「아동복지법」(1981)을 비롯하여 1987년 「청소년육성법」을 개정한 「청소년 기본법」(1991), 「청소년 보호법」(1997), 「아동·청소년의 성보호에 관한 법률」(2000), 「청소년복지 지원법」(2003), 「청소년활동 진흥법」(2004), 「영유아보육법」(2004), 「한부모가족지원법」(2007), 「학교 밖 청소년 지원에 관한 법률」(2014)에 이르기까지 다양하다. 이와 같이 여러 법적인 규정을 통해 지원이 이루어지고 있어, 관련 부처별로 유사하거나 중첩되는 정책을 경쟁적으로 실시함에 따라 예산 낭비와 함께 중복되거나 누락되는 서비스가 발생하고 있다. 이는 관련 업무 담당자의 업무 효율성을 저하시키고, 서비스 수혜 대상에서 제외되는 일부 청소년의 불만이 또 다른 사회 불만으로 표출될 수 있다는 점을 감안할 때 시급히 개선되어야 할 사항이다.

우리나라의 청소년복지가 사회복지의 연장선상에서 발전했다기보다는 청소년정책의 발달과 함께 제정되었다는 것을 감안할 때 각종 사회복지 관련법이나 정책과 연계되지 못하고 고립되는 특징을 보이고 있다. 예를 들면, 「청소년복지 지원법」에 청소년상담복지센터가 복지시설로 규정되어 있기는 하지만, 사회복지서비스의 실질적인 지원에는 많은 어려움이 있다(백사인 외, 2015)는 점이 청소년 관련법의 개편이 필요한 이유이기도 하다.

따라서 청소년과 관련된 법을 하나로 통합할 수 있는 청소년법을 제정하여, 청소년이 건강한 사회구성원으로 성장하는 데 필요한 제반 서비스를 통합적으로 지원하고 체계적으로 관리할 수 있도록 국가가 책임지고 적극적으로 나서야 한다.

3) 청소년복지 행정체계의 정비

청소년복지서비스의 실질적인 혜택이 보장되기 위해서는 청소년복지 행정이 체계적으로 실시될 수 있도록 정비되어야 한다. 우리나라는 청소년에 대한 개념이 명확하게 정립되지 않아 청소년복지와 관련한 행정체계가 정부가 바뀔 때마다 주무부처가 변경되었다. 이로 인해 중앙단위의 청소년 조직체계의 지속성과 연속성이 매우 불안정하고, 행정을 전담하는 독자적인 부서가 부재하여 일관되고 체계적인 정책을 수립하는 데 어려움이 있으며, 청소년복지에 대한 집중적인 노력에도 한계가 있다. 이와 같은 상황은 청소년복지 행정에 필요한 충분한 예산을 확보하는 데 어려움을 낳게 되고, 이는 청소년복지와 관련된 많은 서비스를 수행하는 데 있어 취약한 구조를 양산하게 된다. 이러한 행정체계하에서 독립적인 청소년복지예산을 지원받지 못하고, 타 업무의 예산편성에 통합·편성되고 집행되다 보니 정확한 예산의 규모를 파악하는 것조차 쉽지 않고 실질적인 집행에도 상당한 제약이 따른다.

청소년복지 행정에 있어서는 관련 기관의 자발적인 협조와 적극적인 지원뿐 아니라 청소년과 밀접하게 관계를 맺고 있는 학교와 지역사회의 공공기관 및 청소년 관련 단체 간의 긴밀한 공조와 협력이 필요하다. 그럼에도 불구하고, 각기 다른 방향성과 이해관계로 인하여 원활한 상호협력과 유기적인 상호보완이 이루어지지 못하고 있다. 결국 청소년에게 돌아가야 할 복지서비스가 충분히 공급되지 못하는 결과를 가져오게 된다. 그러므로 체계적이고 원활한 청소년복지 행정의 운영을 위하여 중앙정부와 각 지방자치단체, 학교와 지역사회 내의 모든 유관기관은 적극적으로 협조하고 상호협력하여 종합적인 청소년복지 행정이 이루어지도록 노력해야 한다. 이를 위해서 각 부처별로 분산되어 있는 중앙정부의 청소년복지 업무를 실질적이고 총체적으로 관리할 수 있도록 통합적인 행정시스템을 구축하고 운영에 필요한 예산을 적극 지원하는 방안이 검토되어야 한다. 중앙부처의 정비와 함께 각 지방자치단체에서도 청소년복지와 관련한 행정체계를 정비·수정·보완하여 지역 중심의 청소년복지 행정이 더욱 효과적으로 수행될 수 있는 기반을 마련하는 것이 절실하다.

4) 청소년복지 전문인력의 전문성 제고

청소년의 개인별 특성에 적합한 청소년복지를 수행하기 위하여 청소년복지를 실질적으로 실행할 수 있는 전문가가 절대적으로 필요하다. 청소년지도사나 청소년상담사가 수행하는 청소년수련활동, 문화활동, 청소년 상담, 직업교육, 청소년 보호 등과 같은 다양한 청소년복지 관련 서비스를 제공하기 위해서는 무엇보다 전문가의 활동영역이 매우 광범위하고 청소년을 지원할 수 있는 다양한 이론과 실천적 지식을 겸비해야 한다.

그러나 현실은 이들을 양성할 수 있는 체계가 미약하고, 전문가 양성을 위한 체계적이고 전문적인 행정체계가 아직도 미비한 상황이다. 누구나 쉽게 이론을 학습한 후 관련 자격을 취득할 수 있는 형식적인 전문가를 양산하는 것은 장기적 관점에서 청소년복지에 부정적인 영향을 미칠 수 있다. 따라서 전문적인 기관에서 충분한 자격과정을 이수하고 관련 절차에 따라 자격을 취득한 자에 대하여 전문인력으로 인정하되, 전문인력의 전문성에 대한 인정·보상의 크기를 확대하고, 지속적인 역량강화를 위한 예산 지원을 확대함으로써 청소년복지와 관련된 다양한 현안들을 해결하고 보다 나은 방안과 새로운 대안을 제시할 수 있도록 체계적인 지원과 전문인력 강화에 주력해야 할 것이다.

5) 청소년의 참여 확대

청소년참여란 청소년이 사회구성원으로서 개인이나 공동의 목표를 달성하기 위하여 타인과 집단에 의도적으로 지속적인 상호작용을 가지면서 이룩하는 모든 활동과 그 과정을 의미하는 것으로, 영향력과 상호작용, 정보 공유의 세 가지 개념이 중심이 된다. 청소년참여는 최근 청소년의 기본 권리라는 인식에서 새롭게 정의되고 있다(홍봉선·남미애, 2018).

「청소년 기본법」(제5조의2)에 따라 국가 및 지방자치단체는 청소년과 관련된 정책을 수립하는 절차에 청소년을 참여시키거나 의견을 수렴할 수 있는 청소년 자치권을 확대하였다. 청소년참여는 단순히 의견을 제시하는 소극적인 참여에서부터 정책 결정 과정에 권한을 갖는 적극적인 참여까지 여러 수준이 있으며, 정치적인 참여 형태뿐 아니라 경제적인 참여, 사회적인 참여 등 다양한 형태가 있다.

지금 우리 사회는 정보화, 세계화, 다원화가 급속하게 진전되는 대전환기에 접어들고 있고, 우리 앞에는 국가발전과 인류발전이라는 중책이 놓여 있다. 그중에서도 국가 경쟁력을 확보하는 문제는 민족의 운명과도 관련된 중요한 문제로서 이를 위해 청소년육성 문제가 중요한 정책 사항이 되고 있다. 이미 선진국의 경우, 사회 변화를 예견하고 이에 대한 준비로 청소년을 사회의 중요한 구성원으로서, 무한한 잠재력을 가진 인류발전의 동반자로서 그 위상을 새롭게 인정하고 있으며, 이들의 창조적 활동을 적극 장려하고 있다(홍봉선·남미애, 2018).

이처럼 청소년의 참여는 사회적 발달과업의 하나이다. 청소년은 성장하면서 다양한 사회적 발달과업을 수행하는데 한 개인이 집단이나 사회구성원으로 참여함으로써 지식, 기술 및 태도를 학습하게 되는 것이다. 참여는 신체적·심리적 특성과 함께 사회·문화적 관계 속에서 다양한 형태로 이루어진다. 청소년기에 수행해야 할 다양한 활동의 미참여로 인해 필요한 숙련기술이나 책임감을 기르지 않은 채 갑자기 어른이 되는 것은 무리이다. 또한 청소년참여는 올바른 자아정체감 확립의 기회가 되며, 다양한 경험적 활동에 참여하면서 자신의 재능과 흥미, 적성과 소질을 계발하는 기회가 될 수 있다(홍봉선·남미애, 2018). 그뿐만 아니라 청소년은 참여를 통하여 공동체 구성원으로서의 역할에 이바지하고 사회통합과 조정의 과정을 거쳐 민주시민으로서의 지위를 확인하는 기회를 갖는다.

그러나 우리 사회 청소년은 여전히 학교나 사회에서 그들의 의견을 자유롭게 표출하는데 많은 제한이 있고, 그들의 의사가 존중되지 못하는 상황이 발생하기도 한다. 청소년 관련 정책의 수립에도 청소년참여가 원활히 이루어지지 않아 청소년에게 적합한 정책에 아쉬움이 있고, 참여가 이루어진다 하여도 극히 일부 정책에서만 시행되고 있다. 따라서 청소년복지와 정책에 관련하여 청소년의 적극적인 참여가 이루어질 수 있는 시스템을 구축해야 한다. 더하여 청소년도 청소년복지와 청소년정책, 청소년 제반 사항에 대하여 관심을 갖고 스스로의 권리를 이행할 수 있는 적극적인 참여 자세를 지녀야 한다.

02 청소년복지의 전망

우리나라는 눈부신 경제성장으로 선진국의 대열에 일찌감치 합류하여 경제적 풍요를 누리고 있다. 그러나 2018년 한국방정환재단과 연세대학교 사회발전연구소에서 발표한 한국 어린이·청소년 행복지수 연구보고서에 따르면 우리나라 청소년의 주관적 행복지수는 OECD 22개 국가 중 16위로 하위 수준이다. 물질적 행복지수는 OECD 20개 조사국가에서 핀란드 다음으로 2위를 차지하여 매우 높은 행복지수를 보이고 있다. 가족과 친구 관계 행복지수에서는 OECD 22개국 조사에서 3위를 차지하였으며, 보건과 안전은 26개국 중 5위를, 교육은 26개국 중 7위, 행동과 생활양식은 21개국 중 당당히 1위를 차지하였다. 조사 결과 스페인, 스웨덴, 네덜란드 등의 국가는 주관적 행복지수와 물질적 행복지수가 비슷한 수준으로 나타난 반면, 한국은 주관적 행복지수와 물질적 행복지수 사이에 커다란 간극이 있음을 보여주었다.

표 14-1 OECD 국가의 영역별 행복지수 비교

순위	주관적 행복		가족과 친구 관계		보건과 안전		물질적 행복		교육		행동과 생활양식	
1위	스페인	117.51	이탈리아	119.98	스웨덴	118.55	핀란드	118.99	네덜란드	116.68	대한민국	126.24
2위	네덜란드	114.07	네덜란드	115.25	노르웨이	113.05	대한민국	114.16	포르투갈	110.75	네덜란드	110.90
3위	노르웨이	113.25	대한민국	114.52	아이슬란드	111.28	덴마크	111.83	일본	110.45	아일랜드	110.85
4위	오스트리아	111.59	노르웨이	110/40	일본	110.70	독일	108.26	폴란드	109.99	아이슬란드	110.85
5위	그리스	109.06	포르투갈	108.19	대한민국	110.65	오스트리아	108.23	아일랜드	109.40	스위스	106.97
6위	스위스	106.89	스위스	107.47	핀란드	105.94	스웨덴	108.17	벨기에	108.18	포르투갈	104.91
7위	덴마크	106.44	덴마크	105.85	네덜란드	105.14	체코	106.40	대한민국	107.90	스페인	104.57
8위	아일랜드	106.40	아일랜드	104.10	스위스	104.99	폴란드	104.18	체코	107.82	덴마크	102.48
9위	아이슬란드	103.36	스페인	100.87	프랑스	103.82	네덜란드	103.76	호주	106.57	벨기에	101.60
10위	독일	101.58	스웨덴	99.64	독일	103.71	헝가리	98.78	덴마크	106.37	오스트리아	100.55
11위	스웨덴	100.91	아이슬란드	99.51	아일랜드	103.28	프랑스	96.68	노르웨이	106.27	스웨덴	100.12
12위	이탈리아	99.52	독일	97.71	스페인	103.21	벨기에	95.21	아이슬란드	102.85	캐나다	98.80
13위	핀란드	96.71	벨기에	97.63	그리스	101.84	호주	94.68	핀란드	102.69	핀란드	96.71
14위	프랑스	95.23	핀란드	97.47	체코	101.78	이탈리아	94.02	독일	102.61	영국	96.06
15위	영국	95.08	헝가리	97.27	덴마크	100.83	아일랜드	93.11	스웨덴	101.79	독일	95.06
16위	대한민국	94.65	프랑스	93.03	호주	99.60	포르투갈	92.49	뉴질랜드	99.20	폴란드	94.83
17위	포르투갈	92.45	오스트리아	92.93	벨기에	98.00	영국	91.18	스위스	95.52	프랑스	93.63
18위	헝가리	91.58	그리스	92.81	영국	97.41	스페인	90.94	캐나다	94.47	체코	90.98
19위	캐나다	89.85	폴란드	92.17	헝가리	96.43	그리스	90.71	미국	94.30	이탈리아	87.86
20위	폴란드	87.97	영국	86.48	폴란드	94.23	미국	78.22	프랑스	93.92	그리스	85.50
21위	벨기에	85.75	캐나다	84.32	이탈리아	93.24			스페인	93.35	헝가리	82.10
22위	체코	80.16	체코	82.49	오스트리아	89.73			영국	89.06		
23위					포르투갈	88.75			헝가리	83.39		
24위					캐나다	88.62			이탈리아	83.00		
25위					뉴질랜드	80.81			오스트리아	82.96		
26위					미국	74.41			그리스	81.50		

* 괄호 안의 자는 평균 100점, 표준편차 10을 기준으로 한 표준점수를 뜻함.

* 점수가 없는 국가는 가용한 데이터의 부재로 순위에서 빠짐

출처: 한국방정환재단(children365.or.kr)

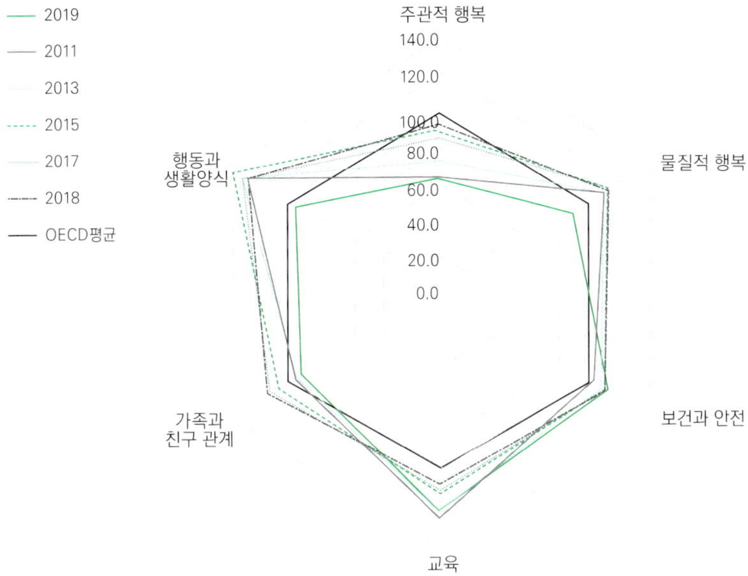

그림 14-1 한국 어린이·청소년 행복지수 역대 변화 추이

출처: 한국방정환재단·연세대학교 사회발전연구소(2018). 한국 어린이·청소년 행복지수.

우리 사회 청소년은 물질적 풍요 속에 입시를 위한 경쟁교육으로 교우 간에 우정 대신 성적으로 친구를 제치고 우위를 선점하려는 스트레스에 시달리고 있다. 이러한 상황은 다양한 형태의 학교 내 갈등을 유발시키고, 청소년기에 습득해야 할 협동과 배려, 인성과 다양성의 존중에 심각한 영향을 주어 결국 주관적 행복지수를 낮추게 된다. 따라서 청소년의 물질적 행복과 주관적 행복이 함께 상승하기 위하여 다양한 방법으로 청소년의 문제를 해결할 수 있도록 청소년의 목소리에 귀 기울여야 한다. 청소년을 수동적이고 미완성의 존재로 인식하지 않고, 자율적이고 주체적인 존재로 존중하여 그들의 요구를 반영함으로써 청소년의 주관적 행복지수를 높일 수 있도록 해야 한다.

청소년복지를 성인의 눈높이가 아닌 청소년의 눈높이에서 접근할 때 청소년의 행복지수가 높아질 것이고, 청소년 행복지수가 높다는 것은 청소년복지가 청소년에게 만족할 만한 수준으로 제공되고 있다는 것을 나타내는 결과가 될 것이다.

03 청소년문화 존중하기

요즘 우리 사회 청소년은 강한 개성과 끈기를 가지고 그들의 소신을 관철하기 위해 다양한 노력을 기울인다. 청소년은 남들과 똑같은 의상, 남들과 같은 일상을 거부하고 독특하고 개성 넘치는 자신을 표출하는 과정을 통해 성장하고 존재 의미를 찾는다. 남들과 같은 길을 가기보다 타인을 의식하지 않는 주체적이고 창조적인 사고(thinking)가 행위(action)로 표현되어 당당한 그들만의 문화를 형성해 가고 있다.

하위 문화에 머물던 청소년의 문화는 디지털 시대의 혁명과 함께 문화의 주체가 되어 다양한 정보화 시대를 이끌어 나가고 있다. 과거 우편과 공중전화로 소통하던 아날로그 시대를 벗어나 디지털 혁명과 정보망의 확산은 현대사회 일상을 바꾸었고, 특히 변화에 민감한 청소년은 빠르게 디지털 시대에 적응하였다. 정보통신망을 활용한 페이스북이나 트위터, 카카오톡과 같은 SNS로 어디서든 간편하게 소통을 하고, 지구촌 곳곳을 네트워크로 연결하여 이메일과 다양한 정보통신망을 활용하여 소식을 주고받으며 활동 범위를 점점 더 확장해 가고 있다. 빠르게 변하는 정보화 시대에 맞추어 청소년의 문화는 자연스럽게 변화하고 있으며, 지구 반대편에서 일어나는 사건, 사고와 같은 뉴스뿐 아니라, 다양한 패션, 문화, 축제 등을 실시간으로 검색하여 온라인 참여와 함께 자신의 의견을 표출하며 디지털문화의 확산 속도를 높이고 있다.

최근 들어 K-POP과 한류 열풍이 세계적인 돌풍을 일으키고 있다. 기성세대의 탄탄한 준비과정과 과감한 투자를 바탕으로 청소년들의 개성 넘치는 끼와 열정을 집약하여 세계의 대중음악을 주도하고 있다. 1990년 서태지와 아이들을 시작으로 청소년이 자신의 목소리를 세상에 알리기 시작하면서부터 청소년의 목소리에 귀 기울이기 시작하였고, 최근 전 세계를 뜨겁게 달구고 있는 방탄소년단(일명 BTS)의 열풍은 우리 시대 청소년들이 새로운 문화혁명의 주류에 있음을 시사하는 현상이라고 할 수 있다. 특정 계층을 떠나 다양한 연령층의 지지를 받고 있는 세계 대중음악의 선두에 있는 BTS의 활약은 청소년문화를 하위문화, 미숙한 문화로만 보던 기성세대의 인식에 새로운 기준을 제시하고 있다.

과거 청소년의 문화는 특별히 존재하지 않았고, 기성세대의 시각에서 청소년의 문화는 부정적이고 반항적인 문화로 인식하여 억압하거나 터부시하는 경향이 많았다. 하지만, 시대의 흐름과 함께 하위 문화의 위치에 있던 청소년문화는 우리 사회뿐 아니라 세계적으로 영향을 미치는 새로운 문화로 거듭나고 있다. 디지털 기계와 정보통신망의 발달이 급속한 파급력을 발휘하며 청소년문화를 빠르게 전파하고 있는 것이다. 과거 청바지의 예에서도 알 수 있듯이 청소년들이 즐겨 입던 청바지가 기성세대로까지 확산되어 동서양을 막론하고 의류문화에 큰 변화를 가져왔던 것처럼, 청소년의 문화가 기성세대 문화에 신선한 영향을 주고 있는 것이다. 청소년들이 만들어내는 신조어(예: 마상-마음의 상처, 혼코노-혼자 코인 노래방 감, 와르르맨션-멘탈붕괴, 갑분싸-갑자기 분위기 싸해지다 등), SNS 확산으로 소개되는 새로운 맛집, 특색 있는 숨은 명소, 개성 있는 패션 등 우리 사회 곳곳에서 청소년문화가 주를 이루며 기성세대가 청소년문화에 편승하는 현상까지 나타나고 있다. 또한 과거 모범적이고 바른 생활 청소년이 사회에서 인정받고 기성세대에게 흡수되었다면, 요즘은 자신의 주장을 논리적으로 펼치고 뚜렷한 주관으로 사회의 다양한 영역에 참여하여 활동하는 청소년들이 각광을 받고 있다. 수동적인 존재로 사회문제에 대하여 무관심하던 청소년들이 국내 문제뿐 아니라 국제적인 다양한 이슈에도 적극적인 관심을 표현하거나 직·간접적인 참여를 통하여 그들의 영향력을 나타내고 있는 등 새로운 청소년문화가 형성되고 있다.

오늘날의 청소년은 새로운 그들의 문화를 발전시키기 위하여 정치, 경제, 복지, 교육, 환경, 문화, 스포츠, 세계난민, 봉사 등 다양한 분야에서 목소리를 확산시켜 나가고 있다. 따라서 이제는 청소년에 대한 기존의 입장에서 벗어나 기성세대와 함께하는 역량 있는 사회 구성원임을 인정하여 청소년의 문화를 존중하며 우리 사회에서 청소년복지가 실현될 수 있도록 모두 함께 노력해야 할 것이다.

함께 생각 나누기

1. 청소년복지를 위한 방안에 대하여 생각해 봅시다.
2. 정책결정권자가 된다면 청소년복지를 위해 무엇을 할 것인지 다 함께 토론해 봅시다.

참고 문헌

국내 서적

강병연, 황수주(2011). 청소년육성제도론. 양성원.

건강과 대안 젠더건강팀(2016). 우리가 만드는 피임사전. 연구공동체 건강과 대안.

고정애, 박경(2013). 청소년 성폭력 가해자들의 피해자 공감 향상을 위한 프로그램 개발 및 효과. 청소년학연구, 20(5), 107-129.

공마리아, 강윤주(2012). 대학생의 대학생활 스트레스가 정신건강에 미치는 영향. 한국재활심리학회, 19(1), 1-22.

관계부처 합동(2016). 스마트폰.인터넷 바른 사용지원 종합계획(안)(2016~2018).

______(2018). 제4차 인터넷중독 예방 및 해소 종합계획(요약).

교육부(2015). 국가 수준의 학교 성교육 표준안. 교육부.

______(2016). 학교폭력 가해학생 조치별 적용 세부기준 고시. 교육부.

______(2019). 제6차 '포용국가 실현을 위한 사회관계장관회의' 개최. 보도자료. 2019년 5월 17일.

______(2020a). 제4차 학교폭력예방 및 대책 기본계획. 교육부.

______(2020b). 2020년 기준 대안학교 현황. 교육부.

______(2020c). 2020년도 학교폭력 사안처리 가이드북. 교육부.

______(2021). 2020년 학교폭력실태조사. 교육부.

______(2023). 2022년 교육기본통계조사. 교육부.

______(2024). 2024 학교폭력 사안처리 가이드북. 교육부.

구혜영(2015). 청소년복지론. 신정.

김대우(2016). 국가수준 학교성교육표준안의 쟁점과 논의. 한국보건교육학 추계학술대회자료집. 2016, 3-20.

김도영, 이혜경, 노은자, (사)청소년과미래(2020). 청소년복지론. 학지사.

김성이(1993). 청소년복지론. 한국청소년개발원.

김성이, 조학래, 노충래, 신효진(2013). 청소년복지학. 양서원.

김신일(1992). 청소년 문화론. 한국청소년연구원.

김영란(2016). 김영란의 열린 법 이야기. 풀빛.

김영지, 황세영, 최홍일, 이민혁, 김진호(2020). 2020년 아동·청소년 권리에 관한 국제협약 이행연구. 한국청소년정책연구원.

김영진, 김태영(2017). 학교폭력의 현실과 개선을 위한 정책방안. 법학연구, 20(2), 1-15.

김영화, 최영진(2017). 오늘의 청소년 그들은 누구인가?. 정민사.

김윤재, 이광재, 박스란, 신순희(2018). 청소년복지론. 정민사.

김향은, 류경희, 주진석(2016). 청소년복지론. 정민사.

김향초(2015). 청소년복지론. 학지사.

김형석, 이영철, 신준섭(2015). 사회복지행정론. 양서원.

남미애, 성환재, 오은경, 배성이(2013). 학교 밖 청소년 실태 및 Care 대책. 대전광역시 청소년상담복지센터.

노 혁(2002). 청소년복지론. 대학출판사.

______(2010). 청소년복지론. 교육과학사.

______(2020). 청소년복지의 이해. 학지사.

문선화(2003). 복교청소년의 학교생활 부적응에 영향을 미치는 요인. 부산대학교 대학원 석사학위논문.

박근영(2019). 청소년의 인터넷·스마트폰 이용현황. 교육정책포럼. 제314호.

박정란, 서홍란, 장수한(2018). 청소년복지론. 양서원.

배정철(2002). 학교성교육의 방향. www. edugender.or.kr

백사인, 배양자, 박병훈, 염영미(2015). 청소년복지론. 창지사.

변혜정(2014). 청소년의 건강증진을 위한 성교육정책의 방향-청소년의 성적 실천과 제도화 사이에서. 한국모자보건학회지, 18(1), 60-74.

보건복지부(2019). 보호대상아동 현황보고. 보건복지부.

_________(2020). 2020 보호대상 아동 현황보고. 보건복지부.

_________(2023). 2022 보호대상 아동 현황보고. 보건복지부.

사이언스올(2018. 12. 12.). 착용 기술(wearable technology). 과학백과사전. https://www.scienceall.com/brd/board/390/L/menu/317?brdType=R&thisPage=1&bbsSn=230693&searchField=title&searchText=%EC%B0%A9%EC%9A%A9 (2021. 6. 1. 인출)

성영모, 박승민, 오제은(2012). 청소년 자살예방을 위한 인공지능기반 상담시스템의 구성요소 연구. 청소년학회, 19(11), 271-297.

송광성, 구정화, 이영아, 김소희(1992). 정학·퇴학청소년선도방안연구. 한국청소년연구, 15, 80-100.

송현주(2009). 섹슈얼리티의 이해(2009 전문강사기본과정). 한국양성평등교육진흥원.

신성철, 이동성, 장성화, 김정일, 임순서(2014). 청소년 문제와 보호. 정민사.

아하 서울시립청소년성문화센터(2017). 부모들은 모르는 '청소년의 성 고민'('성적 존재'이자 '성적 주체'인 청소년을 마주하지 못하는 어른들). 오마이갓 뉴스 보도자료. 2017년 6월 30일.

여성가족부(2018a). "인터넷·스마트폰 과의존 저연령화 심화. 여자청소년이 더 많아". 보도자료. 2018년 6월 21일.

_________(2018b). 청소년 매체 이용 및 유해환경 실태조사. 여성가족부.

_________(2018c). 청소년통계. 여성가족부.

_________(2018d). 2018년 청소년백서. 여성가족부.

_________(2019a). "2019 인터넷·스마트폰 이용습관 진단조사 결과 발표". 보도자료. 2019년 5월 14일.

_________(2019b). 성매매 실태조사. 여성가족부.

_________(2019c). 2019년 청소년백서. 여성가족부.

_________(2019d). 2019년 청소년사업 안내. 여성가족부.

_________(2019e). 2019년 청소년 통계. 여성가족부.

_________(2020a). 2019년 성매매 실태조사. 여성가족부.

_________(2020b). 2020년 청소년백서. 여성가족부.

_________(2020c). 2020년 청소년사업 안내. 여성가족부.

_________(2021a). "2020 청소년 매체이용 및 유해환경 실태조사 발표". 보도자료. 2021년 3월 24일.

__________(2021b). 청소년사업 안내 1. 여성가족부.

__________(2021c). 청소년사업 안내 2. 여성가족부.

__________(2021d). 학교 밖 청소년지원사업 청소년지원센터 '꿈드림' 업무매뉴얼. 여성가족부.

__________(2021e). 2020년 청소년 매체이용 및 유해환경 실태조사. 여성가족부.

__________(2021f). 2020년 청소년종합실태조사. 여성가족부.

__________(2021g). 2021년 청소년사업 안내. 여성가족부.

__________(2023a). 제7차 청소년정책기본계획(2023-2027년). 여성가족부.

__________(2023b). 2022년 청소년백서. 여성가족부.

__________(2023c). 2023년 청소년 인터넷스마트폰 이용습관 진단조사. 여성가족부.

__________(2024). 2024년 청소년사업 안내. 여성가족부.

오병선, 박종보, 김비환, 홍성필, 박경서(2011). 인권의 해설. 국가인권위원회.

윤여각, 박창남, 전병유, 진미석(2002). 학업중단 청소년 및 대안교육실태조사. 한국교육개발원.

이기수(2019). 소년사법제도와 인권교육. 한국법과 인권교육학회.

이미리, 어주경(1999). 청소년 초기 폭력행동의 유형에 따른 관련 맥락 변인. 한국청소년연구, 10(2), 119-141.

이봉철(1991). 인권 청소년, 그리고 청소년권. 한국청소년연구, 2(4), 5-29.

이소희, 도미향, 정익중, 김민중, 변미희(2005). 청소년복지론. 나남출판.

이승희(2002). 청소년폭력 예방 및 지도내색. ㈜게문사.

이옥형(2002). 아동·청년 발달. 집문당.

이용교(2012). 디지털청소년복지론. 인간과 복지.

이용복(2002). 우리나라 청소년정책 행정기구의 문제점 및 발전방향에 관한 연구. 청소년복지연구, 4(2), 125-142.

이자연(2019. 8. 7). 청소년쉼터·자립지원관 운영 개편방안. 교육뉴스방송. http://www.enbnews.org/news/articleView.html?idxno=16720 (2024. 3. 1. 인출)

이종태, 조난심, 나병현, 구정화, 송현정, 이은규(2005). 인권교육 개념 및 방향 정립 모색 연구. 사단법인 한국교육연구소.

이철수(2009). 네이버 지식백과: 사회복지학사전.

이태희, 정재필(2019). 청소년복지론. 지식공동체.

이해경, 방기연(2011). 부모 교사가 함께 하는 청소년 성교육과 상담. 양서원.

이현주, 전수미, 강석임, 오봉욱, 김한나, 전동일(2014). 정신건강의 이해. 공동체.

임영식(1998). 학교폭력에 영향을 미치는 요인. 청소년학연구, 5(3), 1-26.

장명선, 김윤나, 김재민, 박건, 이소라(2020). 청소년노동인권상황 실태조사. 국가인권위원회.

전동일, 장정연, 하태선, 유우경, 오봉욱, 김병년, 주선영(2016). 청소년복지론. 동문사.

__________________(2017). 청소년복지론. 동문사.

정규석, 김영미, 김지연(2014). 청소년복지의 이해. 학지사.

정보통신정책연구원(2018). 2018 한국미디어패널조사. 한국미디어패널조사 연구팀. 정책자료 18-10-02.

정세희, 성기윤(2019. 4. 9.). [청소년 낙태리포트] '첫경험 평균나이 13.6세… 임신 청소년은 통계조차 안 잡혀'. 헤럴드경제. https://news.heraldcorp.com/view.php?ud=20190409000425 (2020. 1. 1. 인출)

조성연, 유진이, 박은미, 정철상, 도미향, 길은배(2015). 최신 청소년복지론. 창지사.

__________________(2017). 청소년복지론. 창지사.

조성연, 이미리, 박은미(2009). 학업중단청소년. 아동학회지, 30(6), 1-13.

주석진(2011). 인터넷 중독과 학교사회복지 실천. 이담.

중앙자살예방센터(2019). 2019년 자살예방백서. 보건복지부, 중앙자살예방센터.

질병관리본부(2018). 제14차(2018) 청소년건강행태조사 통계. 질병관리본부 질병예방센터 건강영양조사과.

______(2019). 2018 청소년 건강행태 온라인조사. 질병관리본부.

______(2021). 제16차 청소년건강행태조사. 질병관리본부.

채규만, 정민철(2004). 한국대학생의 성에 대한 태도와 행동 및 피해 경험에 관한 연구. 한국심리학회지: 건강, 9(4), 869-886.

천정웅(2016). 청소년복지론. 양성원.

천정웅, 김삼화, 남부현, 도승자(2013). 다문화청소년활동론. 신정.

최세영(2017). 사회복지실천론. 어가.

최세영, 강일조, 김성태, 문영미, 박희숙, 이정아, 전영숙(2019). 인간행동과 사회환경. 태영출판사.

최원석, 고경은, 선필호, 김동주(2012). 청소년복지론. 정민사.

최윤진(2008). 청소년 호칭의 역사에 관한 연구. 청소년학 연구, 15(7), 369-386.

최은영, 양종국(2005). 청소년비행 및 약물중독상담. 학지사.

통계청(2021). 장래인구추계. 통계청.

_____(2022). 2021 한부모가족실태조사. 통계청.

표갑수(1993). 중·고등학생의 중퇴요인과 대책. 청소년학연구, 1(1), 127-147.

하지현, 신동민(2012). 청소년을 위한 정신의학 에세이. 해냄.

한국교육개발원(2018). 교육통계분석자료집: 유·초·중등교육통계편. [학교 밖 청소년 지원에 관한 법률](법률 제15353호, 2018. 1. 17., 일부개정).

_____(2020). 2020년 교육통계(유초중등 교육통계). 한국교육개발원.

한국문화예술교육진흥원(2016). 2016 한국문화예술교육진흥원 연차보고서. 한국문화예술교육진흥원.

한국방정환재단, 연세대학교 사회발전연구소(2018). 한국 어린이·청소년 행복지수. 한국방정환재단, 연세대학교 사회발전연구소.

한국인터넷진흥원(2016). 2016 인터넷이용실태조사. 한국인터넷진흥원.

한국정보문화진흥원(2003). 인터넷중독자가진단검사(K-척도)와 예방교육프로그램. 한국정보문화진흥원.

_____(2016). 스마트폰·인터넷 바른 사용지원 종합계획(2016~2018). 한국정보문화진흥원.

_____(2018). 2018 스마트 과의존 실태조사. 한국정보문화진흥원.

한국지능정보사회진흥원(2020). 2020 스마트폰 과의존 실태조사. 한국지능정보사회진흥원.

_____(2021). 2020 인터넷이용실태조사. 한국지능정보사회진흥원.

한국지능정보사회진흥, 교육과학기술부(2023). 2023년 인터넷 이용 실태조사. 한국지능정보사회진흥, 교육과학기술부.

한국청소년정책연구원(2018). 한국아동·청소년 인권실태 2018 기초분석 보고서. 한국청소년정책연구원.

_____(2020). 아동청소년권리에 관한 국제협약이행연구 총괄보고서. 한국청소년정책연구원.

한국청소년정책연구원 청소년정책분석평가센터(2016). 청소년과 청년의 연령구분 및 청소년·청년 정책 사례. 한국청소년정책연구원 청소년정책분석평가센터.

홍봉선, 남미애(2018). 청소년복지론. 공동체.

홍성태(1996). 사이버 공간 사이버 문화. 문화과학사.

pmg 지식엔진연구소(2021). 시사상식사전. 박문각.

국외 서적

Back, A. T., Word, C. H., Mendelson, M., Mokr, J., & Erbaugh, J. (1961). An inventory for measuring depression. *Arch Gen Psychiatry, 4*(6), 561-571.

Beck, A. T., Kovacs, M., & Weissman, A. (1979). Assessment of suicidal intention: The scale for suicide ideation. *Journal of Consulting and Clinical Psychology, 47*(2), 343-352.

Bonner, R. L., & Rich, A. R. (1990). Psychosocial vulnerability, life stress, and suicide ideation in a jail population: A cross-validation study. *Suicide and Life-Threatening Behavior, 20*(3), 213-224. Fall.

Breakwell, G. M., & Rowett, C. (1989). Violence and social work. In J. Archer, & K. Browne(Eds.), *Human aggression: Naturalistic approaches*(pp. 230-258). Taylor & Frances/ Routledge.

Cantwell, D. P., & Baker, L. (1991). Association between attention deficit-hyperactivity disorder and learning disorders. *Journal of Learning Disabilities, 24*(2), 88-95.

Committee on the Rights of the Child, General Comment No. 3, 'HIV/AIDS and the rights of the child'(2003) U.N. Doc. CRC/GC/2003/1

Conger, R. D., & Conger, K. J. (1991). Family economic hardship and adolescent adjustment: Mediating and moderating processes. In G. J. Duncan, & J. Brooks-Gunn(Eds.), *Consequences of growing up poor*(pp. 288-310). Russell Sage Foundation.

Durkheim, E. (1949). *The division of labort in society*. The Free Press.

Empey, L. T. (1982). *American delinquency: Its meaning and construction*. Dorsey Press.

Gates, B. S. (1980). *Social program administration: The impementation of social policy*. Prentice-Hall.

Gilbert, N., & Specht, H. (1986). *Dimensions of social welfare policy*(2nd ed.). Prentice-Hall.

Gilbert, N., & Terrell, P. (1998). *The enabling state: Modern welfare capitalism in America*. Oxford Univ, Press.

Goldberg, I. (1996). *Internet addicion*. Electtonic message posted to research dscussion list.

Hall, G. S. (1904). *Adolescence: Its psychology and Its relations to physiology, anthropology, sociology, sex, crime, religion, and education*. D. Appleton & Company.

King, S. A. (1996). *Is the Internet addictive, or are addicts using the internet*. Article on World Wide Web.

Kreitman, N., Smith, P., & Tan, E. S. (1970). Attempted suicide as language: An empirical study. *British Journal of Psychiatry, 70*, 465-473.

Levy, P. (2000). *사이버 문화[Cyber culture]*. (김동윤 역). 문예출판사. (원저는 1995년 출판)

NASW (1999). *Standards for the classification of social workers: NASW code of ethics*. Author.

Marcia, J. (1980). Identity in adolescence. *Handbook of adolescent psychology*. Wiley.

Pelkonen, M., & Marttunen, M. (2003). Child and adolescent suicide. *Pediatry Drugs, 5*(4), 243-265.

Reiss, I. L. (1960). *Premarital sexual standards in America*. The Free Press.

Reynolds, W. M. (1995). Chapter 10: Depression. In V. B. Van Hasselt, & M. Hersen(Eds.), *Handbook of adolescent psychopathology: A guide to diagnosis and treatment*(pp. 297-348). The Free Press.

Small, S. A., & Luster, T. (1994). Adolescent sexual activity: An ecological, risk-factor approach. *Journal of Marriage & Family, 56*(4), 181-192.

Sutherland, E., & Cressey, D. (1974). *Criminology*(9th ed.). Lippincott.

Titmuss, R. M. (1979). *Social policy*. Georege Allen & Unwin.

White, F. L. (1989). *The troubled adolescent*. Pergamon Press.

Whitebeck, L. B., & Hoyt, D. R. (1999). *Nowhere to grow: Homeless and runaway adolescents and their families*. Aldine de Gruyter.

Young, K. (1999). Chapter 6: The youth worker as guide, philosopher and friend: The realties of participation and empowerment. In S. Banks(Ed.), *Ethical issues in youth work*(pp. 75-92). Routledge.

참고 사이트

교육부 www.moe.go.kr

교육부 공식 블로그 if-blog.tistory.com

국가법령정보센터 www.law.go.kr

국가인권위원회 www.humanrights.go.kr

국립청소년인터넷드림마을 www.nyit.or.kr

꿈드림 www.kdream.or.kr

네이버 지식백과 terms.naver.com

다음 백과 100.daum.net

대구광역시교육청 www.dge.go.kr

대한신경과학회 new.neuro.or.kr

대한신경정신의학회 www.knpa.or.kr

두산백과 www.doopedia.co.kr

문화체육관광부 www.mcst.go.kr

미국정신의학회(American Psychological Association) www.apa.org

서울대학교병원 의학백과사전 www.snuh.org/health/encyclo/search.do

세계보건기구(WHO) www.who.int

아하 서울시립청소년성문화센터 www.ahacenter.kr

여성가족부 www.mogef.go.kr

위키백과 ko.wikipedia.org

유니세프한국위원회 www.unicef.or.kr

이주배경청소년지원재단 무지개청소년센터 www.rainbowyouth.or.kr

질병관리청 www.kdca.go.kr

청소년 방과후 아카데미 www.youth.go.kr/yaca

청소년상담사 www.youthcounselor.or.kr

청소년정책분석평가센터 www.ypec.re.kr

청소년 특별회의 www.facebook.com/withyouth

청소년활동정보서비스 e-청소년 www.youth.go.kr

한국교육개발원 www.kedi.re.kr

한국과학창의재단 www.kofac.re.kr

한국문화예술교육진흥원 www.arte.or.kr

한국민족문화대백과사전 encykorea.aks.ac.kr

한국방정환재단 www.children365.or.kr

한국생명의전화 www.lifeline.or.kr

한국생명존중희망재단 www.kfsp.or.kr

한국여성인권진흥원 www.stop.or.kr

한국지능정보사회진흥원 스마트쉼센터 www.iapc.or.kr

한국청소년상담복지개발원 www.kyci.or.kr

한국청소년성문화센터협의회 cseinkorea.tistory.com/4

한국청소년수련시설협회 www.youthnet.or.kr

한국청소년쉼터협의회 www.jikimi.or.kr

한국청소년활동진흥원 www.kywa.or.kr

한국학교사회복지사협회 www.kassw.or.kr

행정안전부 www.mois.go.kr

Wee센터 www.wee.go.kr

찾아보기

국문

가출청소년법 19
강요 256
개인적 우화(personal fable) 31
거식증(拒食症, anorexia nervosa) 29
게이트키퍼 318
고위험 사용자군 290
과의존 279
과의존 위험군 287
과학관 342
국제인권규약채택 64
국제청소년성취포상제(에딘버러포상제) 338
근로형 201
금품갈취 256
꿈드림 122, 203

대한민국헌법(이하 헌법) 85
대항문화(counter-culture) 326
동아리활동 333
두볼(Dovol) 340
드림스타트 124

무기력감 302
문화시설 342
미국정신위생위원회
(National Committee for Mental Hygiene) 298
미국정신의학회
(American Psychiatric Association: APA) 298
미성년자보호법(未成年者保護法) 50

바르셀로나 선언 64
발달권 71
보이스카우트(Boy Scouts) 161
보호권 71
보호대상아동 42
보호 요인 236
복지권 70
봉사활동 333
비엔나선언 67
비차별의 원칙 66
비행문화 326
비행형 202

사물인터넷(Internet of Things: IOT) 277
사이버폭력 257
사춘기(思春期) 14, 24
사회문화적인 성(gender) 217

상상 속의 청중(imaginary audience) 31
생물학적인 성(sex) 217
생존권 70
성매매 230
성문화 218
성폭력 223, 256
성폭력의 유형 224
세계인권선언 63
섹슈얼리티(sexuality) 217
섹스(sex) 217
숙명적 자살(fatalistic suicide) 308
스트레스 299
신상정보 공개 108
신체상(身體像) 28
신체폭력 254
신체화 증상 303

아노미적 자살(anomic suicide) 308
아동권리선언 63
아동복리법 49
아동·청소년의 성보호에 관한 법률 104, 108
아동·청소년이용음란물 105
아이러브유 318
안드로겐(androgen) 27
언어폭력 255
에스트로겐군(the estrogen group) 27
연소자(身體像) 21
원조교제 230
웨바홀리즘(Webaholism) 280
웨어러블(Wearable divice) 277
위기청소년 118
위기청소년 특별지원사업 120
위험 요인 236
유엔 아동권리협약 18, 42
은둔형 202
이기적 자살(egoistic suicide) 307
이주배경청소년 지원 122
이타적 자살(altruistic suicide) 307
익명성 278
익명출산제 74
인권(human rights) 58
인터넷 중독(Internet addiction) 280
인터넷 중독 장애(Internet addiction Disorder) 280
인터넷 증후군(Internet Syndrome) 280
일반 사용자군 290
일반이행조치 73
일시 쉼터(드롭인센터) 121

자살생각(suicidal thought) 307
자살시도(attempted suicide) 307
자살완료(completed suicide) 307
자살이론 306
자아정체감(ego-identity) 33
자아중심성 31
자유권 70
자율활동 333
잠재적 위험 사용자군 290
적절성(appropriateness) 150
전문성(specialization) 147
정신건강 297
정체감 성취(identity achievement) 34
정체감 유실(identity foreclosure) 34
정체감 유예(identity moratorium) 34
정체감 혼미(identity diffusion) 34

제2성장 급등기 26
제2차 유엔아동권리선언 64
제네바선언 63
젠더(gender) 217
중앙자살예방센터 308
지방청소년육성위원회 154
지속성(continuity) 150
지역사회 참여성(community participation) 148
지역사회 청소년통합지원체계(CYS-Net) 119, 131
진로활동 333
집단따돌림 255

참여권 71
창의적 체험활동 332
책임성(accountability) 148
청소년 14, 88
청소년가족정책실 151
청소년교류활동 334
청소년기 24
청소년 기본법 86
청소년기 우울 302
청소년단체 88
청소년동반자(YC: Youth Companion) 프로그램 134
청소년동아리활동 328
청소년문화 324
청소년문화활동 334
청소년 미디어 과의존 예방 및 해소사업 137
청소년보호 88
청소년보호대책위원회 51
청소년 보호법 97
청소년보호위원회(青少年保護委員會) 54, 104
청소년복지 88
청소년복지서비스 350
청소년복지시설 138
청소년복지정책 114
청소년복지지원기관 96
청소년복지 지원법(青少年福祉支援法) 54, 92
청소년복지행정 145
청소년복지행정가 151
청소년상담복지센터 131
청소년상담사 175
청소년수련시설 174, 335, 336
청소년수련활동 인증제 337
청소년쉼터 138
청소년시설 88, 91
청소년어울림마당 329
청소년 우대 93
청소년운영위원회 164
청소년유해물건 99
청소년유해약물 98
청소년유해업소 99
청소년육성 88
청소년육성법(青少年育成法) 52
청소년육성 전담공무원 159
청소년이용시설 335, 341
청소년자립지원관 141
청소년자원봉사 339
청소년자원봉사 포털사이트(dovol.youth.go.kr) 340
청소년증 93
청소년지도사 170
청소년지도자 88, 92, 169
청소년참여 351
청소년참여위원회 163
청소년치료재활센터 97
청소년특별회의 166

청소년폭력예방재단(청예단) 269
청소년헌장 53
청소년활동 88, 334
청소년활동시설 335
청소년회복지원시설 141
체계적 기능분담성(systematic function distribution) 148
체육시설 343
취직인허증 16

카이로선언 67

테스토스테론(Testosterone) 27
통합 조정성(coordination) 148
특별보호조치 78
특별지원 126
특수교육 진흥법(特殊教育 振興法) 50

평능권 71
평등성(equality) 149
포괄성(comprehensiveness) 149
폭식증(bulimia nervosa) 29

하위문화 326
학교 밖 청소년 201
학교 밖 청소년 지원센터 135
학교사회복지사 181
학교폭력 249
학교폭력예방 및 대책에 관한 법률 263, 265
학업중단 198
학업중단숙려제 46
학업중단자 196
학업중단 청소년 122, 196
학업형 201
한국걸스카우트(Girl Scouts of Korea) 161
한국청소년상담복지개발원(Korea Youth Counseling & Welfare Institute: KYCI) 157
한국청소년활동진흥원 155
합법성(legality) 146
형평성(equity) 147
효과성(effectiveness) 147
효율성(efficiency) 146
흥사단(Young Korean Academy) 162
히키코모리(引き籠り) 47

영 문

e-아동행복지원시스템 123
Help Call 청소년전화 1388 및 1388 청소년지원단 133
UN 세계아동의 해 64
Wee Center 182
Wee Class 182
Wee School 182
YMCA(Young Men's Christian Association) 160
YWCA(Young Women's Christian Association) 160
1세대 인권 59
2세대 인권 60
3세대 인권 60
4H클럽(4H Club) 162

저자 소개

최 세 영

現) 백석예술대학교 보건복지학부 교수
공주대학교 일반대학원 사회복지학 박사
한국청소년노동인권교육 전문강사
전문가정위탁 부모교육 전문강사
충청남도교육청 장학생심사위원회 위원

최 미 경

現) 한경국립대학교 웰니스융합학부 외래교수
호서대학교 사회복지학과 외래교수
국제사이버대학교 사회복지학과 교수
호서대학교 일반대학원 사회복지학 박사
경기도교육청 정책자문위원
경기도 사회보장전문위원

개정2판

청소년복지론

첫째판 1쇄 발행 | 2020년 3월 13일
개정판 1쇄 발행 | 2021년 8월 4일
개정2판 1쇄 발행 | 2024년 8월 8일

지 은 이 최세영, 최미경
펴 낸 이 어지용
책임편집 태선옥
디 자 인 이은경, 이지혜
펴 낸 곳 어가
10449 경기도 고양시 일산동구 장백로 20, 102동 202호(백석동, 동문굿모닝힐1차)
전화 031) 901-4222, 6318
팩스 031) 901-6319
이메일 uhga@uhga.co.kr
홈페이지 www.uhga.co.kr
등 록 2016년 7월 4일 · 제2016-000133호

ISBN 979-11-7075-108-3 (93330)
정가 22,000원